应用技能型院校"十四五"规划教材

U0753942

智能财务机器人

主　编：黄　靖
副主编：伦妙兴　温嘉楠　张　涛　李　江
组　编：广东翰智数字科技有限公司

立信会计出版社
LIXIN ACCOUNTING PUBLISHING HOUSE

图书在版编目（CIP）数据

智能财务机器人/黄靖主编. --上海：立信会计
出版社，2025.8. -- ISBN 978-7-5429-7953-7

Ⅰ. F275;TP242.3

中国国家版本馆 CIP 数据核字第 2025GS8872 号

策划编辑　　王斯龙　　郑文婧
责任编辑　　王斯龙
助理编辑　　郑文婧
美术编辑　　北京任燕飞工作室

智能财务机器人

ZHINENG CAIWU JIQIREN

出版发行	立信会计出版社			
地　　址	上海市中山西路 2230 号		邮政编码	200235
电　　话	(021)64411389		传　　真	(021)64411325
网　　址	www.lixinaph.com		电子邮箱	lixinaph2019@126.com
网上书店	http://lixin.jd.com			http://lxkjcbs.tmall.com
经　　销	各地新华书店			

印　　刷	浙江临安曙光印务有限公司
开　　本	787 毫米×1092 毫米　　1/16
印　　张	16.25
字　　数	356 千字
版　　次	2025 年 8 月第 1 版
印　　次	2025 年 8 月第 1 次
书　　号	ISBN 978-7-5429-7953-7/F
定　　价	49.00 元

如有印订差错，请与本社联系调换

前言

当前,数字化浪潮席卷全球,财务领域正经历一场深刻的智能化变革。机器人流程自动化(RPA)技术,作为这场变革的先锋,正以惊人的速度重塑传统财务工作的面貌。从基础的数据录入、对账,到复杂的报表分析、系统报税,RPA技术以其高效、精准、稳定的特性,为财务人员带来了前所未有的便利,同时也为企业的财务管理注入了新的活力。正是在这样的背景下,本教材应运而生。

本教材是一本专为财会类专业学生量身打造的RPA技术教学工具,主要特色如下:

(1)体现最新技术与政策:本教材紧跟RPA技术的最新发展,融入了最新的财务政策。为确保内容的时效性和实用性,本教材的编写团队凭借深厚的专业知识和丰富的实践经验,对教材中的每一个案例、每一步操作指导,都进行了精心设计和反复验证,力求让读者能够轻松上手,快速将RPA技术应用到实际工作中。同时,本教材还注重培养读者的创新思维和问题解决能力,鼓励读者在实际工作中灵活运用RPA技术,探索更多智能化财务的应用场景。

(2)融入课程思政:本教材在内容设计中融入了党的二十大精神,强调技术与社会责任的结合,培养学生的创新思维和责任意识。

(3)方便教师教学:除了为教师提供丰富的教学资源,本教材还详细阐述了RPA技术在财务领域的基础理论与核心优势,通过大量实际案例和操作图片深入浅出地描述如何将RPA技术应用于财务工作的各个环节,包括数据获取运用、原始凭证识别与查验、财务日常业务运用、财务报告分析运用以及流程设计与汇报等。教师能够全面依托本教材向学生传授RPA技术如何优化财务流程,提高工作效率,减少人为错误,进而实现财务工作的智能化转型。

(4)方便学生学习:本教材为学生提供实践操作指南、案例素材和学习支持,帮助学生快速掌握RPA技术并应用于实际工作。无论是财会专业的学生,还是希望提升工作效率的财务从业者,抑或是对智能财务感兴趣的读者,都能从本教材中找到有价值的知识和启发。

本教材不仅是一本技术手册,更是一把开启智能财务大门的钥匙,带领读者迈向财务工作的智能化新时代。

本教材由多位财务与技术领域的专家共同编写。主编广州新华学院黄靖具有丰富的教学与实践经验,负责教材的整体把控;副主编广州新华学院伦妙兴负责案例和企业流程的梳理,广州新华学院温嘉楠负责智能化技术的融入和素材收集,广东翰智数字科技有限公司张涛、广州市工贸技师学院李江凭借深厚的专业知识和实践经验从行业和技术的角度对教材编写进行指导,确保教材内容的准确性和实用性。具体编写分工如下:黄靖编写第一章、第二章,温嘉楠编写第三章,伦妙兴编写第四章、第五章,张涛和李江编写附录。

本教材能顺利出版,离不开编写团队的辛勤付出,感谢所有为本教材提供帮助的机构、编辑,特别感谢在案例设计和内容验证过程中给予指导的行业专家。希望本教材能够成为读者迈向智能财务新时代的有力助手。

编者
2025 年 6 月

本教材涉及的控件

机器人制作资源

目 录

第一章 RPA 概述

第一节　初识 RPA 机器人

一、RPA 的概念

RPA,全称为"robotic process automation",译为"机器人流程自动化"或"流程自动化机器人"。它是一种通过软件技术实现业务流程自动化的技术,能够在不改变现有 IT 基础设施的前提下,处理各种应用程序和系统的自动化操作,广泛用于模拟人类操作,处理重复性任务,提升效率,提高准确性。

RPA 技术的起源可追溯至 20 世纪 90 年代末的桌面自动化工具。RPA 这一概念最早由 Blue Prism 在 2012 年提出。随着技术的不断进步,RPA 已经发展到能够处理更复杂的业务流程自动化,成为企业数字化转型的关键技术之一。而随着数字经济、绿色经济等领域的蓬勃发展,大数据、人工智能、移动互联网、物联网、区块链等技术革新又催生了新产业、新业态、新模式,财务工作领域不断引入新理念、新思想、新技术,预计 80% 的传统财务、金融、经济类岗位将逐渐消失,被财务机器人所取代,特别是财务类人才,正面临向高端复合型人才的转型。《中华人民共和国国民经济和社会发展第十四个五年规划和 2035 年远景目标纲要》将数字经济部分单独列为一篇,提出"迎接数字时代,激活数据要素潜能,推进网络强国建设,加快建设数字经济、数字社会、数字政府,以数字化转型整体驱动生产方式、生活方式和治理方式变革"。在数字经济新格局下,制造业迫切需要转型升级,急需更多智慧型工匠。在这一现实背景下,数字人才的培养成为推动行业数字化转型升级的关键力量。

二、RPA 的功能

RPA 的功能广泛覆盖企业运营的多个领域,主要包括:

(1) 数据录入与迁移:通过自动化手段输入数据,提升数据迁移的效率。

(2) 报告生成:自动收集数据并生成业务报告,减少手工编制报告所需的时间。

（3）系统集成：连接不同的业务系统，实现数据和流程的无缝整合。

（4）客户服务：自动化处理客户查询，提升客户服务体验。

（5）异常检测：监控业务流程，自动发现并报告异常情况。

例如，全球最大的电子产业科技制造服务商富士康最初给人的印象是流水线上重复进行的低端劳动。然而，在大数据时代，富士康的生产场域经历了巨大变革，在生产线上，自主操作的机器人取代了大量工人，过去需要 300 个人的岗位，现在只需 2 个人即可轻松完成。这种生产方式实现了在关灯状态下的全自动化作业，富士康因此被誉为"黑灯企业"。

又如，京东的"亚洲一号"是全球首个全流程无人仓库。这个仓库没有一个员工，无论是扫描、贴标签、打包还是分拣运送，所有环节都由机器人完成，无需人工操作。在整个流程中，从供包、分拣，再到集包转运，应用了多种不同功能和特性的机器人，这些机器人不仅能够根据系统指令处理订单，还能完成自动避让、路径优化等工作。

三、RPA 的特点和优势

（一）RPA 的特点

RPA 是一种模拟人类操作的自动化技术，其特点主要体现在以下方面。

1. 基于规则的重复性任务处理能力

RPA 适用于具有明确规则、高度重复的流程，如数据录入、报表生成、跨系统数据迁移等。这类任务通常需要人工进行大量机械性操作，而 RPA 通过预设脚本可精确复现人类操作步骤，避免疲劳导致的人为错误。

2. 非侵入性部署

RPA 以"外挂"形式运行于现有系统界面层，无需修改后端代码或 API 接口即可实现跨系统集成。这一特点使其能够快速融入企业架构，尤其适用于老旧系统或缺乏接口支持的场景。

3. 跨系统操作能力

RPA 可无缝连接企业内外部的异构系统（如 ERP、CRM、财务软件等），通过模拟用户界面交互实现数据流转，解决"信息孤岛"问题。例如，在银行场景中自动完成跨系统的票据验证与数据迁移。

4. 高效性与准确性

RPA 机器人可 24 小时不间断工作，处理速度远超人工，且严格遵循预设规则，能够显著降低人为错误率（如财务对账错误率可趋近于零）。

5. 可扩展性与灵活性

企业可通过模块化设计快速调整自动化流程，适应业务变化。例如，使用低代码平台扩展功能或复用现有组件，缩短开发周期。

6. 审计追踪与合规性

RPA 的每一步操作均可被记录和监控，生成完整的审计日志，满足金融、医疗等行业的合规要求。

（二）RPA 的优势

1. 节约成本

一方面，企业通过减少对高重复性岗位的人力需求，可以有效降低薪资支出；另一方面，RPA 预期可降低纠错成本和业务风险，如合规罚款。

2. 释放高价值人力资源

员工从重复性劳动中解放出来，能够专注于战略分析、客户关系管理等更具创造性的任务，从而提升企业的创新能力和员工的满意度。

3. 增强业务连续性

RPA 机器人不受节假日等外部因素的影响，能够确保关键流程（如供应链订单处理）的持续运作，从而降低业务中断的风险。

4. 支持智能化升级

结合人工智能（AI）技术，如自然语言处理（NLP）和机器学习，RPA 能够处理非结构化数据并提供决策支持。例如，智能票据识别系统能够自动提取发票信息并生成详尽的分析报告。

5. 低技术门槛与快速部署

借助可视化设计器，业务人员不用编程即可配置自动化流程，缩短 IT 部门响应时间。例如，某企业使用拖曳式工具在 2 周内完成 HR 入职流程自动化。

RPA 与其他技术的对比优势，如表 1-1 所示。

表 1-1　RPA 与其他技术的对比优势

维度	RPA	传统自动化	AI
集成方式	基于用户界面，不用 API 改造	依赖 API 或数据库接口	需数据接口与算法模型支持
开发周期	数天至数周	数月	数月甚至数年（依赖数据训练）
适用场景	规则明确、高重复性任务	系统级深度集成	非结构化数据处理与智能决策
维护成本	维护成本低 （流程变更时快速调整）	维护成本高 （需代码重构）	维护成本极高 （需持续优化模型）
典型用例	财务对账、数据迁移	企业资源计划（ERP）系统集成	客户情绪分析、预测性维护

RPA 凭借其非侵入性、规则驱动以及高效、准确的特性，为企业开辟了一条快速且成本低廉的数字化转型之路。其核心优势在于高度的业务适应性，特别是在规则明确、需要跨系统协作的场景中，RPA 的表现尤为卓越。随着与 AI 的深度整合，RPA 正从单纯的"任务自动化"迈向"流程智能化"，逐渐成为企业增强竞争力的重要工具。

四、RPA 在各行业的应用

RPA 已在众多行业中得到广泛应用，接下来，将介绍 RPA 技术在一些主要行业和场景中的应用。

1. 金融行业

在金融行业,RPA技术被运用于自动化贷款处理、信用卡审批、账户管理、了解客户、欺诈检测、总账验证、合并报表、交易纠错、应付账款查询等任务。这些自动化流程显著减少了错误和人力成本,同时提升了服务效率和客户满意度。

2. 制造行业

RPA技术在制造行业的应用涵盖了订货处理、库存管理、物料清单生成、采购订单管理、故障检测、工厂记录管理等方面。通过自动化上述流程,制造企业能够有效降低人力成本,提升生产效率和产品质量。

3. 物流行业

在物流行业,RPA技术被用于订单处理、货物跟踪、库存监控等环节。自动化的物流管理提高了货物流转的效率和准确性,同时减少了人为错误。

4. 医疗行业

RPA技术在医疗行业的应用包括预约挂号、账户结算、药物供应商管理、电子健康档案系统管理、医疗耗材审计、医疗账单管理等。这些自动化流程不仅提高了医疗服务的效率和质量,还减轻了医务人员的工作负担。

5. 电商行业

RPA技术在电商行业的应用包括商品管理、售后评价管理、订单管理、对账管理、返利管理、选品分析、运单管理、精准排词、多平台上新等。自动化的电商运营流程有助于提升销售效率,优化客户体验。

6. IT服务行业

在IT服务行业,RPA技术可以用于IT技术支持,日常维护和监控,文件夹监控、备份和恢复,电子邮件处理和分发等。自动化的IT服务流程提高了系统的稳定性和安全性,降低了系统故障的风险。

7. 人力资源

在人力资源管理中,RPA技术可以用于考勤管理、个人所得税申报、差旅费用管理、社保与公积金结算、工资单发放、离职管理等。自动化的人力资源流程提升了员工满意度,优化了人才招聘和管理效率。

8. 教育行业

在教育行业,RPA技术可以用于课程注册、候选人入围、出勤管理、学生评分和评估、教务管理等。自动化的教育管理流程提高了教育服务的质量和效率。

9. 电信行业

在电信行业,RPA技术可以用于服务订单管理、质量报告、了解客户、客服系统整合等。自动化的电信服务流程提升了客户服务的响应速度和质量。

10. 财税行业

在财税行业,RPA可以用于销售到收款、采购到付款、税务管理、资金管理、存货成本、税项拨备等。自动化的财税流程有助于提高财务报告的准确性和合规性。

RPA在企业各业务流程中具有较多应用,具体如图1-1所示。

财税	供应链	IT	人力资源	客户服务
·应收账款	·库存管理	·软件部署	·招聘管理	·地址变更
·应付账款	·需求与供应	·服务器与应用监控	·入职管理	·密码重置
·固定资产	·规划	·日常维护与监控	·转正/续签管理	·付款
·费用与报销	·票据与合同	·电子邮件处理与分发	·离职管理	·安排预约
·资金管理	·管理	·IT服务请求管理	·薪酬社保	·订单修改
·总账		·工单处理	·员工培训	·投诉跟踪
·报表		·批处理	·绩效考核	
·税务		·密码重置	·福利管理	
		·备份与恢复		

图 1-1　RPA 在企业各业务流程中的应用

五、RPA 的发展

RPA 的发展经历了以下几个阶段：

（1）桌面自动化：RPA 技术的初期应用主要集中在桌面任务的自动化上。

（2）业务流程自动化：随着技术的不断进步，RPA 开始拓展至更为复杂的业务流程领域。

（3）智能自动化：目前，RPA 正与人工智能、机器学习等前沿技术相结合，旨在实现更高级别的自动化功能，与智能机器人协同工作。

（4）"黑灯企业"："黑灯企业"是一种高度自动化的生产模式，通过利用 RPA 技术，实现全天候的自动化操作，大幅减少人工干预，从而提升效率和精确度。"黑灯企业"正成为推动企业数字化转型的关键力量。

六、常用 RPA 软件介绍

以下是市场上一些广泛使用的 RPA 软件：

（1）UiPath：提供全面的自动化平台，能够支持复杂的业务流程自动化，高度稳定性，拥有众多案例，被众多企业采用。

（2）Blue Prism：专注于提供企业级自动化解决方案，特别强调流程控制和治理，全球范围内认可度较高，稳定性强，经验丰富，但企业应用案例数量较少。

（3）Automation Anywhere：提供全方位的 RPA 解决方案，包括控制中心和分析工具，全球范围内认可度较高，但案例数量较少。

（4）UIbot：以用户友好和快速开发效率闻名，适合快速搭建自动化流程，在中国市场认可度较高，但成立时间较短，稳定性有待提高，案例数量较多。

七、RPA 机器人设计思路

RPA 机器人的设计应遵循以下设计思路：

（1）需求分析：明确业务需求和目标，确定自动化的范围和深度。

（2）流程设计：构建机器人的工作流程，涵盖触发条件、执行步骤以及输出结果。

（3）技术选型：依据业务需求挑选适当的 RPA 软件和技术。

（4）开发与测试：编写机器人代码并执行详尽的测试，确保其稳定性和精确性。

（5）部署与监控：将机器人部署至生产环境，并实施持续的监控与维护。

（6）持续优化：基于反馈持续改进机器人的性能和功能。

第二节　RPA 机器人的设计及应用原理

一、UiPath 概述

UiPath 是一家全球性的软件企业，致力于提供机器人流程自动化平台。该平台使用户能够利用软件机器人自动执行重复性高且耗时的业务流程任务。UiPath 的 RPA 解决方案的用户体验较好，便于快速部署，并且能够与现有的应用程序和系统实现无缝对接。

二、RPA 与 UiPath 的联系

RPA 是一种技术，它赋予软件机器人模仿人类用户执行任务的能力，如数据输入、报告生成和数据迁移。UiPath 提供了一个全面的 RPA 平台，涵盖开发工具、运行环境和控制中心，简化了 RPA 机器人的创建和管理过程。简而言之，UiPath 是实现 RPA 解决方案的关键工具。

三、UiPath 的安装操作说明

（1）访问 UiPath 中文官网【https://www.uipath.com.cn/】，选择所需版本，点击【开始试用】，如图 1-2 所示。

图 1-2　UiPath 官网界面

（2）UiPath 的版本说明如下：

社区版：专为个人 RPA 开发者和小型团队设计，永久免费提供使用。

Studio：面向企业开发人员，提供 60 天的免费试用期，之后需按年支付费用。

选择合适的版本应考虑学校的教学需求。对于个人用户，推荐下载社区版。本教材提供配套资源包，您可以通过扫描二维码，下载并安装软件。

【说明】　对于运行 Windows 10 或 Windows 11 的电脑，通常无需单独安装【Net Framework 4.7.1】，只需安装【UiPathStudioSetup】。如果系统在安装过程中提示需要【Net Framework】，则应解压并安装相应的组件。然而，对于 Windows 7 用户，需要预先安装【Net Framework 4.7.1】，根据安装【UiPathStudioSetup】时系统给出的提示来决定。

软件下载

（3）在进行 UiPath Studio Pro 的安装、卸载以及每次使用过程中，若您的计算机安装了 360 等安全软件，请务必先行退出，以确保安装、卸载及机器人操作的顺利进行。

（4）若是首次安装 UiPath Studio，可直接跳转至第五步。若之前安装过其他版本的 UiPath Studio，请先进行卸载，随后再进行安装。

（5）双击【UiPathStudioSetup.exe】文件，软件将自动开始安装流程。

（6）系统弹出界面，如图 1-3 所示。

（7）若出现以下画面，则表示安装成功，如图 1-4 所示。

（8）切换成中文界面。点击【Settings】|【General】，在【Language】下，如图 1-5 所示，选择【中文（简体）】。

这时，软件提示重新启动，点击【Restart】。软件重启之后，将会进入软件的中文界面。

（9）防止 UiPath 更新的方法：2021 年 12 月 4 日以后，UiPath 要求用户强制更新到最新版本，届时界面和控件内容都会发生变化。为了防止强制升级，安装完毕之后，可以根据桌面快捷查看安装 UiPath 位置，复制整个文件到其他文件夹，将原有文件夹的内容全部卸载干净（注意是卸载，不是直接删除），这样就不会强制更新了。

四、UiPath 界面介绍

UiPath Studio 是 UiPath 的核心开发平台，提供了一个直观的用户界面，使用户能够通过拖放活动来构建工作流。该界面主要由五个部分组成：菜单面板、活动面板、设计面板、属性面板以及变量面板，具体如图 1-6 所示。

五、UiPath 数据的变量和类型

在 UiPath 中，数据的变量和类型是构建自动化流程的基础。

（一）UiPath 数据的变量

变量是指在特定过程中可能取不同值的量，其值可以在一定范围内变动。变量在数学、编程等多个领域都有广泛的应用。在数学领域，变量代表未知数或函数的输入；在编程领域，变量是用于存储数据的容器，其值可以在程序运行时被随时修改。在 UiPath 中，变量可以是局部的（仅在当前序列中有效）或全局的（在整个工作流中有效）。

以 QQ 邮箱的登录为例，登录账号【123456@qq.com】，登录密码【YX665533】。在 UiPath 中创建【账号】变量，设置账号【123456@qq.com】。同样，在 UiPath 中创建【密码】变

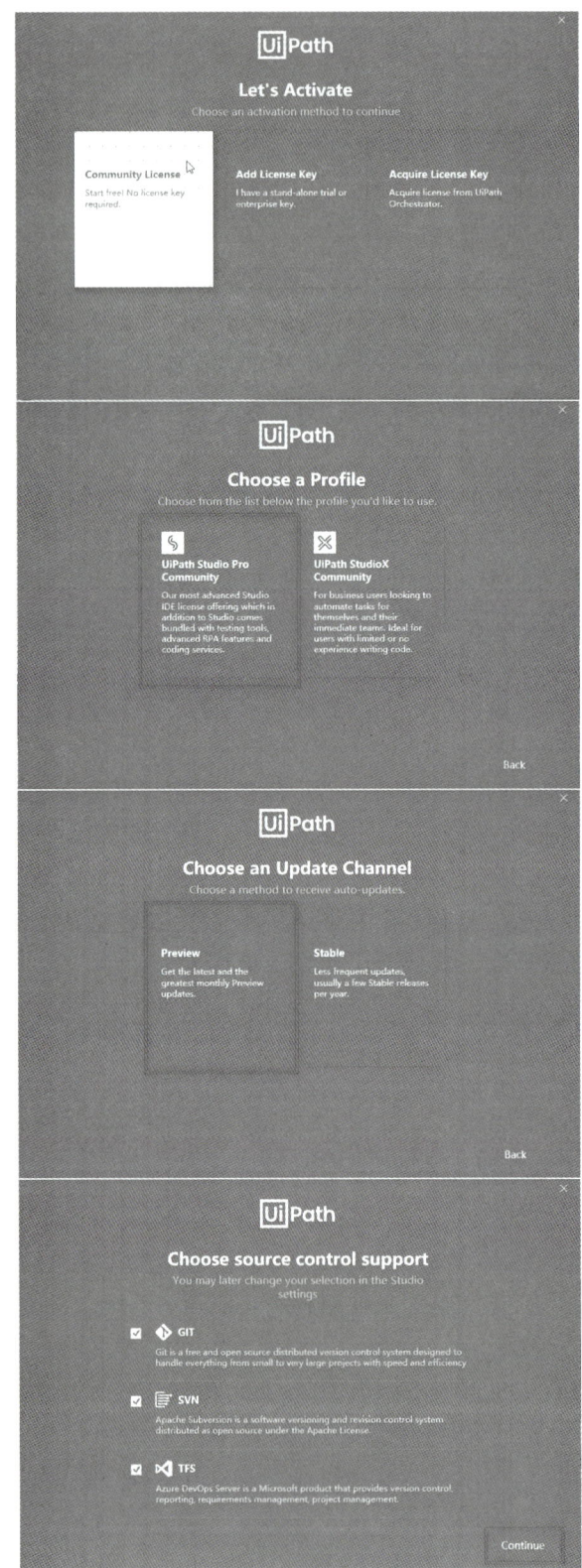

图 1-3　UiPath 软件安装步骤

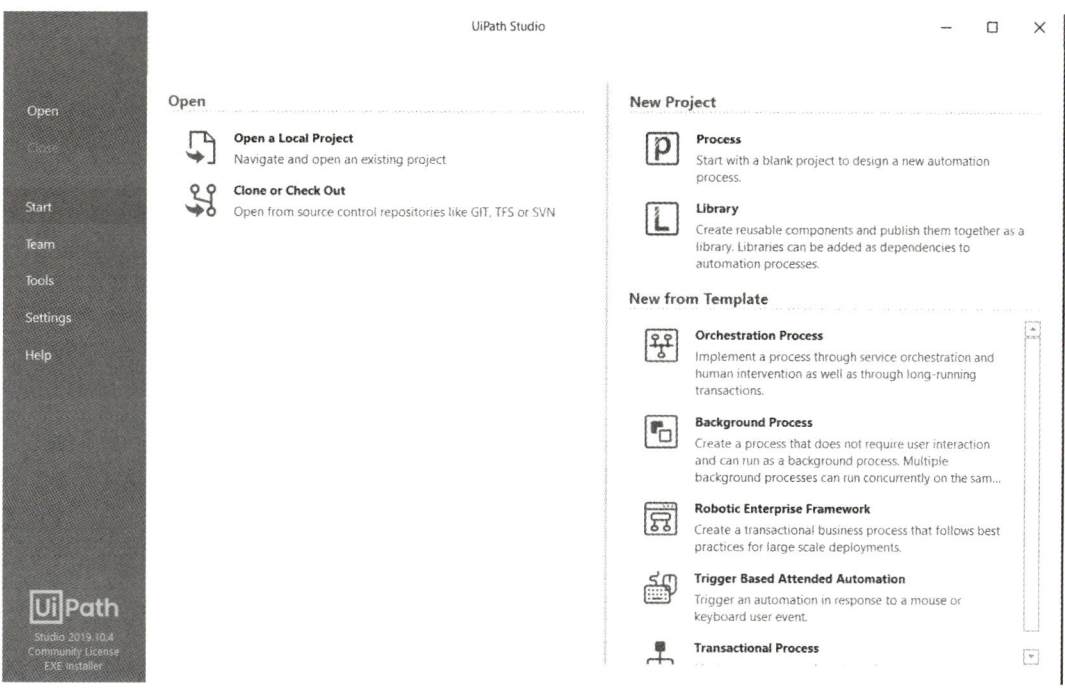

图 1-4   UiPath 安装成功

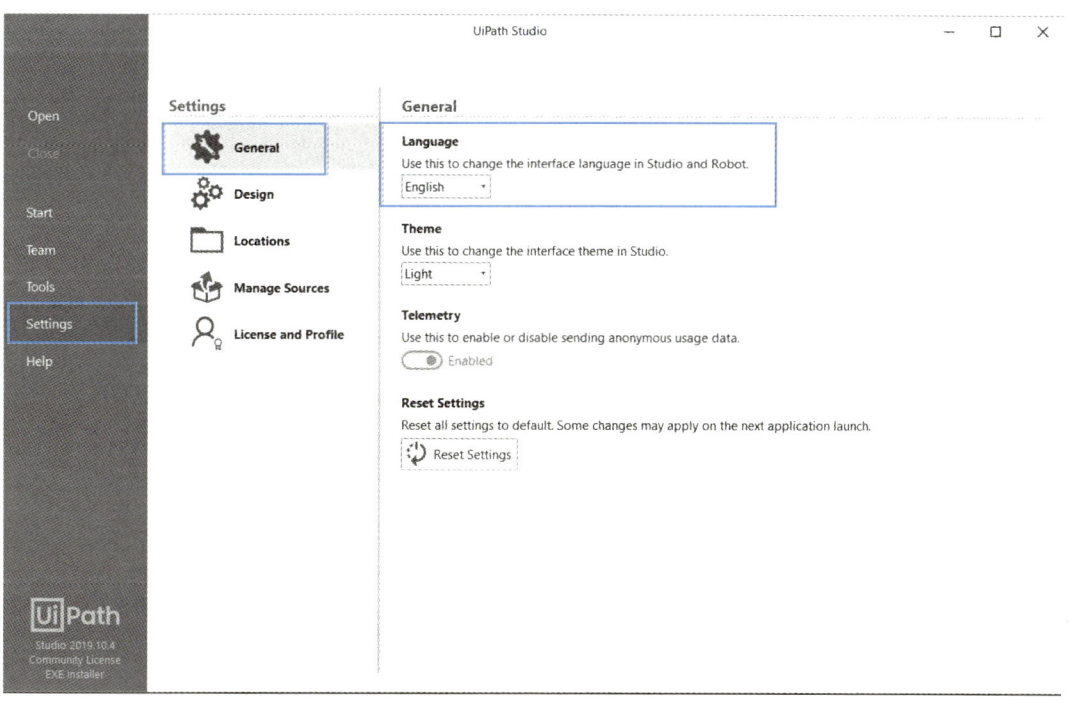

图 1-5   UiPath 设置中文

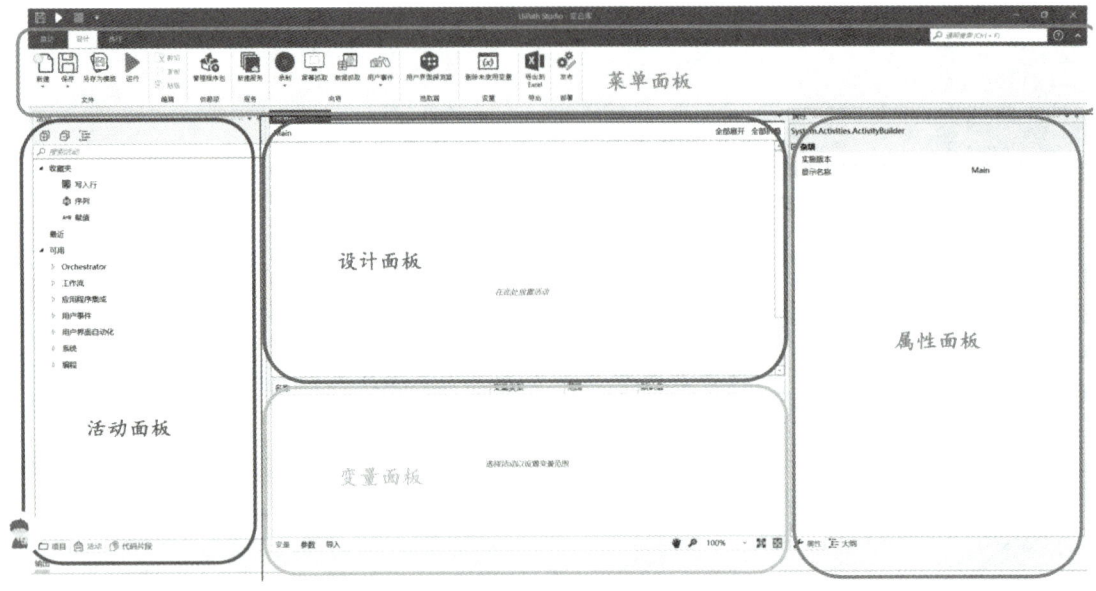

图 1-6　UiPath 操作界面

量,设置密码【YX665533】。当机器人执行登录 QQ 邮箱的操作时,会自动调用变量【账号】和【密码】中存储的登录信息,这里的变量【账号】和【密码】主要用于存储登录信息。即便账号和密码发生变化,也不会影响变量的引用。通过变量,RPA 机器人可以方便地调用存储在其中的信息。

(二) UiPath 数据的类型

在 UiPath 中,数据类型是构建自动化流程时用于定义变量或参数可以存储的数据种类。表 1-2 展示了 UiPath 的常见数据类型。

表 1-2　UiPath 的常见数据类型

编号	类型	符号	举例	说明
1	数字	Int32	112233、-100	整数
2	文本	String	"兔子""123" "English"	(中、数、英) 字符串
3	图像	Image	jpg、png、bmp	图片
4	浏览器	Browser	网页	
5	布尔类型	Boolean	True 或 False	真假值
6	数据表	DateTable	Excel 表格	
7	泛型	GenericValue	文本格式＝"字符串" 数值格式＝789456 小数格式＝4785.68	任何格式

在 UiPath 中,精心挑选数据类型对于设计高效的自动化流程至关重要。恰当的数据类型能够保障数据的精确性和流程的稳定性。例如,处理日期和时间数据时,应优先考虑使用

DateTime 类型；处理文本数据时，应选择 String 类型；而对于需要精确计算的金融数据，Decimal 类型则是不二之选。

在 UiPath 工作流的设计过程中，恰当运用变量和参数，并选择合适的数据类型，是提升自动化流程效率和可维护性的关键。通过 UiPath Studio 中的 Assign 活动，可以轻松将数据赋值给变量和参数，确保数据在工作流中的顺畅传递和处理。UiPath 还配备了丰富的活动库，支持执行多样化的操作，包括数据输入、文件处理、逻辑判断等。这些活动与变量和参数的结合使用，能够帮助实现复杂的业务逻辑。

第二章
数据获取运用

第一节　股票数据抓取机器人

情景案例导入

小明的股票投资与 RPA 的邂逅

　　小明刚从会计学专业毕业，顺利地找到了一份稳定的工作，每个月都有了一笔可观的闲余资金。他意识到不能让这些钱闲置，于是决定进行理财投资以增加收入。在研究市场行情的过程中，小明注意到机器人领域发展尤其迅猛，国家推出了一系列政策支持机器人产业的发展，如《中国制造 2025》明确提出了突破机器人等关键技术，推动制造业智能化升级的目标。同时，国家也在积极促进资本市场的健康发展，出台多项政策规范和引导资本市场，为投资者创造了一个更加稳定和透明的市场环境。

　　小明对股票市场产生了浓厚的兴趣，特别是那些与机器人概念相关的股票。于是，他开通了股票账户，准备正式进入股票投资的领域。然而，面对浩如烟海的股票信息，他感到有些无所适从。每天下班后，他都需要投入大量时间手动搜集和记录机器人概念板块各个股票的行情数据，以便进行分析和决策。但这样的做法不仅效率低下，还容易出错，长时间的重复劳动让他感到疲惫和烦躁。

　　正当小明为这个问题感到烦恼时，他偶然了解到 RPA 技术。他得知 RPA 能够模拟人类操作计算机的行为，自动完成一些重复性、规律性的任务，如自动打开网页、抓取数据、保存文件等。于是，小明决定尝试制作一个股票数据抓取机器人，帮助自己解决这个难题。

　　2025 年春节，DeepSeek 的崛起让小明有了新的灵感。DeepSeek 在数学、代码、自然语言推理等任务上表现出色，且训练成本低、开源，支持本地部署。小明认为，他也可以利用 DeepSeek 构建自己的投资智能体,帮助他进行投资决策分析,而构建这个属于自己的投资智能体,需要大量的数据来训练大模型,因此,他急需制作一个股票数据抓取机器人来实现股票交易数据的自动下载。

【思考】　同学们,小明该如何利用 UiPath 制作股票数据抓取机器人呢? 让我们一起帮助他解决这个问题。

一、股票数据抓取机器人原理

在这个信息和数据呈指数级增长的时代,UiPath Studio 提供了一种高效的方式,使投资者和交易者能够迅速获取并分析股票信息,从而作出明智的投资决策。深入研究和评估历史及当前数据,有助于市场参与者在竞争激烈的市场中占据有利位置,进而作出更加明智的选择。

 思政小思考

　财务机器人相较于传统手工操作有什么优势?

(一)案例目标

RPA 技术可以模拟人类的网页操作行为,自动打开浏览器,定位到包含股票信息的表格或列表,并从中提取数据保存至本地 Excel 表格。RPA 技术通过浏览器自动化工具以及 HTTP 请求与响应机制,配合数据解析与处理技术,实现了对股票数据高效、精确的获取与管理。

(二)案例工作流程

股票数据抓取机器人工作流程,如图 2-1 所示。

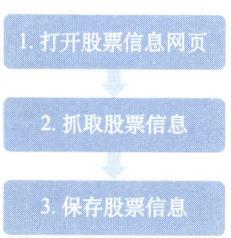

图 2-1　股票数据抓取机器人工作流程

二、股票数据抓取机器人的制作

(一)准备阶段

(1)启用【RPA 财务机器人实践教学平台】,使用学号作为账号,并以初始密码【666666】登录系统。登录后,进入任务列表,选择并打开【股票数据抓取机器人】任务,具体操作步骤如图 2-2 和图 2-3 所示。

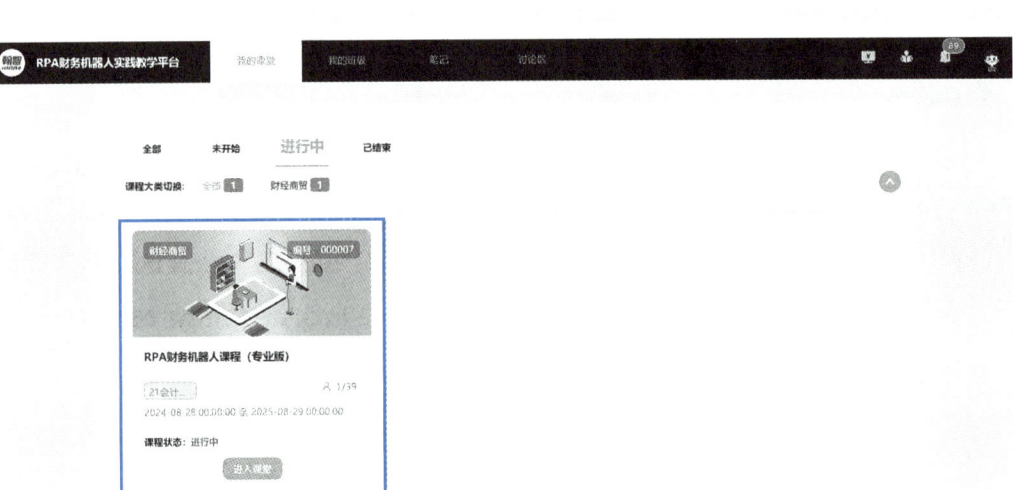

图 2-2　进入任务列表

图 2-3　打开【股票数据抓取机器人】任务

（2）在【股票数据抓取机器人】任务中，查找并复制东方财富网的网址，该网址将用于后续操作。使用【谷歌浏览器】打开东方财富网，网址为【http://quote.eastmoney.com/center/gridlist.html#index_sh】。

（3）在【C:\】路径下创建一个文件夹，将其命名为【股票数据抓取机器人】。

（4）在【C:\股票数据抓取机器人】文件夹内新建一个 Excel 文档，将其命名为【股票信息】，具体操作如图 2-4 所示。

图 2-4　新建 Excel 文档

（二）制作阶段

（1）打开【UiPath Studio】，点击【开始】|【库】，在打开的【新建空白库】弹窗中，设置名称为【股票数据抓取机器人序列】，位置为【C:\股票数据抓取机器人】，其他保持初始设置。点击【创建】，完成库的创建，如图 2-5 所示。

图 2-5　新建空白库

（2）点击页面左下角的【项目】，在左侧展开的【项目】面板中，单击【NewActivity.xaml】，按【F2】键或者单击鼠标右键选择【重命名】。在【重命名】弹窗中，设置收件人为【股票数据抓取机器人序列】，点击【确定】，完成项目重命名操作，如图 2-6 所示。双击页面左侧的【股票数据抓取机器人序列.xaml】（重命名的【NewActivity.xaml】文件），进入【Main】设计面板的主界面。

（3）点击页面左下角【活动】面板。在左侧的搜索框中输入【序列】，将【序列】拖曳到设计面板中（或者直接双击搜索结果【序列】）。将【序列】重命名为【股票抓取机器人序列】，如图 2-7 所示。此处重命名【序列】的方式有以下四种：

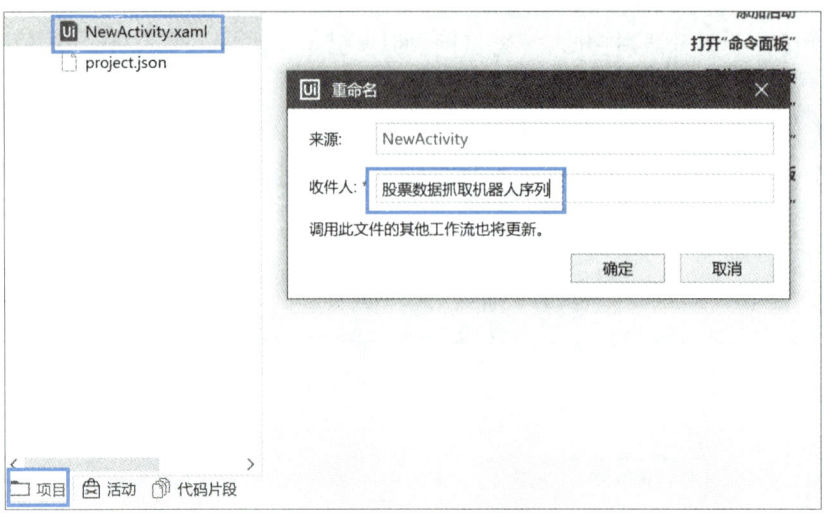

图 2-6　重命名项目

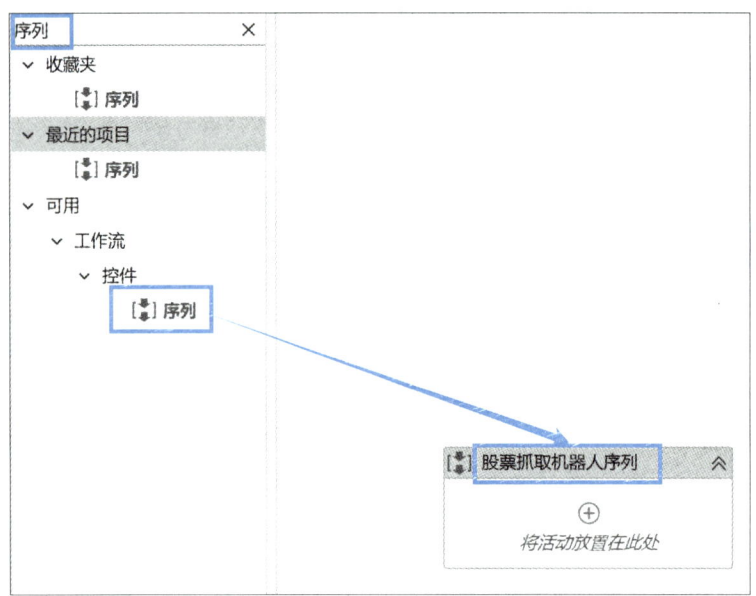

图 2-7　股票抓取机器人序列

① 点击页面右侧【属性】|【常见】|【显示名称】进行修改。

② 点击设计面板的【序列】，按【F2】键，进行重命名。

③ 快速双击设计面板左上角的【序列】，进行重命名。

④ 单击鼠标右键选择设计面板【序列】，选择【重命名】，进行重命名。

其他活动控件的重命名方法类似。

由于本步骤较为简单，后续机器人的控件重命名操作将不再展开叙述。

（4）步骤一【打开股票信息网页】。

① 在菜单栏中点击【录制】|【网页】，如图 2-8 所示。

图 2-8　【录制网页】操作

② 在【谷歌浏览器】打开东方财富网网站,点击【网页录制】对话框中的【打开浏览器】,点击网页任意位置,如图 2-9 所示。

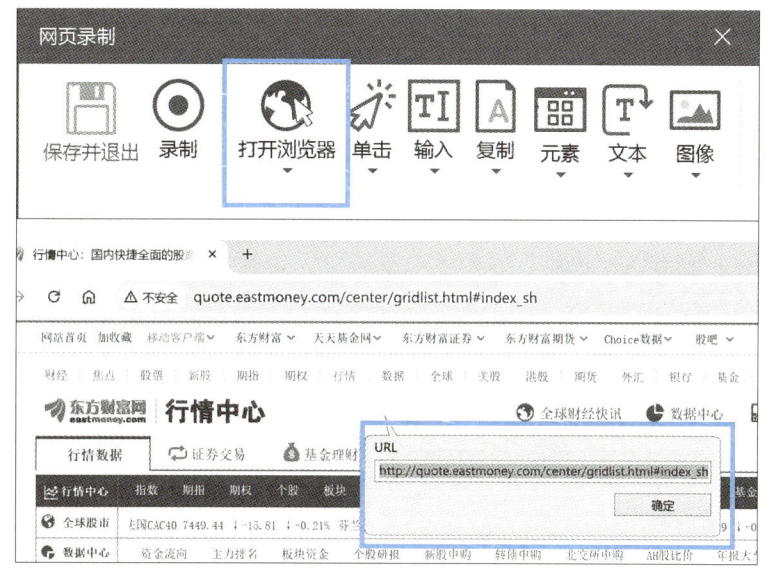

图 2-9　打开浏览器

③ 控件识别并获取网站地址后,点击【URL】窗口的【确定】,点击【网页录制】窗口的【保存并退出】,如图 2-10 所示,返回 UiPath 界面。

图 2-10　录制后保存并退出

④ 将设计面板中自动生成的活动控件【网页】重命名为【打开股票信息网页】，如图 2-11 所示。

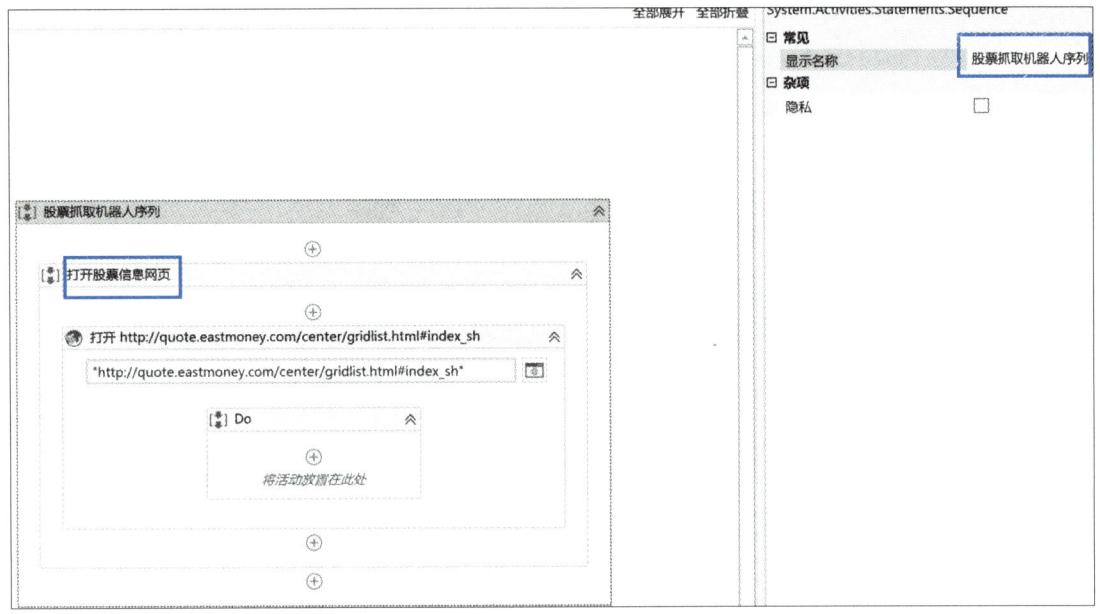

图 2-11　重命名网页控件

（5）步骤二【抓取股票信息】。

① 点击菜单栏【数据抓取】，如图 2-12 所示。

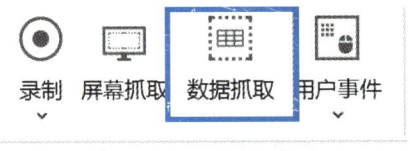

图 2-12　数据抓取操作

② 在弹出的【提取向导】窗口中点击【下一步】，页面显示为打开的东方财富网页面，选择所需抓取的表格的左上角单元格【序号】，如图 2-13 和图 2-14 所示。在选取屏幕元素时，电脑页面是冻结的，如果冻结的页面没有显示所需要抓取的内容，可以按【F2】键，UiPath 提供3 秒的解除冻结时间，可以自主进行页面内容的切换。在屏幕右下方有倒计时显示，如 3 秒内未能完成操作，可再次按【F2】键获得 3 秒的解除冻结时间，以此类推。

③ 在弹出的【提取表】窗口中，点击【是】，如图 2-15 所示，UiPath 识别表格内容并生成预览。将【提取向导】窗口中的【最大结果条数】设置为【150】（该数量为需要自动获取的股票数量，可自行修改，如设置为 0，则代表获取全表数据），点击【完成】，如图 2-16 所示。

④ 弹出【指出下一个链接】窗口，如果需要抓取多页表格信息，点击【是】，否则点击【否】（因案例需要抓取的 150 行股票数据，包含多页表格，这里点击【是】），如图 2-17 所示。

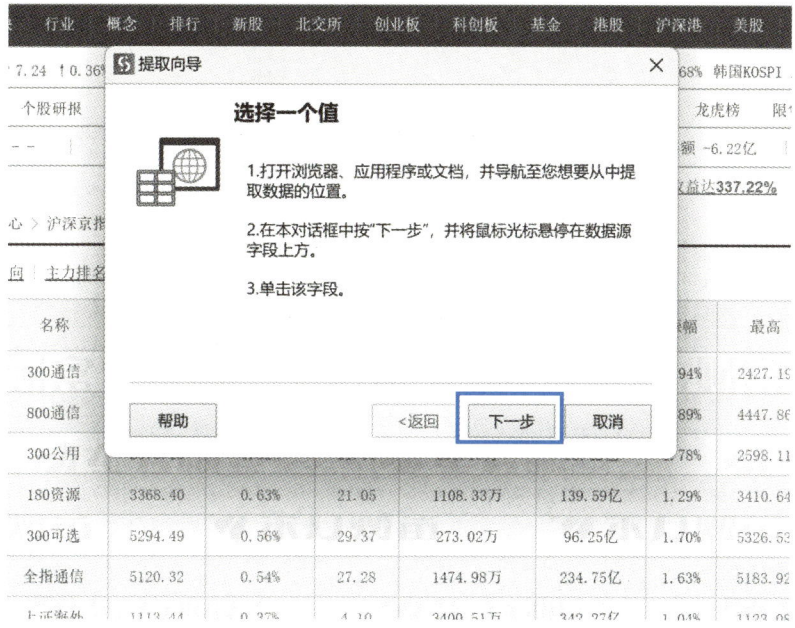

图 2-13　提取向导

序号	代码	名称	最新价	涨跌幅⬇	涨跌额
1	000916	300通信	2406.19	1.17%	27.86
2	000936	800通信	4396.54	0.86%	37.61
3	000917	300公用	2578.15	0.82%	21.01
4	000026	180资源	3368.40	0.63%	21.05
5	000911	300可选	5294.49	0.56%	29.37
6	000994	全指通信	5120.32	0.54%	27.28
7	000054	上证海外	1113.44	0.37%	4.10

图 2-14　选择所需要抓取的表格的左上角单元格

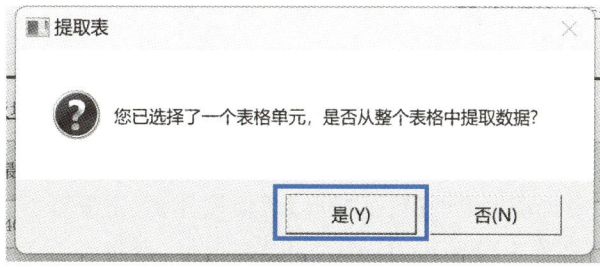

图 2-15　提取表

图 2-16　提取向导

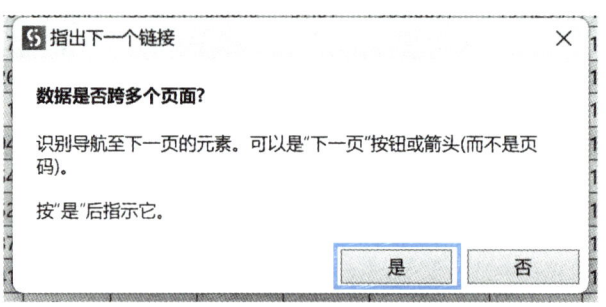

图 2-17　指出下一个链接

⑤ 按【F2】键,解除冻结状态(3 秒),将网页页面下拉到显示【下一页】的状态,在页面冻结状态下,点击【下一页】,自动返回【UiPath Studio】界面。这一步骤的目的是让机器人模拟手动翻页的操作,如图 2-18 所示。

⑥ 点击设计面板中自动生成的【数据抓取】活动控件,点击屏幕下方的【变量】面板。在【变量】面板中,显示有名称为【ExtractDataTable】的变量,变量类型为【DataTable】,这是机器人抓取网页数据所保存的工作表。点击范围下拉菜单,选择【股票抓取机器人序列】(将变量范围改为全局,以便后续使用)。点击【变量】,隐藏【变量】面板,如图 2-19 所示。

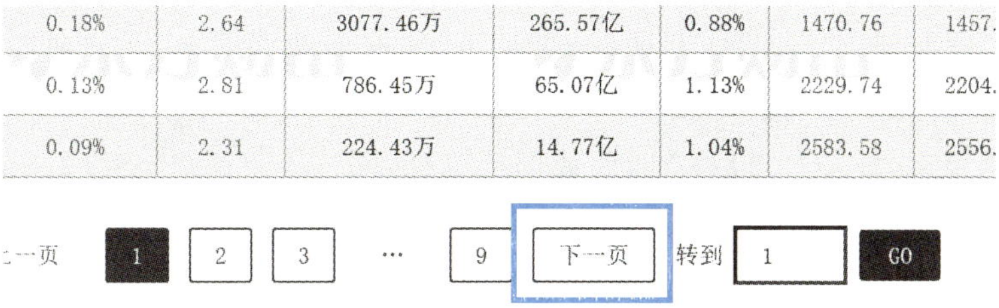

0.18%	2.64	3077.46万	265.57亿	0.88%	1470.76	1457.
0.13%	2.81	786.45万	65.07亿	1.13%	2229.74	2204.
0.09%	2.31	224.43万	14.77亿	1.04%	2583.58	2556.

一页　1　2　3　…　9　下一页　转到　1　GO

图 2-18　点击【下一页】

名称	变量类型	范围	默认值
ExtractDataTable	DataTable	股票抓取机器人	New System.Data.DataTable

创建变量

变量　参数　导入　　　　　100%

图 2-19　设置变量

（6）步骤三【保存股票信息】。

在左侧【活动】面板搜索框中输入【写入范围】,将【写入范围】拖曳至设计面板【股票抓取机器人序列】中【数据抓取】活动下方,并将设计面板中的【写入范围】重命名为【写入范围-保存股票信息】。点击【属性】|【输入】|【工作簿路径】|【…】,在弹窗中输入【C:\股票数据抓取机器人\股票信息.xlsx】,点击【确定】。需注意,工作簿路径需输入英文输入法下的双引号,否则会报错。引用之前定义的变量,点击【属性】|【输入】|【数据表】,在输入框中按空格键,双击弹出的变量【ExtractDataTable】。点击【属性】|【选项】|【添加标头】,如图 2-20 所示。

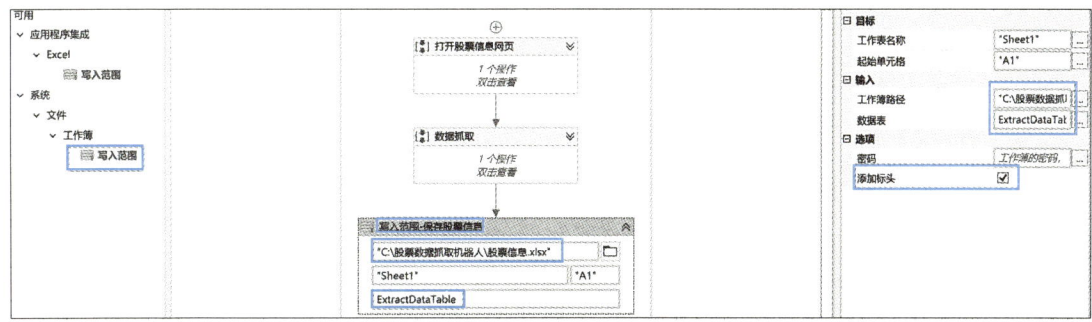

图 2-20　设置写入范围

（三）运行测试阶段

（1）完成股票数据抓取机器人的制作后，可以点击菜单面板左侧的【运行】（快捷键【F6】），运行股票数据抓取机器人。

（2）运行结束后，重新打开【C:\股票数据抓取机器人\股票信息.xlsx】，Sheet1 中显示所获取的 150 条股票数据，如图 2-21 所示。

	序号	代码	名称	最新价	涨跌幅	涨跌额	成交量(手)	成交额	振幅	最高	最低	今开	昨收	量比
121	序号	代码	名称	最新价	涨跌幅	涨跌额	成交量(手)	成交额	振幅	最高	最低	今开	昨收	量比
122	121	000039	上证信息	2403.11	-0.62%	-15.07	556.12万	162.49亿	1.86%	2440.60	2395.58	2419.75	2418.18	1.16
123	122	000064	非周期	2549.87	-0.64%	-16.38	2321.02万	493.47亿	1.00%	2572.73	2547.15	2565.70	2566.25	0.88
124	123	000070	能源等权	2492.45	-0.64%	-16.05	837.19万	65.56亿	1.45%	2528.80	2492.45	2512.46	2508.50	0.83
125	124	000964	中证新兴	6260.99	-0.65%	-41.12	2572.75万	605.72亿	1.23%	6336.79	6259.47	6304.20	6302.11	0.99
126	125	000067	上证新兴	5078.32	-0.66%	-33.70	1142.97万	238.73亿	1.28%	5135.44	5070.25	5116.63	5112.02	0.90
127	126	000035	上证可选	2222.00	-0.67%	-15.06	812.67万	108.30亿	1.18%	2248.44	2222.00	2234.26	2237.06	0.79
128	127	000059	全R成长	2181.53	-0.68%	-14.92	7483.86万	1015.86亿	1.13%	2204.59	2179.86	2199.86	2196.45	1.06
129	128	000949	中证农业	4061.16	-0.68%	-27.96	471.52万	42.94亿	0.84%	4092.36	4057.99	4082.47	4089.12	0.99
130	129	000969	300非周	3600.48	-0.69%	-24.89	4339.01万	944.97亿	1.03%	3637.36	3600.14	3623.79	3625.37	0.93
131	130	000120	380R价值	6691.31	-0.69%	-46.52	3122.25万	303.50亿	1.14%	6767.63	6691.08	6742.97	6737.83	0.94
132	131	000004	工业指数	2320.02	-0.70%	-16.41	1.37亿	1566.42亿	1.10%	2344.63	2318.82	2337.89	2336.43	1.04
133	132	000918	300成长	3168.75	-0.73%	-23.42	1976.78万	527.73亿	1.27%	3208.03	3167.53	3196.51	3192.17	0.96
134	133	000966	基本400	5703.65	-0.75%	-42.88	6893.33万	680.02亿	1.16%	5770.55	5703.65	5752.81	5746.53	0.94
135	134	000907	中证700	3972.14	-0.76%	-30.38	1.32亿	1450.46亿	1.16%	4018.21	3971.84	4006.22	4002.52	0.99
136	135	000942	内地消费	8690.59	-0.77%	-67.13	599.22万	296.62亿	1.11%	8783.52	8686.09	8739.25	8757.72	0.94
137	136	000902	中证流通	3897.46	-0.77%	-30.33	5.82亿	5168.14亿	1.08%	3939.84	3897.46	3929.85	3927.79	1.02
138	137	000985	中证全指	3681.44	-0.78%	-28.83	5.77亿	5143.61亿	1.08%	3721.67	3681.44	3712.21	3710.27	1.02
139	138	000072	工业等权	2369.98	-0.78%	-18.56	1298.74万	112.24亿	1.01%	2392.18	2368.14	2380.29	2388.54	0.82
140	139	000037	上证医药	4870.46	-0.82%	-40.32	488.46万	127.27亿	1.20%	4923.90	4864.90	4914.23	4910.78	1.18
141	140	000045	上证小盘	3713.03	-0.84%	-31.37	5914.62万	472.15亿	1.18%	3755.57	3711.46	3746.23	3744.40	1.05
142	141	000991	全指医药	7149.44	-0.89%	-64.38	958.66万	223.54亿	1.04%	7221.89	7147.03	7216.12	7213.82	0.99
143	142	000933	中证医药	6676.30	-0.90%	-60.36	767.33万	183.74亿	1.04%	6744.66	6674.74	6740.06	6736.66	1.03
144	143	000077	信息等权	2835.80	-0.94%	-26.97	556.12万	162.49亿	1.87%	2880.06	2826.63	2862.55	2862.77	1.16
145	144	000075	医药等权	5616.75	-0.97%	-54.81	488.46万	127.27亿	1.18%	5682.12	5609.35	5672.68	5671.56	1.18
146	145	000979	大宗商品	3984.27	-1.00%	-40.33	3018.05万	295.92亿	1.55%	4045.65	3983.11	4035.18	4024.60	1.05
147	146	000905	中证500	4450.96	-1.01%	-45.63	9253.38万	857.11亿	1.29%	4509.07	4450.96	4500.39	4496.59	1.02
148	147	000009	上证380	4352.79	-1.03%	-45.15	3560.47万	420.64亿	1.21%	4405.85	4352.79	4400.08	4397.94	0.95
149	148	000104	380能源	1308.61	-1.05%	-13.89	225.28万	18.86亿	1.95%	1334.39	1308.61	1326.38	1322.50	0.82
150	149	000069	消费80	3909.11	-1.05%	-41.53	973.25万	284.69亿	1.21%	3956.06	3908.31	3946.18	3950.64	1.03
151	150	000106	380工业	3712.49	-1.09%	-41.02	1103.84万	111.01亿	1.26%	3758.98	3711.76	3755.12	3753.51	1.03

图 2-21　运行结果

 **思政小思考**

如何保证数据安全与隐私保护？

试卷测试

三、课后拓展

（1）如何实现将打开的网页最大化。

（2）如何在保存数据后自动关闭浏览器。

（3）在机器人完成操作后弹出【任务已完成】窗口。

第二节 商品信息抓取机器人

情景案例导入

小明的购物困扰

在日常工作中,小明的时间安排很紧凑,闲暇时光有限。近期,他计划为家里添置一台新的空气净化器。鉴于京东平台商品种类丰富且价格具有竞争力,小明决定在京东上进行选购。打开京东的电脑网页版,小明输入"空气净化器"关键词,屏幕上立即呈现了数千种商品。他浏览着众多商品,面对品牌、型号、价格、销量、评价等信息的多样性,小明感到有些无所适从。

"这款商品销量可观,但价格偏高;而那款价格低廉,销量和评价却并不突出……"小明眉头紧蹙,手指在屏幕上不断滑动,试图寻找一款性价比高的商品。然而,面对如此庞杂的信息,他感到有些力不从心。

"若能有机器人辅助筛选,那将大有裨益。"小明心中暗自思忖。恰在此时,他想起了自己最近自学的 RPA 财务机器人。该机器人能够自动化处理繁琐的任务,如抓取商品信息、比较价格、分析销量等。小明眼前一亮,决定尝试一番。

他打开了 UiPath 界面,输入了自己对自动化抓取商品信息的需求:空气净化器,价格区间设定为 1000～3000 元,销量位于前 10％,评价在 4.5 星以上。机器人迅速投入工作,几秒钟后,屏幕上便展示了所有符合要求的商品。小明看着经过筛选并按性价比排序的结果,心中舒了一口气。机器人不仅帮他筛选出了合适的商品,还按照性价比从高到低进行了排列。小明很快便挑选出一款满意的空气净化器,下单并支付,整个过程轻松而高效。

"购物过程竟然如此简便!"小明感慨道。从此,他再也不必为繁杂的商品信息而烦恼,RPA 财务机器人成为他购物时的得力助手。

【思考】 在这个案例中,小明借助 RPA 财务机器人轻松解决了在京东上筛选商品的难题。机器人自动抓取了商品信息,并根据小明的需求进行了筛选和排序,极大地节省了时间和精力。这个案例展示了 RPA 财务机器人在日常生活购物中的应用潜力。让我们一起学习 RPA 是如何帮助消费者更高效地完成购物任务的吧。

一、商品信息抓取机器人原理

在电子商务领域,数据分析占据着至关重要的地位。无论是制定营销策略,还是维护客户关系,都必须依赖于对数据的深入挖掘和精准解读。通过使用 UiPath Studio 这一强大的工具,企业能够迅速地提取和分析庞大的数据集,准确地识别出运营中的不足之处,如营销成效欠佳或客户满意度不高等问题。依据这些深刻的洞察,企业能够更有针对性地调整和

优化策略,从而增强整体的市场竞争力。

思政小思考

探讨企业利用自动化工具进行不公平竞争的行为及其后果。

(一)案例目标

通过 RPA 技术模拟人类操作,自动打开网页,定位到电商平台的商品信息页面,提取商品信息数据并保存到本地的 Excel 表格中。RPA 技术借助浏览器自动化工具和 HTTP 请求与响应机制,结合数据解析与处理技术,实现对电商平台网页商品数据的高效、准确获取和管理。具体功能如下:

(1)运用 RPA 工具批量抓取商品信息。

(2)运用 RPA 工具将商品信息保存至 Excel 表格。

(二)案例工作流程

商品信息抓取机器人工作流程,如图 2-22 所示。

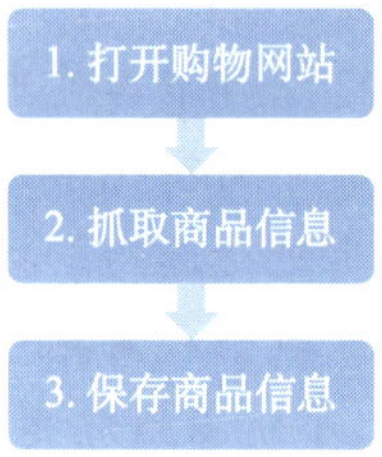

```
1. 打开购物网站
        ↓
2. 抓取商品信息
        ↓
3. 保存商品信息
```

图 2-22　商品信息抓取机器人工作流程

二、商品信息抓取机器人的制作

(一)准备阶段

(1)打开【RPA 财务机器人实践教学平台】,使用账号【学号】,初始密码【666666】登录系统。登录后,进入任务列表,选择并打开【商品信息抓取机器人】任务。

(2)在执行【商品信息抓取机器人】任务时,需定位到此次机器人制作过程中所使用的京东商城网址,复制该网址,并使用【谷歌浏览器】打开京东商城页面,具体的网址为【https://www.jd.com】。在此示例中,我们以【京东商城】作为参考,但用户可根据个人电脑配置或隐私保护需求,自定义设置其他购物网站的信息。推荐的其他网站包括唯品会,网址为【www.vip.com】(无需扫码登录);淘宝,网址为【www.taobao.com】(需要扫码登录)。

(3)在【C:\】路径下创建一个新文件夹,并将其命名为【商品信息抓取机器人】。

(4)在【C:\商品信息抓取机器人】文件夹内新建一个 Excel 文档,将其命名为【商品信息】。

(二)制作阶段

(1)打开【UiPath Studio】,点击【开始】|【库】,在打开的【新建空白库】弹窗中。设置名称为【商品信息抓取机器人序列】,位置为【C:\商品信息抓取机器人】,其他保持初始设置。点击【创建】,完成库的创建,如图 2-23 所示。

(2)点击页面左下角的【项目】,在左侧展开的【项目】面板中,点击【NewActivity.xaml】,按【F2】键或者单击鼠标右键选择【重命名】。在【重命名】弹窗中,设置收件人为【商品信息抓取机器人序列】,点击【确定】,完成项目重命名操作,如图 2-24 所示。双击页面左侧的【商品信息抓取机器人序列.xaml】(重命名的【NewActivity.xaml】文件),进入【Main】设计面板的主界面。

(3)点击页面左下角【活动】面板。在左侧的搜索框中输入【序列】,将【序列】拖曳到设计面板中(或者直接双击搜索结果【序列】)。将【序列】重命名为【商品信息抓取机器人】,如图 2-25 所示。

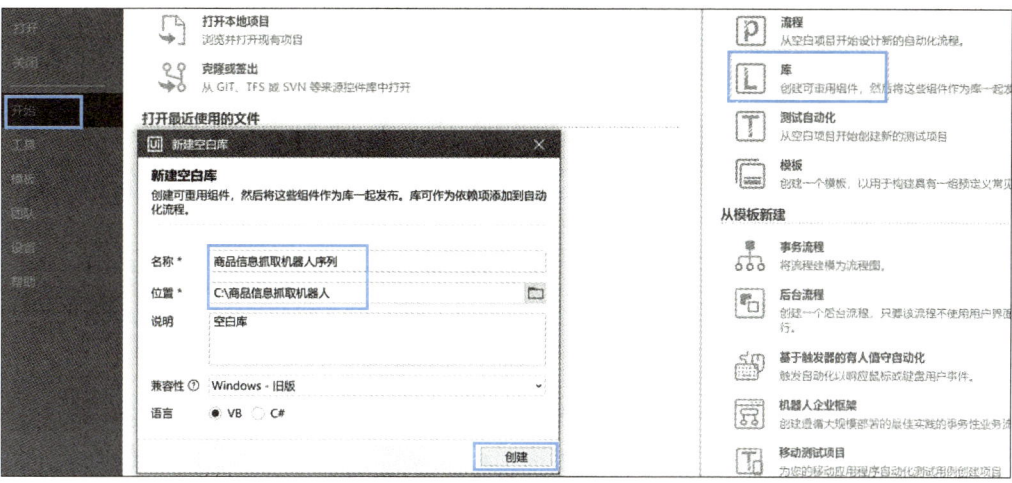

图 2-23 新建空白库

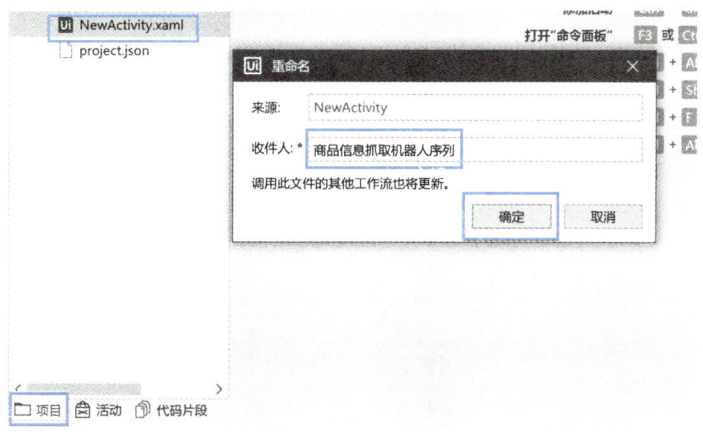

图 2-24 重命名项目

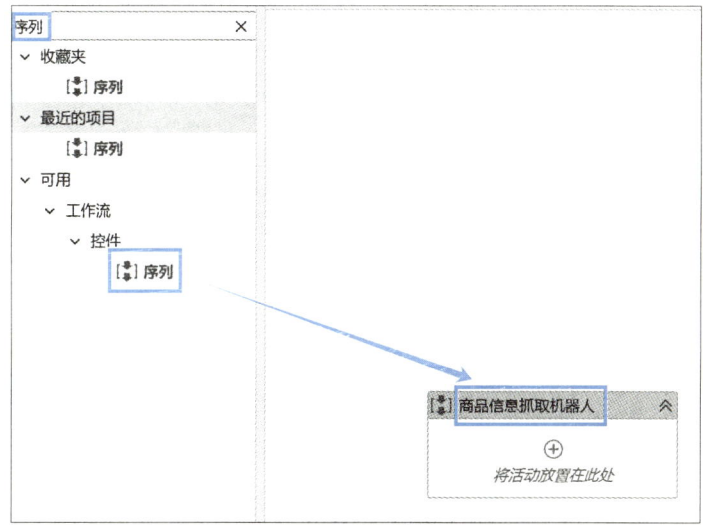

图 2-25 商品信息抓取机器人序列

（4）步骤一【打开购物网站】。

① 使用【谷歌浏览器】打开京东网页【https://www.jd.com/】，输入需要抓取信息的商品类型，此处以【手机】为例，点击【搜索】，如图 2-26 所示。

图 2-26　谷歌浏览器打开京东网页

② 返回【UiPath Studio】操作界面，在菜单栏中点击【录制】|【网页】，点击【打开浏览器】，点击网页任意位置，点击【确定】，如图 2-27 所示。

图 2-27　打开浏览器

③ 控件识别并获取网站地址后,点击【确定】,点击【保存并退出】,如图 2-28 所示,返回【UiPath Studio】操作界面。

图 2-28　保存并退出

④ 对屏幕录制的活动控件【网页】进行重命名,点击【属性】|【常见】|【显示名称】,将显示名称修改为【打开京东购物网站】,如图 2-29 所示。

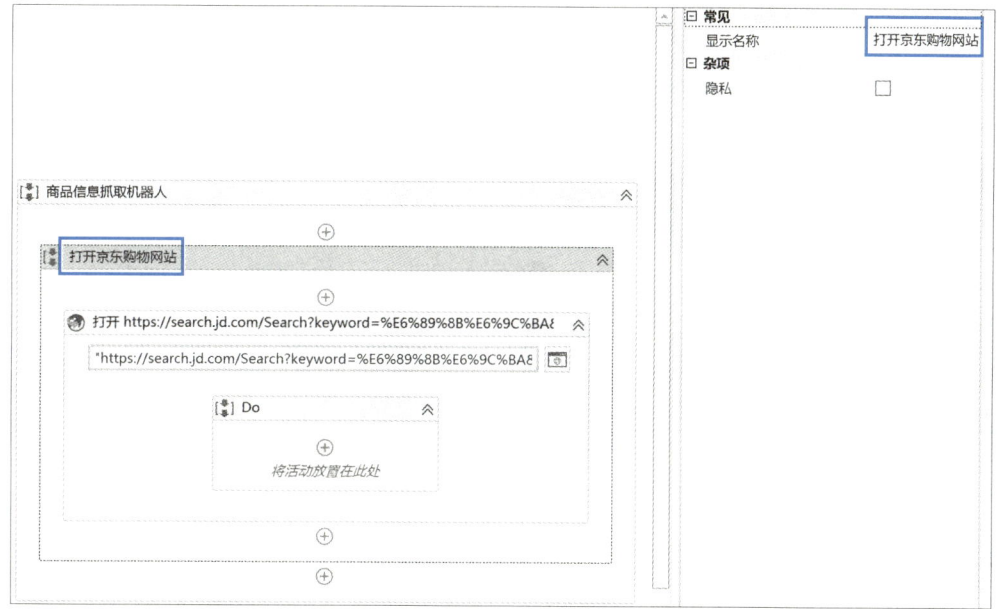

图 2-29　重命名网页控件

(5) 步骤二【抓取商品信息】。

① 点击菜单栏【数据抓取】,如图 2-30 所示。

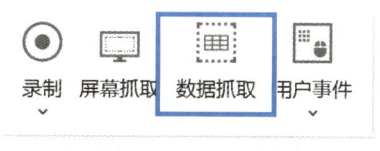

图 2-30　数据抓取操作

② 点击【下一步】,如图 2-31 所示。

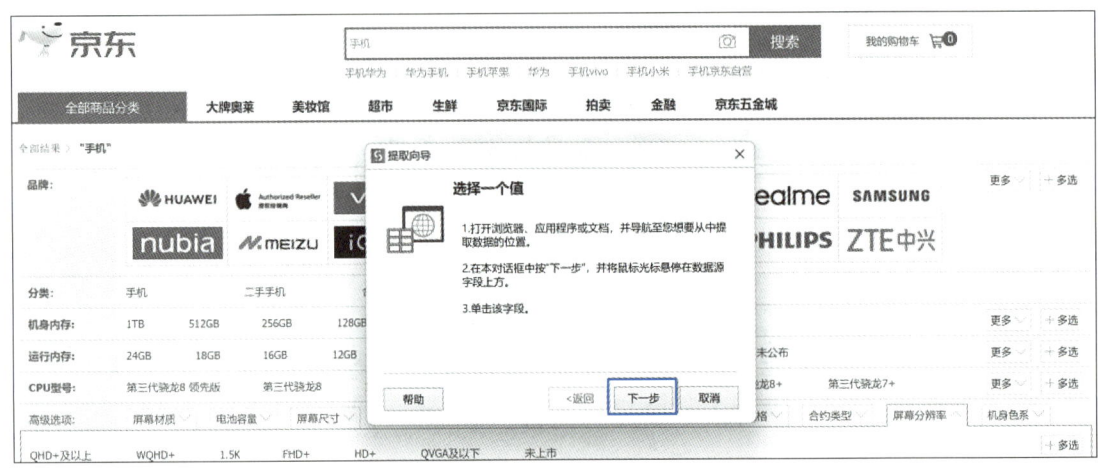

图 2-31　点击【下一步】

③ 点击第一个商品【手机信息】,如图 2-32 所示。

图 2-32　点击手机信息

④ 根据提示,继续点击【下一步】,如图 2-33 所示。

⑤ 点击第二个商品【手机信息】,通过选择前两款手机的同类信息,数据抓取控件就能智能化地识别网页中所有手机的【手机信息】,如图 2-34 所示。

⑥ 在【文本列名称】输入框中,输入【手机信息】,也可以根据自己的需求命名。点击【下一步】,如图 2-35 所示。

⑦ 在【最大结果条数】输入框中,根据自己的需要输入想要抓取的商品信息数量,此处以【300】为例。如果想提取更多相关数据,还可以继续点击【提取相关数据】,如图 2-36 所示。

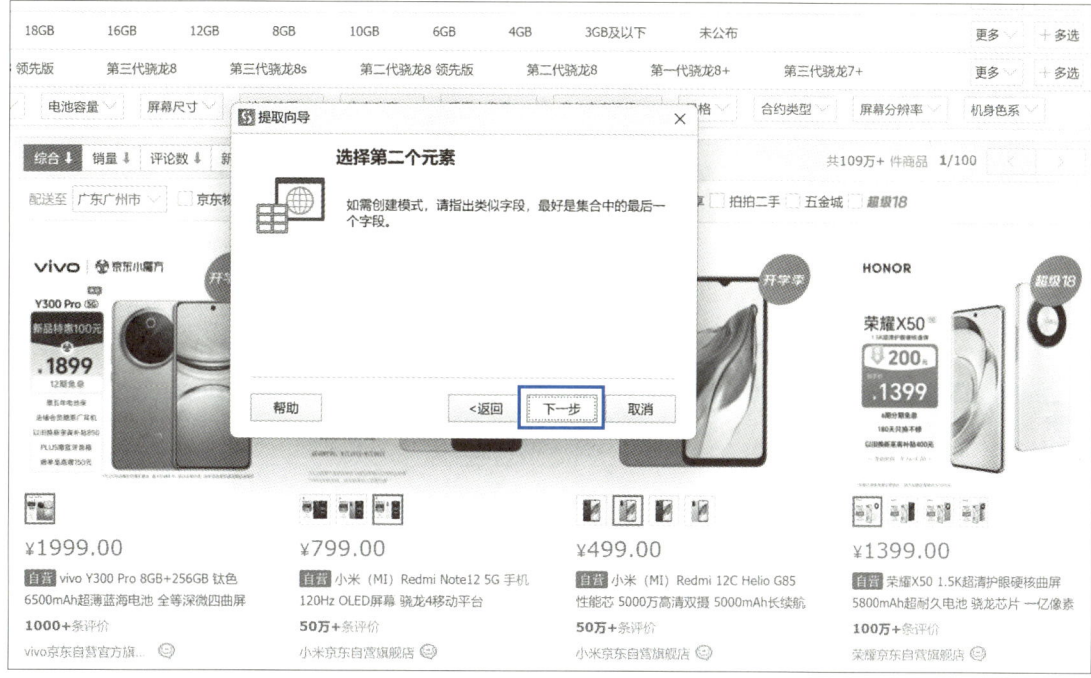

图 2-33 点击【下一步】

图 2-34 点击手机信息

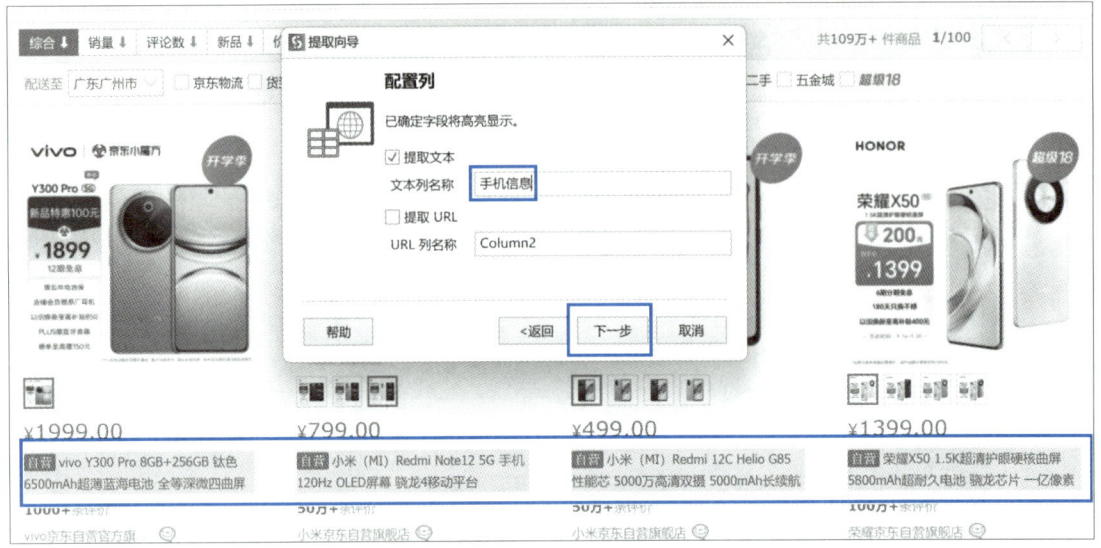

图 2-35　填写配置列

图 2-36　填写提取向导

⑧ 按照相同的操作流程,选中页面中的第一个商品的【手机价格】选项,如图 2-37 所示,并依据系统提示点击【下一步】。在【文本列名称】的输入框中,将名称更改为【手机价格】,如图 2-38 所示。继续点击【下一步】,按照类似的方式,可以依次设置并抓取商品的其他关键信息,如销量、店铺名称、优惠折扣等。所有数据抓取完毕后,点击【完成】即可结束操作。

图 2-37　点击价格信息

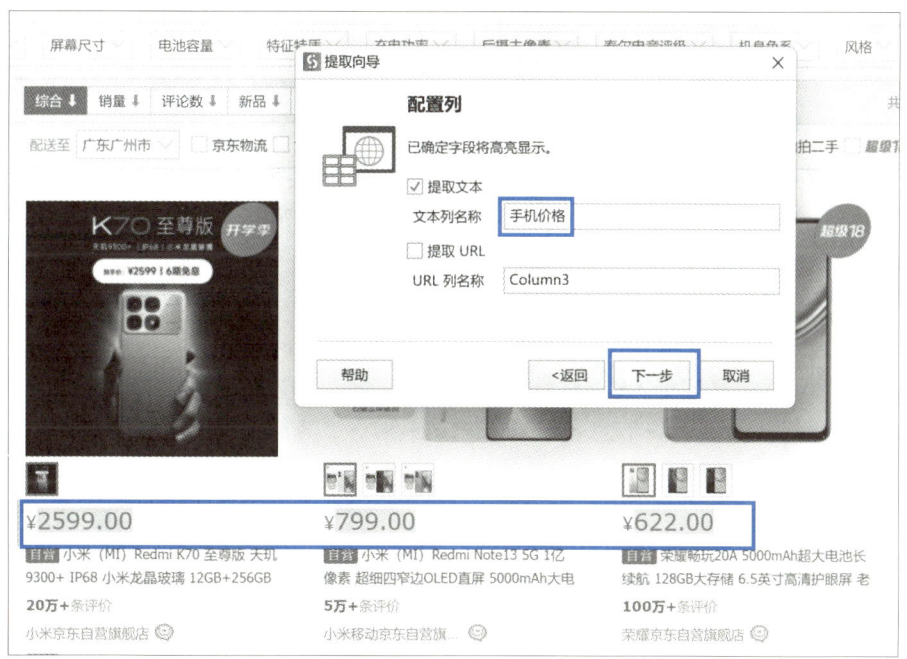

图 2-38　填写提取向导配置手机价格列

⑨ 当商品信息表格中出现【下一页】时，系统弹出提示。按照提示内容，点击【是】，选中网页中的【下一页】，操作完成后返回【UiPath Studio】操作界面。用户可以通过按【F2】键，触发屏幕选择延迟 3 秒的功能。在这 3 秒内，用户可以将网页滚动至【下一页】所在位置，以便顺利完成操作。

⑩ 选择【数据抓取】活动控件，打开【变量】面板。在【变量】面板中找到变量【ExtractDataTable】，将其类型设置为【DataTable】，范围调整为【商品信息抓取机器人】。完

成设置后,点击【变量】,关闭变量面板,如图 2-39 所示。

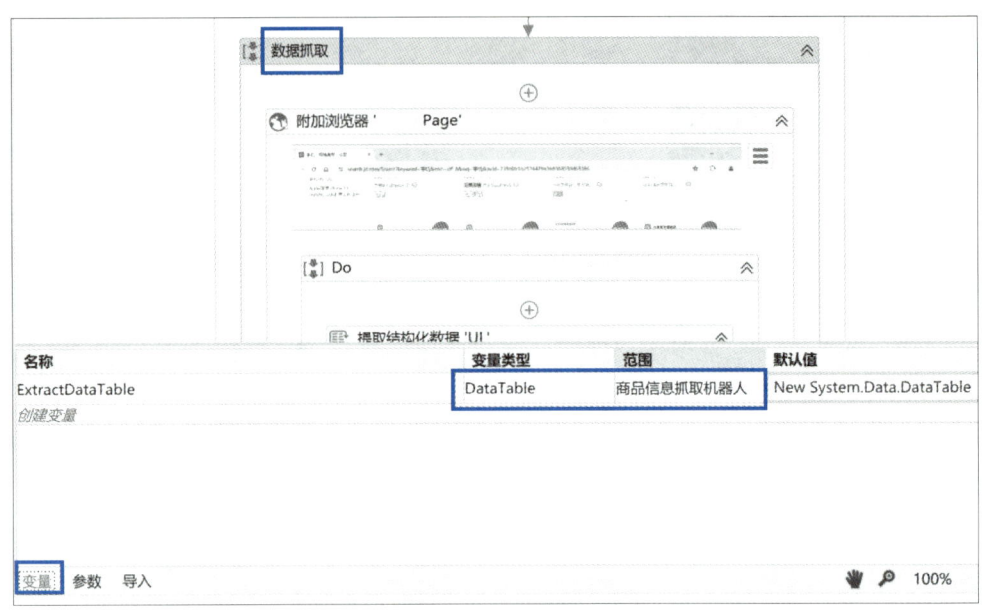

图 2-39　设置变量

（6）步骤三【保存商品信息】。

打开【活动】面板,在搜索栏中输入【写入范围】,将【写入范围】拖曳到设计面板中【商品信息抓取机器人】流程【数据抓取】活动下方。点击【属性】|【常见】|【显示名称】,将其修改为【写入范围-保存商品信息】。点击【属性】|【输入】|【工作簿路径】|【…】,在弹出的窗口中输入路径【"C:\商品信息抓取机器人\商品信息.xlsx"】,点击【确定】,注意路径需使用英文双引号。引用之前定义的变量,点击【属性】|【输入】|【数据表】,按空格键并双击选择【ExtractDataTable】变量。点击【属性】面板的空白区域,完成变量引用操作。点击【属性】|【选项】|【添加标头】,确保表头信息被包含在内,如图 2-40 所示。

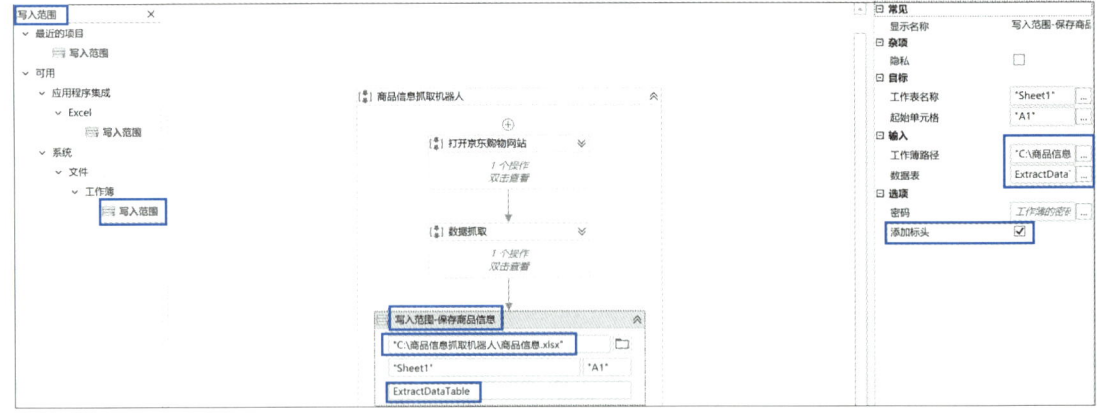

图 2-40　设置写入范围

（三）运行测试阶段

（1）完成商品信息抓取机器人的制作，可以点击菜单面板左侧的【运行】（快捷键【F6】），运行【商品信息抓取机器人】。

（2）运行结束后，重新打开【C:\商品信息抓取机器人\商品信息.xlsx】，Sheet1中显示所获取的300条商品数据，如图2-41所示。

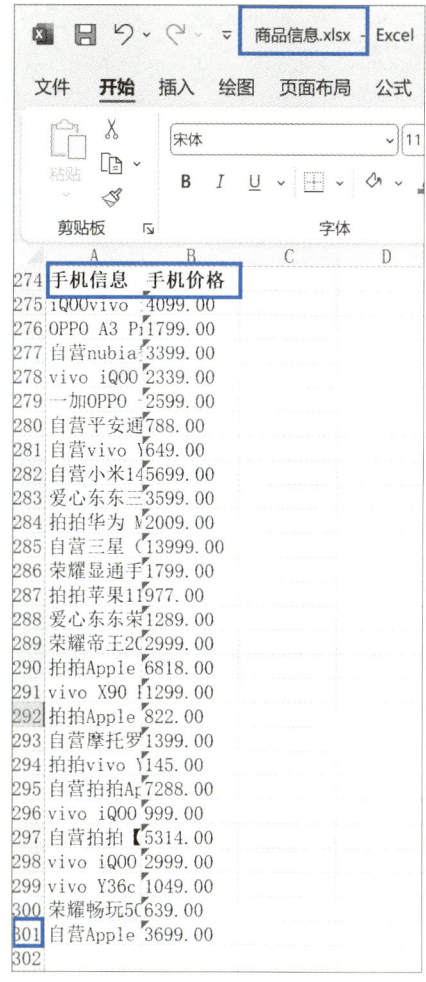

图 2-41　运行结果

思政小思考

　　在使用商品信息抓取机器人时不得侵犯他人隐私或商业秘密。请分析国内外企业因不当使用自动化工具而受到法律制裁的案例。

三、课后拓展

（1）除了录制功能，UiPath还提供了哪些其他方法打开网页？

（2）如果浏览器中打开了多个网页，当需要关闭其中一个打开的网页时，除了关闭选项卡，还有哪些方法可以实现自动关闭网页的操作？

（3）在 UiPath 中，哪些控件能够支持自动搜索商品名称的功能？

试卷测试

第三章
原始票据识别与查验

第一节　发票识别机器人

 情景案例导入

一个财务专员从"凌晨加班"到"10分钟完工"的转型之路

上午8时59分,财务部门的职员小明准时步入办公室,目光所及之处是桌上那座由上月积压的报销单据堆砌而成的小山——共计847张发票。

"本月绝不可再有延误!"小明下定决心,打开Excel表格,开始执行他自创的"发票录入三部曲"流程:①使用手机对发票进行拍照;②手动输入发票代码、金额、税号;③核对系统数据。

然而,在录入第23张发票时,问题便显现出来:一张餐饮发票的税号因茶水渍而模糊不清,数字"8"与"6"难以区分,另一张机票行程单上的二维码无法扫描。

"小明!"财务总监的声音在身后响起,"上月的进项税抵扣统计表准备好了吗?税务局下午就要。"小明扫了一眼时间:11点47分,完成所有发票的录入工作将需要持续至次日凌晨。

就在这时,隔壁IT部门的小王提出了建议:"是否考虑尝试新开发的发票自动识别机器人?"

小明带着审慎的态度,将纸质发票放入扫描仪、电子发票上传至电脑,847张发票仅用时10分钟便处理完毕,系统自动完成了发票统计表的生成。

在当日工作结束前,小明首次按时提交了报表。财务总监的惊讶之情溢于言表。三个月后,财务部的发票处理效率提升了600%,错误率降低至0.03%。小明不再需要加班录入发票,而是深入研究如何使用RPA机器人提高工作效率。

【思考】　同学们,发票信息的自动识别在企业中将发挥怎样的作用呢?

一、发票识别机器人原理

在财务领域,处理发票是一项普遍但又烦琐的工作。无论是传统的纸质发票还是现代的电子发票,财务工作者都必须仔细整理、归档文件,并将相关信息输入到 Excel 表格中。这一流程不但涉及庞大的数据量,而且耗时颇多,工作内容重复且单调,容易导致员工疲劳。

为应对这一挑战,发票识别机器人应运而生。它运用自动化技术,迅速识别发票上的关键信息,包括发票号码、开票日期、金额等,并自动将这些数据导入 Excel 表格。这样,财务人员就无需手动输入数据,显著减轻了工作负担,提升了工作效率。

发票识别机器人的核心工作原理是运用光学字符识别(OCR)技术,将发票上的文字信息转换为可编辑的电子数据。此外,结合规则引擎和机器学习算法,机器人能够提取和分类发票信息,确保数据的准确性和完整性。通过这种方式,财务人员可以将更多精力投入到更具价值的工作中,而不是被烦琐的数据录入工作所束缚。

思政小思考

在使用 RPA 技术进行发票识别时,如何确保数据的准确性和完整性,以维护会计信息的真实性?

(一)案例目标

展示发票识别机器人在企业财务场景中的实际应用价值,通过解决传统发票处理流程中的痛点,提升财务工作效率与准确性,实现批量处理能力,支持单次处理数百张发票的自动化识别和录入。通过 OCR 技术与智能校验机制,发票识别机器人将发票信息识别准确率提升至接近 100%,自动检测发票重复、信息缺失等异常情况,实现纸质发票与电子发票的统一处理,打通数据孤岛,从而将财务人员从重复性劳动中解放。具体如下:

(1)利用 OCR 技术批量识别发票中包含的信息。

(2)智能化地将发票包含的信息记录到 Excel 表格中。

(二)案例工作流程

发票识别机器人工作流程,如图 3-1 所示。

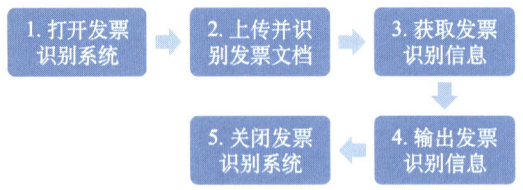

图 3-1 发票识别机器人工作流程

二、发票识别机器人的制作

(一)准备阶段

(1)启动【RPA 财务机器人实践教学平台】,使用账号(即学号),初始密码【666666】登录系统，进入任务列表，选择并打开【发票识别机器人】任务。

（2）在【发票识别机器人】任务，定位到本次机器人制作所需的资源文件，预先下载资源，并解压至指定路径【C:\发票识别机器人\需要识别的发票】，如图3-2所示。这一步骤将为后续的发票识别和处理提供必要的数据支持，确保机器人能够顺畅运行并成功完成任务。

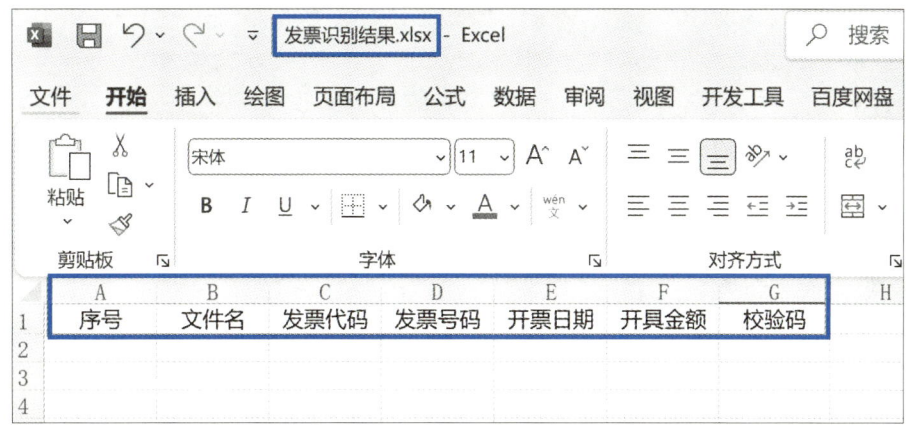

图3-2　下载并解压任务资源

（3）在路径【C:\发票识别机器人】下创建一个Excel文件，并将其命名为【发票识别结果.xlsx】。在该文件中，设置表头为【序号】【文件名】【发票代码】【发票号码】【开票日期】【开具金额】【校验码】，务必确保这些表头内容与发票识别系统完成识别后输出的表头完全匹配。创建Excel表格的主要目的是存储发票识别过程中提取的关键数据，便于后续的查看和管理，如图3-3所示。

图3-3　设置Excel表格

37

（4）在【RPA 财务机器人实践教学平台】中，点击页面右上角的【仿真系统】，如图 3-4 所示。在仿真系统界面中选择【发票】，点击【发票识别系统】。该系统的具体访问网址为【http://172.16.3.18:8088/api/jh/invoice-auto-detect.html】。通过这一操作，用户能够进入发票识别系统执行相关操作，如图 3-5 所示。

图 3-4　仿真系统

图 3-5　发票识别系统

（二）制作阶段

（1）启动【UiPath Studio】，点击界面左上角的【开始】，选择【库】。在弹出的【新建空白库】窗口中，设置名称为【发票识别机器人序列】，位置为【C:\发票识别机器人】，点击【创建】，即可成功完成库的创建，如图 3-6 所示。

图 3-6　新建空白库

（2）点击页面左下角的【项目】，展开【项目】面板，点击【NewActivity. xaml】文件，按【F2】键或者单击鼠标右键选择【重命名】，弹出【重命名】窗口。在【收件人：】输入框中，输入【发票识别机器人序列】，点击【确定】，完成项目的重命名操作，如图 3-7 所示。双击重命名后的文件【发票识别机器人序列. xaml】，进入【Main】设计面板的主界面，进行流程设计。

图 3-7　重命名项目

（3）点击页面左下角【活动】面板，在搜索框中输入【序列】，将【序列】拖曳到设计面板中。对新增的【序列】活动控件进行重命名，单击【属性】|【常见】|【显示名称】，将其修改为【序列-发票识别机器人】，方便后续流程的设计与管理，如图 3-8 所示。

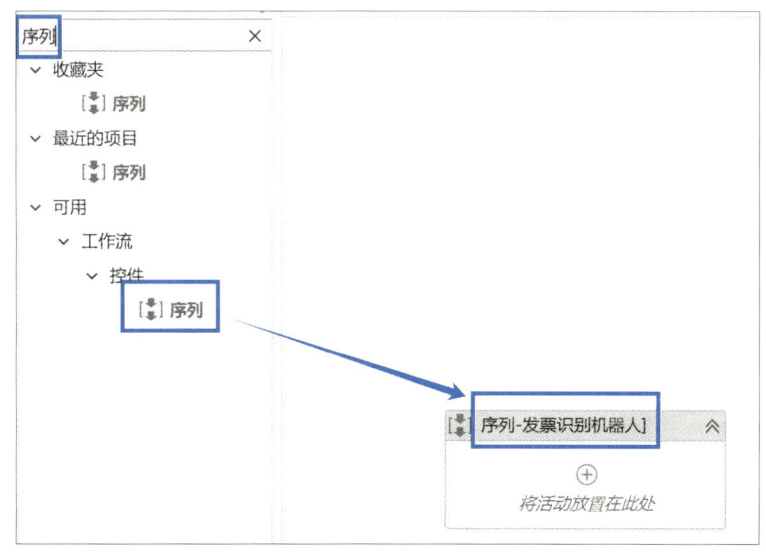

图 3-8　新增序列

（4）步骤一【打开发票识别系统】。

① 点击左侧的【活动】面板，在搜索框中输入【序列】，将其拖曳到设计面板已有的【序列-

发票识别机器人】活动内。选中新增的【序列】活动控件,单击【属性】|【常见】|【显示名称】,将其修改为【(2)序列-打开发票识别系统】,如图3-9所示。

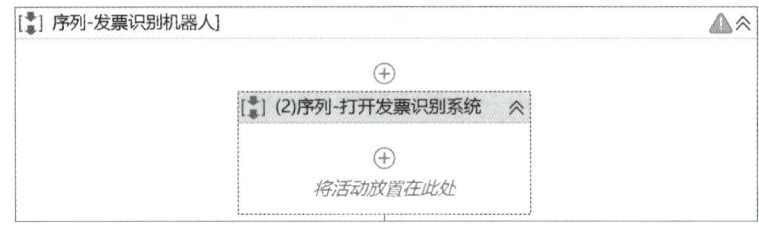

图3-9 新增序列

② 在【UiPath Studio】中,点击左侧的【活动】面板,在搜索框中输入【打开浏览器】,将其拖曳到设计面板中【序列-发票识别机器人】内的【(2)序列-打开发票识别系统】活动内。选中新增的【打开浏览器】活动控件,单击【属性】|【常见】|【显示名称】,将其修改为【打开浏览器-打开发票识别系统】。点击【属性】|【输入】|【URL】,单击鼠标右键选择【创建变量】,输入变量名称为【发票识别系统网址】,如图3-10所示。打开界面下方的【变量】面板,选择【发票识别系统网址】变量,将变量类型设置为【String】,范围调整为【序列-发票识别机器人】。根据实际操作环境,在默认值输入框中输入发票识别系统的网址【"http://172.16.3.18:8088/api/jh/invoice-auto-detect.html"】,注意使用英文双引号,如图3-11所示。完成设置后,机器人即可通过该网址打开发票识别系统。

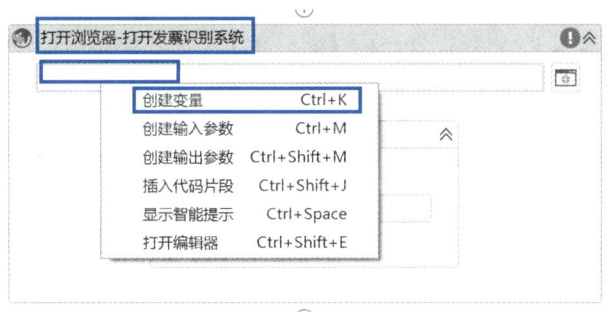

图3-10 设置打开浏览器

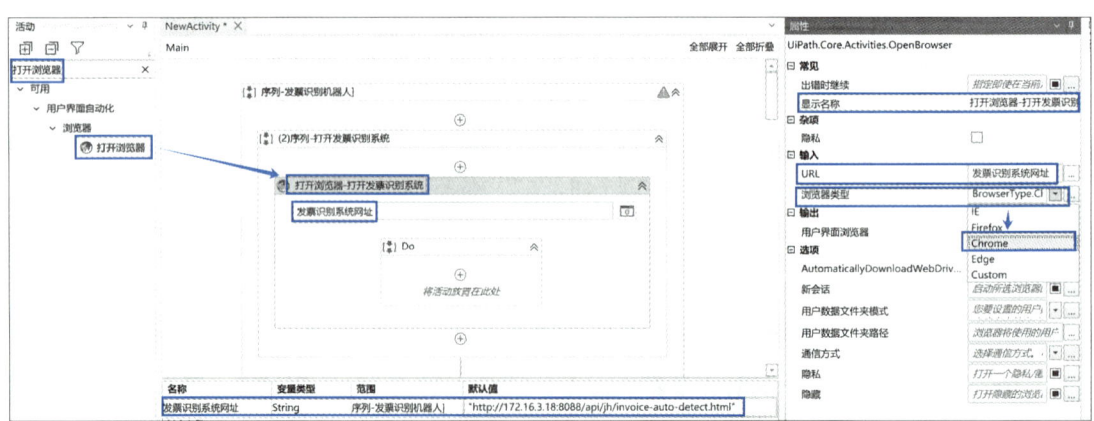

图3-11 设置打开浏览器变量

③ 点击【属性】|【输入】|【浏览器类型】|【▼】,从下拉菜单中选择【Chrome】。点击【属性】|【输出】|【用户界面浏览器】,选择【创建变量】,输入变量名称为【关闭发票识别系统】。打开【变量】面板,选择【关闭发票识别系统】变量,将变量类型设置为【Browser】,范围调整为【序列-发票识别机器人】,如图3-12所示。这一步骤的目的是为后续添加【关闭选项卡】活动控件时提供引用变量,确保机器人能够在完成任务后正确关闭浏览器选项卡。通过预先设置该变量,可以简化后续流程的设计和配置。

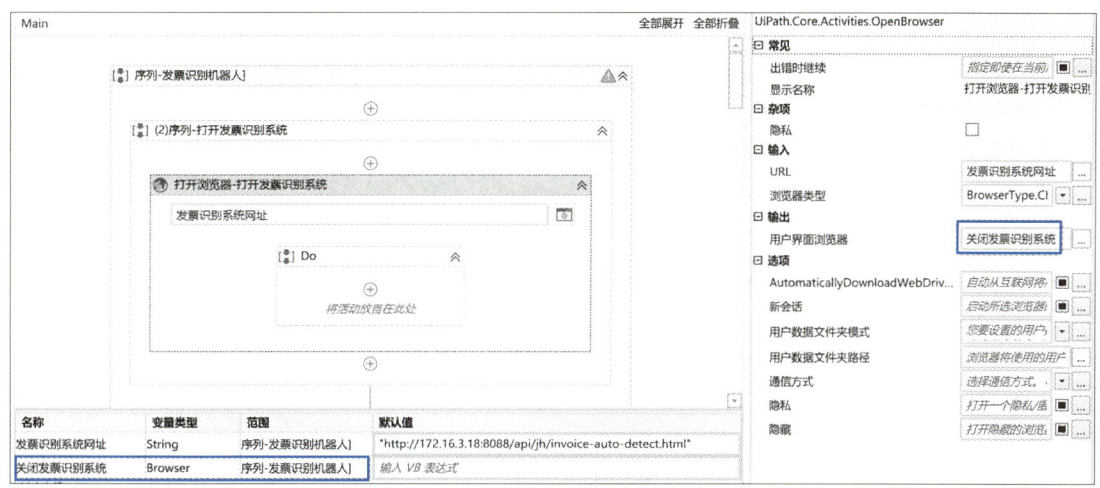

图 3-12　设置关闭发票识别系统变量

④ 点击左侧的【活动】面板,在搜索框中输入【最大化窗口】,选择【最大化窗口】活动控件,将其拖曳到设计面板中【(2)序列-打开发票识别系统】内的【打开浏览器-打开发票识别系统-Do】活动内。选择新增的【最大化窗口】活动控件,单击【属性】|【常见】|【显示名称】,将其修改为【最大化窗口-保持浏览器最大化状态】,如图3-13所示。

图 3-13　设置最大化窗口

⑤ 点击【设计】|【文件】|【运行】,或者按【F6】键启动运行。在运行之前,请确保关闭发票识别系统浏览器窗口。运行的主要目的是:①验证编写的序列是否能够正常执行,确保流程逻辑正确无误;②基于运行结束后的界面状态继续编写序列,为后续步骤的设计提供准确的上下文环境。

(5)步骤二【上传并识别发票文档】。

① 点击左侧的【活动】面板,在搜索框中输入【序列】,选择【序列】活动控件。将其拖曳到设计面板中【序列-发票识别机器人】内的【(2)序列-打开发票识别系统】活动下方。选择新增

的【序列】活动控件,单击【属性】|【常见】|【显示名称】,将其修改为【(3)序列-上传并识别发票文档】,如图3-14所示。

图3-14 新增序列

② 点击左侧的【活动】面板,在搜索框中输入【单击】,将其拖曳到设计面板中【序列-发票识别机器人】内的【(3)序列-上传并识别发票文档】活动内。选择新增的【单击】活动控件,单击【属性】|【常见】|【显示名称】选项,将其修改为【单击-打开发票文档上传窗口】,如图3-15所示。

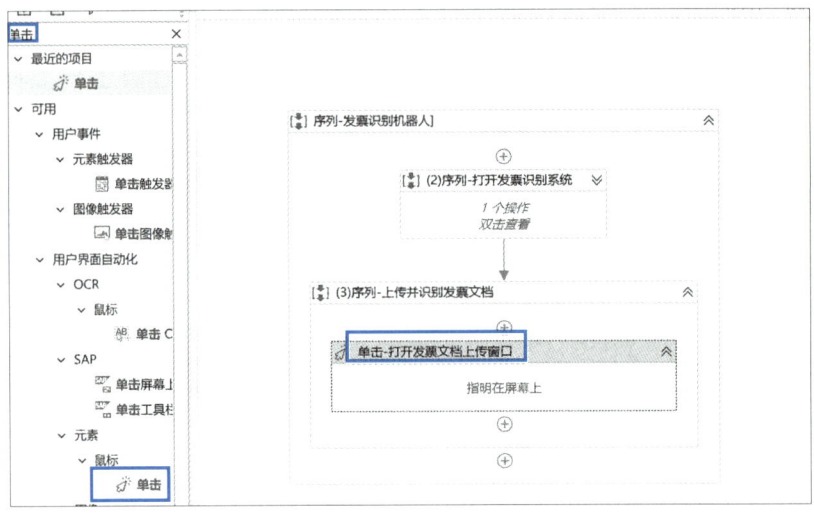

图3-15 重命名单击控件

③ 将【发票识别系统】网页窗口置顶。返回【UiPath Studio】操作界面,选中【单击-打开发票文档上传窗口】活动控件,点击【指明在屏幕上】选项。此时,页面会自动跳转至【发票识别系统】网页。在网页中点击【点击上传,或将 PDF 拖曳到此处】,页面跳转回【UiPath Studio】操作界面。至此,【指明在屏幕上】的操作顺利完成,如图3-16所示。

④ 点击左侧的【活动】面板,在搜索框中输入【设置为剪贴板】,将其拖曳到设计面板中【(3)序列-上传并识别发票文档】内的【单击-打开发票文档上传窗口】活动下方。选中新增的【设置为剪贴板】活动控件,单击【属性】|【常见】|【显示名称】,将其修改为【设置为剪贴板-设置发票文档路径】。点击【属性】|【输入】|【文本】|【…】,在弹出的窗口中输入路径【C:\发票识别机器人\需要识别的发票】,注意使用英文双引号,如图3-17所示。

图 3-16 指明在屏幕上

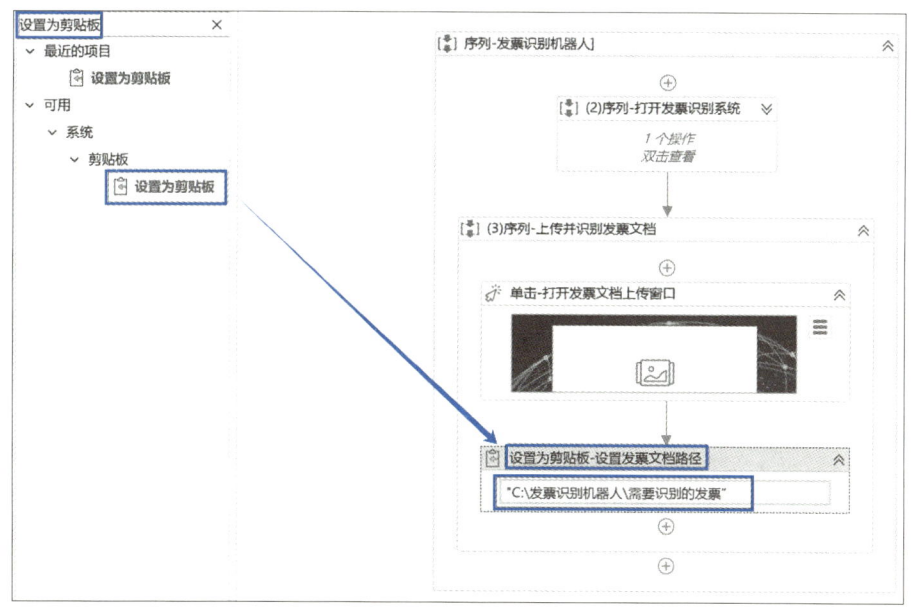

图 3-17 设置为剪贴板

⑤ 点击左侧的【活动】面板，在搜索框中输入【复制选定文本】，将其拖曳到设计面板中【(3)序列-上传并识别发票文档】内的【设置为剪贴板-设置发票文档路径】活动下方。选中新增的【复制选定文本】活动控件，单击【属性】|【常见】|【显示名称】，将其修改为【复制选定文本-复制发票文档路径】。点击【属性】|【选项】|【发送窗口消息】和【结果】，选择【创建变量】，输入变量名称为【发票文档路径】，如图 3-18 所示。打开【变量】面板，选择【发票文档路径】变量，将变量类型设置为【GenericValue】，范围调整为【序列-发票识别机器人】，在默认值输入框中输入路径【"C:\发票识别机器人\需要识别的发票"】，注意使用英文双引号。设置完

成后,关闭【变量】面板。点击【变量类型】选框,打开下拉菜单,选择【浏览类型…】,在【类型名称】输入框中输入【genericvalue】,选中【GenericValue】,点击【确定】,如图 3-19 所示。

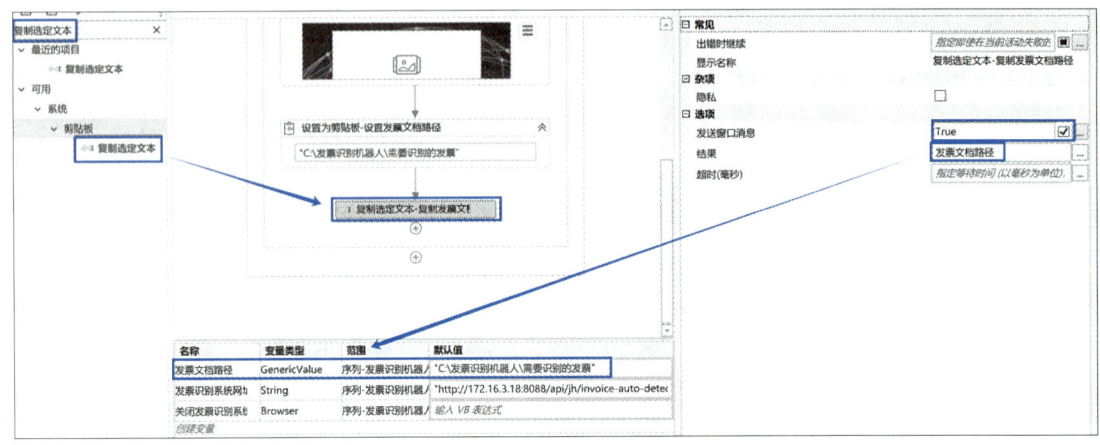

图 3-18　设置复制选定文本

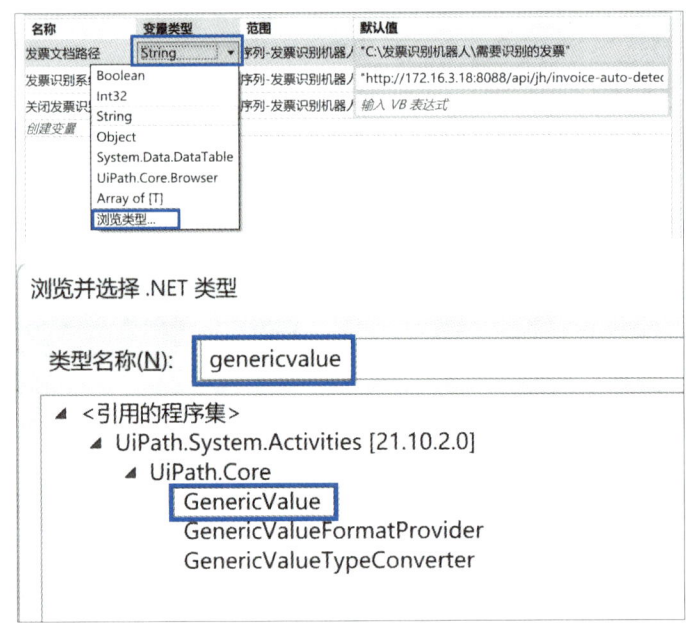

图 3-19　设置 GenericValue 变量

⑥ 点击左侧的【活动】面板,在搜索框中输入【发送热键】,将其拖曳到设计面板中【(3)序列-上传并识别发票文档】内的【复制选定文本-复制发票文档路径】活动下方。选中新增的【发送热键】活动控件,单击【属性】|【常见】|【显示名称】,将其修改为【发送热键-粘贴发票文档路径】。点击【属性】|【输入】|【键值】,在输入框中输入【"v"】,注意使用英文双引号。点击【属性】|【输入】|【修饰键】|【▼】,选择【Ctrl】。点击【属性】|【输入】|【空字段】,以确保每次粘贴时文本输入框为空,避免数据重复或混乱。通过这些设置,机器人能够模拟按【Ctrl+V】快捷键,将剪贴板中的发票文档路径粘贴到指定位置,如图 3-20 所示。

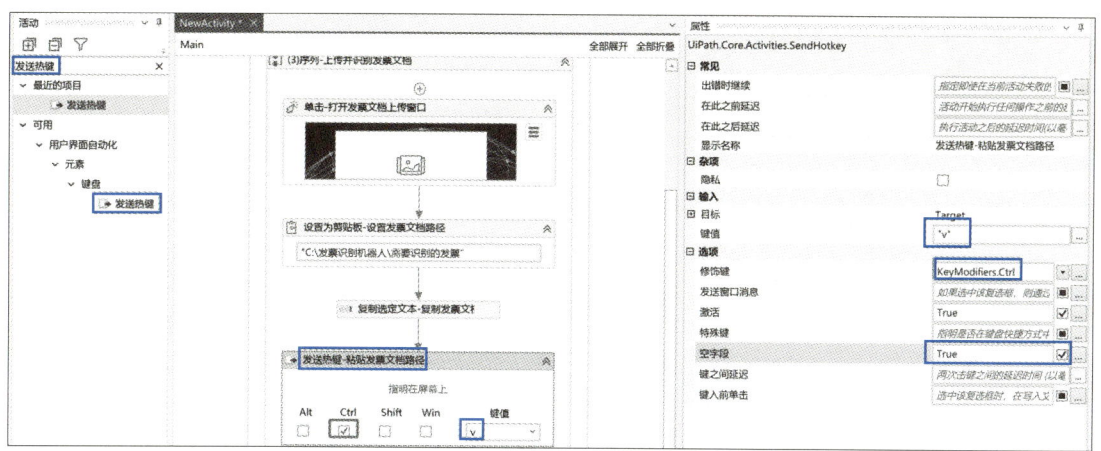

图 3-20 设置发送热键

⑦ 将【发票识别系统】网页窗口置顶，手动打开上传发票文档的上传窗口。返回【UiPath Studio】操作界面，选中【发送热键-粘贴发票文档路径】活动控件，点击【指明在屏幕上】，如图 3-21 所示。此时，页面会自动跳转至【发票识别系统】网页。在网页中找到并点击【发票文档上传窗口】中的【文件名输入框】，随后页面会跳转回【UiPath Studio】操作界面。

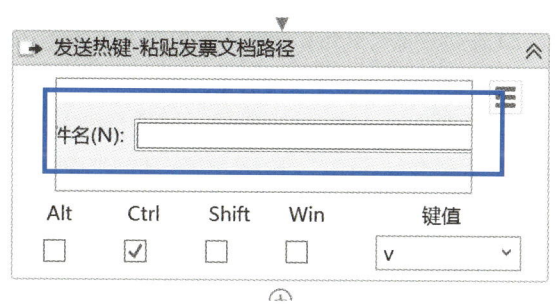

图 3-21 粘贴发票文档路径

⑧ 点击左侧的【活动】面板，在搜索框中输入【单击】，将其拖曳到设计面板中【(3)序列-上传并识别发票文档】内的【发送热键-粘贴发票文档路径】活动下方。选中新增的【单击】活动控件，单击【属性】|【常见】|【显示名称】，将其修改为【单击-点击打开按钮 1】。将【发票识别系统】网页窗口置顶并打开上传发票文档的上传窗口。返回【UiPath Studio】操作界面，选中【单击-点击打开按钮 1】活动控件，点击【指明在屏幕上】，如图 3-22 所示。此时，页面会自动跳转至【发票识别系统】网页，在网页中找到并点击【发票文档上传窗口】中的【打开】，随后页面会跳转回【UiPath Studio】操作界面。至此，【指明在屏幕上】的操作顺利完成。在菜单栏中点击【设计】|【文件】|【运行】，或者按【F6】快捷键启动运行。在运行之前，请确保关闭发票识别系统浏览器窗口。运行的主要目的是：①验证编写的序列是否能够运行；②基于运行结束后的界面继续编写序列。

⑨ 点击左侧的【活动】面板，在搜索框中输入【发送热键】，选中【发送热键】活动控件，将其拖曳到设计面板中【(3)序列-上传并识别发票文档】内的【单击-点击打开按钮 1】活动下

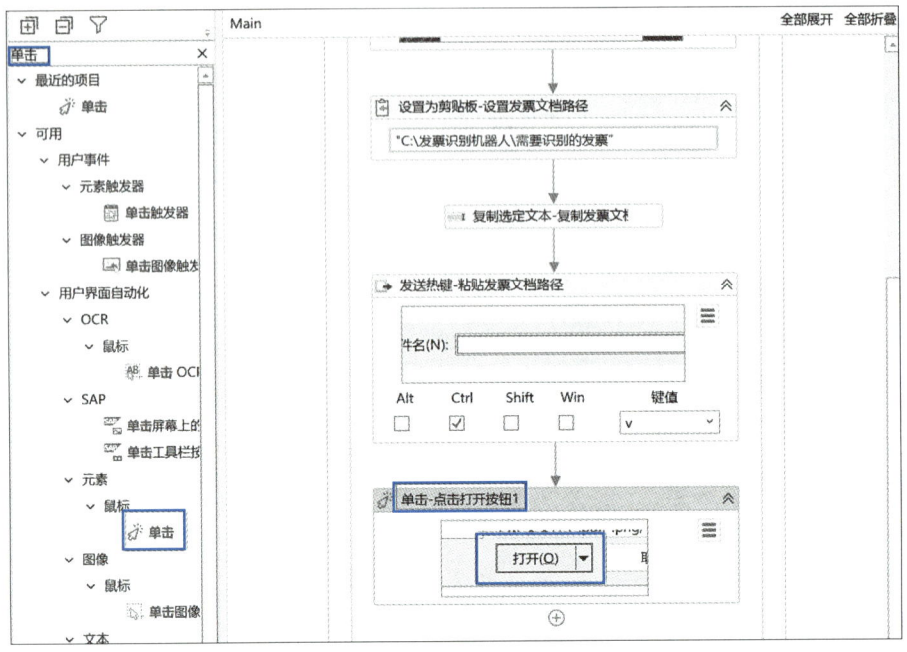

图 3-22　指明在屏幕上

方。选中新增的【发送热键】活动控件,单击【属性】|【常见】|【显示名称】,将其修改为【发送热键-全选发票文档】。点击【属性】|【输入】|【键值】,在输入框中输入【"a"】,注意使用英文输入法状态下的小写字母 a,并用英文双引号。点击【属性】|【选项】|【修饰键】,打开下拉菜单,选择【Ctrl】。输入完成后,点击属性面板的空白区域,完成修饰键的选取操作,如图 3-23 所示。将【发票识别系统】网页窗口置顶并打开上传发票文档的上传窗口,返回【UiPath Studio】操作界面,选中【发送热键-全选发票文档】活动控件,点击【指明在屏幕上】。此时,页面会自动跳转至【发票识别系统】网页。在网页中找到并点击【发票文档上传窗口】的【内容区域】,如图 3-24 所示,随后页面会跳转回【UiPath Studio】操作界面。

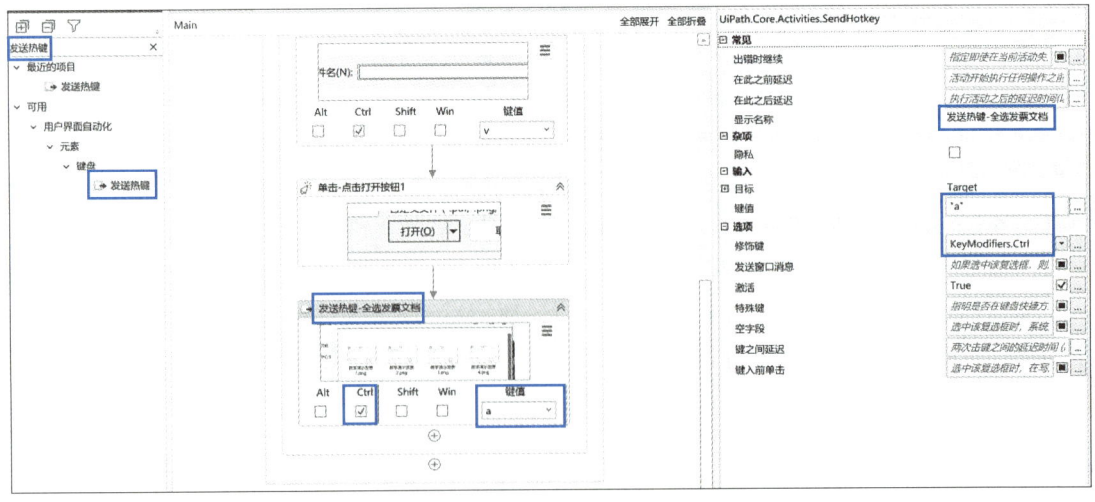

图 3-23　设置发送热键

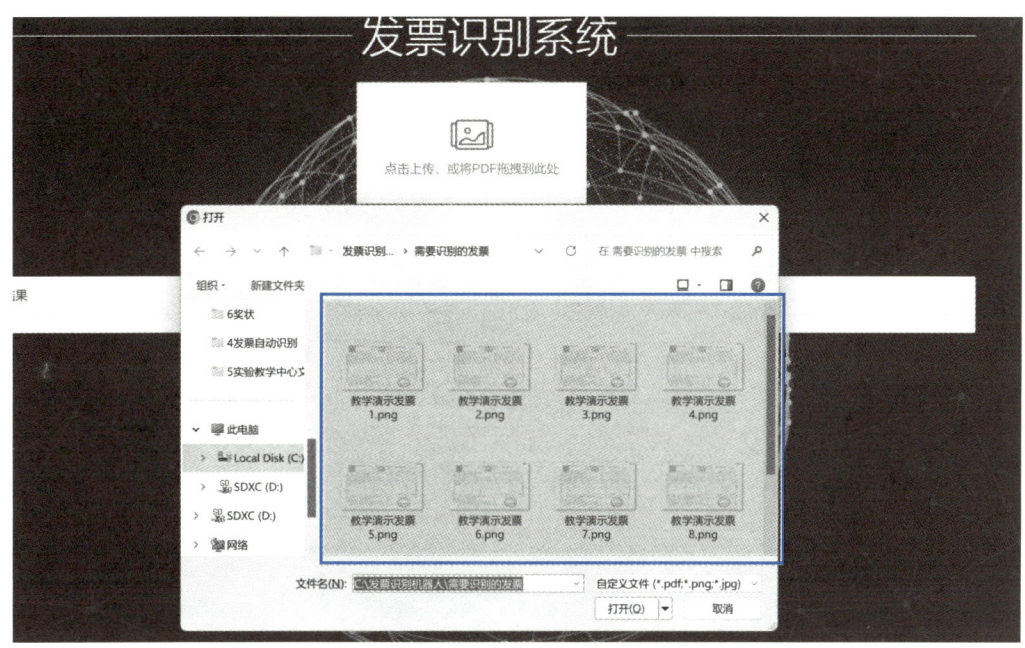

图 3-24 发票文档上传窗口

⑩ 点击左侧的【活动】面板,在搜索框中输入【单击】,选中【单击】活动控件,将其拖动到设计面板中【(3)序列-上传并识别发票文档】内的【发送热键-全选发票文档】活动下方。选中新增的【单击】活动控件,单击【属性】|【常见】|【显示名称】,将其修改为【单击-点击打开按钮2】。将【发票识别系统】网页窗口置顶,打开上传发票文档的上传窗口。返回【UiPath Studio】操作界面,选中【单击-点击打开按钮2】活动控件,点击【指明在屏幕上】,如图 3-25 所示。此时,页面会自动跳转至【发票识别系统】网页。在网页中找到并点击【发票文档上传窗口】中的【打开】,随后页面会跳转回【UiPath Studio】操作界面。

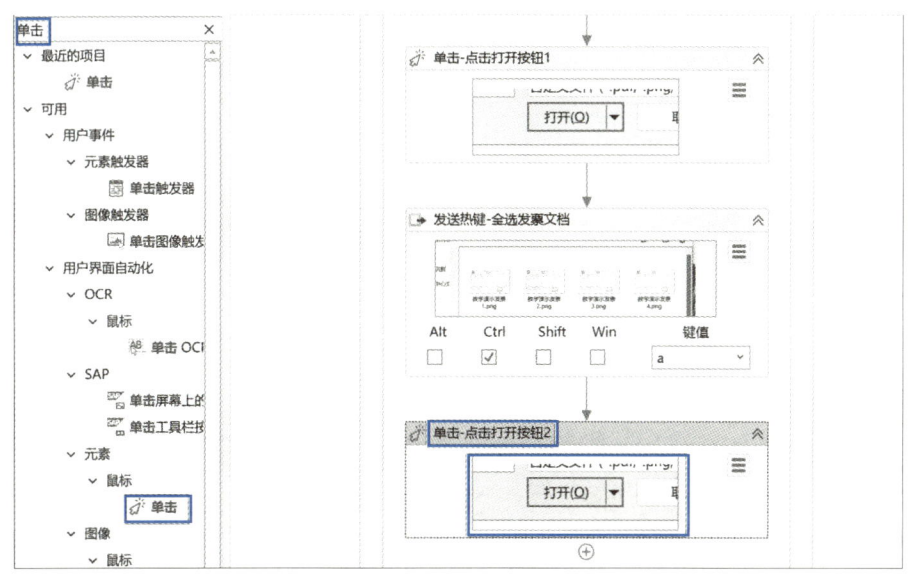

图 3-25 指明在屏幕上

⑪ 点击【属性】|【常规】|【在此之后延迟】,根据实际操作环境的网络速度和系统响应情况,设置适当的延迟时间,如图 3-26 所示。例如,延迟时间的单位为毫秒,1 000 毫秒＝1 秒。设置延迟时间的目的是确保发票文档的识别过程完全结束后,再执行后续的操作活动。如果延迟时间设置过短,可能会导致部分发票文档信息未被完全抓到。因此,合理设置延迟时间是保证流程顺利运行的重要步骤。

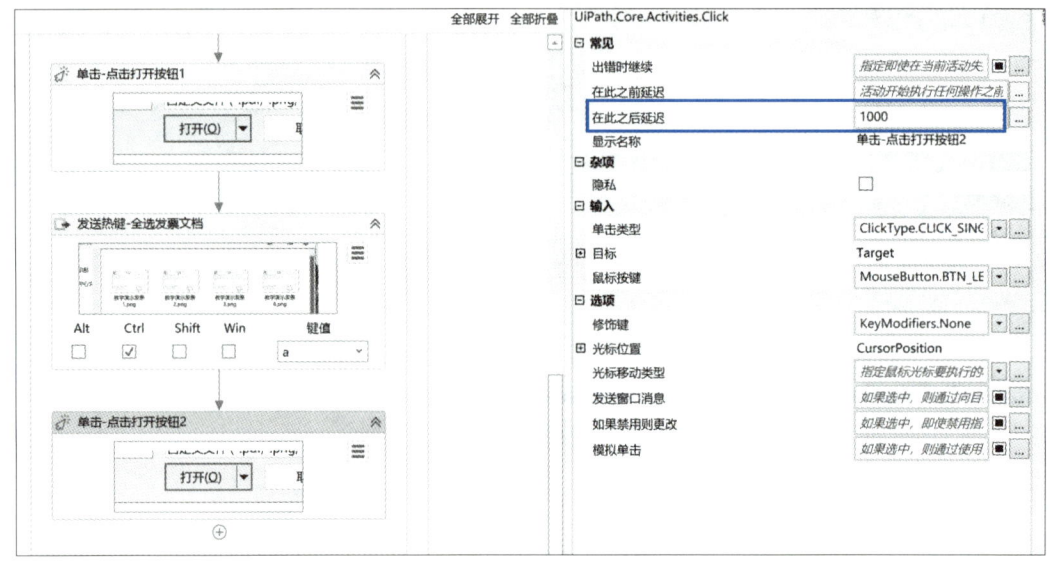

图 3-26 设置延迟时间

(6) 步骤三【获取发票识别信息】。

① 点击左侧的【活动】面板,在搜索框中输入【序列】,选中【序列】活动控件,将其拖动到设计面板中【序列-发票识别机器人】内的【(3)序列-上传并识别发票文档】活动下方。选中新增的【序列】活动控件,单击【属性】|【常见】|【显示名称】,将其修改为【(4)序列-获取发票识别信息】,如图 3-27 所示。

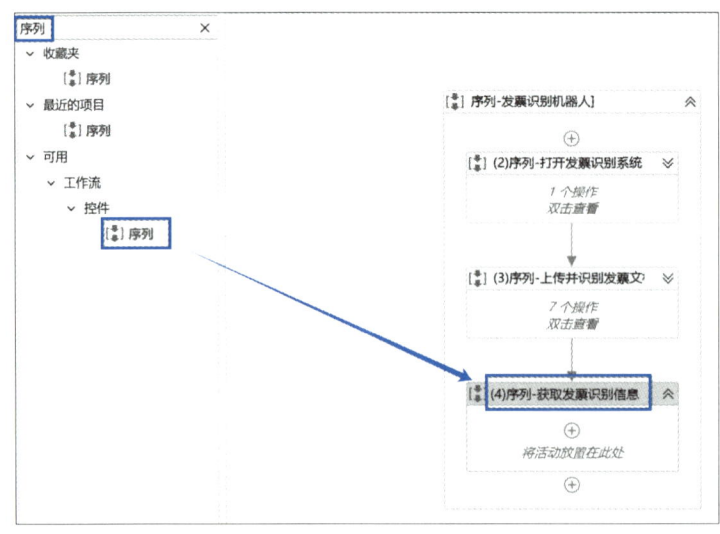

图 3-27 新增序列

② 将发票识别系统网页置顶,手动上传需要识别的发票文档。返回【UiPath Studio】操作界面,在菜单栏中单击【设计】|【向导】|【数据抓取】,如图 3-28 所示,页面将跳转至发票识别系统网页。

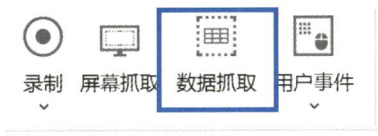

图 3-28　数据抓取

③ 根据【提取向导】提示,点击【下一步】,如图 3-29 所示。

序号	文件名	发票代码	发票号码	开票日期	开具金额(不含税)	校验码
1	教学演示发票1.png	4501202170	84409234	20201012	50400	72085549722978264731
2	教学演示发票3.png	4209184170	35580181	20201003	39130	72085549722978891282
3	教学演示发票2.png	1509151140	38251362	20200311	230400	72085549722978254099
4	教学演示发票7.png	6207152170	68657715	20200527	403200	72085549722978393400
5	教学演示发票5.png	3505152140	33527412	20200812	12600	72085549722978321766
6	教学演示发票6.png	3210203170	74633400	20200908	1792	67198118982123434355
7	教学演示发票4.png	6107151140	73267317	20200116	9100	67198118982123618508
8	教学演示发票9.png	6401163170	34016431	20200720	69100	67198118982123880835
9	教学演示发票8.png	5000193170	24690139	20201003	51200	72085549722978916534
10	教学演示发票10.png	5203163170	75355409	20201128	23660	67198118982123406957

图 3-29　提取向导

④ 根据【提取向导】提示,点击文件名【第一行】的单元格,此处不要点击【表头】(行)、【序号】(列)的单元格,因为无法获取整个网页表格的数据信息,如图 3-30 所示。

⑤ 根据【提取向导】提示,点击【是】,如图 3-31 所示。

⑥ 在【最大结果条数】输入框中,根据实际情况,输入提取的数据条数,【0】表示提取全部的数据条数,点击【完成】,如图 3-32 所示。

⑦ 根据实际情况进行选择:

如果网页页面存在【下一页】,则选择【是】,按【F2】键,触发延迟操作。在延迟时间内,手动将页面滚动至【下一页】的位置,延迟时间结束后,点击【下一页】,完成【提取向导】操作。页面会自动跳转回【UiPath Studio】操作界面,结束【数据抓取】流程。

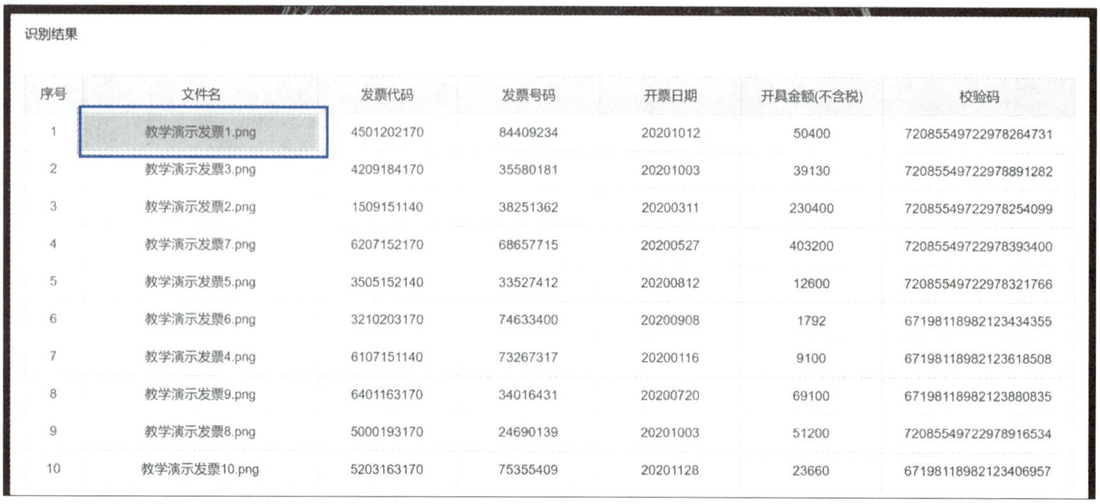

识别结果

序号	文件名	发票代码	发票号码	开票日期	开具金额(不含税)	校验码
1	教学演示发票1.png	4501202170	84409234	20201012	50400	72085549722978264731
2	教学演示发票3.png	4209184170	35580181	20201003	39130	72085549722978891282
3	教学演示发票2.png	1509151140	38251362	20200311	230400	72085549722978254099
4	教学演示发票7.png	6207152170	68657715	20200527	403200	72085549722978393400
5	教学演示发票5.png	3505152140	33527412	20200812	12600	72085549722978321766
6	教学演示发票6.png	3210203170	74633400	20200908	1792	67198118982123434355
7	教学演示发票4.png	6107151140	73267317	20200116	9100	67198118982123618508
8	教学演示发票9.png	6401163170	34016431	20200720	69100	67198118982123880835
9	教学演示发票8.png	5000193170	24690139	20201003	51200	72085549722978916534
10	教学演示发票10.png	5203163170	75355409	20201128	23660	67198118982123406957

图 3-30　点击第一行单元格

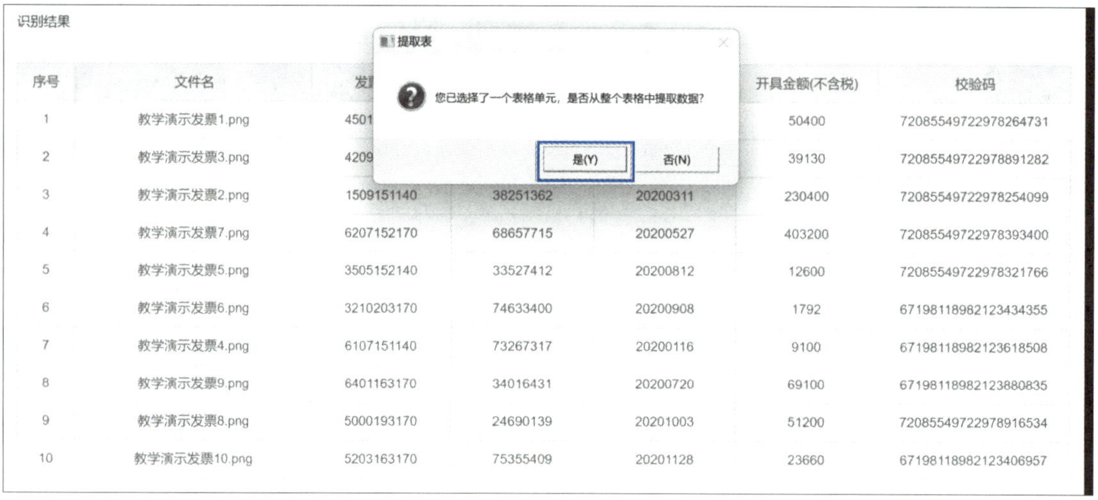

识别结果

序号	文件名	发			开具金额(不含税)	校验码
1	教学演示发票1.png	4501			50400	72085549722978264731
2	教学演示发票3.png	4209			39130	72085549722978891282
3	教学演示发票2.png	1509151140	38251362	20200311	230400	72085549722978254099
4	教学演示发票7.png	6207152170	68657715	20200527	403200	72085549722978393400
5	教学演示发票5.png	3505152140	33527412	20200812	12600	72085549722978321766
6	教学演示发票6.png	3210203170	74633400	20200908	1792	67198118982123434355
7	教学演示发票4.png	6107151140	73267317	20200116	9100	67198118982123618508
8	教学演示发票9.png	6401163170	34016431	20200720	69100	67198118982123880835
9	教学演示发票8.png	5000193170	24690139	20201003	51200	72085549722978916534
10	教学演示发票10.png	5203163170	75355409	20201128	23660	67198118982123406957

图 3-31　提取表

如果网页页面不存在【下一页】，则选择【否】，直接结束【提取向导】操作。页面会自动跳转回【UiPath Studio】操作界面，完成【数据抓取】流程，如图 3-33 所示。

通过这种方式，机器人能够根据页面结构灵活处理数据抓取任务，确保流程的完整性和准确性。

⑧ 将生成的【数据抓取】序列拖曳到设计面板中【序列-发票识别机器人】内的【(4)序列-获取发票识别信息】活动内。选中【提取结构化数据'TABLE'】活动，打开【变量】面板，选择【ExtractDataTable】变量，将其名称修改为【发票识别信息】，类型设置为【DataTable】，范围调整为【序列-发票识别机器人】。完成设置后，关闭【变量】面板，如图 3-34 所示。

(7) 步骤四【输出发票识别信息】。

① 点击左侧的【活动】面板，在搜索框中输入【序列】，将其拖曳到设计面板中【序列-发

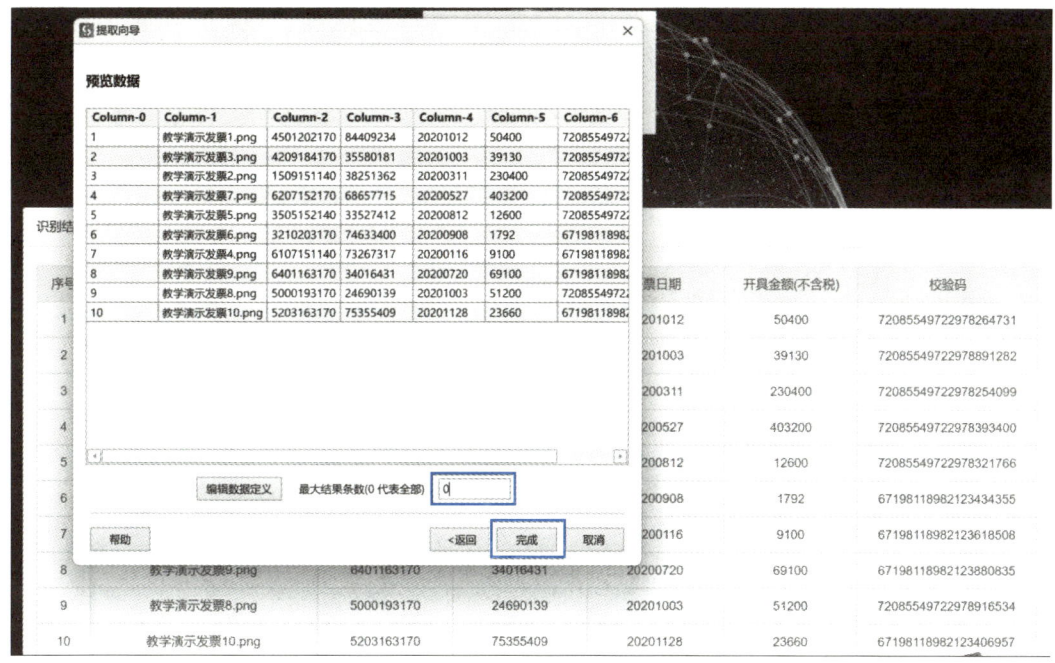

图 3-32　提取向导

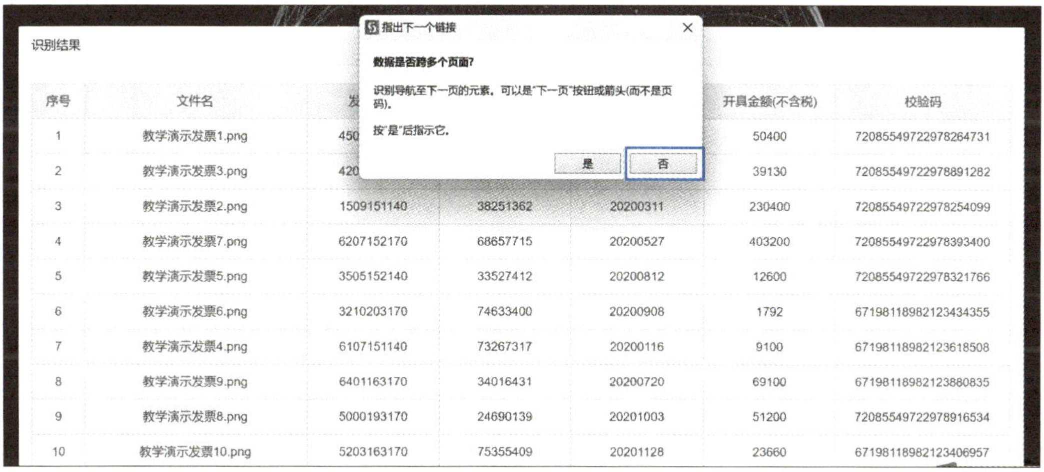

图 3-33　指出下一个链接

票识别机器人】内的【(4)序列-获取发票识别信息】活动下方。选中新增的【序列】活动控件，单击【属性】|【常见】|【显示名称】，将其修改为【(5)序列-输出发票识别信息】，如图 3-35 所示。

　　② 点击左侧的【活动】面板，在搜索框中输入【写入范围】，将【写入范围】拖曳到设计面板中【序列-发票识别机器人】内的【(5)序列-输出发票识别信息】活动内。选中新增的【写入范围】活动控件，单击【属性】|【常见】|【显示名称】，将其修改为【写入范围-发票识别信息】。根据实际需求，决定是否修改工作表名称。点击【属性】|【目标】|【起始单元格】，由于第一行为表头信息，发票识别信息需从第二行开始写入，将【"A1"】修改为【"A2"】，注意使用英文双引

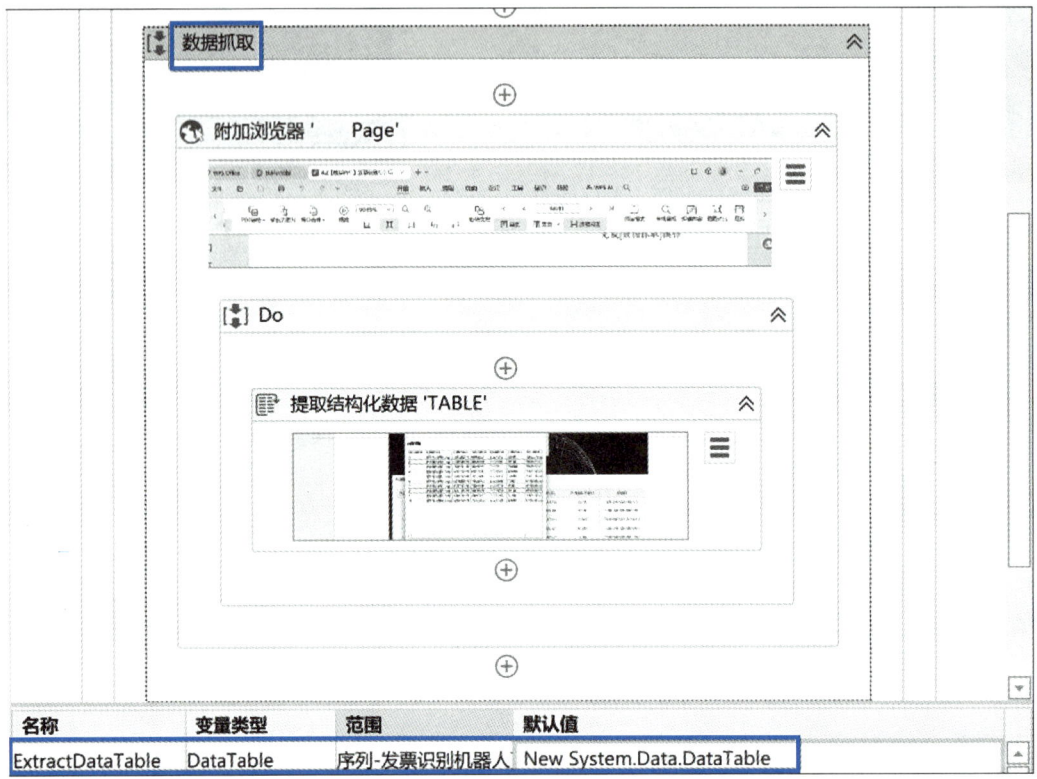

名称	变量类型	范围	默认值
ExtractDataTable	DataTable	序列-发票识别机器人	New System.Data.DataTable

图 3-34　设置变量

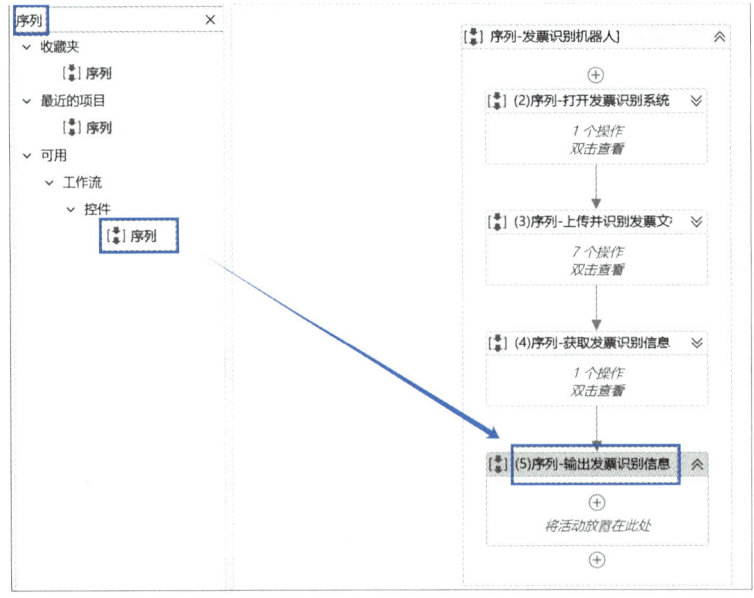

图 3-35　新增序列

号。点击【属性】|【输入】|【工作簿路径】|【…】,在弹出的窗口中输入路径【"C:\发票识别机器人\发票识别结果.xlsx"】,完成后点击【确定】,注意使用英文双引号。引用前面创建的变量,点击【属性】|【输入】|【数据表】输入框,按空格键并双击选择【发票识别信息】变量。点击属性面板的空白区域,完成变量引用操作,如图 3-36 所示。

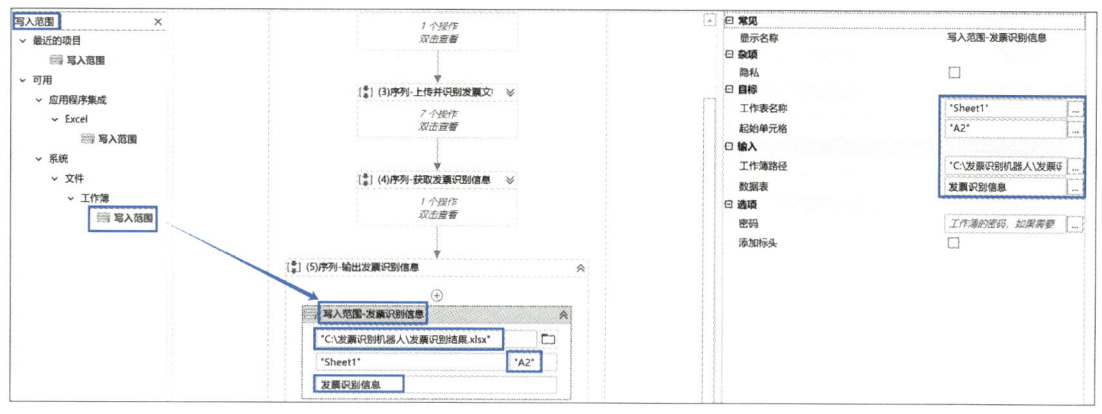

图 3-36 设置写入范围

(8) 步骤五【关闭发票识别系统】。

① 点击左侧的【活动】面板,在搜索框中输入【序列】,选中【序列】活动控件,将其拖曳到设计面板中【序列-发票识别机器人】内的【(5)序列-输出发票识别信息】活动下方。选中新增的【序列】活动控件,单击【属性】|【常见】|【显示名称】,将显示名称修改为【(6)序列-关闭发票识别系统】,如图 3-37 所示。

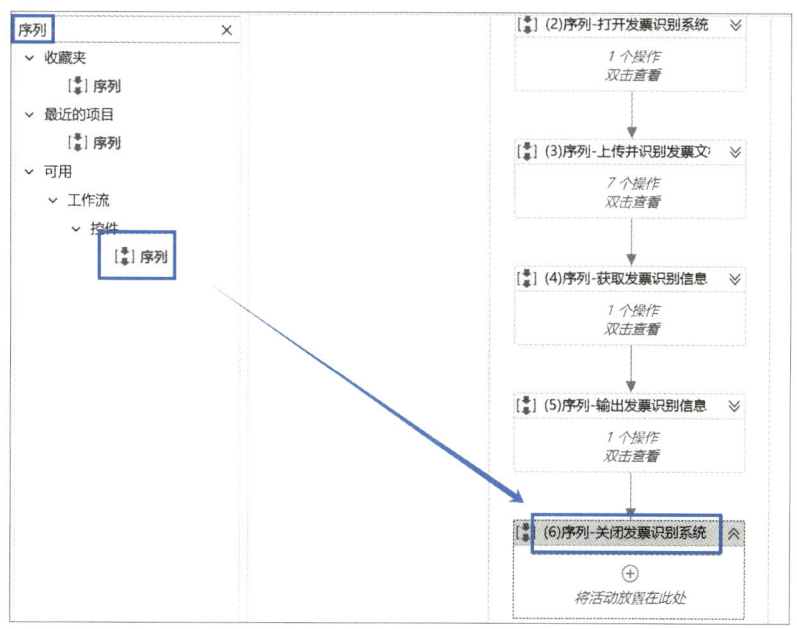

图 3-37 新增序列

②点击左侧的【活动】面板,在搜索框中输入【关闭选项卡】,选中【关闭选项卡】活动控件,将其拖曳到设计面板中【序列-发票识别机器人】内的【(6)序列-关闭发票识别系统】活动内。选中新增的【关闭选项卡】活动控件,单击【属性】|【常见】|【显示名称】,将其修改为【关闭选项卡-关闭发票识别系统】。引用前面创建的变量,点击【属性】|【输入】|【浏览器】,按空格键并双击选择【关闭发票识别系统】变量,点击属性面板的空白区域,完成变量的引用操作,如图3-38所示。

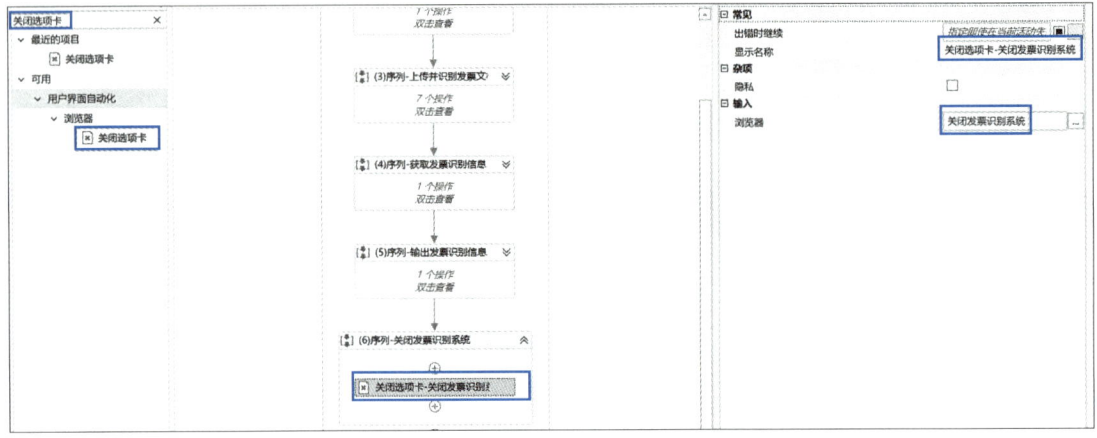

图3-38 设置关闭选项卡

(三)运行测试阶段

(1)完成发票识别机器人的构建后,可以通过点击菜单面板左侧的【运行】(快捷键【F6】),启动【发票识别机器人】。

(2)运行程序结束后,请重新打开【"C:\发票识别机器人\发票识别结果.xlsx"】文件,查看【Sheet1】标签页,可以看到已提取的10条发票信息,具体如图3-39所示。

	A	B	C	D	E	F	G
	序号	文件名	发票代码	发票号码	开票日期	开具金额	校验码
	1	教学演示发票1.png	4501202170	84409234	20201012	50400	72085549722978264731
	2	教学演示发票4.png	6107151140	73267317	20200116	9100	67198118982123618508
	3	教学演示发票2.png	1509151140	38251362	20200311	230400	72085549722978254099
	4	教学演示发票9.png	6401163170	34016431	20200720	69100	67198118982123880835
	5	教学演示发票3.png	4209184170	35580181	20201003	39130	72085549722978891282
	6	教学演示发票6.png	3210203170	74633400	20200908	1792	67198118982123434355
	7	教学演示发票10.png	5203163170	75355409	20201128	23660	67198118982123406957
	8	教学演示发票5.png	3505152140	33527412	20200812	12600	72085549722978321766
	9	教学演示发票8.png	5000193170	24690139	20201003	51200	72085549722978916534
	10	教学演示发票7.png	6207152170	68657715	20200527	403200	72085549722978393400

图3-39 运行结果

 **思政小思考**

在发票识别过程中,如果发现违规发票,会计人员应如何依法处理?

三、课后拓展

(1)除了在属性中设置【在此之前延迟/在此之后延迟】,UiPath的【延迟】控件还有哪些实现方式？请搜索【延迟】控件的相关信息。

（2）【延迟】控件的延迟时间设置与【在此之前延迟/在此之后延迟】的延迟时间设置有何区别？

（3）除使用延迟方法等待发票识别完成外，我们还可以尝试利用【后条件循环】结合【存在图像】的检测方式，让机器人自动判断发票是否已识别完毕。

试卷测试

第二节　发票自动查验机器人

情景案例导入

股票投资与 RPA 的融合

"叮咚！"税务局的通知短信如重锤般敲击着小明的心，"贵公司 2025 年 9 月存在 3 张异常增值税发票，请及时处理。"小明看着财务室中堆积如山的发票，感到焦虑。这是本月第三次收到税务局的异常提醒，每次处理发票都需耗费大量时间。

"这几乎是在进行一场'找错游戏'！"小明一边表达不满，一边机械地输入第 47 张发票信息。突然，他发现这张发票的校验码连续输错 3 次，系统提示"验证码过期"，需要重新登录。经过一番努力，他终于查到结果，却发现校验码与纸质发票信息不符。

正当他准备联系供应商进行理论时，IT 部门的小王探头进来："听说你又在处理发票问题？是否考虑尝试发票自动查验机器人？"小明应用 RPA 机器人，随即发生了奇迹，500 张发票的查验工作，仅用不到半小时便全部完成真伪查验，并将结果整理成 Excel 文档。

"这简直是财务界的救星！"小明感慨道。从此，他不再担忧收到税务局的"意外通知"，反而成为部门中的"发票核查专家"。三个月后，公司发票异常率显著下降 95%，税务合规评分提升至 A 级。小明终于能够按时下班，享受他宝贵的业余时间。

【思考】　同学们，企业使用财务机器人来帮助自动查验的优势是什么？

一、发票自动查验机器人原理

在企业运营的生态系统中，发票作为交易凭证的核心载体，承载着业务真实性核验、税务合规管理以及财务核算等关键职能。根据麦肯锡 2023 年企业财税数字化报告，93% 的受访企业将发票管理视为财务数字化转型的首要任务。然而，传统的手工查验模式存在明显的局限性：单张发票核验平均耗时 4.2 分钟，人工录入错误率高达 7.8%，并且难以应对日益复杂的发票伪造手段。

智能自动化技术的引入为这一痛点提供了突破性的解决方案。通过部署 RPA 系统，企业能够实现自动提取和核验发票信息，处理速度提升 40 倍，集成多维度风险识别算法，异常发票检出准确率达 99.3%，建立标准化查验流程，确保审计合规性。

德勤全球自动化调查报告指出，采用 RPA 发票管理解决方案的企业，其财税运营效率平均提升 580％,年度合规成本降低 35％。这种技术革新不仅优化了财务流程,还为企业构建了智能化的风险防控体系。

(一)案例目标

 **思政小思考**

在当前税收体系中,发票自动查验技术是如何帮助企业更好地遵守税法,促进国家经济发展的?

通过展示发票信息提取、查验请求等关键模块的开发过程,完成发票查验结果归档的整个流程开发,掌握性能优化技巧,包括批量处理和并发控制等,具体如下:

(1)使用 RPA 工具批量验证发票的真伪信息。

(2)运用 RPA 工具记录发票验证的结果。

(二)案例工作流程

发票自动查验机器人工作流程,如图 3-40 所示。

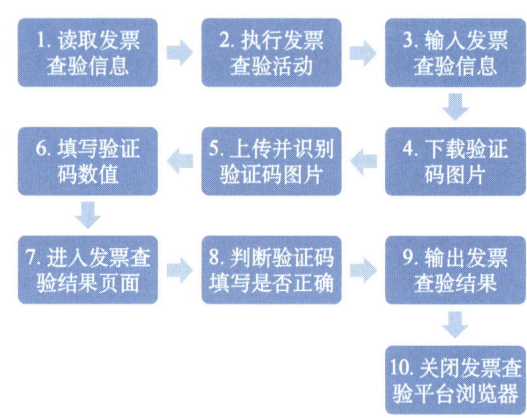

图 3-40　发票自动查验机器人工作流程

二、发票自动查验机器人的制作

(一)准备阶段

(1)打开【RPA 财务机器人实践教学平台】,使用账号【学号】,初始密码【666666】登录系统,进入任务列表,选择并打开【发票自动查验机器人】任务。

【资源】1.发票查验信息

图 3-41　下载任务资源

(2)在【发票自动查验机器人】任务界面中,下载本次机器人制作过程中所需的资源,如图 3-41 所示,并解压缩到指定路径,【发票查验信息. xlsx】如图 3-42 所示。

(3)在【RPA 财务机器人实践教学平台】,点击右上角的【仿真系统】,查找【发票】类别,点击进入【发票验证系统】和【验证码识别系统】,如图 3-43 所示。【发票验证系统】的网址为【http://172.16.3.18:8088/api/jh/invoice-form-check. html】,【验证码识别系统】的网址为【http://172.16.3.18:8088/api/jh/verIFy-code-auto-detect. html】。

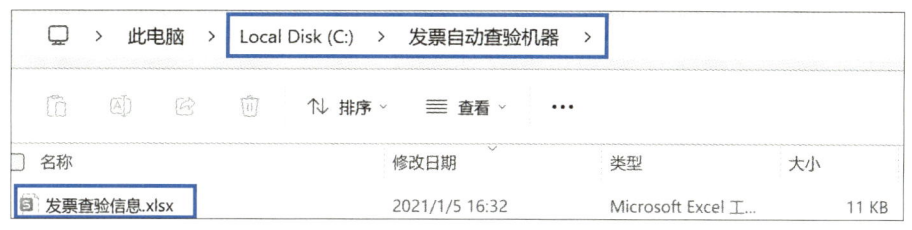

图 3-42 解压任务资源

图 3-43 发票验证系统和验证码识别系统

（二）制作阶段

（1）启动【UiPath Studio】，点击【开始】，选择【库】，在弹出的【新建空白库】窗口中，设置库的文件夹名称为【发票自动查验机器人序列】，并选择存储路径为【C:\发票自动查验机器人】，点击【创建】完成库的创建，如图 3-44 所示。

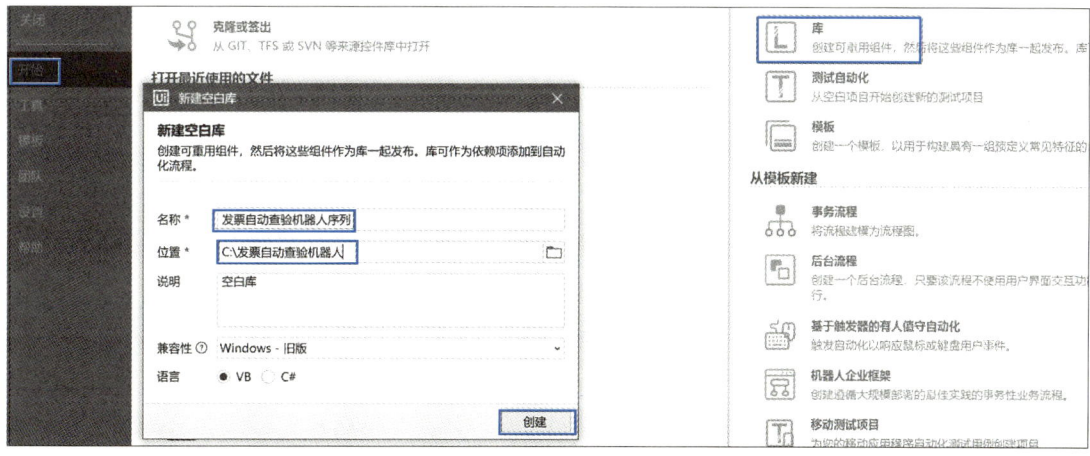

图 3-44 新建空白库

（2）点击左侧的【项目】选项，展开【项目】面板，选择【NewActivity.xaml】文件，按【F2】键，或者单击鼠标右键选择【重命名】，此时会弹出【重命名】窗口。在【收件人：】输入框中，输入【发票自动查验机器人序列】，点击【确定】，完成项目的重命名操作，如图3-45所示。双击重命名后的文件【发票自动查验机器人序列.xaml】，进入【Main】设计面板的主界面，开始进行流程设计。

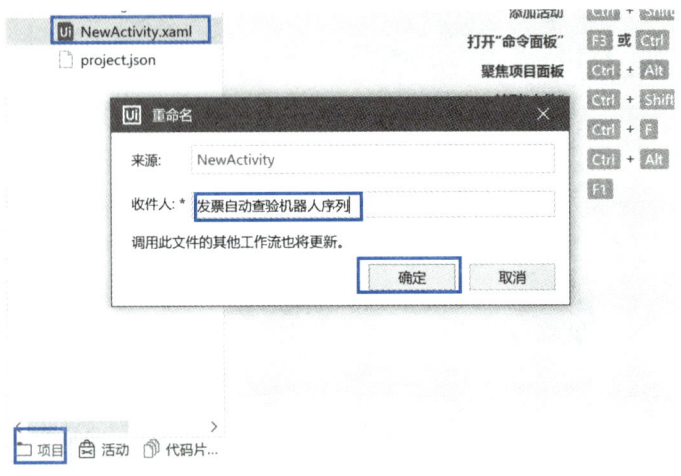

图3-45 重命名项目

（3）点击左侧的【活动】面板，在搜索框中输入【序列】，选择【序列】活动控件，将其拖曳到设计面板中，并将新增的【序列】控件重命名，单击【属性】|【常见】|【显示名称】，将显示名称修改为【序列-发票自动查验机器人】，如图3-46所示。

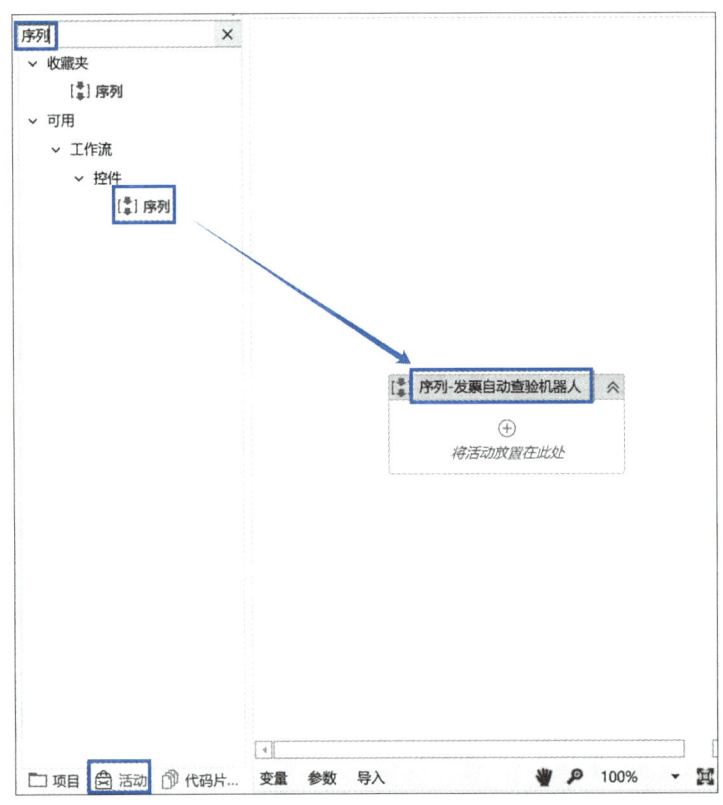

图3-46 新增序列

（4）步骤一【读取发票查验信息】。

① 点击左侧的【活动】面板,在搜索框中输入【序列】,选择【序列】活动控件,将其拖曳到设计面板中【序列-发票自动查验机器人】活动内。选中新增的【序列】活动控件,单击【属性】|【常见】|【显示名称】,将显示名称修改为【(2)序列-读取发票查验信息】,如图 3-47 所示。

② 点击左侧的【活动】面板,在搜索框中输入【读取范围】,选择【工作簿】目录下的【读取范围】活动控件,将其拖曳到设计面板中【序列-发票自动查验机器人】内的【(2)序列-读取发票查验信息】活动内。选中新增的【读取范围】活动控件,单击【属性】|【常见】|【显示名称】,将其修改为【读取范围-获取发票查验文档】。点击【属性】|【输入】|【工作簿路径】|【…】,在弹出的窗口中输入路径"C:\发票自动查验机器人\发票查验信息.xlsx",完成后点击【确定】,注意使用英文双引号。点击【属性】|【输入】|【工作表名称】,确保与【发票查验信息.xlsx】中的工作表名称一致(默认为【Sheet1】)。点击【属性】|【输入】|【范围】,在输入框中输入【" "】,表示读取整个表格的数据。为了在调试时快速查看结果,建议先读取单行数据,待流程完成后删除范围设置以读取全部数据。点击【属性】|【输出】|【数据源】,选择【创建变量】,输入变量名称为【数据源】。打开【变量】面板,选择【数据源】变量,将其类型设置为【DataTable】,范围调整为【序列-发票自动查验机器人】。完成设置后,关闭【变量】面板,如图 3-48 所示。

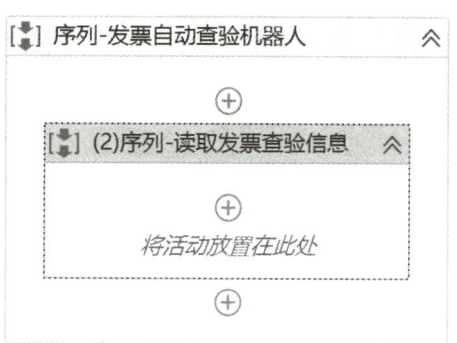

图 3-47　新增序列

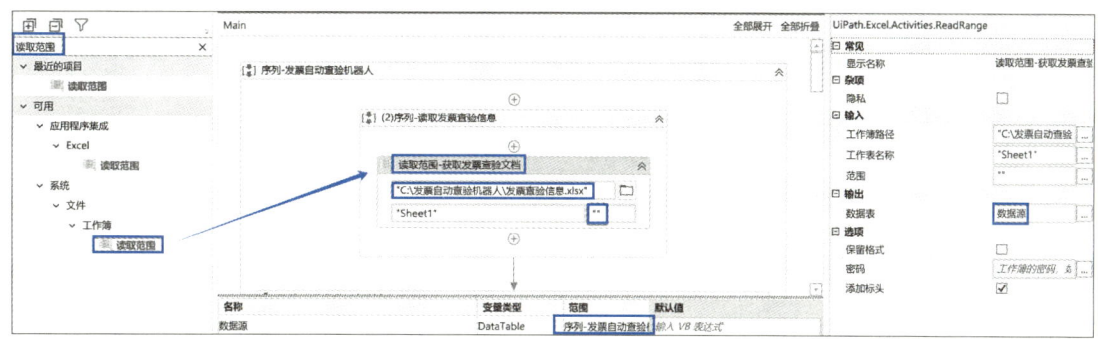

图 3-48　设置读取范围

（5）步骤二【执行发票查验活动】。

① 点击左侧的【活动】面板,在搜索框中输入【序列】,选择【序列】活动控件,将其拖动到设计面板中【序列-发票自动查验机器人】内的【(2)序列-读取发票查验信息】活动内。选中新增的【序列】活动控件,单击【属性】|【常见】|【显示名称】,将显示名称修改为【(3)序列-执行发票查验活动】,如图 3-49 所示。

② 点击左侧的【活动】面板,在搜索框中输入【对于数据表中的每一行】(在早期 UiPath 版本中称为【对于每一个行】),选中该活动控件,将其拖曳到设计面板中【序列-发票自动查验机器人】内的【(3)序列-执行发票查验活动】活动内。选中新增的【对于数据表中的每一行】活

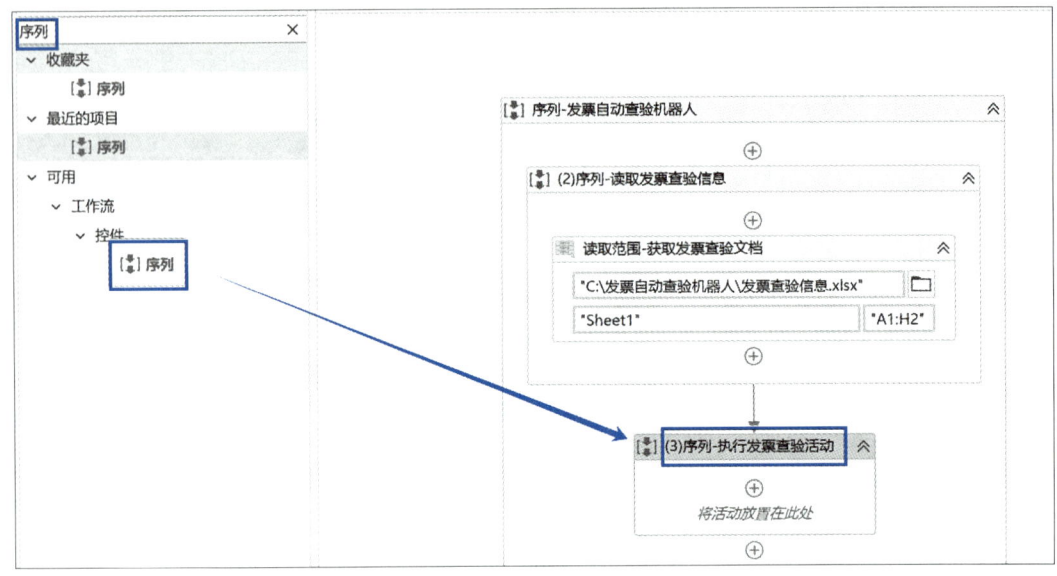

图 3-49 新增序列

动控件,单击【属性】|【常见】|【显示名称】,将其修改为【对于数据表中的每一行—对列举的每张发票信息执行活动】。在【遍历循环】中,将默认的【CurrentRow】变量名称改为【row】,以便更清晰地表示当前行数据。点击【属性】|【输入】|【数据表】,按空格键并选择之前创建的【数据源】变量。点击属性面板的空白区域,完成变量引用操作,如图 3-50 所示。

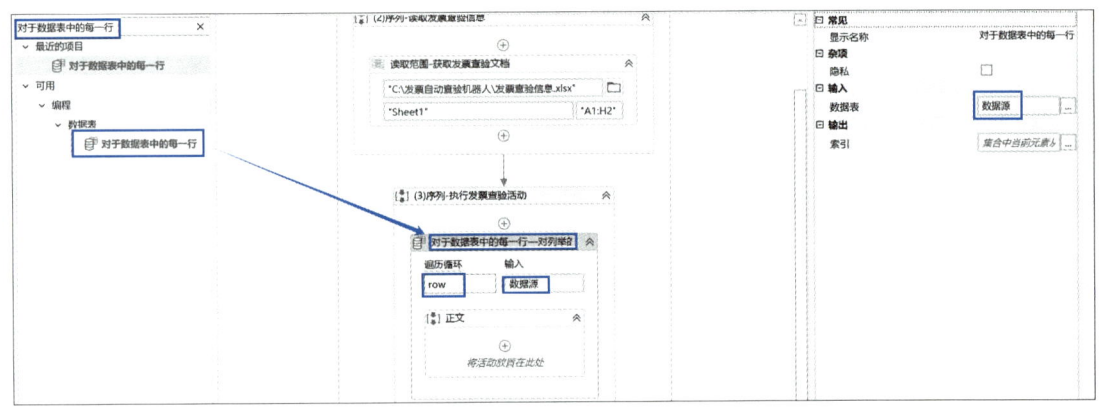

图 3-50 设置对于数据表中的每一行

③ 点击左侧的【活动】面板,在搜索框中输入【序列】,选中【序列】活动控件,将其拖曳到设计面板中【(3)序列-执行发票查验活动】内的【对于数据表中的每一行—对列举的每张发票信息执行活动-正文】活动内。选中新增的【序列】活动控件,单击【属性】|【常见】|【显示名称】,将显示名称修改为【(4)序列-打开发票查验平台】,如图 3-51 所示。

④ 点击左侧的【活动】面板,在搜索框中输入【打开浏览器】,选中【打开浏览器】活动控件,将其拖曳到设计面板中【(3)序列-执行发票查验活动】内的【(4)序列-打开发票查验平台】活动内。选中新增的【打开浏览器】活动控件,单击【属性】|【常见】|【显示名称】,将其修改为

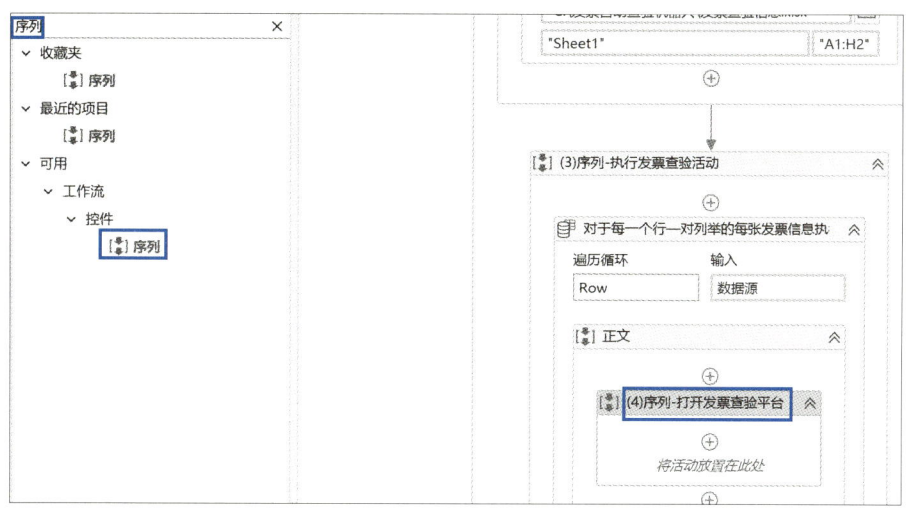

图 3-51　新增序列

【打开浏览器-打开发票识别系统】。点击【属性】|【输入】|【URL】,选择【创建变量】,输入变量名称为【发票查验平台网址】。打开【变量】面板,选择【发票查验平台网址】变量,将其类型设置为【String】,范围调整为【序列-发票自动查验机器人】。根据实际操作环境,在默认值中输入发票查验平台的网址【"http://172.16.3.18:8088/api/jh/invoice-form-check.html"】,注意使用英文双引号。完成设置后,机器人能够通过该网址打开发票查验平台,进行后续的自动化操作,如图 3-52 所示。

图 3-52　设置打开浏览器

⑤ 点击【属性】|【输入】|【浏览器类型】|【▼】,将浏览器类型设置为【Chrome】。点击【属性】|【输出】|【用户界面浏览器】,选择【创建变量】,输入变量名称为【关闭发票查验平台浏览器】。打开【变量】面板,选择【关闭发票查验平台浏览器】变量,将其类型设置为【Browser】,范围调整为【序列-发票自动查验机器人】。这一步骤的目的是为后续添加【关闭选项卡】活动控件时提供引用变量,确保机器人能够在完成任务后正确关闭浏览器选项卡,如图 3-53 所示。

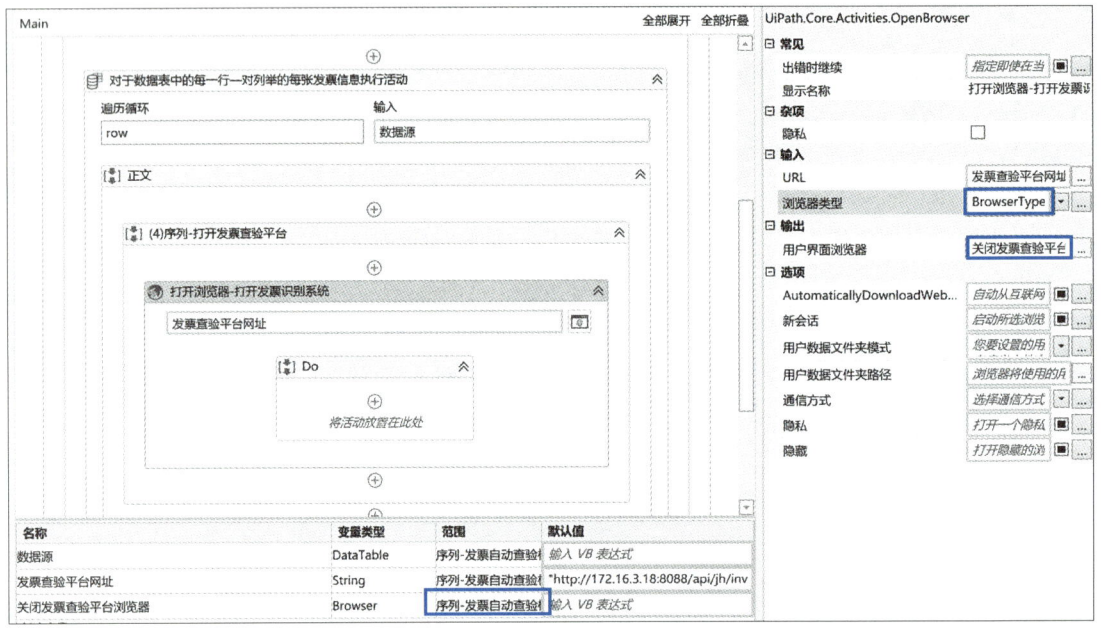

图 3-53　设置关闭发票查验平台浏览器变量

⑥ 点击左侧的【活动】面板,在搜索框中输入【最大化窗口】,选中【最大化窗口】活动控件,将其拖曳到设计面板中【(4)序列-打开发票查验平台】内【打开浏览器-打开发票查验平台-Do】活动内。选中新增的【最大化窗口】活动控件,单击【属性】|【常见】|【显示名称】,将显示名称修改为【最大化窗口-保持浏览器最大化状态】,如图 3-54 所示。

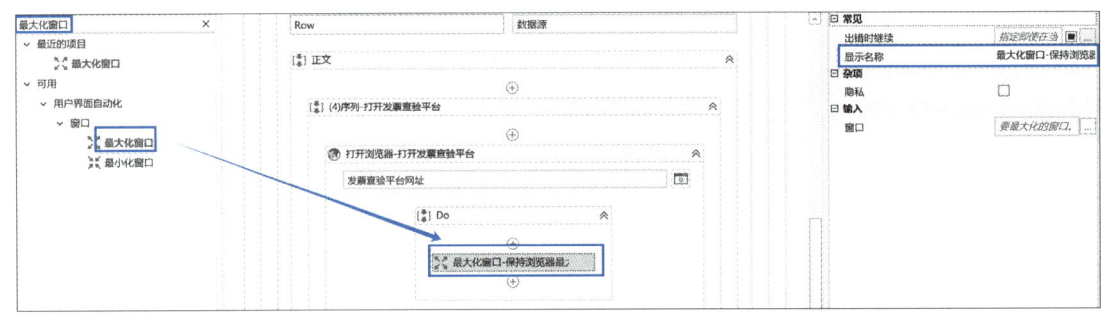

图 3-54　最大化窗口

⑦ 点击【设计】|【文件】|【运行】,或者按【F6】键启动运行。在运行之前,请确保关闭已经打开的发票识别系统浏览器窗口。运行的主要目的是:①验证编写的序列是否能够正常执

行,确保流程逻辑正确无误;②基于运行结束后的界面状态继续编写序列,为后续步骤的设计提供准确的上下文环境。

(6)步骤三【输入发票查验信息】。

① 在【活动】面板中搜索【序列】,选中【序列】活动控件,将其拖曳到设计面板中【(3)序列-执行发票查验活动】内的【(4)序列-打开发票查验平台】活动下方。选中新增的【序列】活动控件,单击【属性】|【常见】|【显示名称】,将其修改为【(5)序列-输入发票查验信息】,如图 3-55 所示。

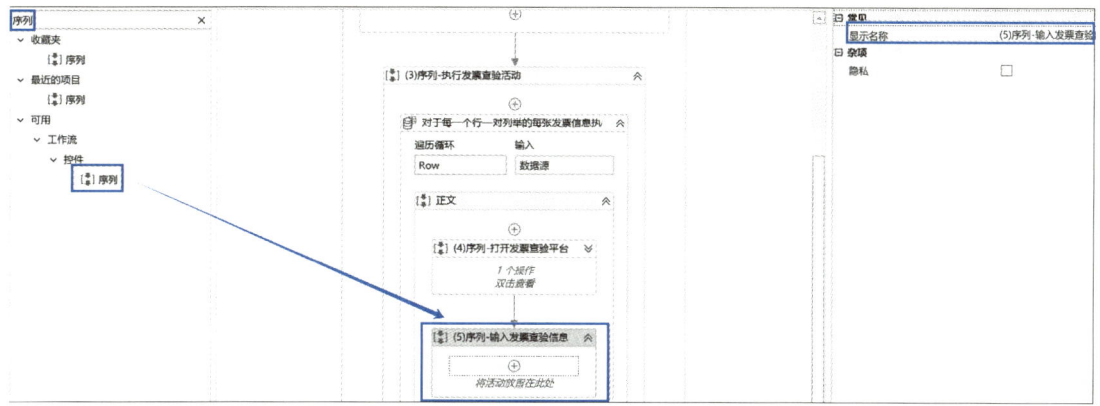

图 3-55　新增序列

② 点击左侧的【活动】面板,在搜索框中输入【输入信息】,选中【输入信息】活动控件,将其拖曳到设计面板中【(3)序列-执行发票查验活动】内的【(5)序列-输入发票查验信息】活动内。选中新增的【输入信息】活动控件,单击【属性】|【常见】|【显示名称】,将其修改为【输入信息-发票代码】,如图 3-56 所示。

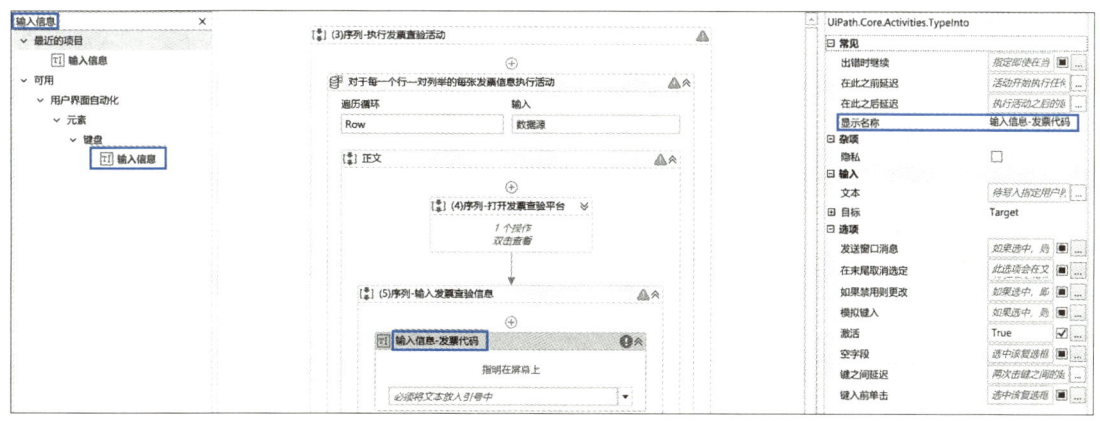

图 3-56　设置输入信息

③ 将【发票查验平台】网页窗口置顶,返回【UiPath Studio】操作界面,选中【输入信息-发票代码】活动控件,点击【指明在屏幕上】。此时,页面会自动跳转至【发票查验平台】网页。在网页中找到并点击【发票代码】的输入框,如图 3-57 所示,随后页面会跳转回【UiPath

Studio】操作界面,如图 3-58 所示。

图 3-57 【发票代码】输入框

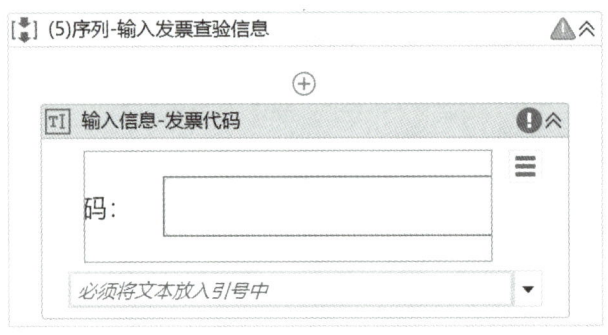

图 3-58 【UiPath Studio】操作界面

④ 选中【输入信息-发票代码】活动控件,点击【属性】|【输入】|【文本】|【…】,在弹出的窗口中输入表达式【row("发票代码").ToString】,完成后点击【确定】。该表达式的含义是从【发票查验信息.xlsx】工作表的【发票代码】列中逐行提取数据,并通过【.ToString】将其转换为字符串类型,注意使用英文双引号。点击【属性】|【选项】|【空字段】,确保每次输入前清空目标文本框中的内容,避免数据重复或混乱,如图 3-59 所示。

⑤ 点击左侧的【活动】面板,在搜索框中输入【发送热键】,选中【发送热键】活动控件,将其拖曳到设计面板中【(5)序列-输入发票查验信息】内的【输入信息-发票代码】活动下方。选中新增的【发送热键】活动控件,单击【属性】|【常见】|【显示名称】,将显示名称修改为【发送热键-确认输入发票代码】。将【发票查验平台】网页窗口置顶并保持可见,返回【UiPath Studio】操作界面,选中【发送热键-确认输入发票代码】活动控件,点击【指明在屏幕上】。此

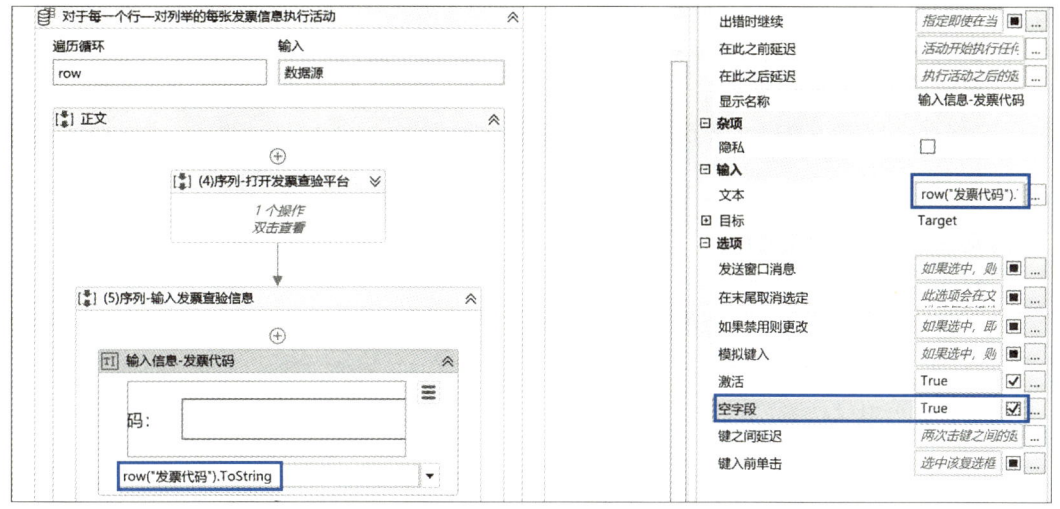

图 3-59　输入代码

时，页面会自动跳转至【发票查验平台】网页。在网页中点击【发票代码】的输入框，页面会跳转回【UiPath Studio】操作界面。至此，【指明在屏幕上】的操作顺利完成。选中【发送热键-确认输入发票代码】活动控件，点击【属性】|【输入】|【键值】，从下拉菜单中选择【enter】，如图 3-60 所示。

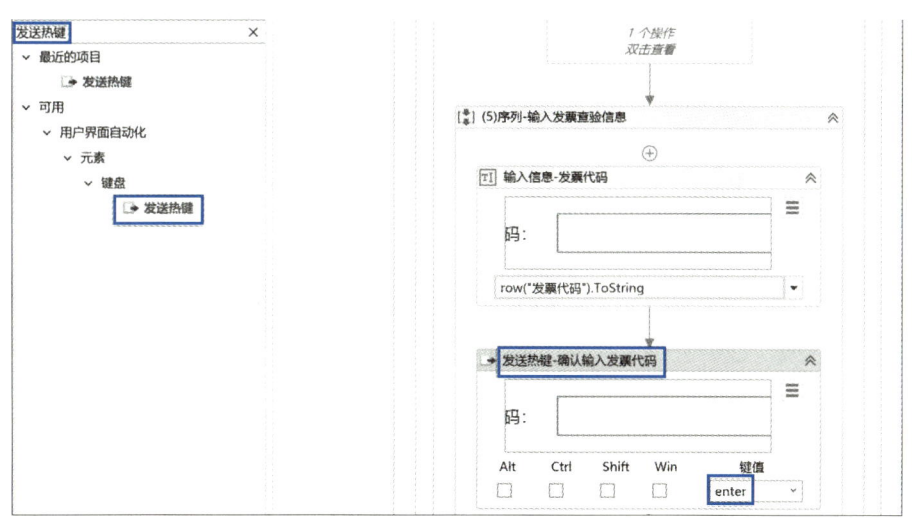

图 3-60　设置发送热键

⑥ 点击左侧的【活动】面板，在搜索框中输入【输入信息】，选择【输入信息】活动控件，将其拖曳到设计面板中【(5)序列-输入发票查验信息】内的【发送热键-确认输入发票代码】活动下方。选中新增的【输入信息】活动控件，单击【属性】|【常见】|【显示名称】选项，将显示名称修改为【输入信息-发票号码】。将【发票查验平台】网页窗口置顶并保持可见，返回【UiPath Studio】操作界面，选中【输入信息-发票号码】活动控件，点击【指明在屏幕上】。此时，页面会自动跳转至【发票查验平台】网页。在网页中点击【发票号码】的输入框，如图 3-61 所示，随

后页面会跳转回【UiPath Studio】操作界面，如图 3-62 所示。

图 3-61　发票查验平台

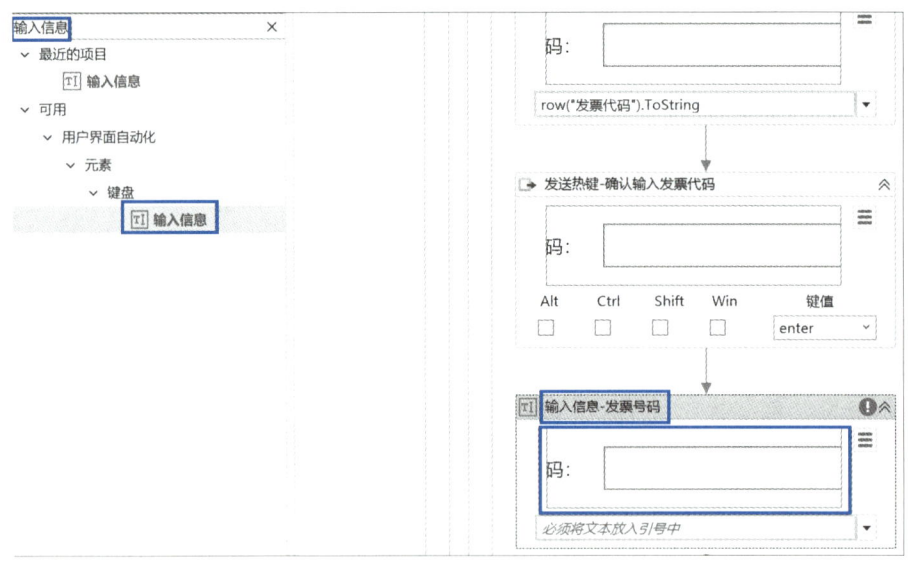

图 3-62　指明在屏幕上

⑦ 选中【输入信息-发票号码】活动控件，点击【属性】|【输入】|【文本】|【…】，在弹出的窗口中输入表达式【row("发票号码").ToString】，完成后点击【确定】。该表达式的含义是从【发票查验信息.xlsx】工作表的【发票号码】列中逐行提取数据，并通过【.ToString】将其转换为字符串类型，注意使用英文双引号。点击【属性】|【选项】|【空字段】，确保每次输入前清空目标文本框中的内容，避免数据重复或混乱，如图 3-63 所示。

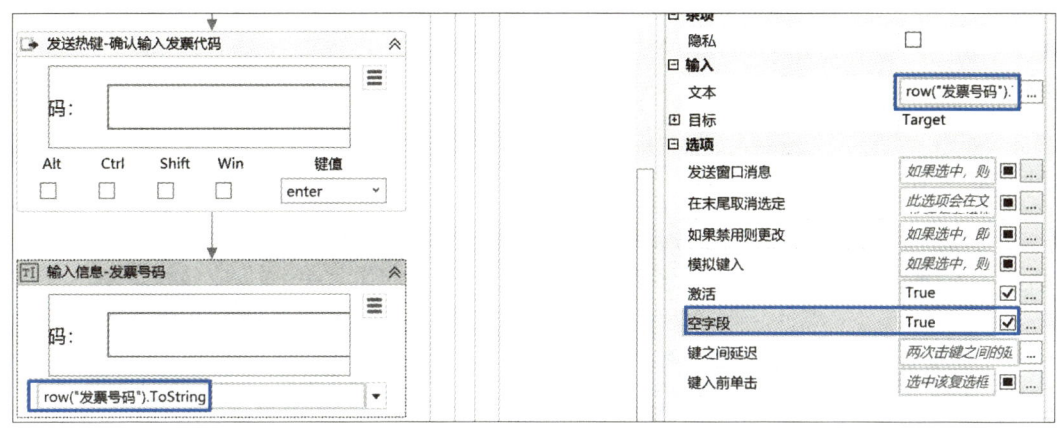

图 3-63　设置输入信息

⑧ 点击左侧的【活动】面板,在搜索框中输入【发送热键】,选中【发送热键】活动控件,将其拖曳到设计面板中【(5)序列-输入发票查验信息】内的【输入信息-发票号码】活动下方。选中新增的【发送热键】活动控件,单击【属性】|【常见】|【显示名称】,将显示名称修改为【发送热键-确认输入发票号码】。将【发票查验平台】网页窗口置顶并保持可见,返回【UiPath Studio】操作界面,选中【发送热键-确认输入发票号码】活动控件,点击【指明在屏幕上】。此时,页面会自动跳转至【发票查验平台】网页,在网页中点击【发票号码】的输入框,随后页面会跳转回【UiPath Studio】操作界面。至此,【指明在屏幕上】的操作顺利完成。选中【发送热键-确认输入发票号码】活动控件,点击【属性】|【输入】|【键值】,从下拉菜单中选择【enter】,如图 3-64 所示。

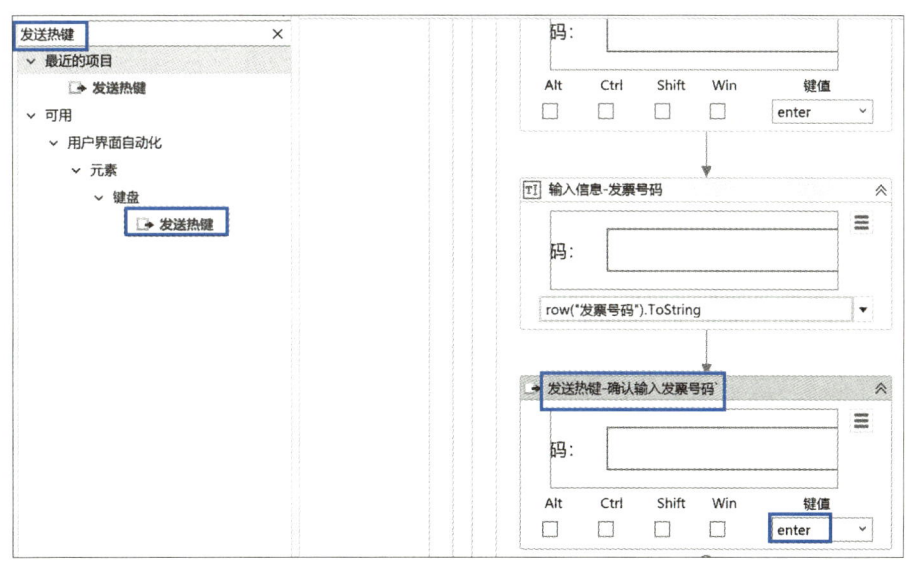

图 3-64　设置发送热键

⑨ 点击左侧的【活动】面板,在搜索框中输入【输入信息】,选中【输入信息】活动控件,将其拖曳到设计面板中【(5)序列-输入发票查验信息】内的【发送热键-确认输入发票号码】活动

下方。选中新增的【输入信息】活动控件,单击【属性】|【常见】|【显示名称】,将显示名称修改为【输入信息-开票日期】。将【发票查验平台】网页窗口置顶并保持可见,返回【UiPath Studio】操作界面,选中【输入信息-开票日期】活动控件,点击【指明在屏幕上】。此时,页面会自动跳转至【发票查验平台】网页,在网页中点击【开票日期】,如图 3-65 所示,随后页面跳转回【UiPath Studio】操作界面,如图 3-66 所示。

图 3-65　发票查验平台

图 3-66　指明在屏幕上

⑩ 选中【输入信息-开票日期】活动控件,点击【属性】|【输入】|【文本】|【…】,在弹出的窗

口中输入表达式【row("开票日期").ToString】,完成后点击【确定】。该表达式的含义是从【发票查验信息.xlsx】工作表的【开票日期】列中逐行提取数据,并通过【.ToString】将其转换为字符串类型,注意使用英文双引号。点击【属性】|【选项】|【空字段】,确保每次输入前清空目标文本框中的内容,避免数据重复或混乱,如图 3-67 所示。

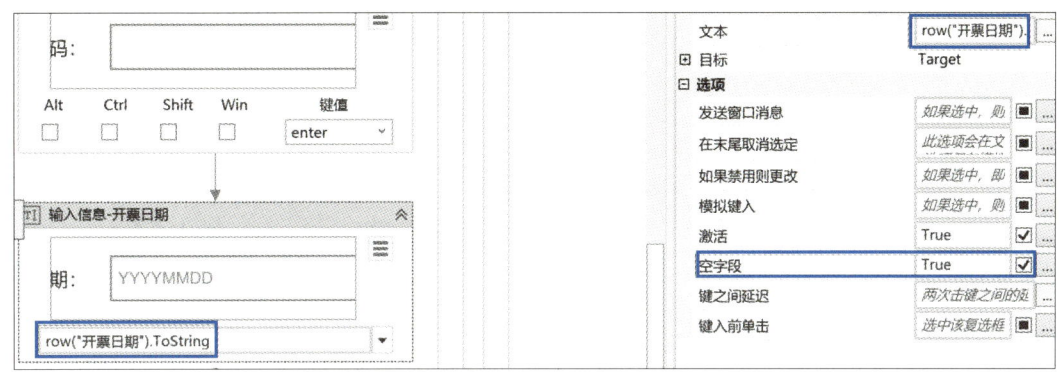

图 3-67　设置输入信息

⑪ 点击左侧的【活动】面板,在搜索框中输入【输入信息】,选中【输入信息】活动控件,将其拖曳到设计面板中【(5)序列-输入发票查验信息】内的【发送热键-输入开票日期】活动下方。选中新增的【输入信息】活动控件,单击【属性】|【常见】|【显示名称】,将显示名称修改为【输入信息-校验码】。将【发票查验平台】网页窗口置顶并保持可见,返回【UiPath Studio】操作界面,选中【输入信息-校验码】活动控件,点击【指明在屏幕上】。此时,页面会自动跳转至【发票查验平台】网页,在网页中点击【开具金额(不含税)】的输入框,如图 3-68 所示,随后页面会跳转回【UiPath Studio】操作界面,如图 3-69 所示。

图 3-68　发票查验平台

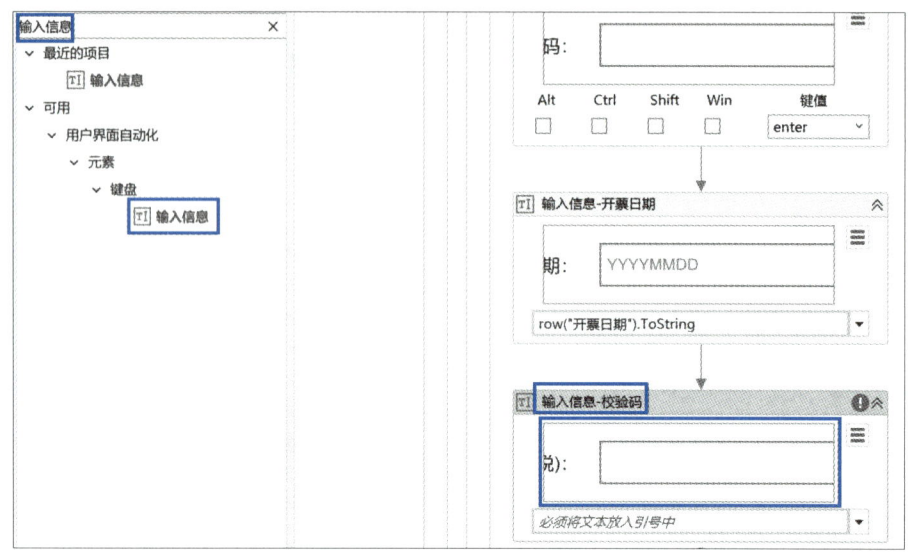

图 3-69　指明在屏幕上

⑫ 选中【输入信息-校验码】活动控件,点击【属性】|【输入】|【文本】|【…】,在弹出的窗口中输入表达式【row("校验码").ToString.Substring(14)】,完成后点击【确定】。该表达式的含义是从【发票查验信息. xlsx】工作表的【校验码】列中逐行提取数据,并通过【. ToString】将其转换为字符串类型。使用【. Substring(14)】从第 14 个字符开始截取剩余的校验码数值(包括第 14 个字符),注意使用英文双引号。点击【属性】|【选项】|【空字段】,确保每次输入前清空目标文本框中的内容,避免数据重复或混乱,如图 3-70 所示。

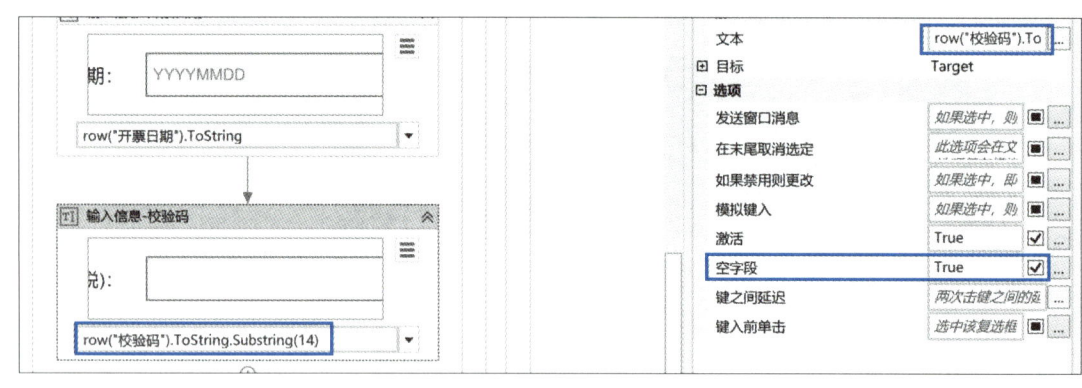

图 3-70　设置输入信息

⑬【开票金额(不含税)】字段会根据发票类型动态地转变为【校验码】字段:

当查询的发票类型是增值税专用发票,此处的字段信息保持为【开票金额(不含税)】。

当查询的发票类型是增值税普通发票,此处的字段信息自动转变为【校验码】。

当查询的发票类型是增值税电子普通发票,此处的字段信息自动转变为【校验码】。

在查询的发票类型是增值税专用发票时,此处的信息输入可以是【开票金额(不含税)】数值,也可以是【校验码】后六位数。

但在查询增值税普通发票和增值税电子普通发票时，为了方便机器人取数，此处统一输入【校验码】后六位数，如图3-71所示。

图 3-71 【校验码】后六位数说明

（7）步骤四【下载验证码图片】。

① 点击左侧的【活动】面板，在搜索框中输入【序列】，选中【序列】活动控件，将其拖曳到设计面板中【（3）序列-执行发票查验活动】内的【（5）序列-输入发票查验信息】活动下方。选中新增的【序列】活动控件，单击【属性】|【常见】|【显示名称】选项，将显示名称修改为【（6）序列-下载验证码图片】，如图3-72所示。

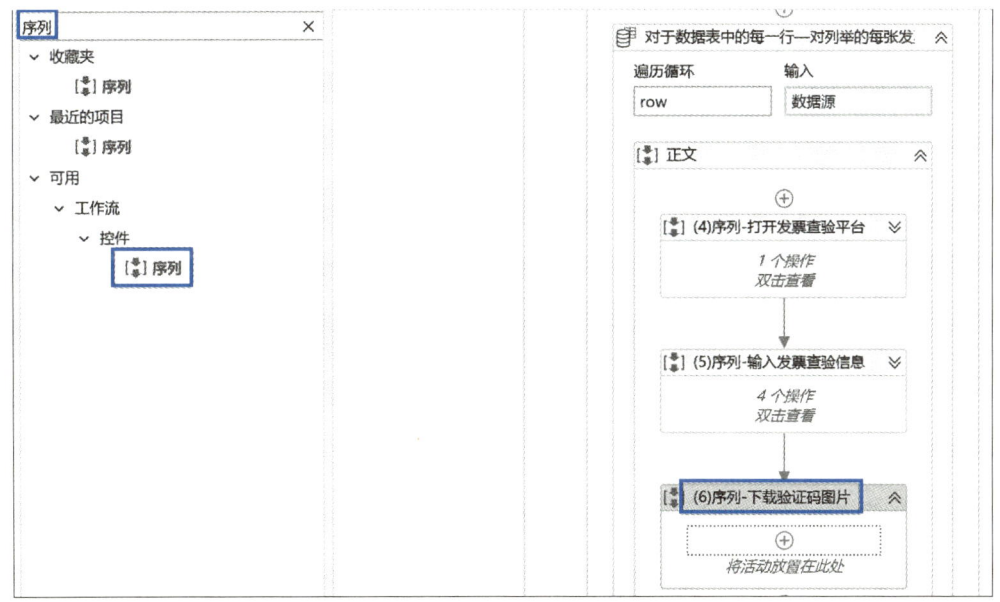

图 3-72 新增序列

② 点击左侧的【活动】面板，在搜索框中输入【单击】，选中【单击】活动控件，将其拖曳到设计面板中【（3）序列-执行发票查验活动】内的【（6）序列-下载验证码图片】活动内。选中新增的【单击】活动控件，单击【属性】|【常见】|【显示名称】选项，将显示名称修改为【单击-验证码图片】。将【发票查验平台】网页窗口置顶，返回【UiPath Studio】操作界面，选中【单击-验证码图片】活动控件，点击【指明在屏幕上】。此时，页面会自动跳转至【发票查验平台】网页，在网页中找到并点击【点击获取验证码】，随后页面会跳转回【UiPath Studio】操作界面，如图3-73所示。

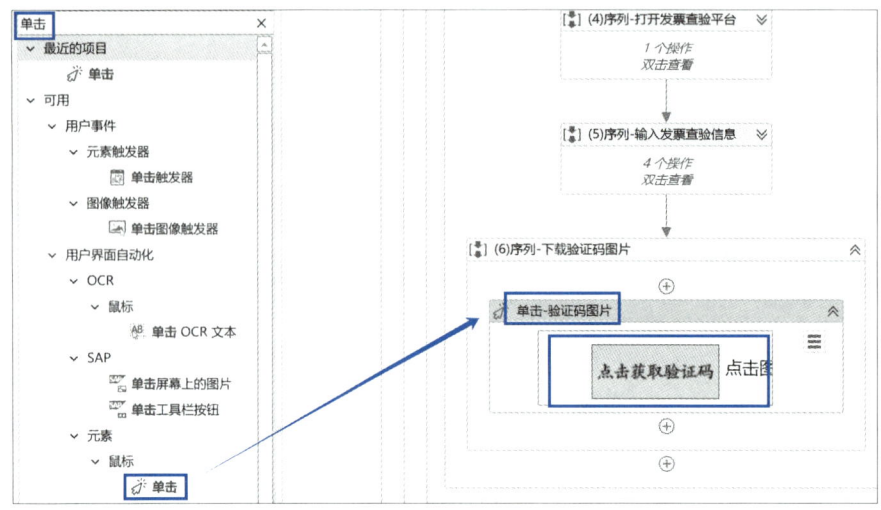

图 3-73　指明在屏幕上

③ 点击左侧的【活动】面板,在搜索框中输入【截取屏幕截图】,选中【截取屏幕截图】活动控件,将其拖曳到设计面板中【(6)序列-下载验证码图片】内的【单击-验证码图片】活动下方。选中新增的【截取屏幕截图】活动控件,单击【属性】|【常见】|【显示名称】,将显示名称修改为【截取屏幕截图-验证码图片】。将【发票查验平台】网页窗口置顶并保持可见,返回【UiPath Studio】操作界面,选中【截取屏幕截图-验证码图片】活动控件,点击【指明在屏幕上】。此时,页面会自动跳转至【发票查验平台】网页,在网页中找到并点击【验证码图片】,随后页面会跳转回【UiPath Studio】操作界面。至此,【指明在屏幕上】的操作顺利完成。选中【截取屏幕截图-验证码图片】活动控件,点击【属性】|【输出】|【屏幕截图】,选择【创建变量】,输入变量名称为【验证码图片】。打开【变量】面板,选择【验证码图片】变量,将其类型设置为【Image】,范围调整为【序列-发票自动查验机器人】。完成设置后,关闭【变量】面板,如图 3-74 所示。

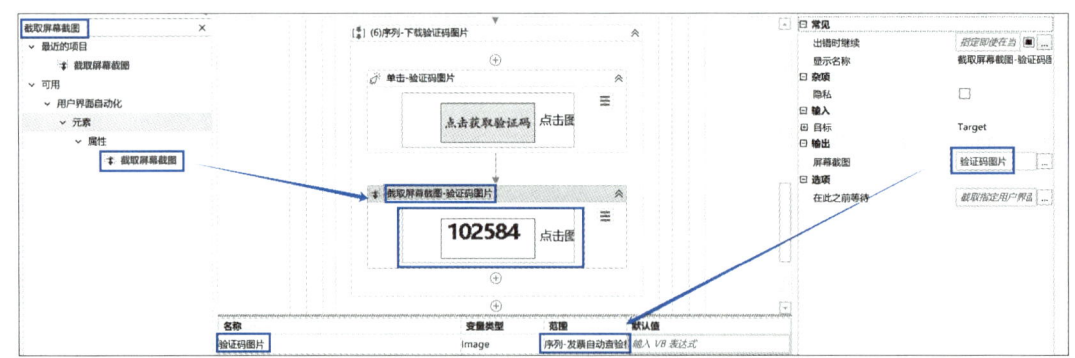

图 3-74　设置截取屏幕截图

④ 点击左侧的【活动】面板,在搜索框中输入【保存图像】,选中【保存图像】活动控件,将其拖曳到设计面板中【(6)序列-下载验证码图片】内的【截取屏幕截图-验证码图片】活动下方。选中新增的【保存图像】活动控件,单击【属性】|【常见】|【显示名称】,将显示名称修改为【保存图像-验证码图片】。引用前面创建的变量,点击【属性】|【输入】|【图像】,按空格键并双

击选择【验证码图片】变量,点击属性面板的空白区域,完成变量引用操作。点击【属性】|【输入】|【文件名】|【…】,在弹出的窗口中输入路径【"C:\发票自动查验机器人\验证码图片.png"】,完成后点击【确定】,注意使用英文双引号,如图 3-75 所示。

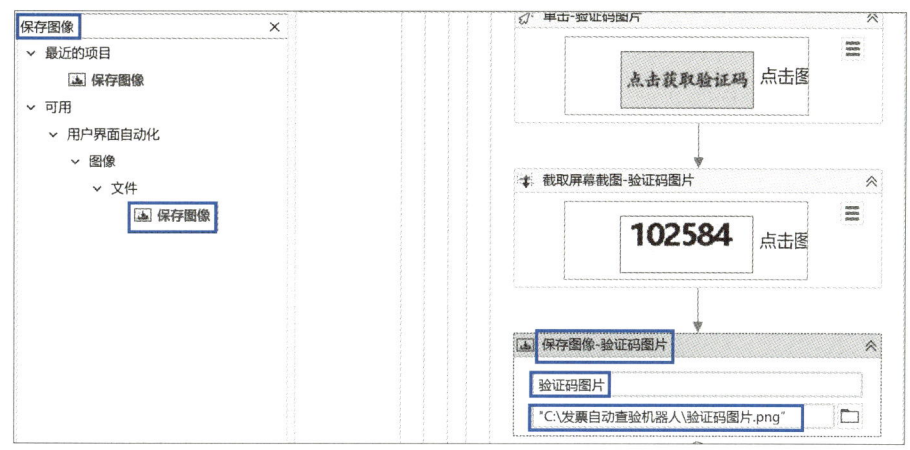

图 3-75　设置保存图像

(8) 步骤五【上传并识别验证码图片】。

① 点击【活动】面板,在搜索框中输入【序列】,将其拖曳至设计面板【(3)序列-执行发票查验活动】中【(6)序列-下载验证码图片】活动下方。选中新增的活动控件【序列】进行重命名,单击【属性】|【常见】|【显示名称】,将其修改为【(7)序列-上传并识别验证码图片】,如图 3-76 所示。

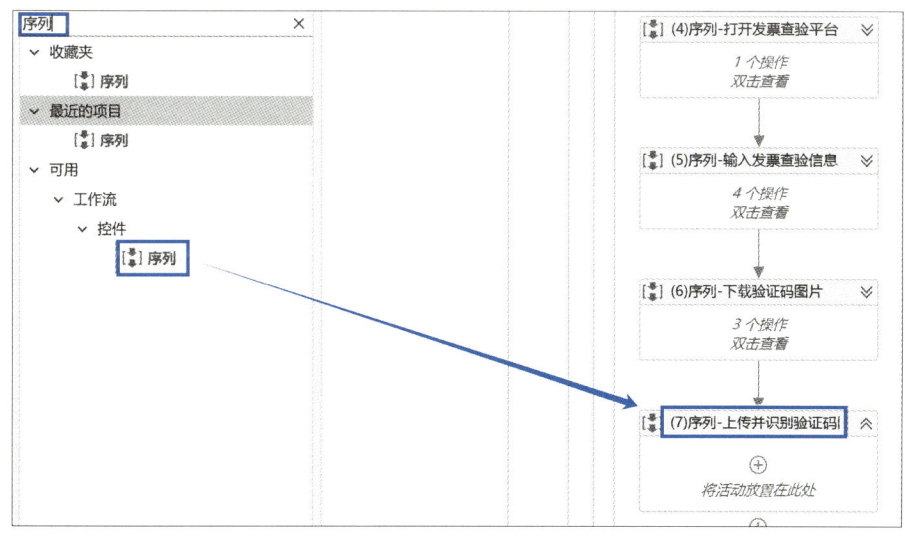

图 3-76　新增序列

② 点击左侧的【活动】面板,在搜索框中输入【打开浏览器】,选中【打开浏览器】活动控件,将其拖曳到设计面板中【(3)序列-执行发票查验活动】内的【(7)序列-上传并识别验证码图片】活动内。选中新增的【打开浏览器】活动控件,单击【属性】|【常见】|【显示名称】,将其修改为【打开浏览器-打开验证码识别系统】。点击【属性】|【输入】|【URL】,选择【创建变

量】,输入变量名称为【验证码识别系统网址】。点击【属性】|【输入】|【浏览器类型】,从下拉菜单中选择【chrome】。点击【属性】|【输出】|【用户界面浏览器】,选择【创建变量】,输入变量名称为【关闭验证码识别系统浏览器】。打开【变量】面板,选中【验证码识别系统网址】变量,将其类型设置为【String】,范围调整为【序列-发票自动查验机器人】。在默认值输入框中输入【"http://172.16.3.18:8088/api/jh/verify-code-auto-detect.html"】,注意使用英文双引号。选择【关闭验证码识别系统浏览器】变量,将其类型设置为【Browser】,范围调整为【序列-发票自动查验机器人】。这一步骤的目的是为后续添加【关闭选项卡】活动控件时提供引用变量,确保机器人能够在完成任务后正确关闭浏览器选项卡。完成这些设置后,关闭【变量】面板,如图 3-77 所示。

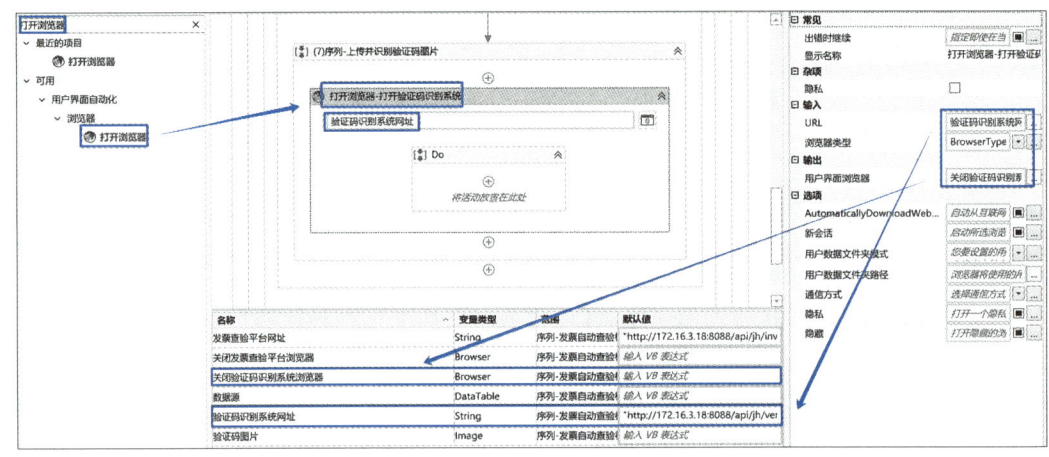

图 3-77　设置打开浏览器

③ 点击【活动】面板,在搜索框中输入【最大化窗口】,选中【最大化窗口】,将其拖曳至设计面板【(7)序列-上传并识别验证码图片】中【打开浏览器-打开验证码识别系统-Do】活动内。选中新增的活动控件【最大化窗口】进行重命名,单击【属性】|【常见】|【显示名称】,将显示名称修改为【最大化窗口-验证码识别系统浏览器】,如图 3-78 所示。

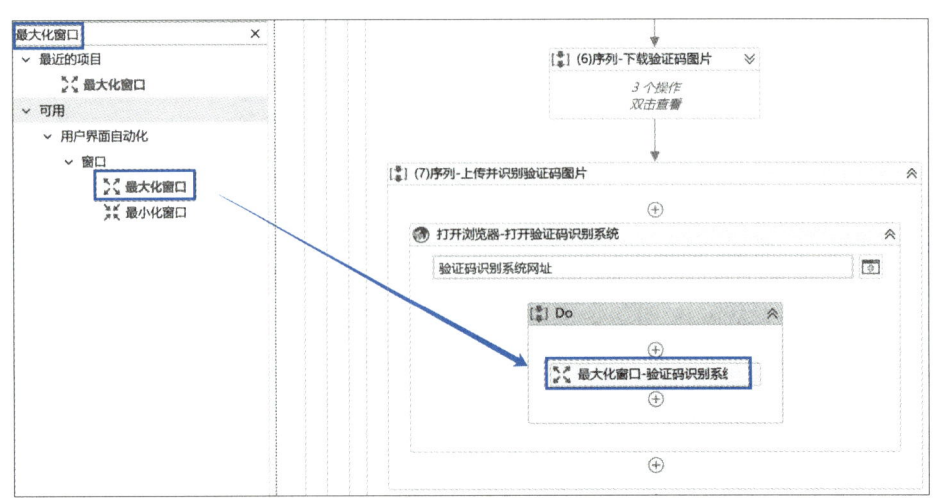

图 3-78　设置最大化窗口

④ 在【活动】面板的搜索栏内键入【单击】,选中【单击】,将其拖曳至设计面板【(7)序列-上传并识别验证码图片】中的【打开浏览器-打开验证码识别系统】活动下方。对新添加的【单击】活动控件进行重命名,单击【属性】|【常见】|【显示名称】,将显示名称更改为【单击-打开验证码上传窗口】,如图 3-79 所示。将【验证码识别系统】网页置顶,返回【UiPath Studio】操作界面。选择【单击-打开验证码上传窗口】,点击【指明在屏幕上】,此时界面会自动转至【验证码识别系统】网页,如图 3-80 所示。点击【点击上传,或将验证码拖曳到此处】,界面会再次跳转至【UiPath Studio】操作界面,至此,【指明在屏幕上】的操作完成。

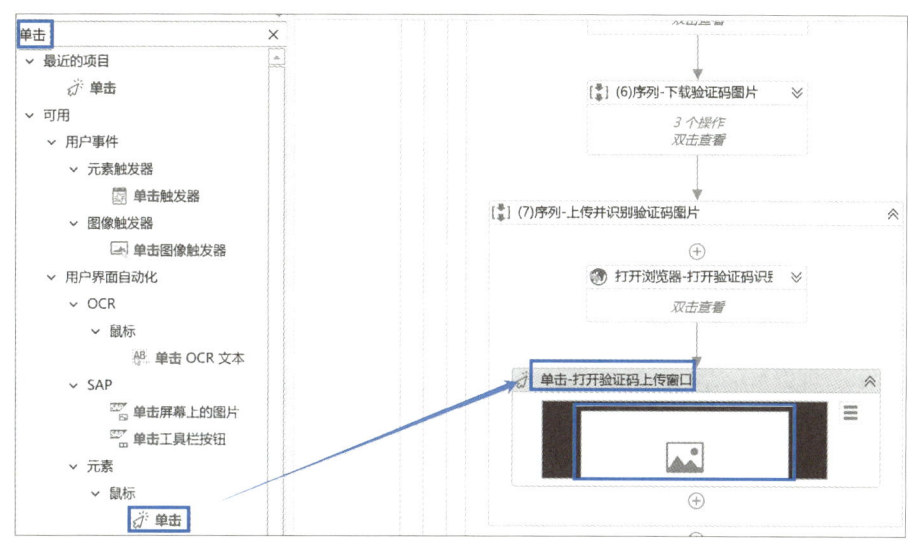

图 3-79　设置单击

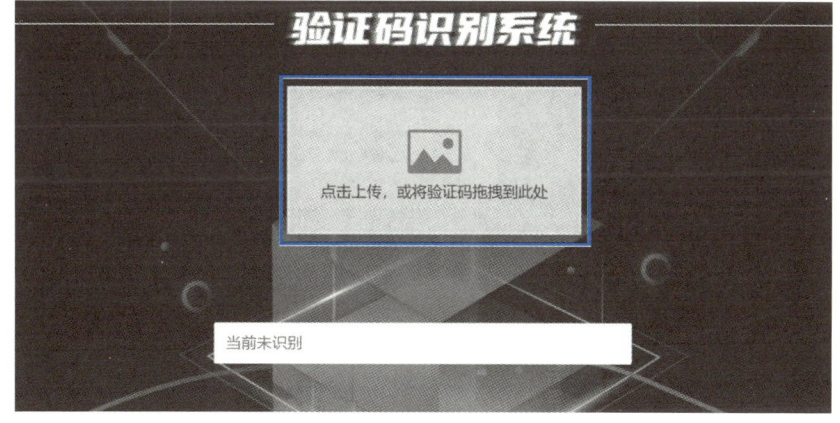

图 3-80　验证码识别系统

⑤ 在【活动】面板的搜索栏中输入【设置为剪贴板】,选择【设置为剪贴板】活动,将其拖曳至设计面板【(7)序列-上传并识别验证码图片】中的【单击-打开验证码上传窗口】活动下方。对新添加的【设置为剪贴板】活动控件进行属性设置,点击【属性】|【常见】|【显示名称】,将显示名称更改为【设置为剪贴板-验证码图片路径】。选中【设置为剪贴板-验证码图片路径】活动,点击【属性】|【输入】|【文本】|【…】,在弹出的窗口中输入【"C:\发票自动查验机器人\验

证码图片.png"），注意使用英文双引号，如图 3-81 所示。输入完成后，点击【确定】。

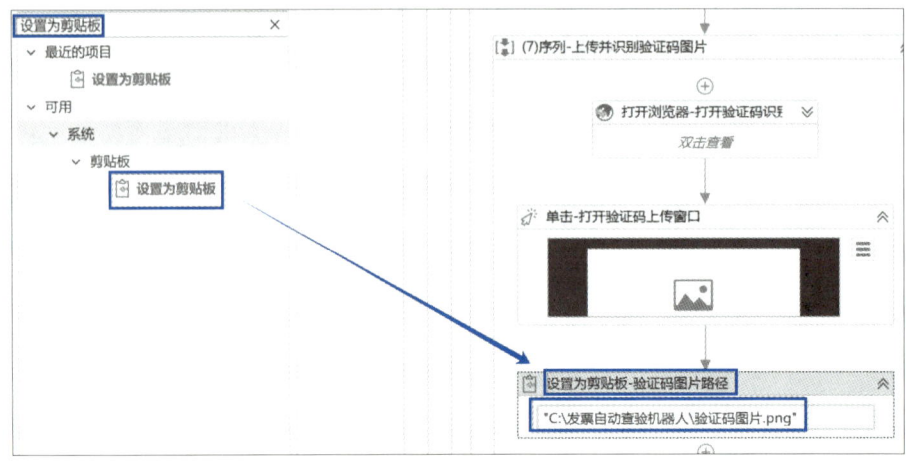

图 3-81　设置为剪贴板

⑥ 在【活动】面板的搜索栏内输入【发送热键】，选择【发送热键】活动，并将其拖曳至设计面板【(7)序列-上传并识别验证码图片】中的【复制选定文本-验证码图片路径】活动下方。对新添加的【发送热键】活动控件进行属性设置，点击【属性】|【常见】|【显示名称】，将显示名称更改为【发送热键-粘贴验证码图片路径】。将【验证码识别系统】网页置顶，打开【验证码上传窗口】，返回【UiPath Studio】操作界面。选择【发送热键-粘贴验证码图片路径】活动，点击【指明在屏幕上】，此时界面会自动转至【验证码识别系统】网页，如图 3-82 所示。选中并点击【文件名】，界面会再次跳转至【UiPath Studio】操作界面，至此，【指明在屏幕上】的操作完成。选中【发送热键-粘贴验证码图片路径】活动，点击【属性】|【选项】|【修饰键】，打开【修饰

图 3-82　验证码识别系统

键】下拉菜单,选择【Ctrl】,输入完成后,单击属性面板空白处,完成修饰键选取操作。选中【发送热键-粘贴验证码图片路径】活动,点击【属性】|【输入】|【键值】,在输入框中输入【"v"】,请确保使用的是英文双引号。选中【发送热键-粘贴验证码图片路径】活动,勾选【属性】选项中的【空字段】,这一步骤是为了确保每次粘贴时文本输入框为空,如图 3-83 所示。

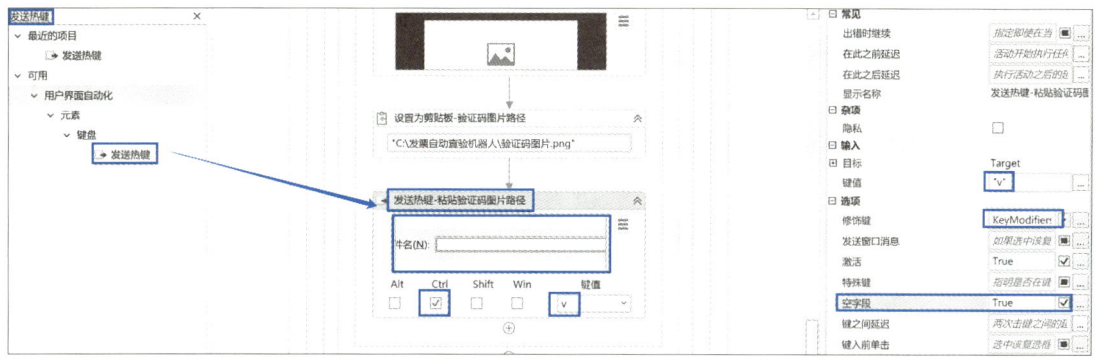

图 3-83 设置发送热键

⑦ 在【活动】面板的搜索栏中输入【单击】,点击选中【单击】活动,并将其拖曳至设计面板【(7)序列-上传并识别验证码图片】中的【发送热键-粘贴验证码图片路径】活动下方。对新添加的【单击】活动控件进行重命名,点击【属性】|【常见】|【显示名称】,将显示名称更改为【单击-打开按钮】。将【验证码识别系统】网页置于最前端,打开上传验证码的上传窗口,返回【UiPath Studio】操作界面。选择【单击-打开按钮】活动,点击【指明在屏幕上】,此时界面会自动转至【验证码识别系统】网页,如图 3-84 所示。点击【验证码上传窗口】的【打开】,界面会再次跳转至

图 3-84 验证码识别系统

【UiPath Studio】操作界面。至此,【指明在屏幕上】的操作完成。点击【属性】|【常规】|【在此之后延迟】,输入【4000】,这里的4 000代表4秒,如图3-85所示。设置延迟时间的目的是确保验证码图片的识别过程已经完成,建议根据实际的网络环境来调整这一延迟时间。

图3-85　设置单击

⑧ 在【活动】面板的搜索栏内键入【获取文本】,选择【获取文本】活动,将其拖曳至设计面板【(7)序列-上传并识别验证码图片】中的【单击-点击打开按钮】活动下方。对新添加的【获取文本】活动控件进行重命名,点击【属性】|【常见】|【显示名称】,将显示名称更改为【获取文本-获取验证码数值】。将【验证码识别系统】网页置于最前端,返回【UiPath Studio】操作界面。点击【指明在屏幕上】,此时界面会自动转至【验证码识别系统】网页,如图3-86所示。选中并点击【验证码识别系统】的文本框,之后界面会再次跳转至【UiPath Studio】操作界面,至此,【指明在屏幕上】的操作完成。点击【属性】|【输出】|【值】,选择【创建变量】,输入【验证码数值】,输入完成后,单击属性面板空白处,完成创建变量操作,如图3-87所示。打开【变量】面板,选中【验证码数值】变量,将变量类型设置为【GenericValue】,如图3-88所示,将其范围修改为【序列-发票自动查验机器人】,设置完成后单击【变量】,关闭变量面板,如图3-89所示。

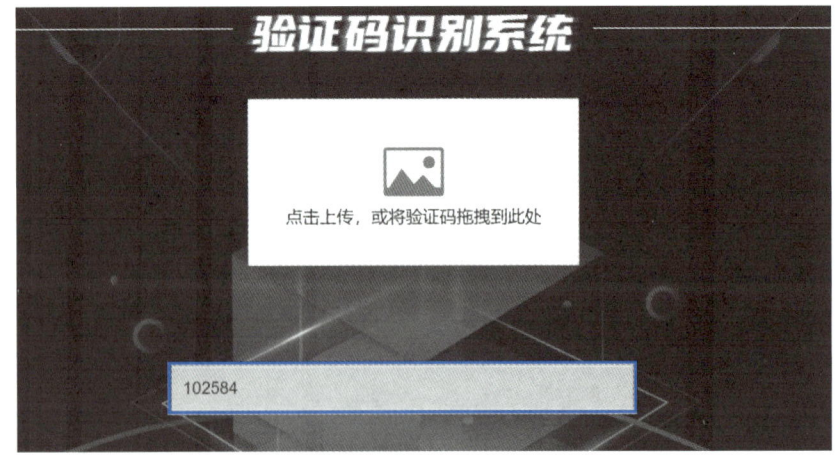

图3-86　验证码识别系统

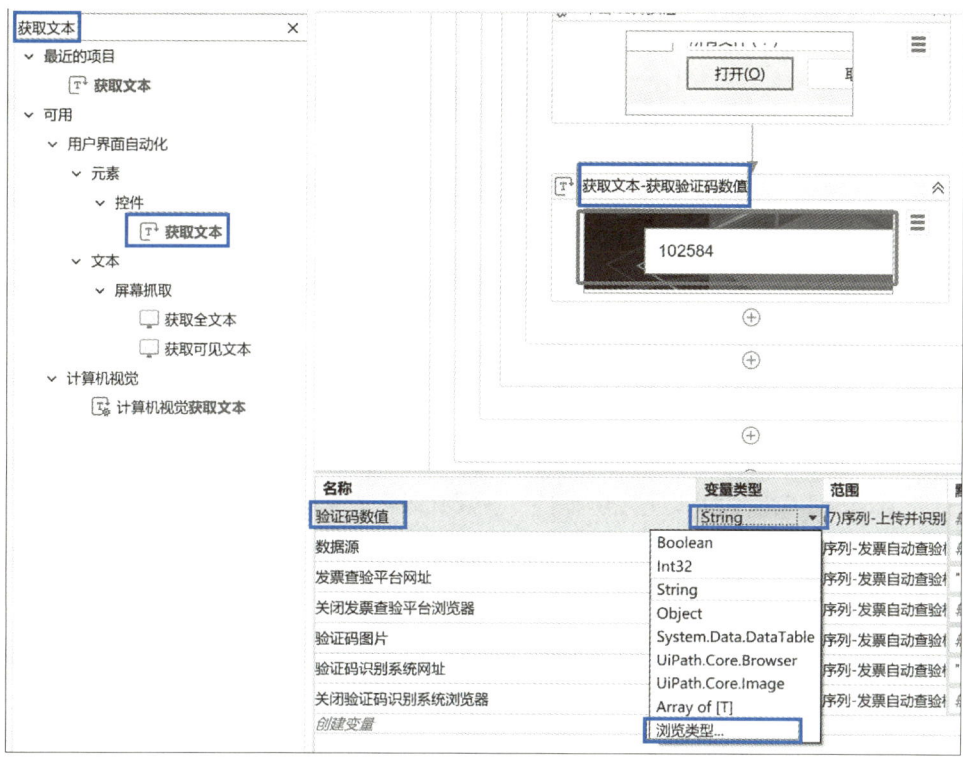

图 3-87　设置获取文本

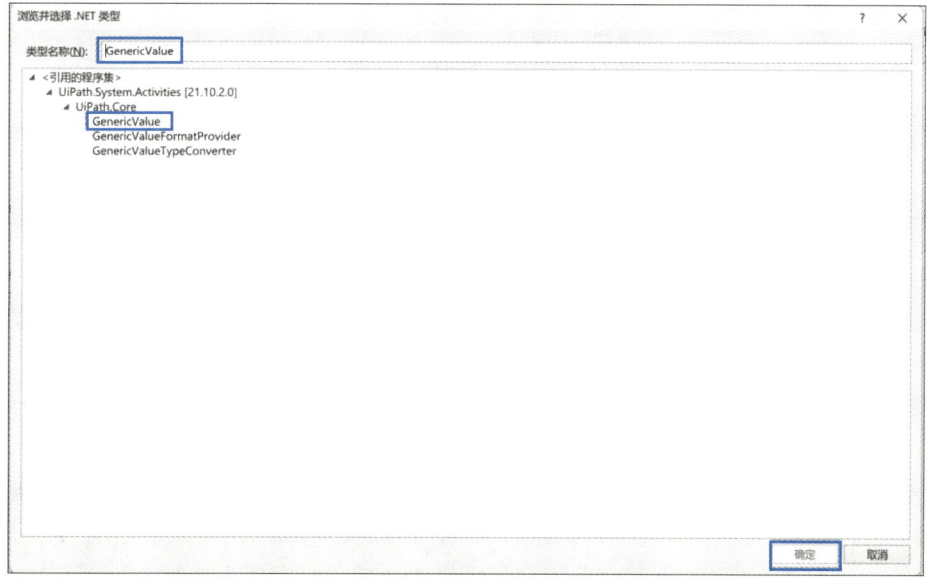

图 3-88　设置 GenericValue 变量

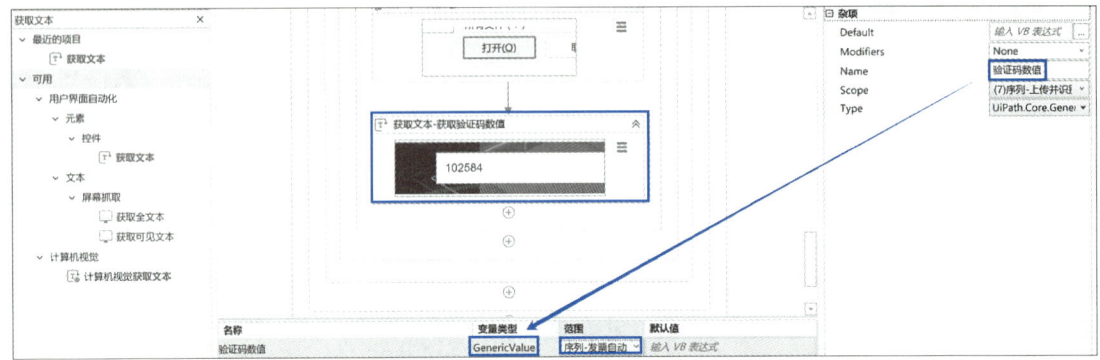

图 3-89 设置 GenericValue 变量

⑨ 在【活动】面板的搜索栏中输入【关闭选项卡】,选择【关闭选项卡】活动,将其拖曳至设计面板【(7)序列-上传并识别验证码图片】中的【获取文本-获取验证码数值】活动下方。对新添加的【关闭选项卡】活动控件进行重命名,点击【属性】|【常见】|【显示名称】,将显示名称更改为【关闭选项卡-关闭验证码识别系统浏览器】。引用前面创建的变量,点击【属性】|【输入】|【浏览器】,键入空格,选中【关闭验证码识别系统浏览器】变量,单击属性面板空白处,完成引用变量的操作,如图 3-90 所示。

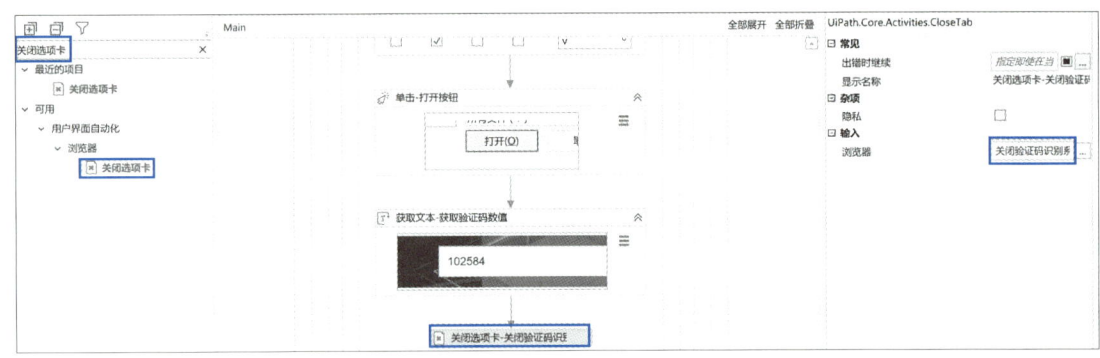

图 3-90 设置关闭选项卡

(9) 步骤六【填写验证码数值】。

① 点击【活动】面板,在搜索框中输入【序列】,选中【序列】,将其拖曳至设计面板【(3)序列-执行发票查验活动】中【(7)序列-上传并识别验证码图片】活动下方。选中新增的活动控件【序列】进行重命名,单击【属性】|【常见】|【显示名称】,将显示名称修改为【(8)序列-填写验证码数值】,如图 3-91 所示。

② 在【活动】面板的搜索栏内键入【输入信息】,选择【输入信息】活动,并将其拖曳至设计面板【(3)序列-执行发票查验活动】中的【(8)序列-填写验证码数值】活动之内。对新添加的【输入信息】活动控件进行重命名,点击【属性】|【常见】|【显示名称】,将显示名称更改为【输入信息-验证码数值】。将【发票查验平台】网页置于最前端,返回【UiPath Studio】操作界面。选择【输入信息-验证码数值】活动,点击【指明在屏幕上】,自动转至【发票查验平台】网页,如图 3-92 所示。选中并点击【验证码】,之后界面会再次跳转至【UiPath Studio】操作界面。至

图 3-91 新增序列

图 3-92 发票查验平台

此,【指明在屏幕上】的操作完成。选中【输入信息-验证码数值】活动,引用前面创建的变量。点击【属性】|【输入】|【文本】,键入空格,双击选中【验证码数值】变量,单击属性面板空白处,完成引用变量的操作。选中【输入信息-验证码数值】活动,点击【属性】|【选项】|【空字段】,这一步骤是为了确保每次输入时文本输入框为空,如图 3-93 所示。

③ 在【活动】面板的搜索栏中输入【发送热键】,选择【发送热键】活动,将其拖曳至设计面板中的【(8)序列-填写验证码数值】中的【输入信息-验证码数值】活动下方。对新添加

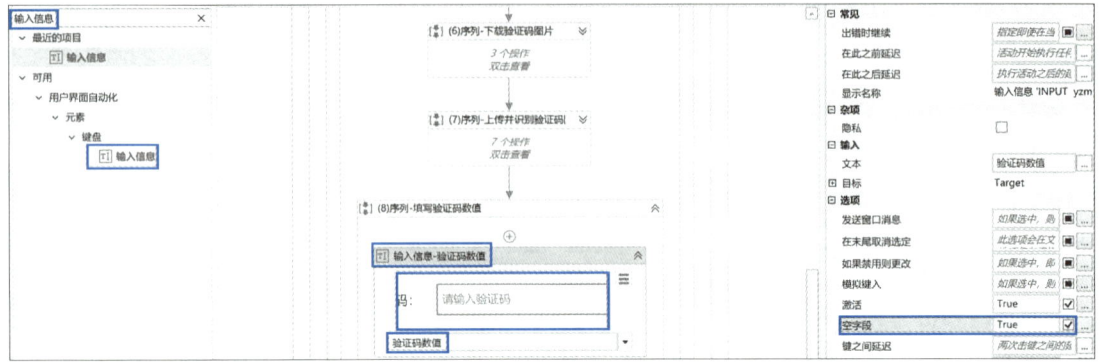

图 3-93　设置输入信息

的【发送热键】活动控件进行重命名，点击【属性】|【常见】|【显示名称】，将显示名称更改为
【发送热键-确认输入验证码数值】。将【发票查验平台】网页置于最前端，返回【UiPath
Studio】操作界面。选择【发送热键-确认输入验证码数值】活动，点击【指明在屏幕上】，此
时界面会自动转至【发票查验平台】网页。选中并点击【验证码】，界面会再次跳转至
【UiPath Studio】操作界面。至此，【指明在屏幕上】的操作完成。选中【发送热键-确认输入
验证码数值】活动，点击【键值】，打开下拉菜单选择【enter】，请确保使用的是英文双引号，
如图 3-94 所示。

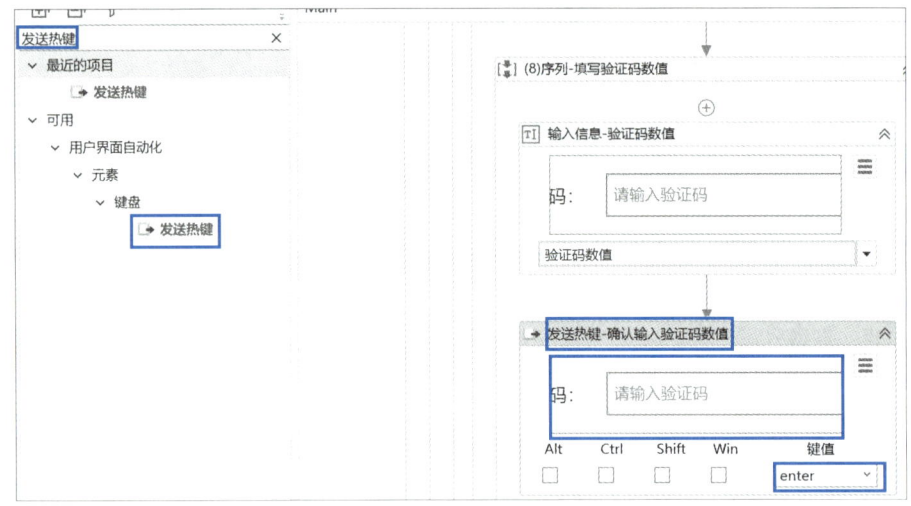

图 3-94　设置发送热键

（10）步骤七【进入发票查验结果页面】。

① 点击【活动】面板，在搜索框中输入【序列】，选中【序列】，将其拖曳至设计面板【(3)序
列-执行发票查验活动】中【(8)序列-填写验证码数值】活动下方。选中新增的活动控件【序
列】进行重命名，单击【属性】|【常见】|【显示名称】，将其修改为【(9)序列-进入发票查验结果
页面】，如图 3-95 所示。

② 在【活动】面板的搜索栏内键入【单击】，选中【单击】活动，并将其拖曳至设计面板

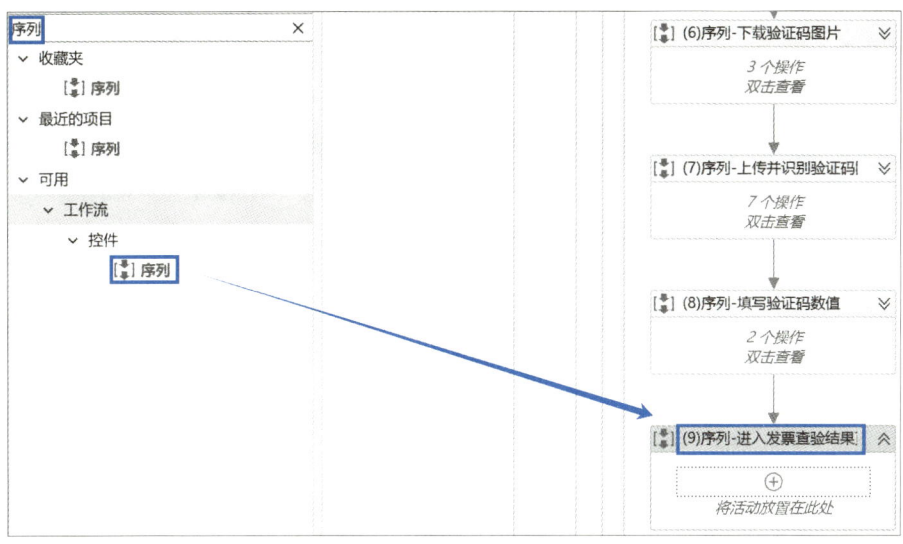

图 3-95　新增序列

【(3)序列-执行发票查验活动】中的【(9)序列-进入发票查验结果页面】活动内。对新添加的【单击】活动控件进行重命名,点击【属性】|【常见】|【显示名称】,将显示名称更改为【单击-点击查验按钮】,如图 3-96 所示。将【发票查验平台】网页置于最前端,手动输入发票查验信息和验证码数值,返回【UiPath Studio】操作界面。选择【单击-点击查验按钮】活动,点击【指明在屏幕上】,此时界面会自动转至【发票查验平台】网页,如图 3-97 所示。选中并点击【查验】,界面会再次跳转至【UiPath Studio】操作界面。至此,【指明在屏幕上】的操作完成。

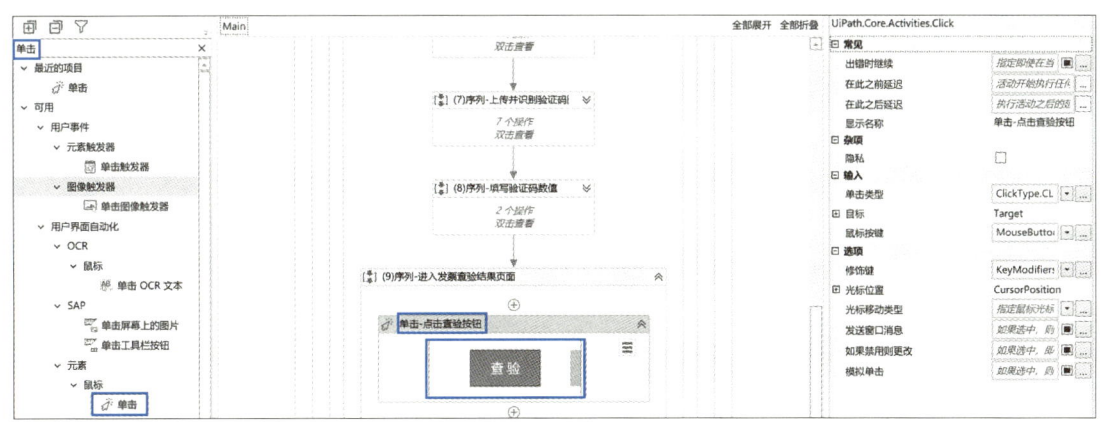

图 3-96　设置单击

(11) 步骤八【判断验证码填写是否正确】(选做)。

① 点击【活动】面板,在搜索框中输入【序列】,选中【序列】,将其拖曳至设计面板【(3)序列-执行发票查验活动】中【(9)序列-进入发票查验结果页面】活动下方。选中新增的活动控件【序列】进行重命名,点击【属性】|【常见】|【显示名称】,将显示名称修改为【(10)序列-判断验证码填写是否正确】,如图 3-98 所示。

图 3-97　发票查验平台

图 3-98　新增序列

② 点击【活动】面板，在搜索框中输入【Do while】或【后条件循环】，选中【后条件循环】，将其拖曳至设计面板【(3)序列-执行发票查验活动】中【(10)序列-判断验证码填写是否正确】活动内。选中新增的活动控件【后条件循环】进行重命名，单击【属性】|【常见】|【显示名称】，将显示名称修改为【后条件循环-多次执行获取并填写验证码操作】，如图 3-99所示。

图 3-99 设置后条件循环

③ 点击【活动】面板,在搜索框中输入【序列】,选中【序列】,将其拖曳至设计面板【(10)序列-判断验证码填写是否正确】中【后条件循环-多次执行获取并填写验证码操作-正文】活动下方。选中新增的活动控件【序列】进行重命名,单击【属性】|【常见】|【显示名称】,将显示名称修改为【序列-验证码填写错误时重新获取验证码】,如图 3-100 所示。

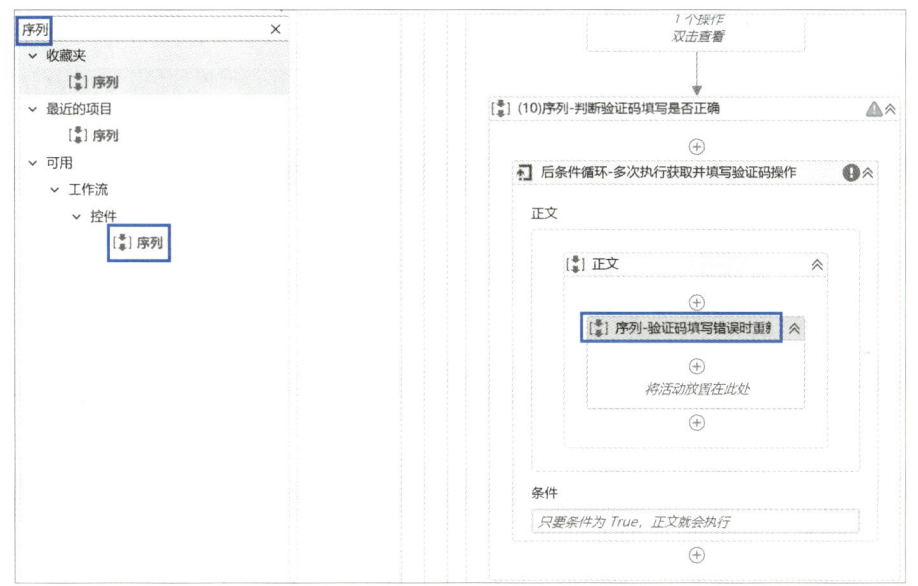

图 3-100 新增序列

④ 在【活动】面板的搜索栏中输入【存在图像】,选择【存在图像】活动,将其拖曳至设计面板【(10)序列-判断验证码填写是否正确】中的【序列-验证码填写错误时重新获取验证码】活动内。对新添加的【存在图像】活动控件进行重命名,点击【属性】|【常见】|【显示名称】,将显示名称更改为【存在图像-验证码错误提示】。将【发票查验平台】网页置于最前端,在验证码输入框输入错误验证码,点击【查验】,返回【UiPath Studio】操作界面。选择【存在图像-验证

码错误提示】活动,点击【指明在屏幕上】,此时界面会自动转至【发票查验平台】网页,弹出
【错误的验证码!】弹窗,如图 3-101 所示,界面会再次跳转至【UiPath Studio】操作界面。至
此,【指出屏幕上的图像】的操作完成。选中【存在图像-验证码错误提示】活动,点击【属性】|
【输出】|【值】,选择【创建变量】,输入【验证码错误提示】,输入完成后,单击属性面板空白处,
完成创建变量操作。打开【变量】面板,选中【验证码错误提示】变量,将变量类型设置为
【Boolean】,范围修改为【序列-发票自动查验机器人】,设置完成后单击【变量】,关闭变量面
板,如图 3-102 所示。

图 3-101　验证码填写错误提示

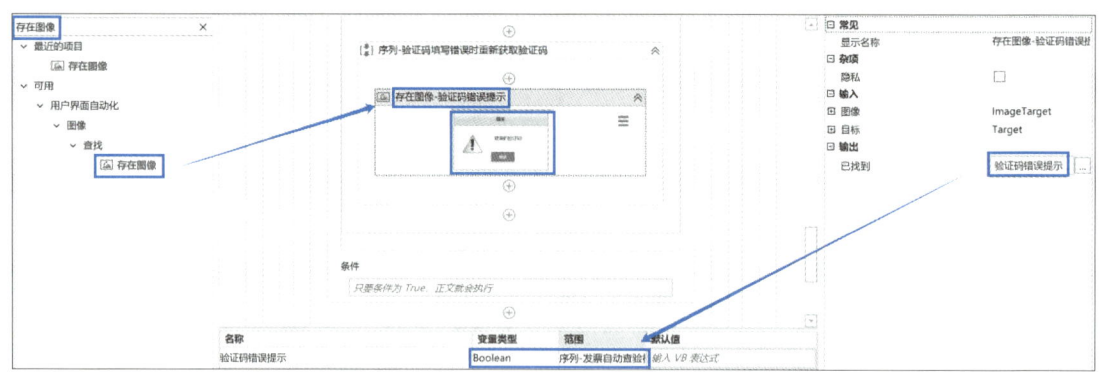

图 3-102　设置存在图像

⑤ 在【活动】面板的搜索栏内输入【IF 条件】,选择【IF 条件】活动,将其拖曳至设计面板
【(10)序列-判断验证码填写是否正确】中【存在图像-验证码错误提示】活动下方。对新添加
的【IF 条件】活动控件进行属性设置,点击【属性】|【常见】|【显示名称】,将显示名称更改为

【IF 条件-根据验证码填写正确与否执行不同的操作】。选中【IF 条件-根据验证码填写正确与否执行不同的操作】活动,点击【属性】|【杂项】|【条件】|【…】,在弹出的窗口中输入【验证码错误提示=True】,如图 3-103 所示,该表达式的含义为存在验证码错误提示弹窗。输入完成后,点击【确定】。

图 3-103　设置 IF 条件

⑥ 点击【显示"Else"】,展开【IF 条件】控件界面,如图 3-104 所示。点击【活动】面板,在搜索框中输入【序列】,选中【序列】,将其拖曳至设计面板【(10)序列-判断验证码填写是否正确】中【IF 条件-根据验证码填写正确与否执行不同的操作- Then - Sequence】活动下方。选中新增的活动控件【序列】设置属性参数,单击【属性】|【常见】|【显示名称】,将显示名称修改为【序列- if 条件成立时执行此活动】,如图 3-105 所示。

图 3-104　显示"Else"

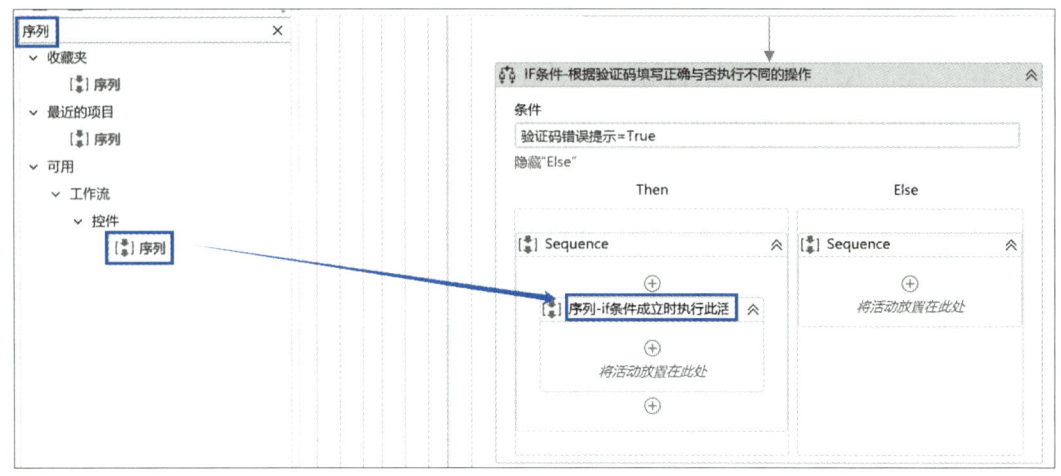

图 3-105　新增序列

⑦ 在【活动】面板的搜索栏中输入【单击】,选择【单击】活动,将其拖曳至设计面板【(10)序列-判断验证码填写是否正确】中的【序列-if 条件成立时执行此活动】活动内。对新添加的【单击】活动控件进行重命名,点击【属性】|【常见】|【显示名称】,将显示名称更改为【单击-错误验证码提示弹窗的确定按钮】,如图 3-106 所示。将【发票查验平台】网页置于最前端,在验证码输入框输入错误验证码,点击【查验】,返回【UiPath Studio】操作界面。选择【单击-错误验证码提示弹窗的确定按钮】活动,点击【指明在屏幕上】,此时界面会自动转至【发票查验平台】网页。选中并点击错误验证码提示弹窗的【确定】,如图 3-107 所示,界面会再次跳转至【UiPath Studio】操作界面。至此,【指明在屏幕上】的操作完成。

图 3-106　设置单击

图 3-107　验证码填写错误提示

⑧ 选中【（6）序列-下载验证码图片】【（7）序列-上传并识别验证码图片】【（8）序列-填写验证码数值】【（9）序列-进入发票查验结果页面】四个子序列，按【Ctrl＋C】键复制这四个子序列，选中【单击-错误验证码提示弹窗的确定按钮】活动，按【Ctrl＋V】键粘贴这四个子序列，如图 3-108 所示。

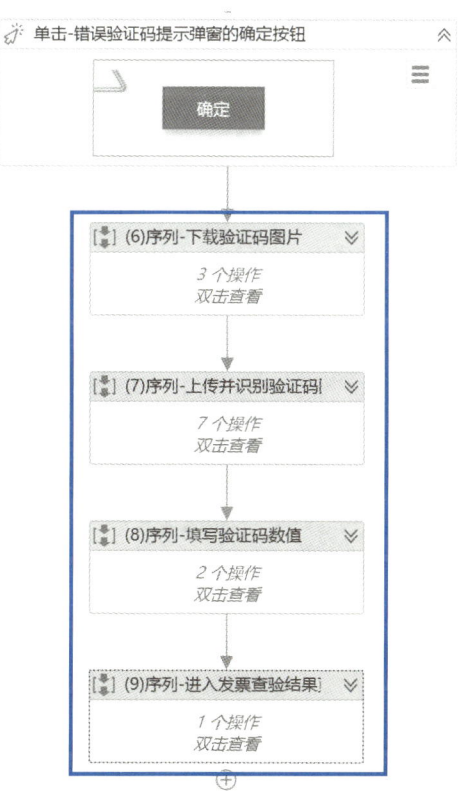

图 3-108　复制并粘贴四个子序列

⑨ 选中【后条件循环-多次执行获取并填写验证码操作】活动,点击【属性】|【杂项】|【条件】|【…】,在弹窗输入【验证码错误提示＝True】。该表达式的含义为存在验证码错误提示弹窗,如果条件成立则执行【序列-验证码填写错误时重新获取验证码】活动,如果条件不成立则结束【后条件循环-多次执行获取并填写验证码操作】活动,完成输入后点击【确定】。

（12）步骤九【输出发票查验结果】。

① 点击【活动】面板,在搜索框中输入【序列】,选中【序列】,将其拖曳至设计面板【(3)序列-执行发票查验活动】中【(10)序列-判断验证码填写是否正确】活动下方。选中新增的活动控件【序列】进行重命名,单击【属性】|【常见】|【显示名称】,将显示名称修改为【(11)序列-输出发票查验结果】,如图3-109所示。

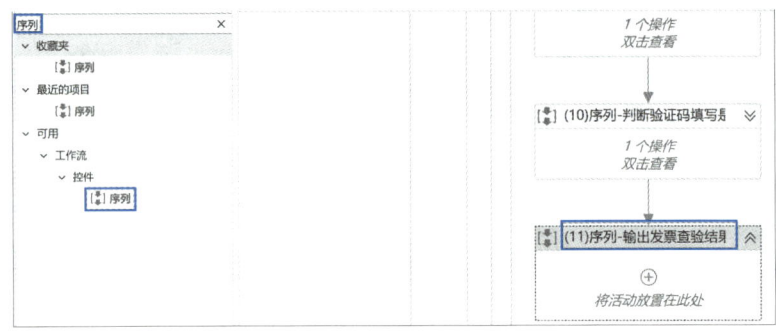

图 3-109　新增序列

② 在【活动】面板中搜索并选中【获取可见文本】,将其拖曳至设计面板的【(3)序列-执行发票查验活动】内【(11)序列-输出发票查验结果】活动下方。对新增的【获取可见文本】控件进行重命名,点击【属性】|【常见】|【显示名称】,将显示名称修改为【获取可见文本-发票查验结果文本内容】。将【发票查验平台】网页置顶,查验一张发票的真伪,并返回【UiPath Studio】界面。选中【获取可见文本-发票查验结果文本内容】活动,点击【指明在屏幕上】,页面跳转至【发票查验平台】网页,点击【不一致】文本内容后自动返回【UiPath Studio】界面,完成图像指示操作,如图3-110所示。选中【获取可见文本-发票查验结果文本内容】活动,点击

图 3-110　指明在屏幕上

【属性】|【输出】|【文本】,选择【创建变量】,输入变量名【查验结果】并确认。打开【变量】面板,将【查验结果】的变量类型设置为【GenericValue】,范围调整为【序列-发票自动查验机器人】,完成后关闭【变量】面板,如图 3-111 所示。

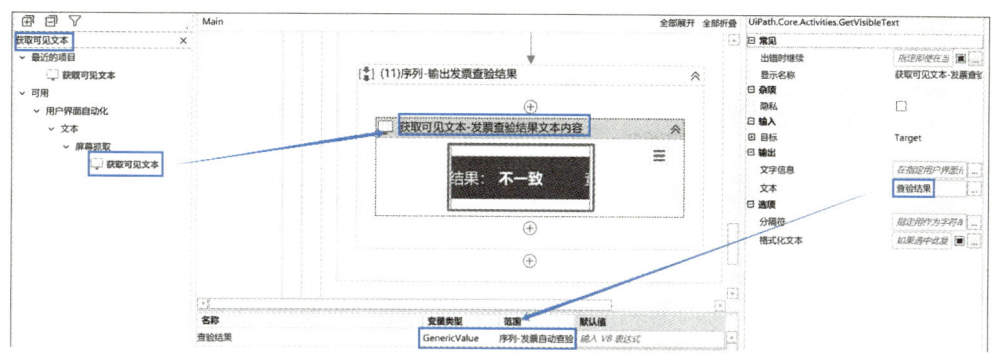

图 3-111 设置获取可见文本

③ 在【活动】面板中搜索并选中【IF 条件】,将其拖曳至设计面板【(11)序列-输出发票查验结果】内的【获取可见文本-发票查验结果文本内容】活动内。对新增的【IF 条件】控件进行重命名,点击【属性】|【常见】|【显示名称】,将显示名称修改为【IF 条件-判断发票查验真伪】。点击【属性】|【杂项】|【条件】|【…】,在弹出的窗口中输入表达式【查验结果.Contains("不一致")】,如图 3-112 所示,该表达式的含义是判断获取的文本中是否包含【不一致】字段,输入完成后点击【确定】,需注意使用英文双引号。

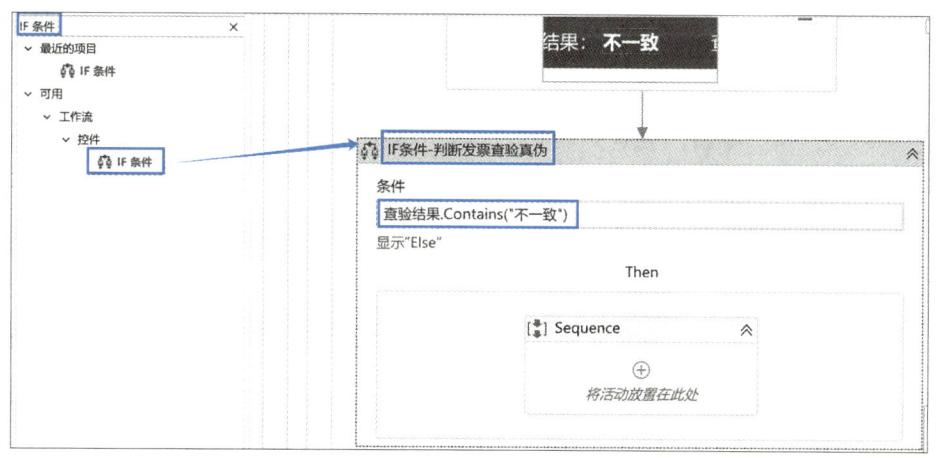

图 3-112 设置 IF 条件

④ 在【活动】面板中搜索并选中【分配】,将其拖曳至设计面板【(11)序列-输出发票查验结果】内的【IF 条件-判断发票查验真伪- Then - Sequence】活动内。对新增的【分配】控件进行重命名,点击【属性】|【常见】|【显示名称】,将显示名称修改为【分配-发票验证为假】。选中【分配-发票验证为假】活动,点击【属性】|【杂项】|【至】,选择【创建变量】,输入变量名【发票验证结果】,输入完成后单击属性面板空白处完成创建变量操作。点击【属性】|【杂项】|【值】,在输入框中输入【"验证为假"】(注意使用英文双引号)。打开【变量】面板,选中【发票验证结

果】变量,变量类型设置为【GenericValue】,范围修改为【序列-发票自动查验机器人】,设置完成后单击【变量】关闭变量面板。点击【显示"Else"】,展开【IF 条件】控件界面,在【活动】面板中搜索并选中【分配】,将其拖曳至设计面板【(11)序列-输出发票查验结果】内的【IF 条件-判断发票查验真伪- Else-Sequence】活动下方,对新增的【分配】控件进行重命名,点击【属性】|【常见】|【显示名称】,将显示名称修改为【分配-发票验证为真】。选中【分配-发票验证为真】活动,点击【属性】|【杂项】|【至】,在输入框中键入空格,双击选中【发票验证结果】变量,单击属性面板空白处完成变量引用操作。点击【属性】|【杂项】|【值】,在输入框中输入【"验证为真"】(注意使用英文双引号),如图 3-113 所示。

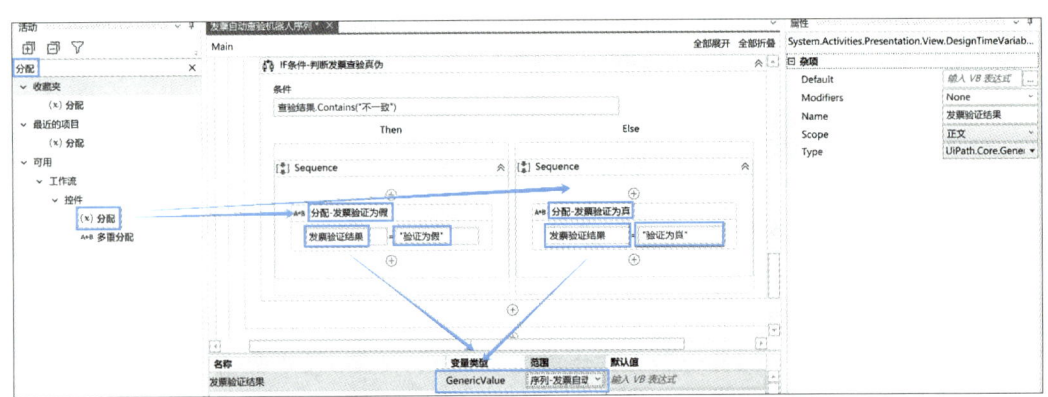

图 3-113　设置分配

⑤ 在【活动】面板中搜索并选中【分配】,将其拖曳至设计面板【(11)序列-输出发票查验结果】内的【IF 条件-判断发票查验真伪】活动下方,对新增的【分配】控件进行重命名,点击【属性】|【常见】|【显示名称】,将显示名称修改为【分配-行的递增值】。选中【分配-行的递增值】活动,点击【属性】|【杂项】|【至】,在输入框单击鼠标右键选择【创建变量】,输入变量名【行数】,输入完成后单击属性面板空白处完成创建变量操作。点击【属性】|【杂项】|【值】,在输入框中输入【行数＋1】。打开【变量】面板,选中【行数】变量,将其变量类型修改为【Int32】,范围修改为【序列-发票自动查验机器人】,默认值设置为【1】,设置完成后单击【变量】,关闭变量面板,如图 3-114 所示。

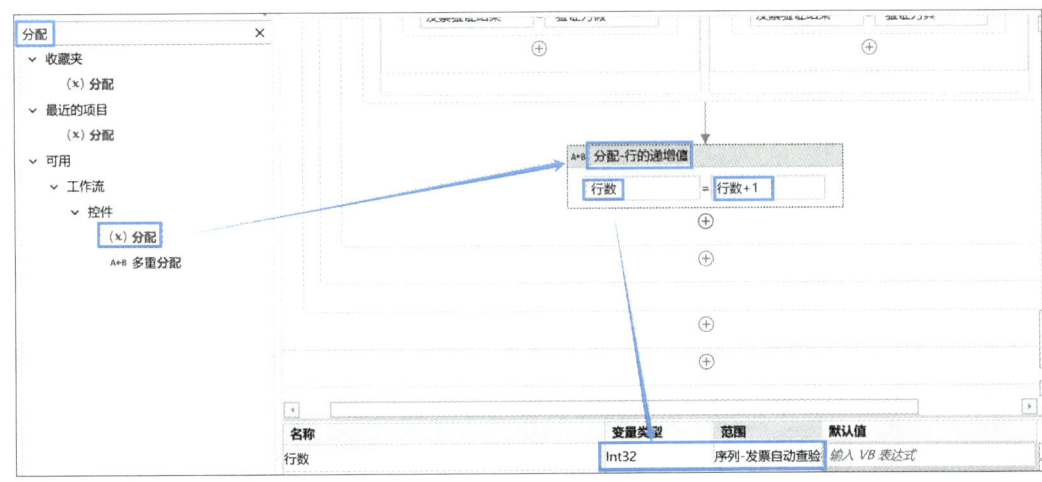

图 3-114　设置分配

⑥ 在【活动】面板中搜索并选中【写入单元格】活动,将其拖曳至设计面板【(11)序列-输出发票查验结果】内的【分配-行的递增值】活动下方。对新增的【写入单元格】控件进行重命名,点击【属性】|【常见】|【显示名称】,将显示名称修改为【写入单元格-输出发票验证结果】。选中【写入单元格-输出发票验证结果】活动,点击【属性】|【目标】|【单元格】|【…】,在弹窗中输入【"H"＋行数.ToString】,完成输入后点击【确定】(注意使用英文双引号)。选中【写入单元格-输出发票验证结果】活动,点击【属性】|【输入】|【工作簿路径】|【…】,在弹窗中输入【"C:\发票自动查验机器人\发票查验信息.xlsx"】,完成输入后点击【确定】(注意使用英文双引号),如图 3-115 所示。选中【写入单元格-输出发票验证结果】活动,点击【属性】|【输入】|【文本】,在输入框中键入空格,双击选中【发票验证结果】变量,单击属性面板空白处,完成引用变量的操作。

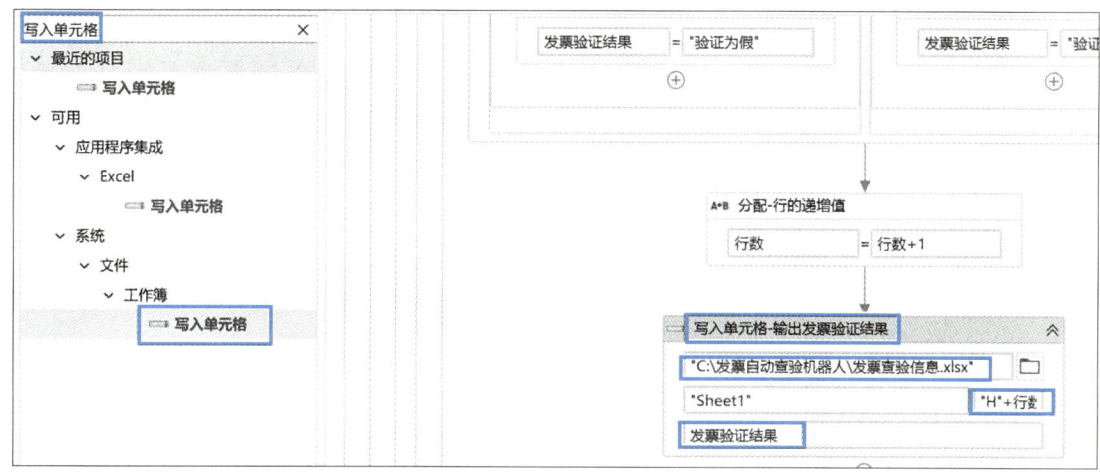

图 3-115　设置写入单元格

(13) 步骤十【关闭发票查验平台浏览器】。

① 点击【活动】面板,在搜索框中输入【序列】,选中【序列】,将其拖曳至设计面板【(3)序列-执行发票查验活动】中【(11)序列-输出发票查验结果】活动下方。选中新增的活动控件【序列】进行重命名,单击【属性】|【常见】|【显示名称】,将显示名称修改为【(12)序列-关闭发票查验平台浏览器】,如图 3-116 所示。

② 在【活动】面板中搜索并选中【关闭选项卡】,将其拖曳至设计面板【(3)序列-执行发票查验活动】内的【(12)序列-关闭发票查验平台浏览器】活动下方。对新增的【关闭选项卡】控件进行重命名,点击【属性】|【常见】|【显示名称】,将显示名称修改为【关闭选项卡-关闭发票查验平台浏览器】。引用前面创建的变量,点击【属性】|【输入】|【浏览器】,在输入框中键入空格,双击选中【关闭发票查验平台浏览器】变量,单击属性面板空白处,完成引用变量的操作,如图 3-117 所示。

(三) 运行测试阶段

(1) 完成发票自动查验机器人的制作,可以点击菜单面板左侧的【运行】(快捷键【F6】),运行【发票自动查验机器人】。

(2) 运行结束后,重新打开【"C:\发票自动查验机器人\发票查验信息.xlsx"】,Sheet1 中显示查验的 10 张发票的真伪信息,如图 3-118 所示。

图 3-116 新增序列

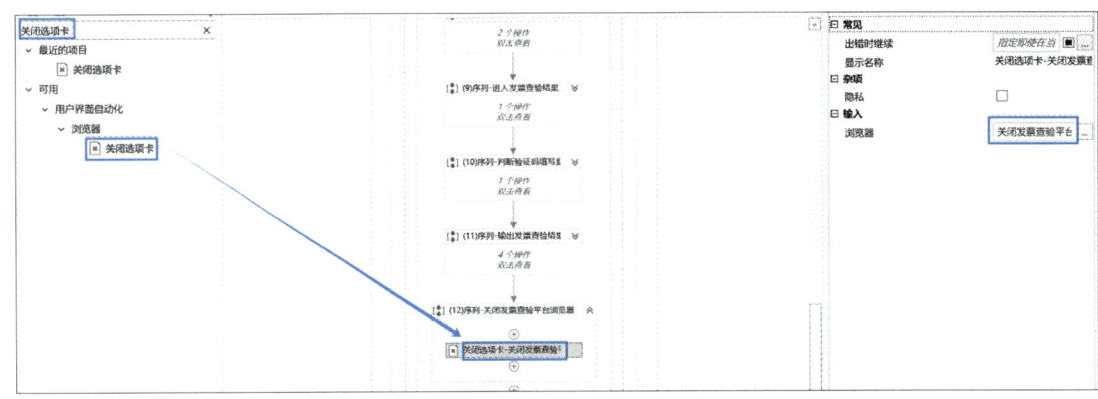

图 3-117 设置关闭选项卡

A	B	C	D	E	F	G	H	I
序号	发票类型	发票代码	发票号码	开具日期	开具金额	校验码	查验真伪	备注
1	增值税专用发票	4112204140	22328184	20200101	32200.00	72085549722978986610	验证为假	假
2	增值税专用发票	6326151140	14063010	20200101	96740.00	67198118982123277292	验证为真	真
3	增值税专用发票	4418201140	16534226	20200101	7854.24	72085549722978304883	验证为假	假
4	增值税电子普通发票	02042000111	35858830	20200101	3000.00	67198118982123413139	验证为真	真
5	增值税普通发票	061021872404	17006521	20200102	900.00	72085549722978128422	验证为假	假
6	增值税电子普通发票	014081900311	35081095	20200103	119700.00	72085549722978247962	验证为真	真
7	增值税电子普通发票	032101900111	11406133	20200103	25600.00	72085549722978119977	验证为假	假
8	增值税电子普通发票	032051900311	33251946	20200104	4728.00	72085549722978632187	验证为假	假
9	增值税电子普通发票	062031900311	14855917	20200105	21840.00	67198118982123277548	验证为真	真
10	增值税电子普通发票	015012000211	25233148	20200105	2200.00	67198118982123828744	验证为假	假

图 3-118 运行结果

思政小思考

在发票识别过程中,如果发现违规发票,会计人员应如何依法处理?

三、课后拓展

在【输出发票查验结果】步骤中,除了采用【获取可见文本】结合【查验结果.Contains("不一致")】来判断发票的真伪,我们还可以利用【存在图像】(不一致)结合【查验结果＝true】来执行【不一致】图像的判断。

试卷测试

第四章
财务日常业务运用

第一节 银行流水下载机器人

情景案例导入

告别重复劳动的财务自动化转型

小明是公司财务部的一名普通员工，每天的工作看似简单，却琐碎和重复。今天是月底，又到了下载银行流水的日子。小明打开电脑，熟练地登录网银系统。他深吸一口气，准备迎接这场"战斗"。每个月，他都要从公司的十几个银行账户中下载流水，每个账户的操作步骤几乎一模一样：登录、选择账户、设置日期范围、导出流水、保存文件……看似简单的流程，却因为账户众多、步骤烦琐，耗费了他大量的时间和精力。

"又要开始了……"小明心里默默叹了口气。他点击第一个账户，输入密码，等待页面加载。然后，他仔细核对日期，确认无误后点击【导出】。但小明随即意识到，还有十几个账户在等着他。他看了看时间，已经过去了10分钟。照这个速度，全部下载完至少需要2个小时，而他今天还有其他紧急的工作要处理。

"为什么每次都要这么麻烦？"小明心里忍不住抱怨。他曾经尝试过优化流程，但发现无论怎么调整，手动操作的效率始终有限，尤其是遇到系统卡顿、网络延迟时，下载过程更是让人抓狂。就在小明焦头烂额的时候，同事小李走了过来，看到小明一脸疲惫的样子，笑着问道："怎么了？又被银行流水折磨了？"

小明无奈地摇摇头："是啊，每个月都这样，真是浪费时间。"

小李神秘地笑了笑："要不要试试我们公司新引进的RPA机器人？听说它专门用来处理这种重复性工作，效率高得惊人。"

小明眼前一亮："真的？它能帮我下载银行流水吗？"

"当然可以!"小李拍了拍小明的肩膀,"它不仅速度快,还能自动处理各种异常情况,如网络卡顿、系统提示之类的。你只需要设置好任务,它就会自动完成,完全不用你操心。"

小明顿时感到一阵轻松:"那太好了! 我这就去申请试用!"

小李点点头:"相信我,用了它,你以后再也不用为银行流水发愁了。"

小明重新坐回椅子上,心中充满了期待。他想象着未来的工作场景:RPA 机器人代替他完成烦琐的下载任务,而他只需要轻松地检查一下结果,把节省下来的时间用来处理更有价值的工作。

"也许,这才是财务工作的未来吧。"小明微笑着,开始填写 RPA 机器人的试用申请。他知道,从今天起,他的工作方式将发生翻天覆地的变化。

小明作为企业财务人员,每月都需要手动下载多个银行账户的流水,过程烦琐且效率低下。通过同事的介绍,他了解到 RPA 智能财务机器人可以自动完成这一任务,从而大幅提升工作效率。这一发现让他对未来的工作充满了期待。接下来,我们将详细介绍银行流水下载机器人的功能和使用方法,帮助更多像小明一样的财务人员摆脱重复性工作的困扰。

【思考】 同学们,你用过个人网银吗,请说说企业网页和个人网页有什么区别。

一、银行流水下载机器人原理

在企业财务管理领域,银行流水(即账单)对账是确保账务准确无误的关键步骤。根据毕马威 2023 年的财务流程调研报告,85% 的财务专业人士每周需投入 6~8 小时手动下载和处理银行账单,同时他们也面临着一系列挑战,如管理多个银行账户,需要记住不同网上银行系统的登录规则;手动下载账单容易出错,有 23% 的企业曾因账单遗漏而产生对账差异(根据安永的审计数据);账单格式不统一,导致后续整理数据的工作量较大。为了应对这些挑战,银行流水下载机器人应运而生。

思政小思考

RPA 技术在财务领域的应用对传统职业的影响有哪些? 未来的会计师需具备哪些职业素养?

(一)案例目标

(1)通过 UiPath 构建银行流水下载流程:利用 UiPath 这一功能强大的 RPA 工具,设计并实现一个完整的银行下载流程,包括从登录网银系统到选择账户、设定日期范围、导出账单文件、保存和归档,确保每一步骤都清晰、准确且可重复执行。

(2)实现银行流水自动化下载业务:借助 RPA 技术,将银行流水下载这一烦琐且重复性高的任务彻底自动化。通过智能化的流程设计,机器人能够高效、稳定地完成账单下载任务,减少人工干预,降低错误率,同时显著提升工作效率,为财务人员释放更多时间以专注于更具价值的工作内容。

(二)案例工作流程

银行流水下载机器人工作流程,如图 4-1 所示。

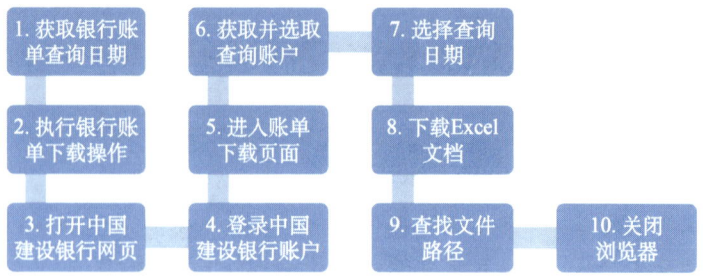

图 4-1 银行流水下载机器人工作流程

二、银行流水下载机器人的制作

（一）准备阶段

（1）启动【RPA 财务机器人实践教学平台】，使用账号【学号】，初始密码【666666】登录。登录后，导航至任务区域，打开【银行流水下载机器人】任务。

（2）在【银行流水下载机器人】任务界面，下载并解压任务资源至指定文件夹【C:\银行流水下载机器人】，如图 4-2 所示。

图 4-2 解压任务资源

（3）打开名为【四家银行登录信息.xlsx】的 Excel 文档，如图 4-3 所示。依次输入【客户识别号】【登录密码】【操作员代码】，务必确保【客户识别号】和【登录密码】与【RPA 财务机器人实践教学平台】的登录账号、密码保持一致。默认情况下，【客户识别号】设置为【学号】，【登录密码】设定为【666666】，【操作员代码】为【999999】，如图 4-4 所示。

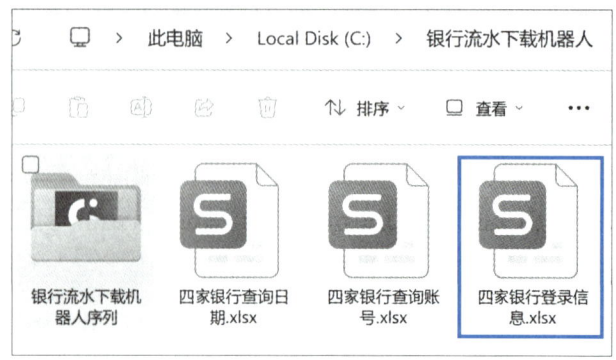

图 4-3 打开【四家银行登录信息.xlsx】

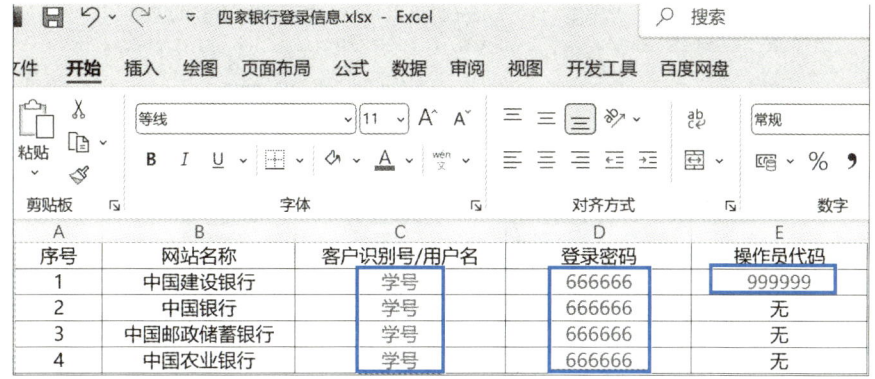

图 4-4　输入相关信息

（4）将【四家银行查询账号.xlsx】Excel 文档复制并粘贴到【C:\银行流水下载机器人】文件夹内，如图 4-5 所示。在查询银行流水时，选择相应的银行账号，如图 4-6 所示。

图 4-5　复制并粘贴【四家银行查询账号.xlsx】

序号	查询账号
1	49336349277779868770/广州市朗恒信息科技有限公司
2	45387729850371259871/广州市朗恒信息科技有限公司
3	46398444496313426572/广州市朗恒信息科技有限公司
4	48035472223289637073/广州市朗恒信息科技有限公司
5	48286097257381208974/广州市朗恒信息科技有限公司
6	49624639391084429075/广州市朗恒信息科技有限公司
7	46313230925612941276/广州市朗恒信息科技有限公司
8	42922972236586495977/广州市朗恒信息科技有限公司
9	43575072646694266478/广州市朗恒信息科技有限公司
10	41635398835196494479/广州市朗恒信息科技有限公司

图 4-6　【四家银行查询账号.xlsx】文件内容

（5）将【四家银行查询日期.xlsx】Excel 文档复制并粘贴到【C:\银行流水下载机器人】文件夹内，如图 4-7 所示。打开【四家银行查询日期.xlsx】Excel 文档，并按照【年份＋月份】的格式输入开始日期和结束日期，如图 4-8 所示。

图 4-7　复制并粘贴【四家银行查询日期.xlsx】

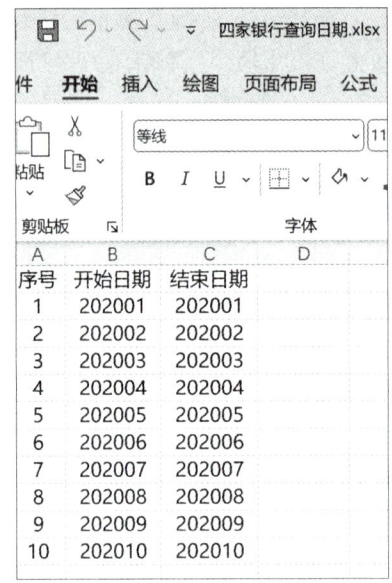

图 4-8　【四家银行查询日期.xlsx】文件内容

（6）在【C:\银行流水下载机器人】文件夹内创建一个名为【建设银行账单】的子文件夹。此子文件夹的创建目的是专门存储建设银行的银行账单，如图 4-9 所示。

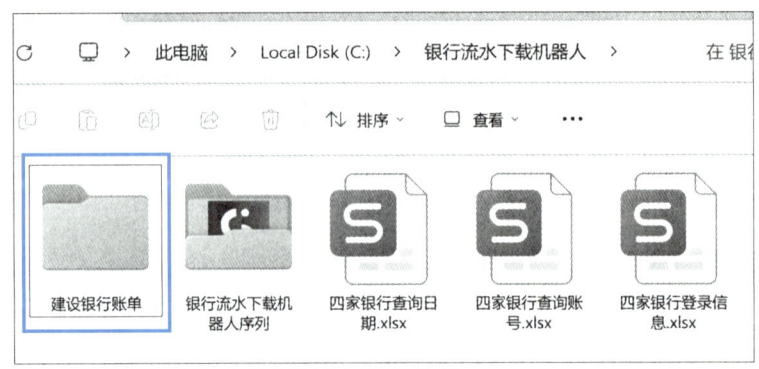

图 4-9　新建文件夹【建设银行账单】

(7) 点击【RPA 财务机器人实践教学平台】左上角的【仿真系统】,选择【银行】类别,点击【建设银行】,中国建设银行官网入口如图 4-10 所示,具体网址为【http://172.16.3.18:8088/api/jh/demo_login_account.html】,中国建设银行官网界面如图 4-11 所示。

图 4-10　中国建设银行官网入口

图 4-11　中国建设银行官网界面

(二)制作阶段

(1) 打开【UiPath Studio】,在主界面左上角点击【开始】,在菜单中点击【库】,进入【库】管理界面后点击【新建空白库】,弹出【新建空白库】窗口,在窗口中设置库的文件夹名称为【银行流水下载机器人序列】,并选择存储路径为【C:\银行流水下载机器人】,点击【创建】,等待库创建完成即可,如图 4-12 所示。

图 4-12　新建空白库

（2）点击【项目】，打开【项目】面板，选中【NewActivity.xaml】，按【F2】键或单击鼠标右键选择【重命名】，打开【重命名】弹窗，在【收件人：】输入框中输入【银行流水下载机器人（建行）】，点击【确定】，完成项目重命名操作，如图 4-13 所示。双击重命名后的【银行流水下载机器人（建行）.xaml】文件，进入【Main】设计面板的主界面。

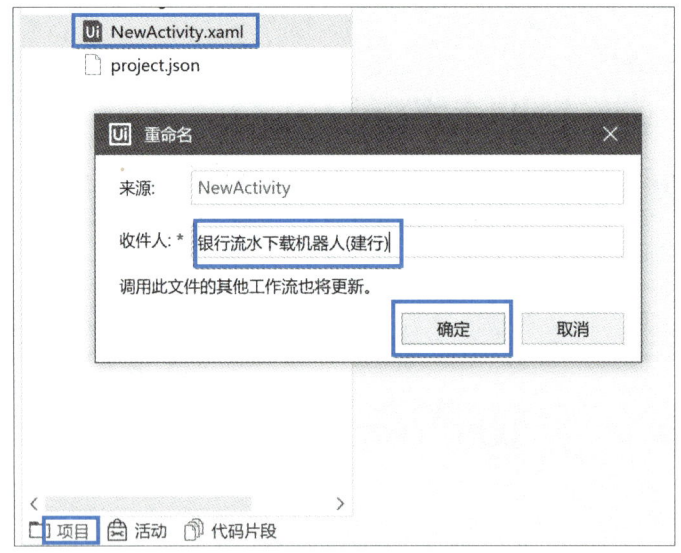

图 4-13　重命名项目

（3）点击【活动】面板，在活动面板中搜索【序列】活动控件，将【序列】拖曳至设计面板中。对新增的活动控件【序列】进行重命名，单击【属性】|【常见】|【显示名称】，将显示名称修改为【序列-银行流水下载机器人（建行）】，如图 4-14 所示。

（4）步骤一【获取银行账单查询日期】。

①点击【活动】面板，在搜索框中输入【序列】，选中【序列】，将其拖曳至设计面板【序列-银行流水下载机器人（建行）】活动内。选中新增的活动控件【序列】进行重命名，单击【属性】|【常见】|【显示名称】，将其修改为（2）序列-获取银行账单查询日期】，如图 4-15 所示。

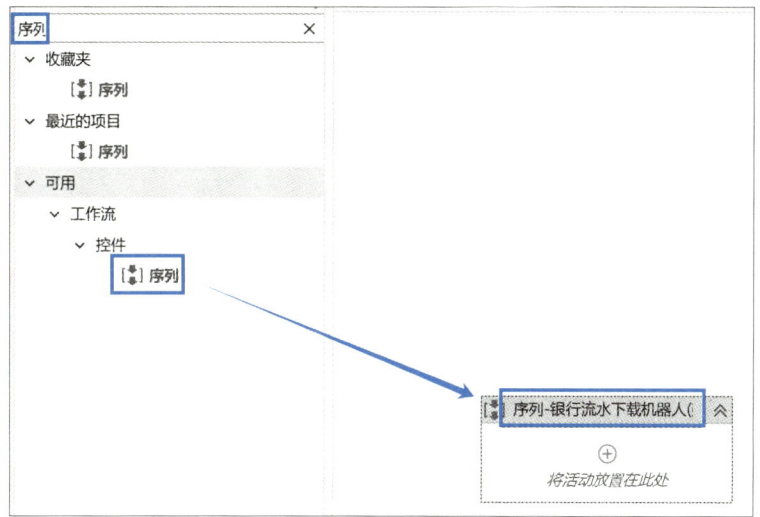

图 4-14　新增序列

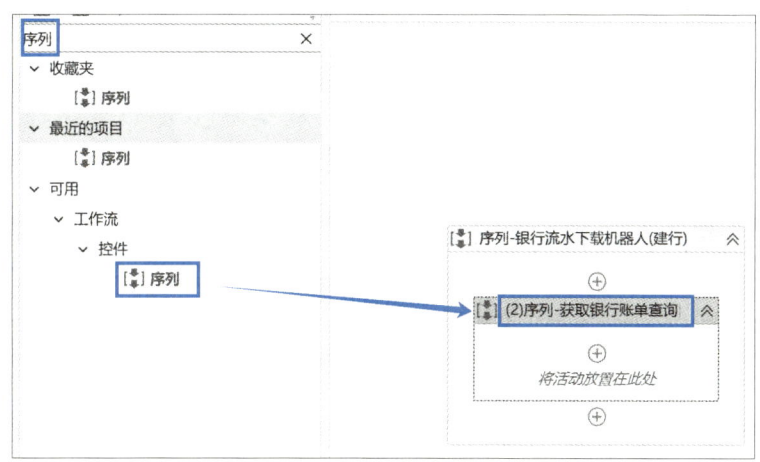

图 4-15　新增序列

② 在【活动】面板中搜索并选择【读取范围】,将【读取范围】拖曳至【序列-银行流水下载机器人(建行)】的【(2)序列-获取银行账单查询日期】活动中。对新增的【读取范围】活动控件进行属性设置,将其显示名称修改为【读取范围-获取建行账单查询日期】。点击【属性】|【输入】|【工作簿路径】|【…】,打开表达式编辑器,输入路径【"C:\银行流水下载机器人\四家银行查询日期.xlsx"】(注意使用英文双引号),点击【确定】完成路径设置。【工作簿路径】参数设置除了可以在属性面板进行设置,还可以通过打开路径窗口选择相对应的工作簿文件,具体的操作步骤如下:点击【读取范围-获取建行账单查询日期】|【…】,在弹出的【选择一个excel文档】窗口中选择【四家银行查询日期.xlsx】文件并点击【打开】,以完成工作簿路径的选择。点击【属性】|【输入】|【工作表名称】,将默认的【"Sheet1"】修改为【"中国建设银行"】(注意使用英文双引号),以指定读取的工作表。点击【属性】|【输入】|【范围】,范围是指待读取的单元格范围,如果该值只包含一个单元格,则从该单元格开始读取整个电子表格;如果

未指定该值,则读取整个电子表格,此处需要读取整个【中国建设银行】工作表的数据,故将【"A1:A2"】删除。点击【属性】|【输出】|【数据表】,选择【创建变量】,输入【查询日期】并确认,完成变量创建。打开【变量】面板,选择【查询日期】变量,将其类型设置为【DataTable】,范围调整为【序列-银行流水下载机器人(建行)】,设置完毕后关闭变量面板,如图 4-16 所示。

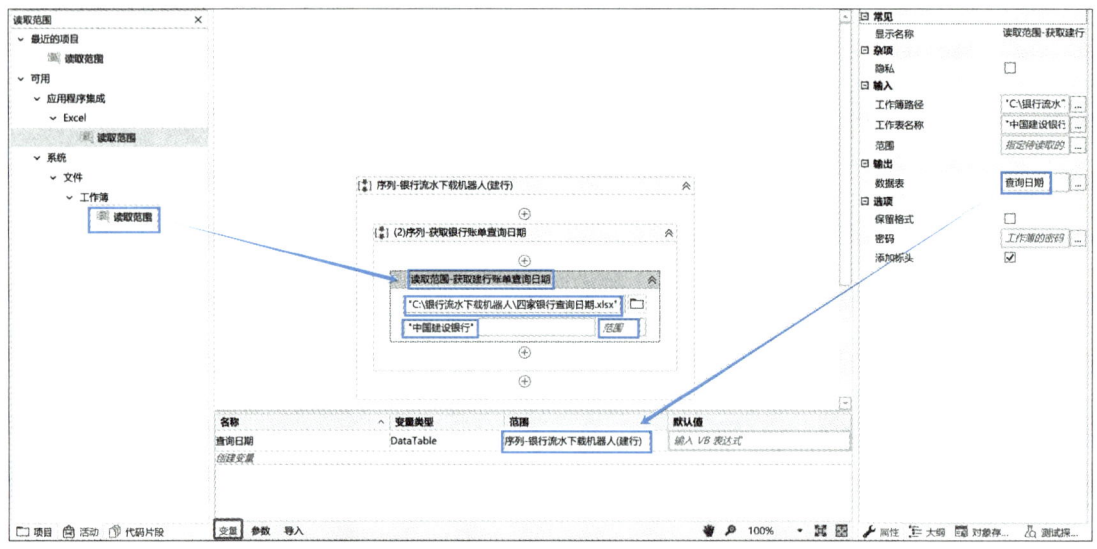

图 4-16 设置读取范围

(5)步骤二【执行银行账单下载操作】。

① 点击【活动】面板,在搜索框中输入【序列】,选中【序列】,将其拖曳至设计面板【序列-银行流水下载机器人(建行)】中【(2)序列-获取银行账单查询日期】活动内。选中新增的活动控件【序列】进行重命名,单击【属性】|【常见】|【显示名称】,将显示名称修改为【(3)序列-执行银行账单下载操作】,如图 4-17 所示。

图 4-17 新增序列

② 点击【活动】面板,在搜索框中输入并选择【对于数据表中的每一行】,将其拖曳至设计面板【序列-银行流水下载机器人(建行)】的【(3)序列-执行银行账单下载操作】活动下方。对新增的【对于数据表中的每一行】活动控件进行重命名,点击【属性】|【常见】|【显示名称】,将显示名称修改为【对于数据表中的每一行-对列举的每个查询日期执行操作】。为了简化后续代码编写,可以将【遍历循环】中的【CurrentRow】改为【Row】。引用创建的变量,点击【属性】|【输入】|【数据表】,键入空格并双击选择【查询日期】变量,点击属性面板空白处,完成变量的引用操作,如图 4-18 所示。

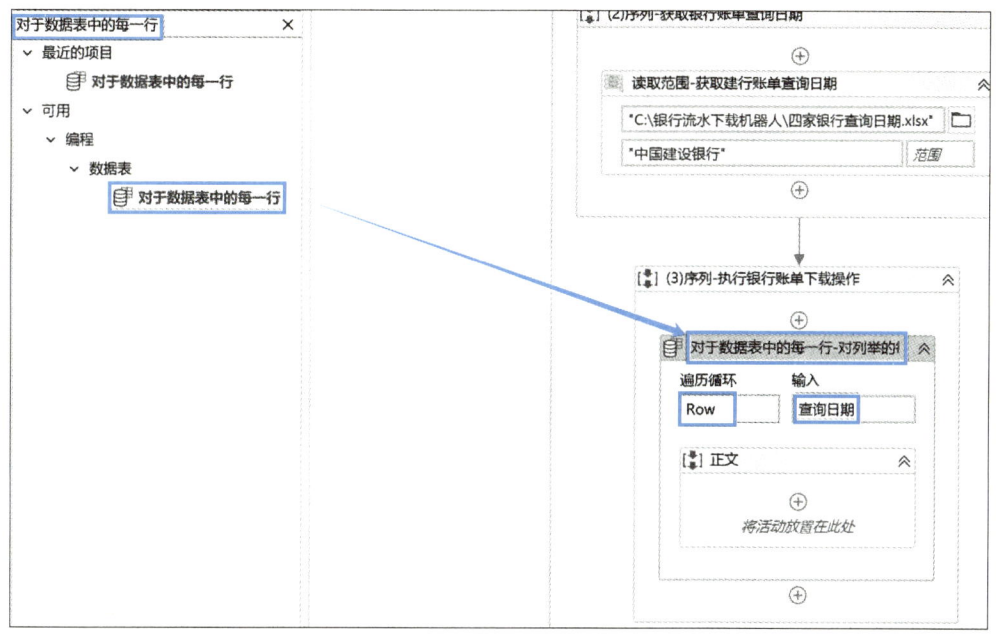

图 4-18　设置对于数据表中的每一行

(6) 步骤三【打开中国建设银行】。

① 点击【活动】面板,在搜索框中输入【序列】,将【序列】拖曳至设计面板【(3)序列-执行银行账单下载操作】中【对于数据表中的每一行-对列举的每个查询日期执行操作-正文】活动内。选中新增的活动控件【序列】设置属性参数,单击【属性】|【常见】|【显示名称】,将显示名称修改为【(4)序列-打开中国建设银行】,如图 4-19 所示。

② 在【活动】面板中搜索并选择【打开浏览器】,将其拖曳至设计面板【(3)序列-执行银行账单下载操作】的【(4)序列-打开中国建设银行】活动中。对新增的【打开浏览器】活动控件进行属性设置,点击【属性】|【常见】|【显示名称】,将显示名称修改为【打开浏览器-访问中国建设银行】。点击【属性】|【输入】|【URL】,单击鼠标右键并选择【创建变量】,输入变量名【中国建设银行网址】,点击属性面板空白处完成变量创建。点击【属性】|【输入】|【浏览器类型】|【chrome】,点击【属性】|【输出】|【用户界面浏览器】,选择【创建变量】,输入变量名【关闭中国建设银行浏览器】,点击属性面板空白处完成变量创建。打开【变量】面板,选择【中国建设银行网址】变量,将其类型设置为【String】,范围调整为【序列-银行流水下载机器人(建行)】,并在默认值输入框中输入仿真系统中的中国建设银行网址(注意使用英文双引号)。选择【关

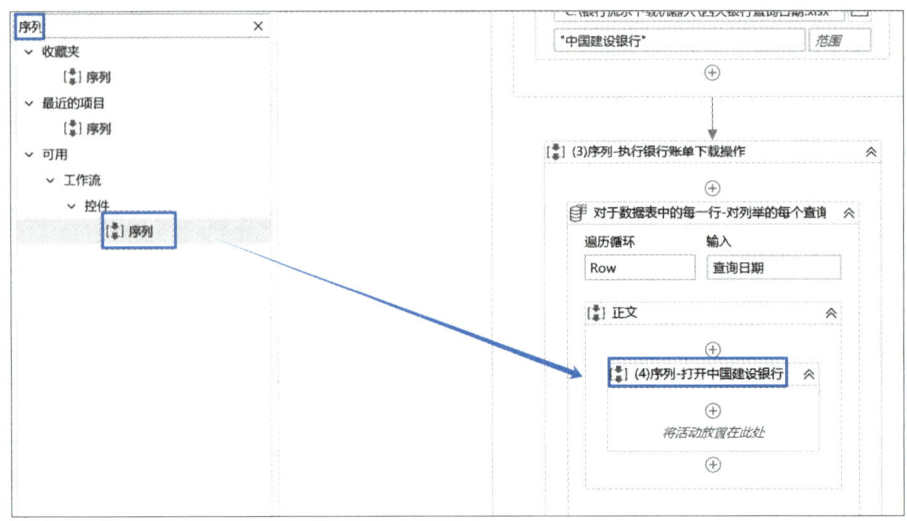

图 4-19 新增序列

闭中国建设银行浏览器】变量,将其类型设置为【Browser】,范围调整为【序列-银行流水下载机器人(建行)】,以便后续在添加【关闭选项卡】活动时引用此变量。设置完成后,关闭变量面板,如图 4-20 所示。

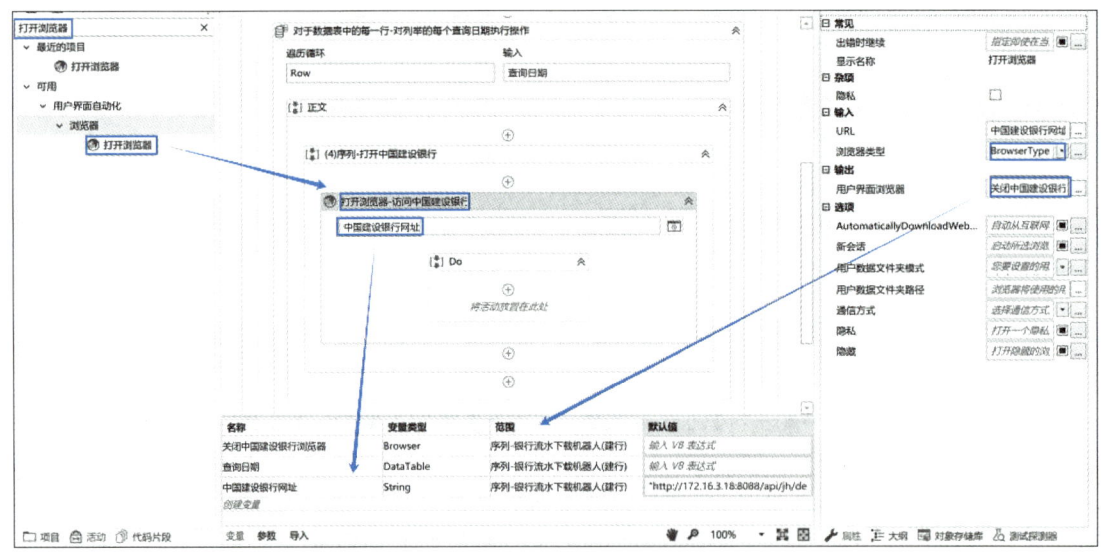

图 4-20 设置打开浏览器

③ 点击【活动】面板,在搜索框中输入【最大化窗口】,将【最大化窗口】拖曳至设计面板【(4)序列-打开中国建设银行】中【打开浏览器-访问中国建设银行-Do】活动内。选中新增的活动控件【最大化窗口】进行重命名操作,单击【属性】|【常见】|【显示名称】,将显示名称修改为【最大化窗口-中国建设银行浏览器】,如图 4-21 所示。

(7) 步骤四【登录中国建设银行】。

① 点击【活动】面板,在搜索框中输入【序列】,选中【序列】,将其拖曳至设计面板【(3)序

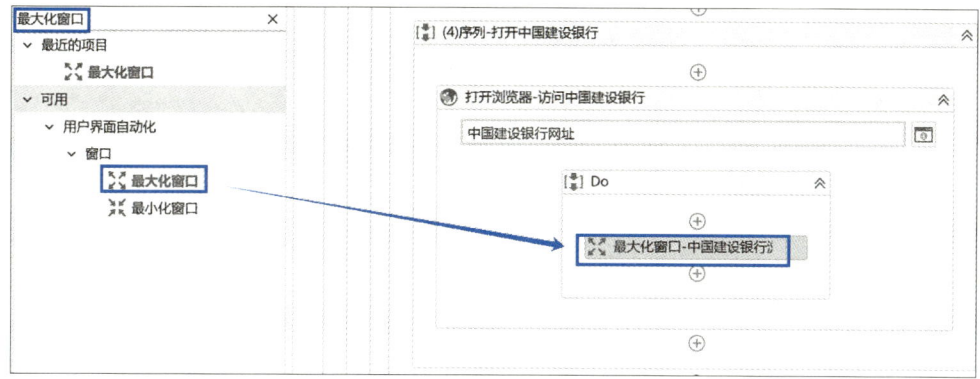

图 4-21 设置最大化窗口

列-执行银行账单下载操作】中【(4)序列-打开中国建设银行】活动下方。选中新增的活动控件【序列】进行重命名,单击【属性】|【常见】|【显示名称】,将显示名称修改为【(5)序列-登录中国建设银行】,如图 4-22 所示。

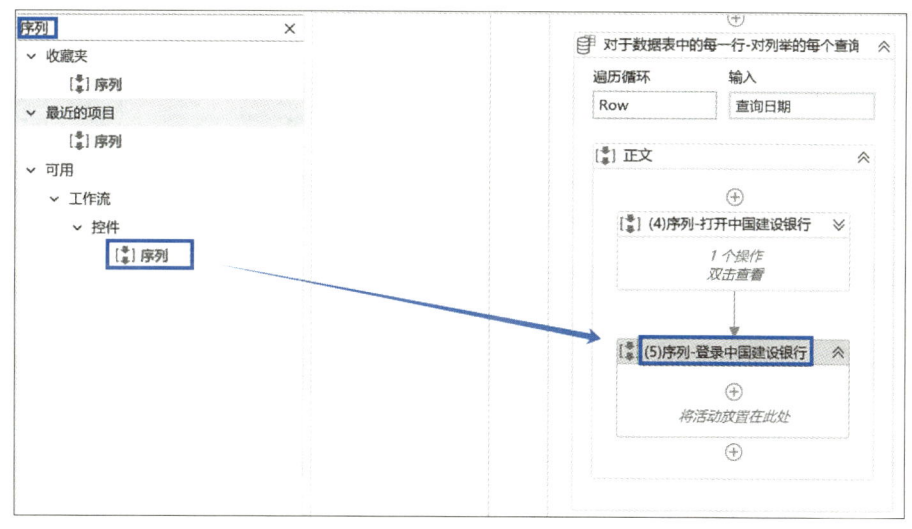

图 4-22 新增序列

② 在【活动】面板中搜索并选择【Excel 应用程序范围】,将其拖曳至设计面板【(3)序列-执行银行账单下载操作】的【(5)序列-登录中国建设银行】活动中。对新增的【Excel 应用程序范围】活动控件进行重命名,点击【属性】|【常见】|【显示名称】,将显示名称修改为【Excel 应用程序范围-获取建设银行登录信息】。点击【属性】|【文件】|【工作簿路径】|【…】,打开表达式编辑器,在输入框中输入路径"C:\银行流水下载机器人\四家银行登录信息.xlsx"(注意使用英文双引号),点击【确定】,完成工作簿路径的设置,如图 4-23 所示。

注意:【工作簿路径】参数设置,除在属性面板进行设置之外,还可以通过打开路径窗口选择相对应的工作簿文件,具体的操作步骤如下:点击【Excel 应用程序范围-获取建设银行登录信息】|【…】,打开【选择一个 excel 文档】弹窗,选择【四家银行登录信息.xlsx】文档,点击【打开】,完成工作簿路径的选取,如图 4-24 所示。

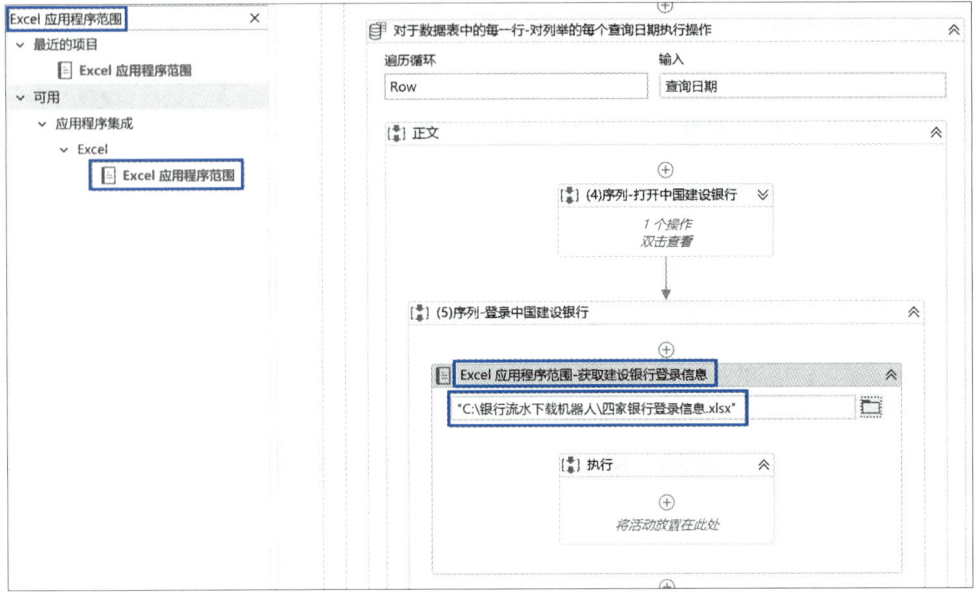

图 4-23　设置 Excel 应用程序范围

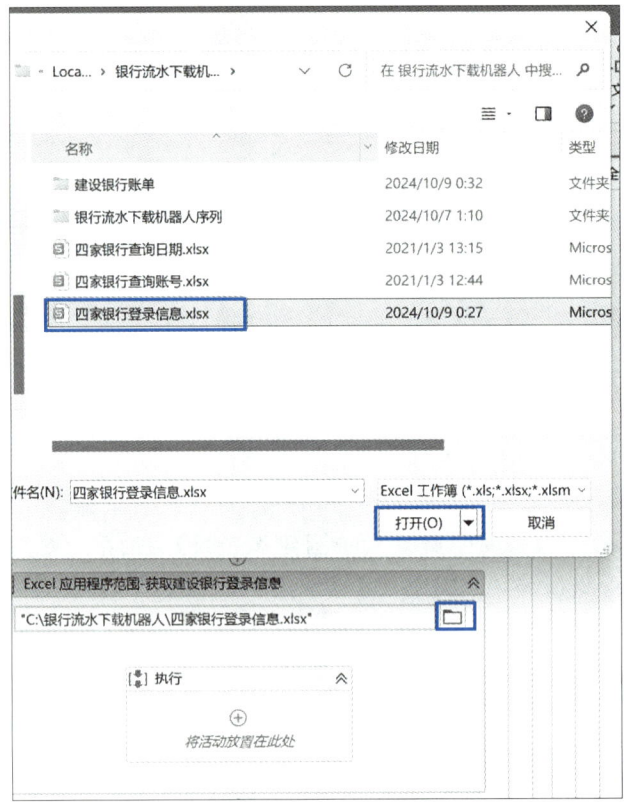

图 4-24　完成工作簿路径的选取

③ 在【活动】面板中搜索并选择【读取单元格】,将【读取单元格】拖曳至设计面板【(5)序列-登录中国建设银行】的【Excel 应用程序范围-获取建设银行登录信息-执行】活动中。对新增的【读取单元格】活动控件进行重命名,点击【属性】|【常见】|【显示名称】,将显示名称修改为【读取单元格-客户识别号】。点击【属性】|【输入】|【单元格】,由于需要读取登录【中国建设银行】的客户识别号,将默认值【"A1"】修改为【"C2"】。点击【属性】|【输入】|【工作表名称】,由于登录信息位于【Sheet1】工作表,保留默认值【Sheet1】。点击【属性】|【输出】|【结果】,单击鼠标右键并选择【创建变量】,输入变量名【客户识别号】,点击属性面板空白处完成变量创建。打开【变量】面板,选择【客户识别号】变量,将其类型设置为【GenericValue】,范围调整为【序列-银行流水下载机器人(建行)】,设置完成后关闭变量面板,如图 4-25 所示。

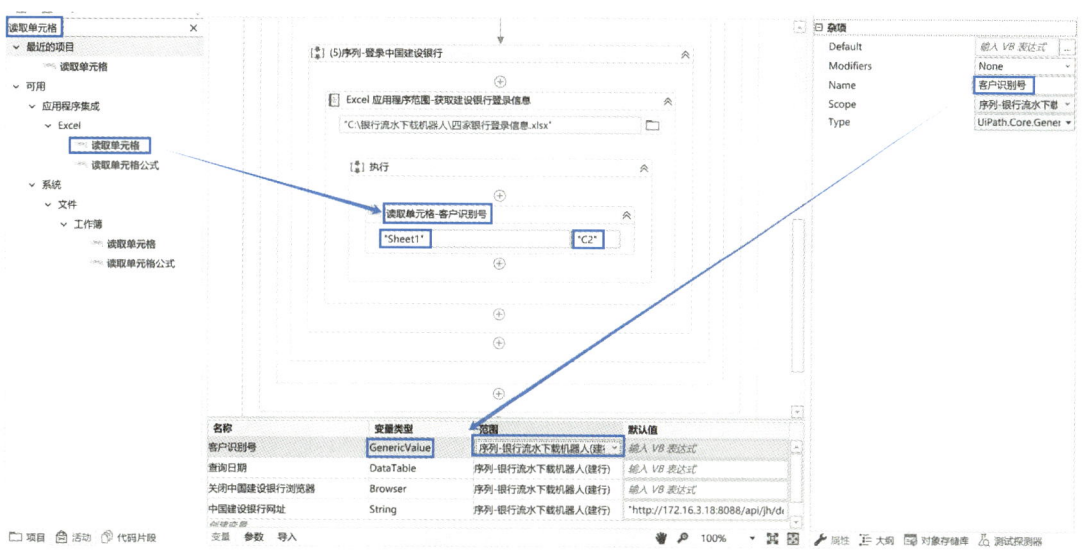

图 4-25　设置读取单元格

变量类型【GenericValue】的选取步骤:点击【变量类型】选框,打开下拉菜单,点击【浏览类型…】,如图 4-26 所示,打开【浏览并选择. NET 类型】弹窗。在【类型名称】输入框中输入【GenericValue】,选中【GenericValue】,点击【确定】,完成变量类型【GenericValue】的选取操作,如图 4-27 所示。

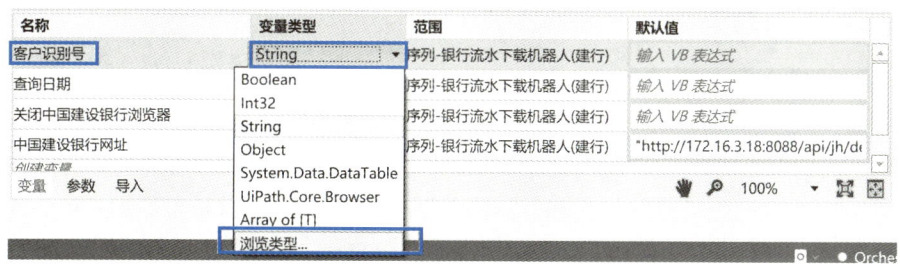

图 4-26　【GenericValue】变量类型的选取

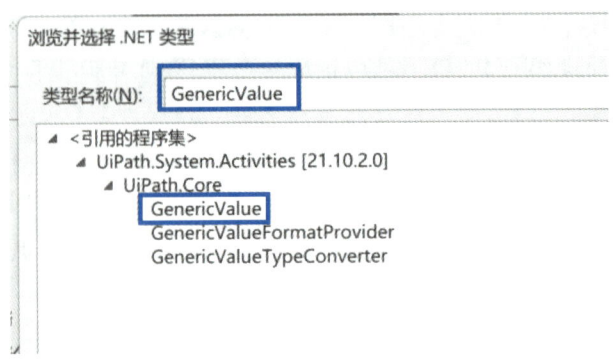

图 4-27 【GenericValue】变量类型的选取

④ 在【活动】面板中搜索并选择【读取单元格】,将【读取单元格】拖曳至设计面板【(5)序列-登录中国建设银行】中【读取单元格-客户识别号】活动内。对新增的【读取单元格】活动控件进行重命名,点击【属性】|【常见】|【显示名称】,将显示名称修改为【读取单元格-操作员代码】。点击【属性】|【输入】|【单元格】,由于需要读取登录【中国建设银行】的【操作员代码】,将默认值【"A1"】修改为【"E2"】。点击【属性】|【输入】|【工作表名称】,由于登录信息位于【Sheet1】工作表,保留默认值【"Sheet1"】。点击【属性】|【输出】|【结果】,单击鼠标右键并选择【创建变量】,输入变量名称【操作员代码】,点击属性面板空白处完成变量创建。打开【变量】面板,选择【操作员代码】变量,将其类型设置为【GenericValue】,范围调整为【序列-银行流水下载机器人(建行)】,设置完成后关闭变量面板,如图 4-28 所示。

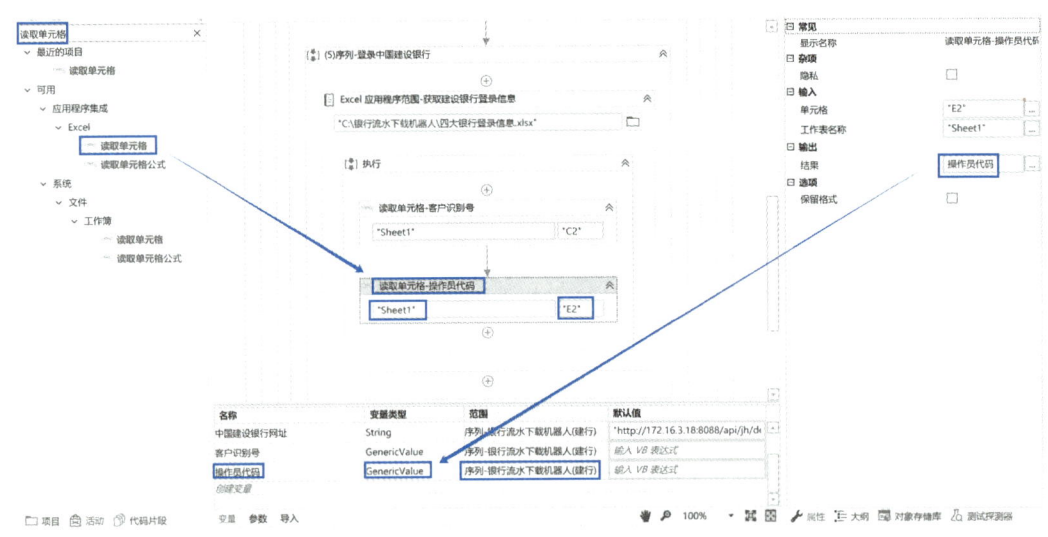

图 4-28 设置读取单元格

⑤ 在【活动】面板中搜索并选择【读取单元格】,将【读取单元格】拖曳至设计面板【(5)序列-登录中国建设银行】中【读取单元格-操作员代码】活动内。对新增的【读取单元格】活动控件进行重命名,点击【属性】|【常见】|【显示名称】,将显示名称修改为【读取单元格-登录密码】。点击【属性】|【输入】|【单元格】,由于需要读取登录【中国建设银行】的【登录密码】,将默认值【"A1"】修改为【"D2"】。点击【属性】|【输入】|【工作表名称】,由于登录信息位于

【Sheet1】工作表,保留默认值【"Sheet1"】。点击【属性】|【输出】|【结果】,单击鼠标右键并选择【创建变量】,输入变量名称【登录密码】,点击属性面板空白处完成变量创建。打开【变量】面板,选择【登录密码】变量,将其类型设置为【GenericValue】,范围调整为【序列-银行流水下载机器人(建行)】,设置完成后关闭变量面板,如图4-29所示。

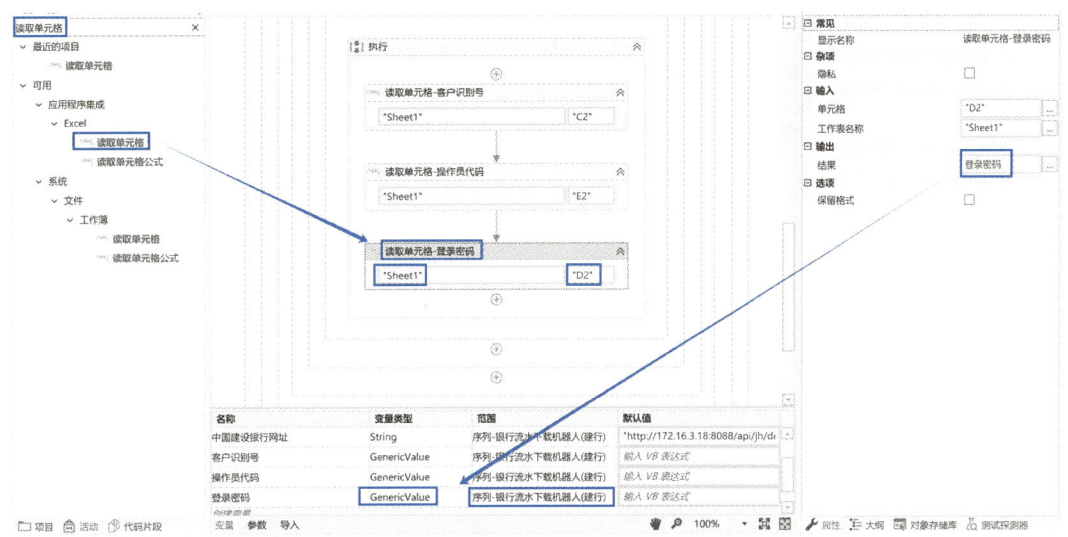

图4-29 设置读取单元格

⑥ 在【活动】面板中搜索并选择【输入信息】,将其拖曳至设计面板【(5)序列-登录中国建设银行】中【Excel应用程序范围-获取建设银行登录信息】活动内。对新增的【输入信息】活动控件进行重命名,点击【属性】|【常见】|【显示名称】,将显示名称修改为【输入信息-客户识别号】。引用新创建的变量,点击【属性】|【输入】|【文本】,键入空格并打开变量名称菜单,双击选择变量【客户识别号】,点击面板空白处完成变量引用操作。点击【属性】|【选项】|【发送窗口消息】和【空字段】,以确保每次输入时文本输入框为空。将中国建设银行网页置顶,返回【UiPath Studio】操作界面。选中【输入信息-客户识别号】活动,点击【指明在屏幕上】,页面自动跳转至中国建设银行网页,选中【客户识别号】输入框,如图4-30所示。页面再次返回【UiPath Studio】操作界面,完成【指明在屏幕上】的操作,如图4-31所示。

⑦ 在【活动】面板中搜索并选择【输入信息】,将其拖曳至设计面板【(5)序列-登录中国建设银行】中【输入信息-客户识别号】活动内。对新增的【输入信息】活动控件进行重命名,点击【属性】|【常见】|【显示名称】,将显示名称修改为【输入信息-操作员代码】。引用新创建的变量,点击【属性】|【输入】|【文本】,键入空格并打开变量名称菜单,双击选择变量【操作员代码】,点击面板空白处完成变量引用操作。点击【属性】|【选项】|【发送窗口消息】和【空字段】,以确保每次输入时文本输入框为空。将中国建设银行网页置顶,返回【UiPath Studio】操作界面。选中【输入信息-操作员代码】活动,点击【指明在屏幕上】,页面自动跳转至中国建设银行网页,选中【操作员代码】输入框,如图4-32所示,页面再次返回【UiPath Studio】操作界面,完成【指明在屏幕上】的操作,如图4-33所示。

图 4-30 中国建设银行网页

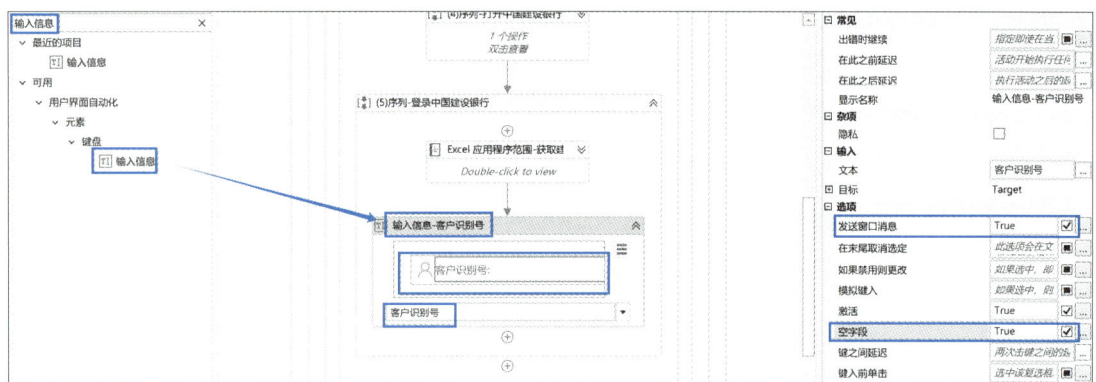

图 4-31 指明在屏幕上

图 4-32 中国建设银行网页

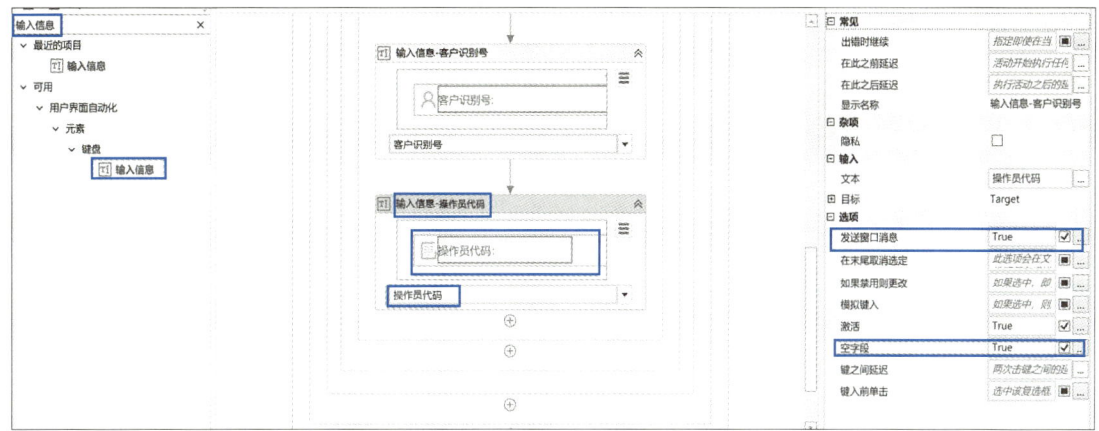

图 4-33　指明在屏幕上

⑧ 在【活动】面板中搜索并选择【输入信息】,将其拖曳至设计面板【(5)序列-登录中国建设银行】中【输入信息-操作员代码】活动内。对新增的【输入信息】活动控件进行重命名,点击【属性】|【常见】|【显示名称】,将显示名称修改为【输入信息-登录密码】。引用新创建的变量,点击【属性】|【输入】|【文本】,键入空格并打开变量名称菜单,双击选择变量【登录密码】,点击面板空白处完成变量引用操作。点击【属性】|【选项】|【发送窗口消息】和【空字段】,以确保每次输入时文本输入框为空。将中国建设银行网页置顶,返回【UiPath Studio】操作界面。选中【输入信息-登录密码】活动,点击【指明在屏幕上】,页面自动跳转至中国建设银行网页,选中【登录密码】输入框,如图 4-34 所示,页面再次返回【UiPath Studio】操作界面,完成【指明在屏幕上】的操作,如图 4-35 所示。

图 4-34　中国建设银行网页

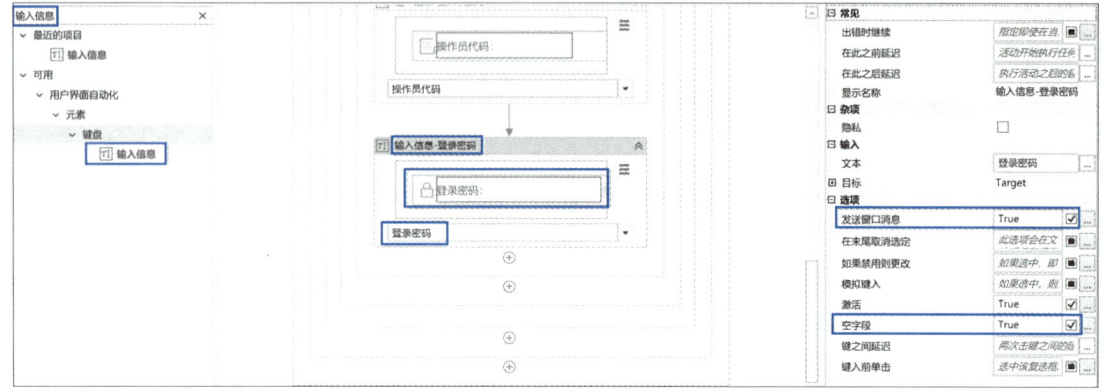

图 4-35　指明在屏幕上

⑨ 在【活动】面板中搜索并选择【单击】，将【单击】拖曳至设计面板【（5）序列-登录中国建设银行】中【输入信息-登录密码】活动内。对新增的【单击】活动控件进行重命名，点击【属性】|【常见】|【显示名称】，将显示名称修改为【单击-建设银行登录按钮】。将中国建设银行网页置顶，返回【UiPath Studio】操作界面。选中【单击-建设银行登录按钮】活动，点击【指明在屏幕上】，页面自动跳转至中国建设银行网页，选中并点击【登录】，如图 4-36 所示。页面再次返回【UiPath Studio】操作界面，完成【指明在屏幕上】的操作，如图 4-37 所示。

图 4-36　中国建设银行网页

⑩ 在菜单栏中单击【设计】|【文件】|【运行】，运行时需关闭已打开的中国建设银行网页和 Excel 文件，运行结束后，将自动在谷歌浏览器中打开中国建设银行网页。

运行的目的在于：①验证编写的序列是否能够自动打开并登录中国建设银行网页；②基于运行结束后的界面继续编写序列。

（8）步骤五【进入账单下载页面】。

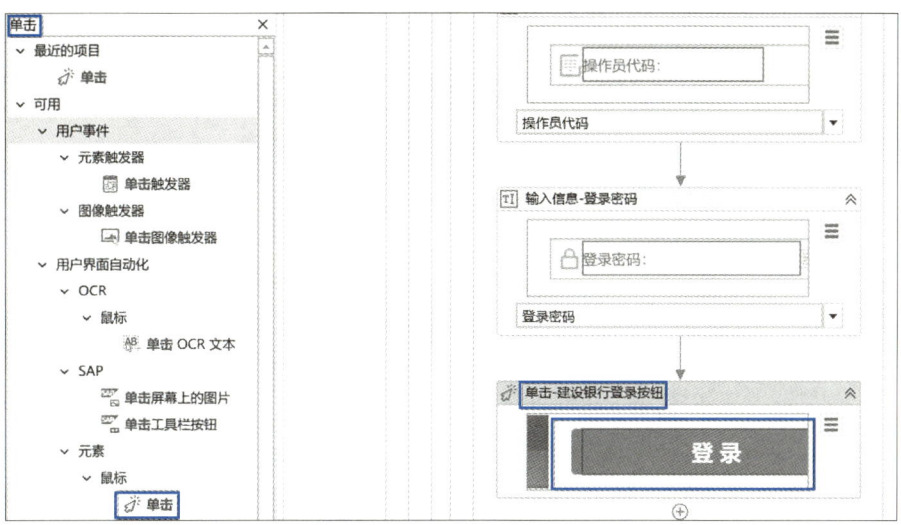

图 4-37　指明在屏幕上

① 点击【活动】面板,在搜索框中输入【序列】,选中【序列】,将其拖曳至设计面板
【(5)序列-登录中国建设银行】活动下方。选中新增的活动控件【序列】进行重命名,点击
【属性】|【常见】|【显示名称】,将显示名称修改为【(6)序列-进入账单下载页面】,如图 4-38
所示。

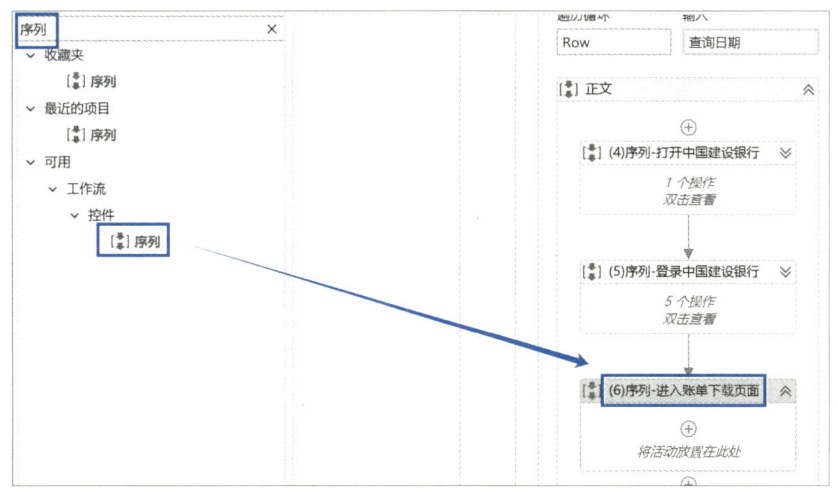

图 4-38　新增序列

② 在【活动】面板中搜索并选择【单击】,将【单击】拖曳至设计面板【(6)序列-进入账单下
载页面】活动内。对新增的【单击】活动控件进行重命名,点击【属性】|【常见】|【显示名称】,
将显示名称修改为【单击-账户查询】。将中国建设银行网页置顶,返回【UiPath Studio】操作
界面。选中【单击-账户查询】活动,点击【指明在屏幕上】,页面自动跳转至中国建设银行网
页,选中并点击【账户查询】,如图 4-39 所示。页面再次返回【UiPath Studio】操作界面,完成
【指明在屏幕上】的操作,如图 4-40 所示。

图 4-39　中国建设银行网页

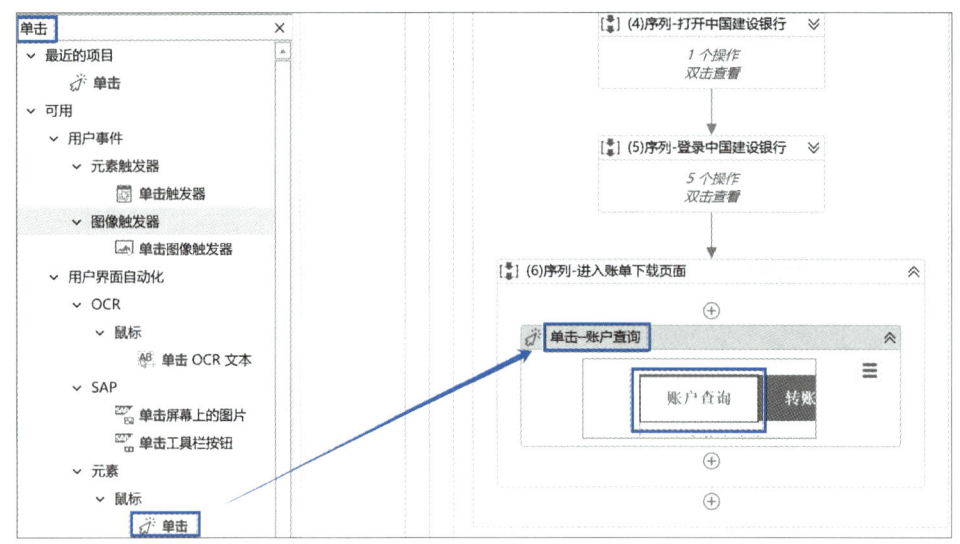

图 4-40　指明在屏幕上

③ 在【活动】面板中搜索并选择【单击】,将【单击】拖曳至设计面板【(6)序列-进入账单下载页面】中【单击-账户查询】活动内。对新增的【单击】活动控件进行重命名,点击【属性】|【常见】|【显示名称】,将显示名称修改为【单击-电子对账】。将中国建设银行网页置顶,返回【UiPath Studio】操作界面。选中【单击-电子对账】活动,点击【指明在屏幕上】,页面自动跳转至中国建设银行网页,选中并点击【电子对账】标签,如图 4-41 所示。页面再次返回【UiPath Studio】操作界面,完成【指明在屏幕上】的操作,如图 4-42 所示。

④ 在【活动】面板中搜索并选择【单击】,将【单击】拖曳至设计面板【(6)序列-进入账单下载页面】中【单击-电子对账】活动内。对新增的【单击】活动控件进行重命名,点击【属性】|【常见】|【显示名称】,将显示名称修改为【单击-明细账查询】。将中国建设银行网页置顶,返回

图 4-41　中国建设银行网页

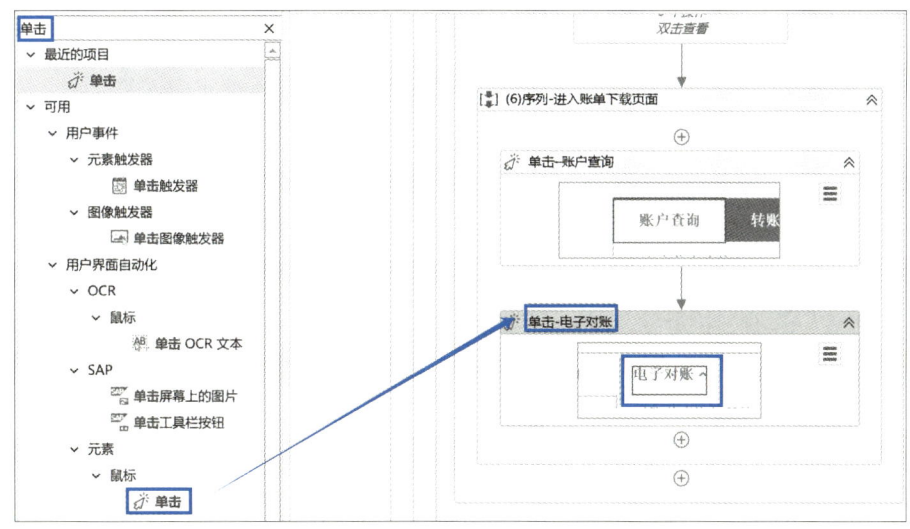

图 4-42　指明在屏幕上

【UiPath Studio】操作界面。选中【单击-明细账查询】活动,点击【指明在屏幕上】,页面自动跳转至中国建设银行网页。按【F2】键,使鼠标从【选中状态】变为【正常状态】,点击【电子对账】下拉菜单中的【明细账查询】,长按鼠标左键不松开,等待 3 秒倒计时结束,鼠标恢复为【选中状态】,随后选中并点击【明细账查询】标签,如图 4-43 所示,页面再次返回【UiPath Studio】操作界面,完成【指明在屏幕上】的操作,如图 4-44 所示。

（9）步骤六【获取并选取查询账户】。

① 点击【活动】面板,在搜索框中输入【序列】,选中【序列】,将其拖曳至设计面板【对于数据表中的每一行-对列举的每个查询日期执行操作-正文】中【(6)序列-进入账单下载页面】活动内。选中新增的活动控件【序列】进行重命名,点击【属性】|【常见】|【显示名称】,将显示名

图 4-43　中国建设银行网页

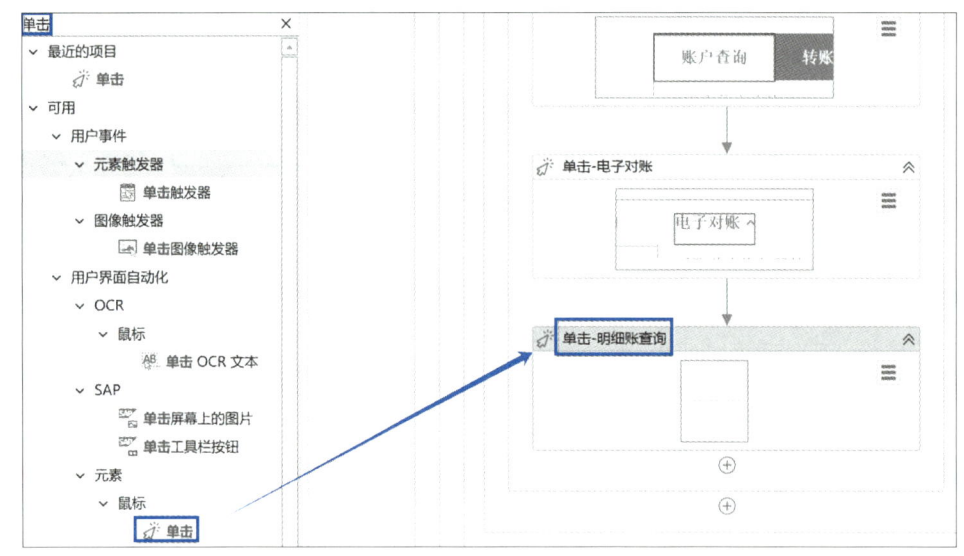

图 4-44　指明在屏幕上

称修改为【(7)序列-获取并选取查询账户】,如图 4-45 所示。

　　② 在【活动】面板中搜索并选择【读取单元格】,将【读取单元格】拖曳至设计面板【对于数据表中的每一行-对列举的每个查询日期执行操作-正文】中【(7)序列-获取并选取查询账户】活动内。对新增的【读取单元格】活动控件进行重命名,点击【属性】|【常见】|【显示名称】,将显示名称修改为【读取单元格-获取查询账户】。点击【属性】|【输入】|【单元格】,由于需要获取【B】列中的某个账户数据,根据实际下载的银行账单,将默认值"A1"修改为"B2"。点击【属性】|【输入】|【工作簿路径】|【…】,打开表达式编辑器,输入路径【"C:\银行流水下载机器人\四家银行查询账号.xlsx"】(注意使用英文双引号),点击【确定】完成路径设置。点击

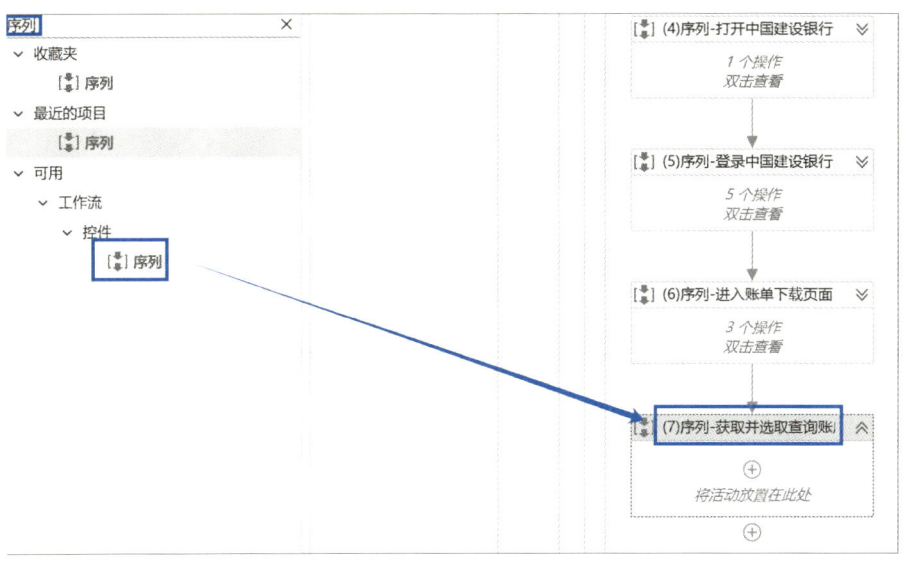

图 4-45　新增序列

【属性】|【输入】|【工作表名称】,由于需要获取中国建设银行的账户数据,将默认值
【"Sheet1"】修改为【"中国建设银行"】(注意使用英文双引号)。点击【属性】|【输出】|【结果】,
点击鼠标右键选择【创建变量】,输入变量名【账号】,点击属性面板空白处完成变量创建。打
开【变量】面板,选择【账号】变量,将其类型设置为【GenericValue】,范围调整为【序列-银行流
水下载机器人(建行)】,设置完成后关闭变量面板,如图 4-46 所示。

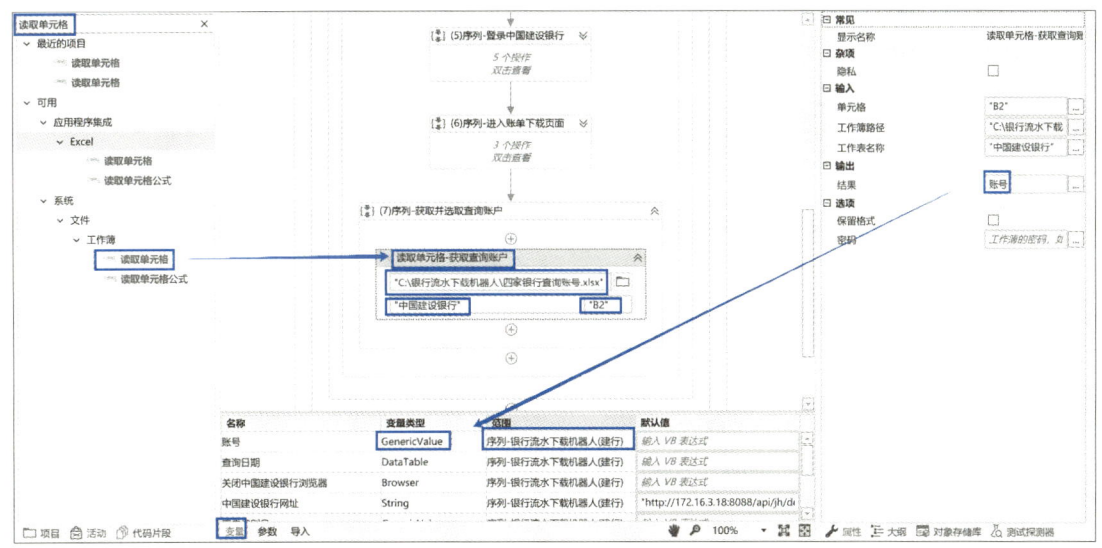

图 4-46　设置读取单元格

③ 在【活动】面板中搜索并选择【选择项目】,将其拖曳至设计面板【(7)序列-获取并选取
查询账户】中【读取单元格-获取查询账户】活动内。对新增的【选择项目】活动控件进行重命
名,点击【属性】|【常见】|【显示名称】,将显示名称修改为【选择项目-选择查询账户】。引用新
创建的变量,点击【属性】|【输出】|【结果】,键入空格并双击选择变量【账号】,点击属性面板

空白处完成变量引用操作。将中国建设银行网页置顶,返回【UiPath Studio】操作界面。选中【选择项目-选择查询账户】活动,点击【指明在屏幕上】,页面自动跳转至中国建设银行网页,选中并点击【查询账号】下拉框,如图4-47所示。页面再次返回【UiPath Studio】操作界面,完成【指明在屏幕上】的操作,如图4-48所示。

图4-47　中国建设银行网页

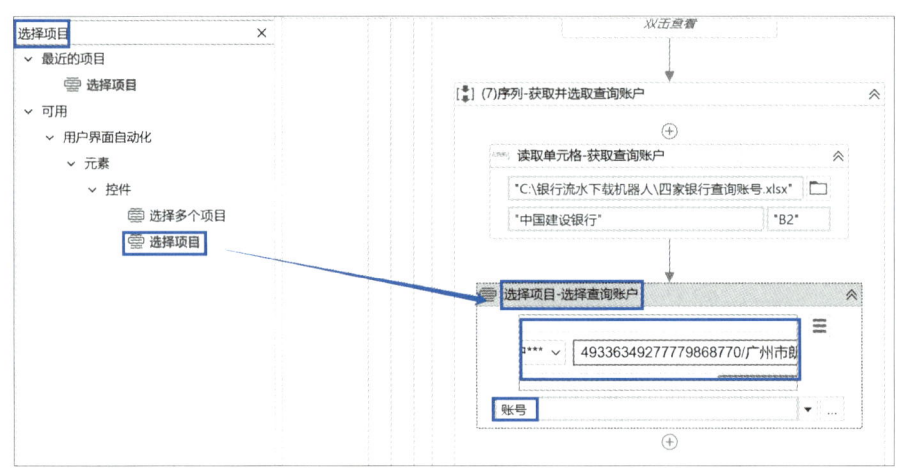

图4-48　指明在屏幕上

(10)步骤七【选择查询日期】。

① 点击【活动】面板,在搜索框中输入【序列】,选中【序列】,将其拖曳至设计面板【(7)序列-获取并选取查询账户】活动下方。选中新增的活动控件【序列】进行重命名,点击【属性】|【常见】|【显示名称】,将显示名称修改为【(8)序列-选择查询日期】,如图4-49所示。

② 在【活动】面板中搜索并选择【选择项目】,将其拖曳至设计面板【(8)序列-选择查询日期】活动内。对新增的【选择项目】活动控件进行重命名,点击【属性】|【常见】|【显示名称】,将显示名称修改为【选择项目-选择开始年份】。点击【属性】|【项目】|【…】,打开表达式编辑器,在输入框中输入表达式【row("开始日期").Tostring.Substring(0,4)】(注意使用英文

图 4-49 新增序列

双引号）。其中，【row("开始日期")】表示从【四家银行查询日期】Excel 文档中表头为【开始日期】的列中读取某个单元格的数据，运行时默认从上到下依次读取。【.Tostring】用于将数据转换为字符串类型，【.Substring(0,4)】则用于提取文本片段，表示从第 0 位开始获取 4 位字符（即第 0 位到第 3 位）。点击【确定】完成表达式编辑。随后，将中国建设银行网页置顶，返回【UiPath Studio】操作界面。选中【选择项目-选择开始年份】活动，点击【指明在屏幕上】，页面自动跳转至中国建设银行网页，选中并点击【查询日期】的开始年份下拉框，如图 4-50 所示，页面再次返回【UiPath Studio】操作界面，完成【指明在屏幕上】的操作，如图 4-51 所示。

图 4-50 中国建设银行网页

③ 在【活动】面板中搜索并选择【选择项目】，将其拖曳至设计面板【(8)序列-选择查询日期】中【选择项目-选择开始年份】活动内。对新增的【选择项目】活动控件进行重命名，点击【属性】|【常见】|【显示名称】，将显示名称修改为【选择项目-选择开始月份】。点击【属性】|【项目】|【…】，打开表达式编辑器，在输入框中输入表达式【row("开始日期").Tostring.

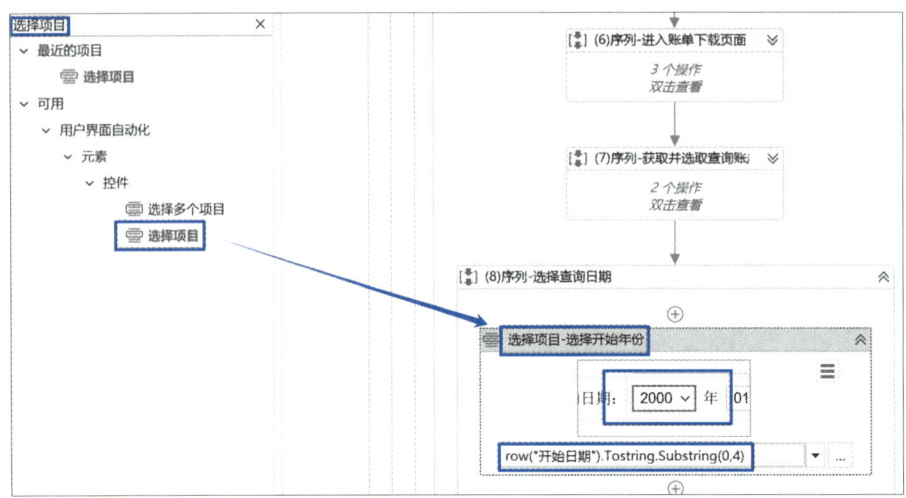

图 4-51 指明在屏幕上

Substring(4,2)】(注意使用英文双引号)。其中,【row("开始日期")】表示从【四家银行查询日期】Excel 文档中表头为【开始日期】的列中读取某个单元格的数据,运行时默认从上到下依次读取。【.Tostring】用于将数据转换为字符串类型,【.Substring(4,2)】则用于提取文本片段,表示从第 4 位开始获取两位字符(即第 4 位到第 5 位),点击【确定】完成表达式编辑。将中国建设银行网页置顶,返回【UiPath Studio】操作界面。选中【选择项目-选择开始月份】活动,点击【指明在屏幕上】,页面自动跳转至【中国建设银行】网页,选中并点击【查询日期】的开始月份下拉框,如图 4-52 所示。页面再次返回【UiPath Studio】操作界面,完成【指明在屏幕上】的操作,如图 4-53 所示。

图 4-52 中国建设银行网页

④ 在【活动】面板中搜索并选择【选择项目】,将其拖曳至设计面板【(8)序列-选择查询日期】中【选择项目-选择开始月份】活动内。对新增的【选择项目】活动控件进行重命名,点击【属性】|【常见】|【显示名称】,将显示名称修改为【选择项目-选择结束年份】。点击【属性】|

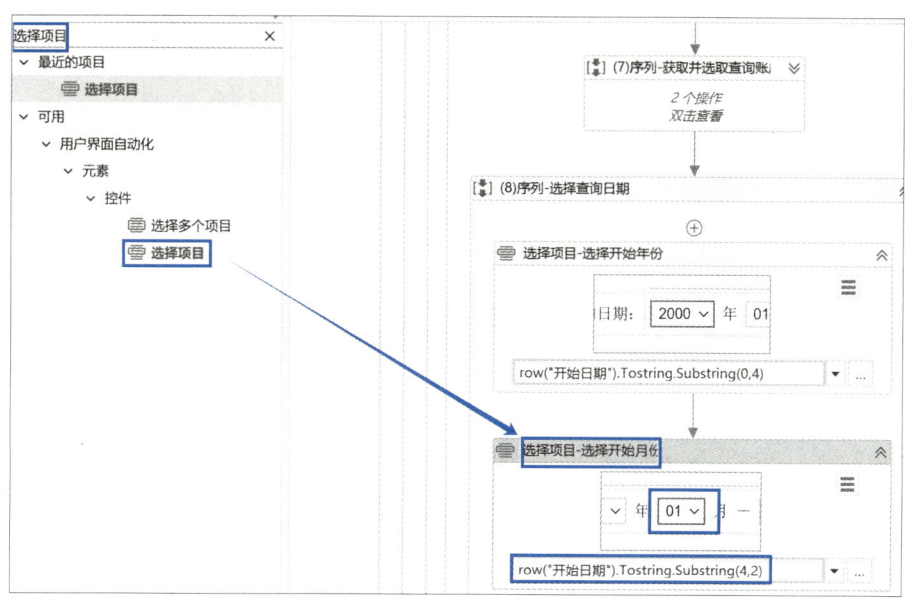

图 4-53　指明在屏幕上

【项目】|【…】,打开表达式编辑器,在输入框中输入以下代码(注意使用英文双引号):
【row("结束日期").Tostring.Substring(0,4)】。其中,【row("结束日期")】表示从【四家银
行查询日期】Excel 文档中表头为【结束日期】的列中读取某个单元格的数据,运行时默认从
上到下依次读取。【.Tostring】用于将数据转换为字符串类型,【.Substring(0,4)】则用于提
取文本片段,表示从第 0 位开始获取四位字符(即第 0 位到第 3 位)。点击【确定】完成表达式
编辑,将中国建设银行网页置顶,返回【UiPath Studio】操作界面。选中【选择项目-选择结束
年份】活动,点击【指明在屏幕上】,页面自动跳转至中国建设银行网页,选中并点击【查询日
期】的结束年份下拉框,如图 4-54 所示。页面再次返回【UiPath Studio】操作界面,完成【指
明在屏幕上】的操作,如图 4-55 所示。

图 4-54　中国建设银行网页

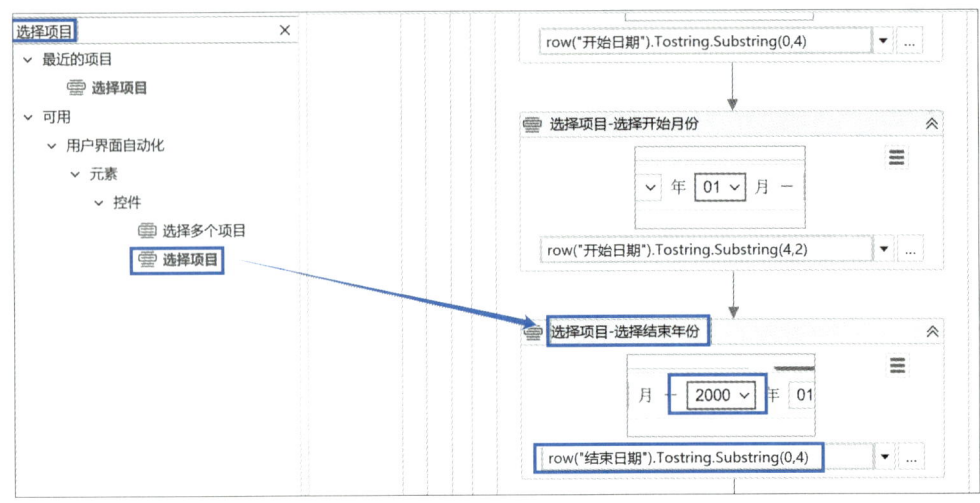

图 4-55　指明在屏幕上

⑤ 在【活动】面板中搜索并选择【选择项目】,将其拖曳至设计面板【(8)序列-选择查询日期】中【选择项目-选择结束年份】活动内。对新增的【选择项目】活动控件进行重命名,点击【属性】|【常见】|【显示名称】,将显示名称修改为【选择项目-选择结束月份】。点击【属性】|【项目】|【…】,打开表达式编辑器,在输入框中输入以下代码(注意使用英文双引号):【row("结束日期").Tostring.Substring(4,2)】。其中,【row("结束日期")】表示从【四家银行查询日期】Excel 文档中表头为【结束日期】的列中读取某个单元格的数据,运行时默认从上到下依次读取。【.Tostring】用于将数据转换为字符串类型,【.Substring(4,2)】则用于提取文本片段,表示从第 4 位开始获取两位字符(即第 4 位到第 5 位)。点击【确定】完成表达式编辑,将中国建设银行网页置顶,返回【UiPath Studio】操作界面。选中【选择项目-选择结束月份】活动,点击【指明在屏幕上】,页面自动跳转至中国建设银行网页,选中并点击【查询日期】的开始月份下拉框,如图 4-56 所示。页面再次返回【UiPath Studio】操作界面,完成【指明在屏幕上】的操作,如图 4-57 所示。

图 4-56　中国建设银行网页

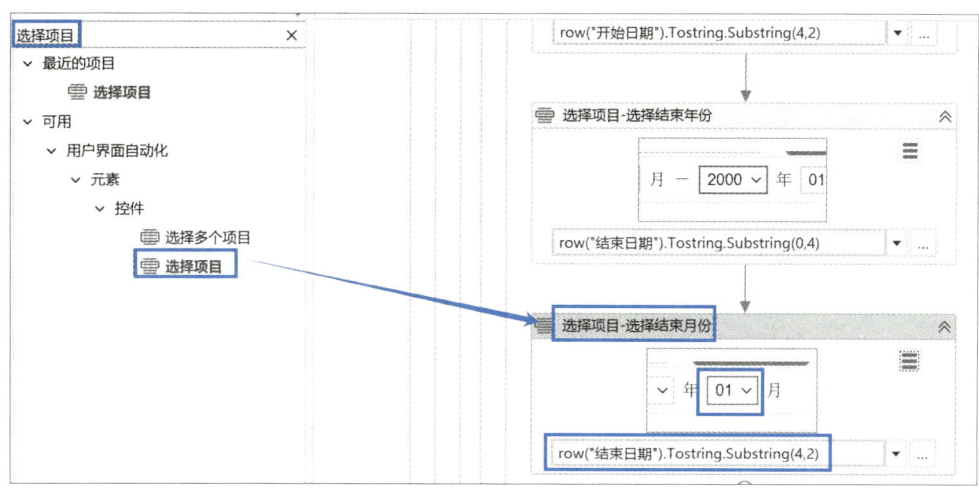

图 4-57　指明在屏幕上

⑥ 在【活动】面板中搜索并选择【单击】,将【单击】拖曳至设计面板【(8)序列-选择查询日期】中【选择项目-选择结束月份】活动内。对新增的【单击】活动控件进行重命名,点击【属性】|【常见】|【显示名称】,将显示名称修改为【单击-点击确定按钮】。点击【属性】|【常见】|【在此之后延迟】,输入【5000】(注意单位是毫秒,1 秒=1 000 毫秒),设置延迟时间的目的是等待数据加载完成后再执行下一步操作。将中国建设银行网页置顶,返回【UiPath Studio】操作界面。选中【单击-点击确定按钮】活动,点击【指明在屏幕上】,页面自动跳转至中国建设银行网页,选中并点击【确定】,如图 4-58 所示。页面再次返回【UiPath Studio】操作界面,完成【指明在屏幕上】的操作,如图 4-59 所示。

图 4-58　中国建设银行网页

(11) 步骤八【下载 Excel 文档】。

① 点击【活动】面板,在搜索框中输入【序列】,选中【序列】,将其拖曳至设计面板【(8)序列-选择查询日期】活动下方。选中新增的活动控件【序列】进行重命名,点击【属性】|【常见】|【显示名称】,将显示名称修改为【(9)序列-下载 Excel 文档】,如图 4-60 所示。

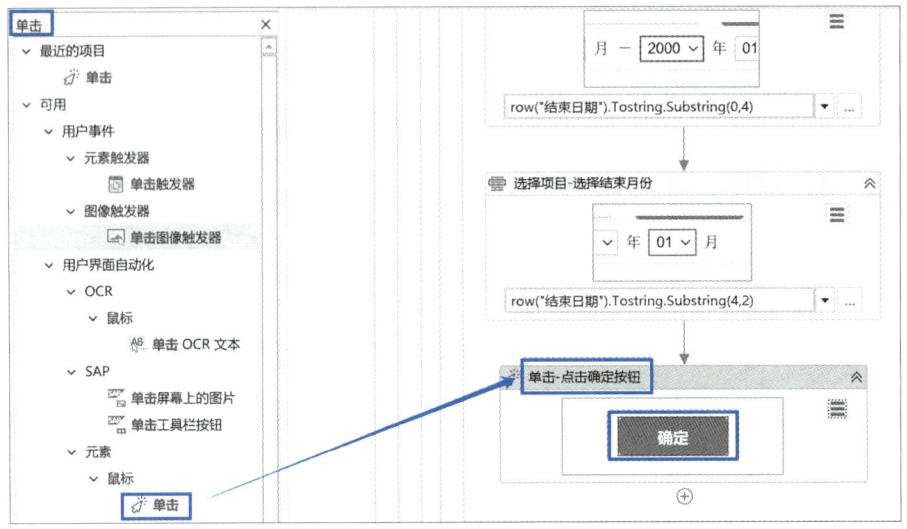

图 4-59　指明在屏幕上

图 4-60　新增序列

　　② 在【活动】面板中搜索并选择【发送热键】，将其拖曳至设计面板【(9)序列-下载 Excel 文档】活动内。对新增的【发送热键】活动控件进行属性设置，点击【属性】|【常见】|【显示名称】，将显示名称修改为【发送热键-定位到页面底部】。点击【属性】|【选项】|【特殊键】，将中国建设银行网页置顶，返回【UiPath Studio】操作界面。选中【发送热键-定位到页面底部】，点击【指明在屏幕上】，页面自动跳转至中国建设银行网页，选中并点击【中国建设银行】|【企业网上银行】Logo 区域，如图 4-61 所示，页面再次返回【UiPath Studio】操作界面，完成【指明在屏幕上】的操作。点击【发送热键-定位到页面底部】键值选框，打开键值下拉菜单，双击选择【end】，完成键值的选取操作。

　　注意：①发送热键【end】的目的是定位到页面的底部；②将【下载 Excel】呈现在可视化区域内，UiPath 在自动运行时才能查找到该下载按钮，如图 4-62 所示。

图 4-61　中国建设银行网页

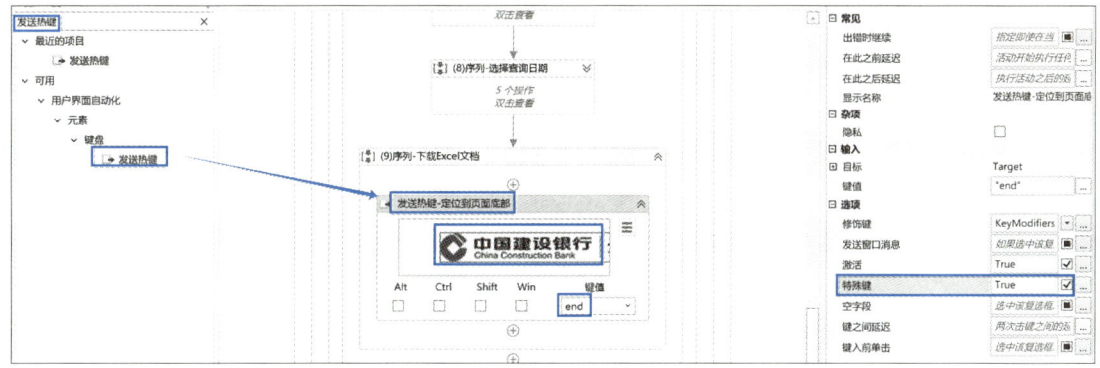

图 4-62　设置发送热键

③ 点击【活动】面板,在搜索框中输入【Do While】或【后条件循环】,选中【后条件循环】,将其拖曳至设计面板【(9)序列-下载 Excel 文档】中【发送热键-定位到页面底部】活动内。选中新增的活动控件【后条件循环】进行重命名,点击【属性】|【常见】|【显示名称】,将显示名称修改为【后条件循环-多次执行查找下载 Excel 按钮】,如图 4-63 所示。

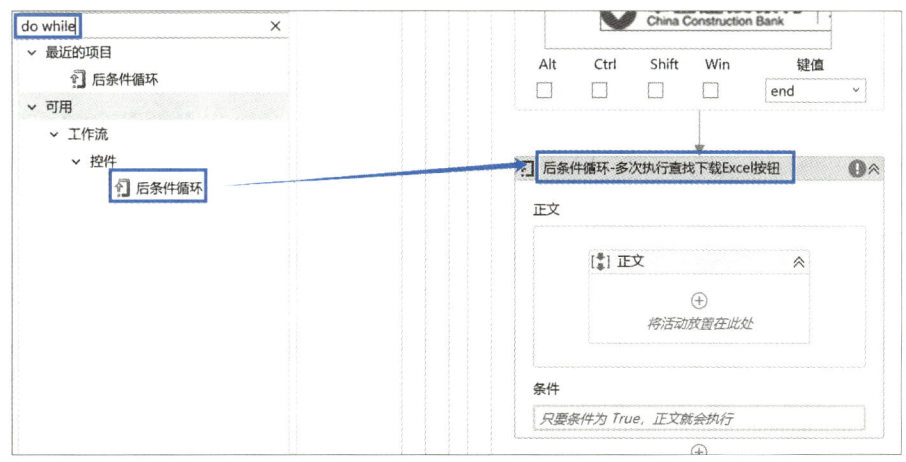

图 4-63　设置后条件循环

④ 点击【活动】面板，在搜索框中输入【序列】，选中【序列】，将其拖曳至设计面板【(9)序列-下载 Excel 文档】中【后条件循环-多次执行查找下载 Excel 按钮-正文】活动内。选中新增的活动控件【序列】进行重命名，点击【属性】|【常见】|【显示名称】，将显示名称修改为【序列-查找不到下载 Excel 按钮执行的活动】，如图 4-64 所示。

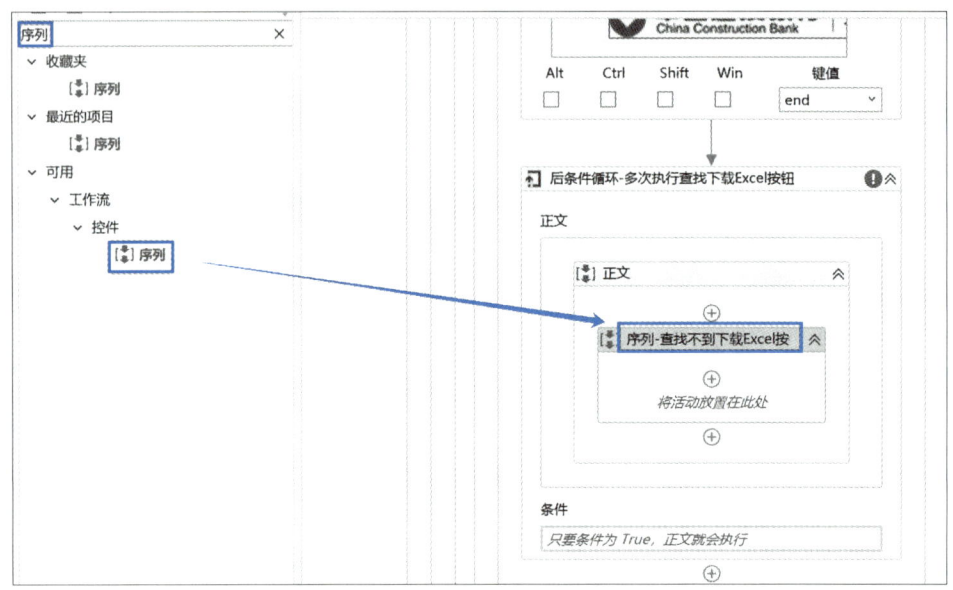

图 4-64　新增序列

⑤ 在【活动】面板中搜索并选择【存在图像】，将其拖曳至设计面板【(9)序列-下载 Excel 文档】中【序列-查找不到下载 Excel 按钮执行的活动】活动内。对新增的【存在图像】活动控件进行重命名，点击【属性】|【常见】|【显示名称】，将显示名称修改为【存在图像-下载 Excel 图像】。点击【属性】|【输出】|【已找到】，点击鼠标右键选择【创建变量】，输入变量名【下载 Excel 图像】，点击属性面板空白处完成变量创建。打开【变量】面板，选择【下载 Excel 图像】变量，将其类型设置为【Boolean】，范围调整为【序列-银行流水下载机器人（建行）】，设置完成后关闭变量面板。将中国建设银行网页置顶，返回【UiPath Studio】操作界面。选中【存在图像-下载 Excel 图像】，点击【指明在屏幕上】，页面自动跳转至中国建设银行网页，选中并点击【下载 Excel】，如图 4-65 所示，页面再次返回【UiPath Studio】操作界面，完成【指明在屏幕上】的操作，如图 4-66 所示。

⑥ 在【活动】面板中搜索并选择【IF 条件】，将其拖曳至设计面板【(9)序列-下载 Excel 文档】中【存在图像-下载 Excel 图像】活动内。对新增的【IF 条件】活动控件进行重命名，点击【属性】|【常见】|【显示名称】，将显示名称修改为【IF 条件-判断下载 Excel 按钮是否存在】。点击【属性】|【杂项】|【条件】，键入空格并打开菜单选项卡，双击选择变量【下载 Excel 图像】，点击属性面板空白处完成条件编辑。

注意：如果找到【下载 Excel 图像】，则执行【Then】区域内的活动；如果未能找到【下载 Excel 图像】，则执行【Else】区域内的活动，如图 4-67 所示。

中国建设银行 企业网上银行　×　＋

← C ⌂ ⚠不安全　172.16.3.18:8088/api/jh/webpage_demo/account/FN90001_manage.htm

797	2020-01-31		安庆市维近物流集团	4367428667307028672	809837.27		416171314.76 5119365590131431	具
798	2020-01-31	2020-01-31	收到预付款	盘锦市贸未广告集团	4367424441971389532	550155.53	416721470.29 5113918740131226	
799	2020-01-31	2020-01-31	支付货款	新乡市全溶房地产集团	4367422243658743871	630164.98	416091305.31 5119860420131219	支付货款
800	2020-01-31	2020-01-31	支付货款	沈阳市裘拙房地产股份有限公司	4367423756757096072	948991.6	415142313.71 5115338580131760	支付货款
801	2020-01-31	2020-01-31	支付货款	金昌市蒿香贸易股份有限公司	4367427739479584572	177955.93	414964357.78 5114309910131691	支付货款
802	2020-01-31	2020-01-31	支付广告费	滁州市宕争药业股份有限公司	4367421222404998142	524745.75	414439612.03 5117754790131678	新品广告费用
803	2020-01-31	2020-01-31	采购办公用品	宿迁市翁婺医药集团	4367422253247391312	424282.62	414015329.41 5116810060131641	文具等办公用具
804	2020-01-31	2020-01-31	收到货款	永州市干帆房地产股份有限公司	4367423189393634591	827063.98	414842393.39 5118219320131374	收到货款
805	2020-01-31	2020-01-31	提取备用金	衢州市潘征信息科技股份有限公司	4367421319951249352	683531.96	414158861.43 5119665540131299	
806	2020-01-31	2020-01-31	支付货款	天水市沃早保险股份有限公司	4367423156193241182	865614.47	413293246.96 5113440230131283	支付货款
807	2020-01-31	2020-01-31	收到货款	广元市与去广告股份有限公司	4367425274528140071	692948.43	413986195.39 5113630950131364	收到货款

下载PDF　　下载Excel　　退回

图 4-65　中国建设银行网页

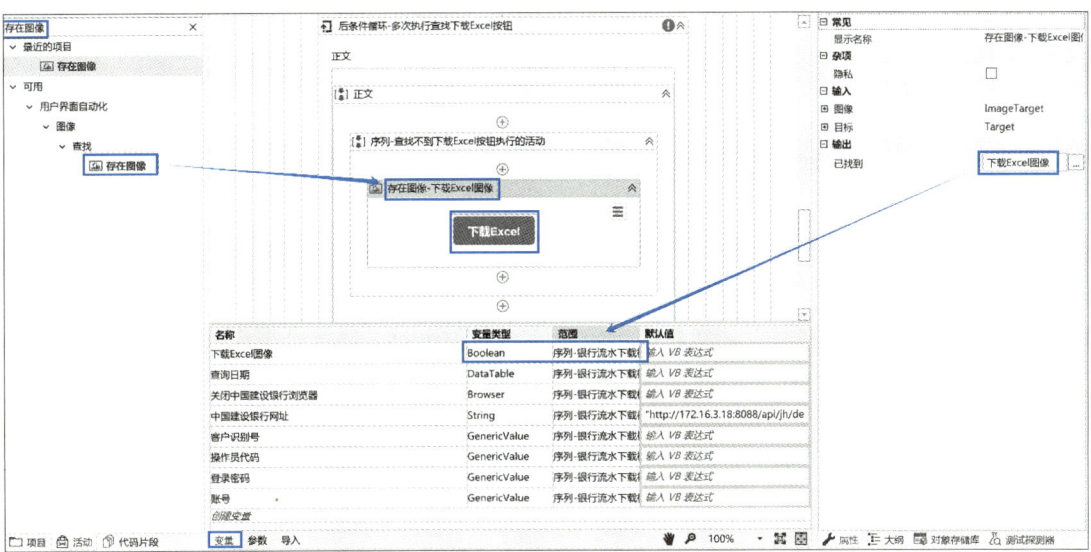

图 4-66　指明在屏幕上

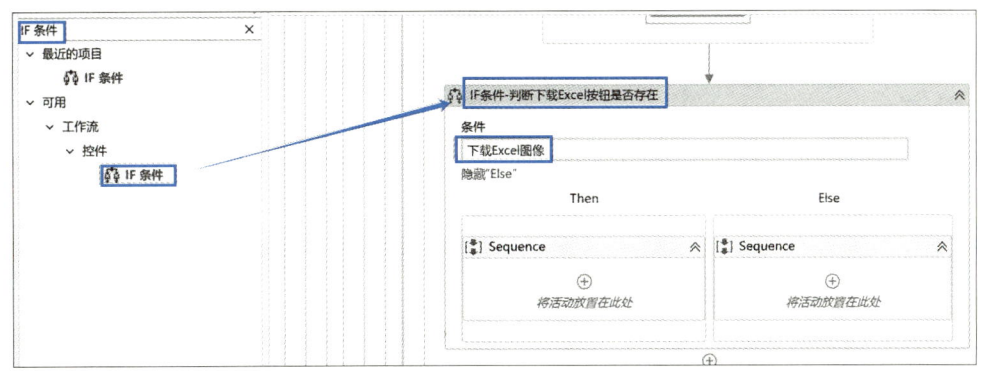

图 4-67　设置 IF 条件

⑦ 在【活动】面板中搜索并选择【发送热键】,将其拖曳至设计面板【(9)序列-下载 Excel 文档】中【IF 条件-判断下载 Excel 按钮是否存在-Else】活动内。对新增的【发送热键】活动控件进行重命名,点击【属性】|【常见】|【显示名称】,将显示名称修改为【发送热键-翻页查找下载 Excel 按钮】。点击【发送热键-翻页查找下载 Excel 按钮】键值选框,打开键值下拉菜单,选择并点击【pgup】,完成键值的选取操作。

注意:发送热键【pgup】的目的是通过向上翻页来查找【下载 Excel 按钮】,如图 4-68 所示。

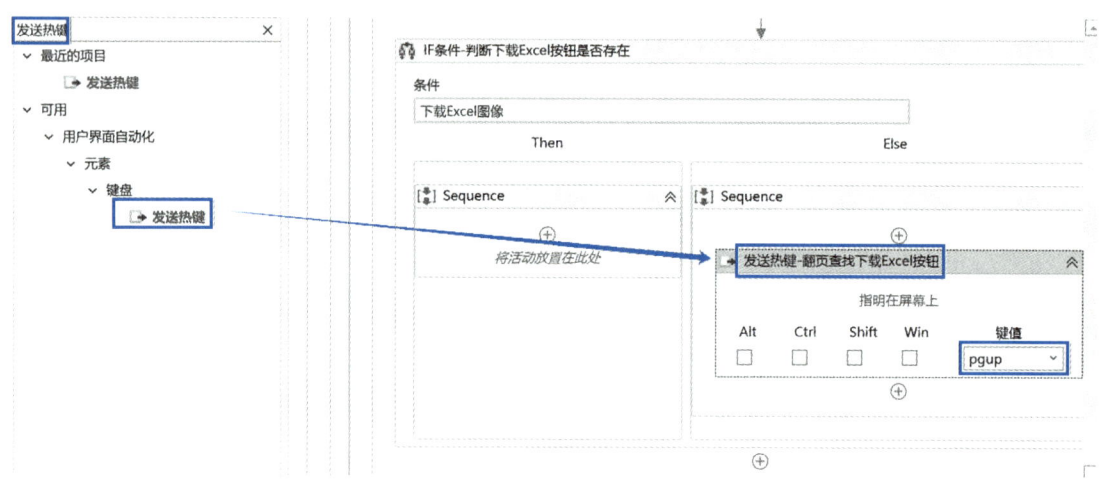

图 4-68　设置发送热键

⑧ 选中【后条件循环-多次执行查找下载 Excel 按钮】活动,点击【属性】|【杂项】|【条件】,输入【下载 Excel 图像＝False】,该表达式的含义是下载 Excel 图像不存在。

注意:后条件循环条件有两层含义,如果条件成立,继续执行【正文】区域内的活动;如果条件不成立,则结束【正文】区域内的活动,如图 4-69 所示。

图 4-69　设置后条件循环条件

⑨ 在【活动】面板中搜索并选择【单击】，将【单击】拖曳至设计面板【(9)序列-下载 Excel 文档】中【后条件循环-多次执行查找下载 Excel 按钮】活动内。对新增的【单击】活动控件进行重命名，点击【属性】|【常见】|【显示名称】，将显示名称修改为【单击-点击下载 Excel 按钮】。将中国建设银行网页置顶，返回【UiPath Studio】操作界面，选中【单击-点击下载 Excel 按钮】活动，点击【指明在屏幕上】，页面自动跳转至中国建设银行网页，选中并点击明细账查询结果页面的【下载 Excel】，页面再次返回【UiPath Studio】操作界面，完成【指明在屏幕上】的操作，如图 4-70 所示。

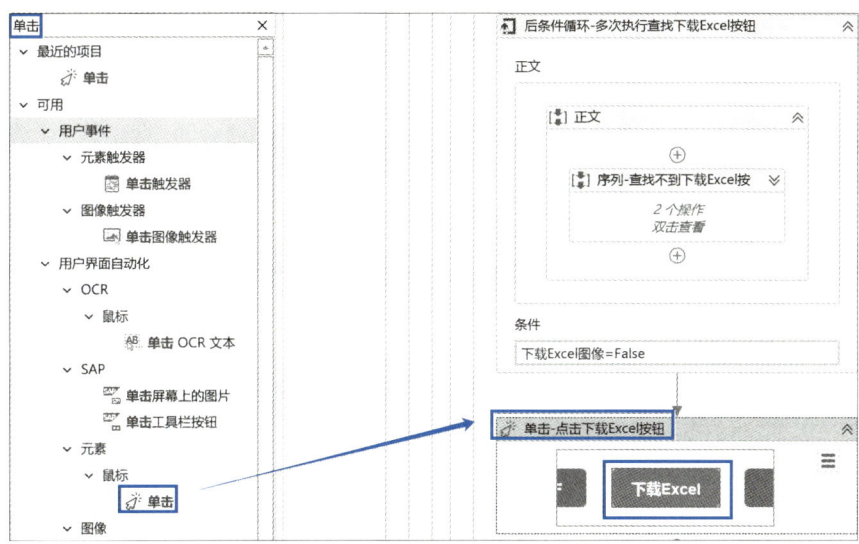

图 4-70　指明在屏幕上

⑩ 在手动单击【下载 Excel】前，需要先对【谷歌浏览器】的下载内容进行设置（谷歌浏览器默认下载内容前不弹出询问保存位置）。单击【谷歌浏览器】|【⋮】，点击【属性】|【下载内容】|【下载前询问每个文件的保存位置】，使选项呈打开状态，如图 4-71 所示。

图 4-71　设置下载前询问保存位置

⑪ 在【活动】面板中搜索并选择【输入信息】，将其拖曳至设计面板【(9)序列-下载 Excel 文档】中【单击-点击下载 Excel 按钮】活动内。对新增的【输入信息】活动控件进行重命名，点击【属性】|【常见】|【显示名称】，将显示名称修改为【输入信息-输入文档保存路径】。点击【属性】|【输入】|【文本】|【…】，打开表达式编辑器，在输入框中输入""C:\银行流水下载机器人\建设银行账单"+row("开始日期").Tostring+"-"+row("结束日期").Tostring+"银行账单.xls""（注意使用英文双引号）。其中，【"C:\银行流水下载机器人\建设银行账单"】是保存银行账单的路径，【row("开始日期").Tostring+"-"+row("结束日期").Tostring+"银行账单.xls"】是银行账单的文件名。点击【确定】完成文本编辑。点击【属性】|【选项】|【发送窗口消息】和【空字段】，以确保每次输入时文本输入框为空，如图 4-72 所示。将中国建设银行网页置顶，手动点击明细账查询结果页面的【下载 Excel】，打开【另存为】弹窗。返回【UiPath Studio】操作界面，选中【输入信息-输入文档保存路径】活动，点击【指明在屏幕上】，页面自动跳转至中国建设银行网页，点击【文件名(N)：】输入框，如图 4-73 所示，页面再次返回【UiPath Studio】操作界面，完成【指明在屏幕上】的操作。

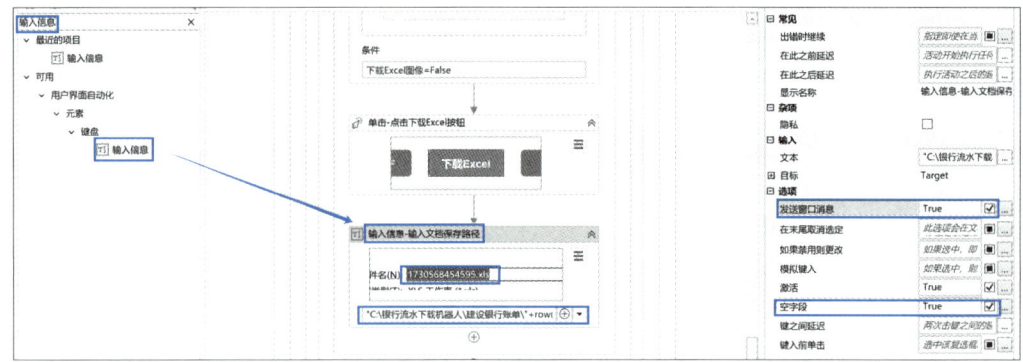

图 4-72　设置输入信息

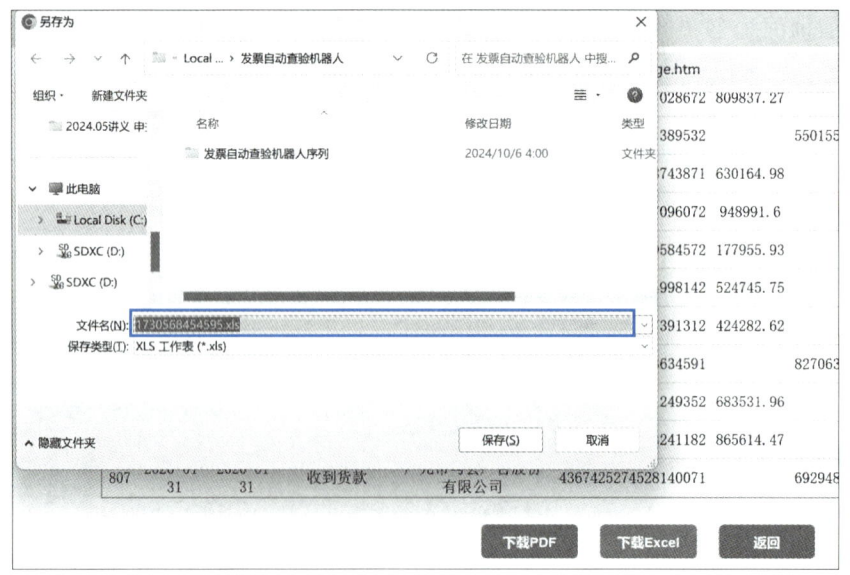

图 4-73　文档保存路径

⑫ 在【活动】面板中搜索并选择【单击】，将【单击】拖曳至设计面板【(9)序列-下载 Excel 文档】中【输入信息-输入文档保存路径】活动内。对新增的【单击】活动控件进行重命名，点击【属性】|【常见】|【显示名称】，将显示名称修改为【单击-点击保存按钮】。将中国建设银行网页置顶，手动点击明细账查询结果页面的【下载 Excel】，打开【另存为】弹窗，返回【UiPath Studio】操作界面。选中【单击-点击保存按钮】活动，点击【指明在屏幕上】，页面自动跳转至中国建设银行网页，选中并点击【保存】。页面再次返回【UiPath Studio】操作界面，完成【指明在屏幕上】的操作，如图 4-74 所示。

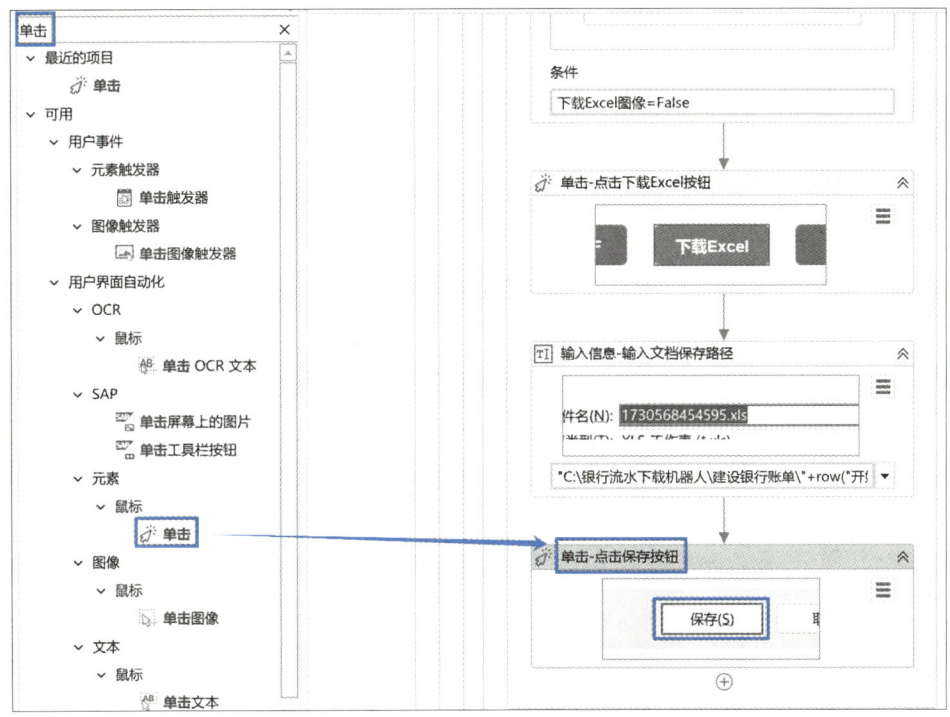

图 4-74　指明在屏幕上

(12) 步骤九【查找文件路径】。

① 点击【活动】面板，在搜索框中输入【序列】，选中【序列】，将其拖曳至设计面板【(9)序列-下载 Excel 文档】活动下方。选中新增的活动控件【序列】进行重命名，点击【属性】|【常见】|【显示名称】，将显示名称修改为【(10)序列-查找文件路径】，如图 4-75 所示。

② 点击【活动】面板，在搜索框中输入【Do While】或【后条件循环】，选中【后条件循环】，将其拖曳至设计面板【(10)序列-查找文件路径】活动内。选中新增的活动控件【后条件循环】进行重命名，点击【属性】|【常见】|【显示名称】，将显示名称修改为【后条件循环-多次执行查找文件路径】，如图 4-76 所示。

③ 点击【活动】面板，在搜索框中输入【序列】，选中【序列】，将其拖曳至设计面板【(10)序列-查找文件路径】中【后条件循环-多次执行查找文件路径-正文】活动内。选中新增的活动控件【序列】进行重命名，单击【属性】|【常见】|【显示名称】，将显示名称修改为【序列-文件路径不存在执行的活动】，如图 4-77 所示。

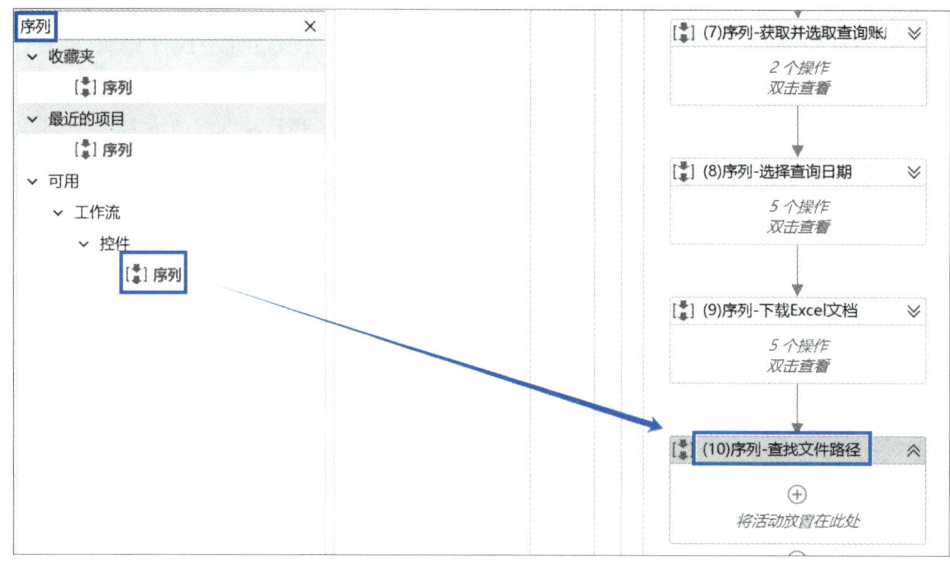

图 4-75　新增序列

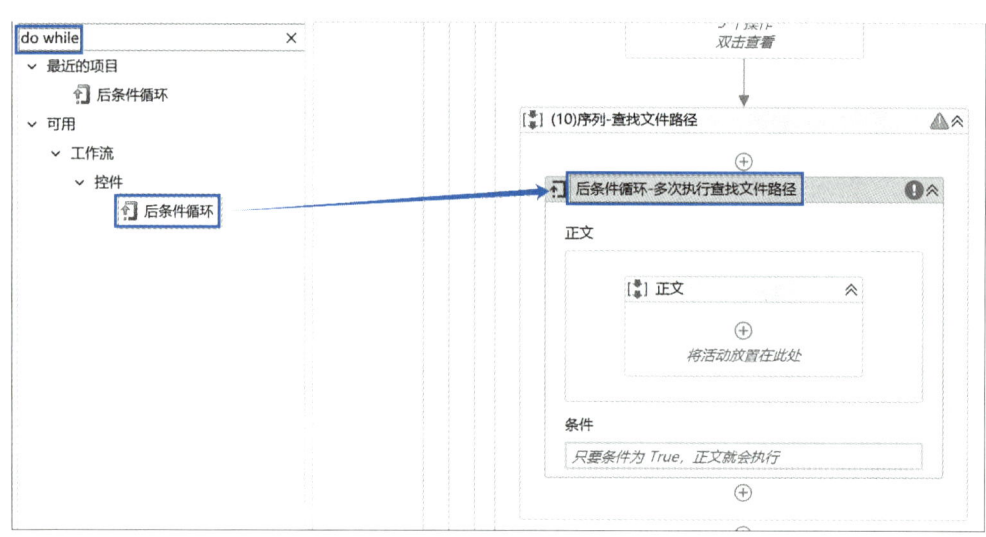

图 4-76　设置后条件循环

④ 在【活动】面板中搜索并选择【路径存在】，将其拖曳至设计面板【(10)序列-查找文件路径】中【序列-文件路径不存在执行的活动】活动内。对新增的【路径存在】活动控件进行重命名，点击【属性】|【常见】|【显示名称】，将显示名称修改为【路径存在-获取文件路径】。点击【属性】|【输入】|【路径】|【…】，打开表达式编辑器，在输入框中输入【"C:\银行流水下载机器人\建设银行账单"＋row("开始日期").Tostring＋"－"＋row("结束日期").Tostring＋"银行账单.xls"】(注意使用英文双引号)。其中，【"C:\银行流水下载机器人\建设银行账单"】是保存银行账单的路径，【row("开始日期").Tostring＋"－"＋row("结束日期").Tostring＋"银行账单.xls"】是银行账单的文件名，点击【确定】完成路径编辑。点击【属性】|【输出】|【存在】，单击鼠标右键选择【创建变量】，输入变量名【文件路径】，点击属性面板空白处完成变量

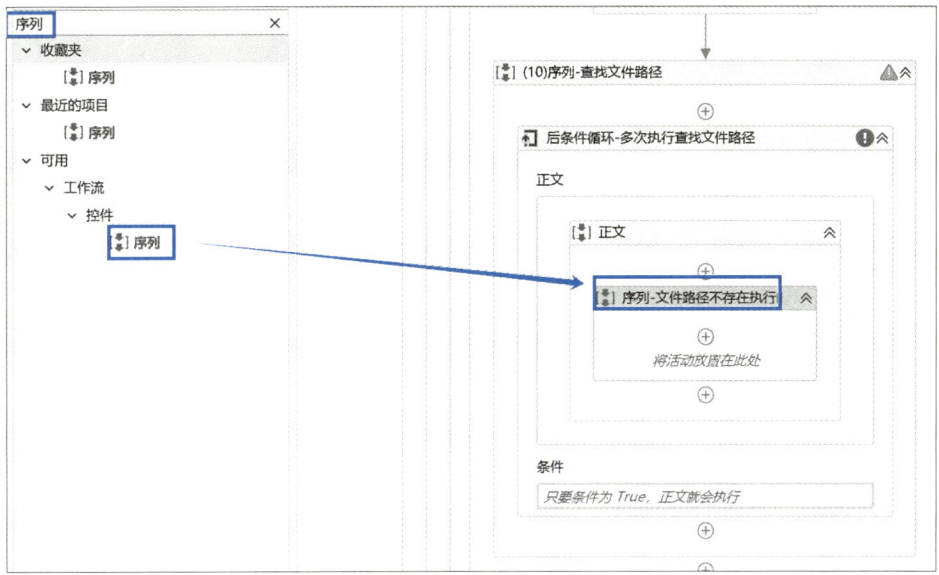

图 4-77 新增序列

创建。随后,打开【变量】面板,选择【文件路径】变量,将其类型设置为【Boolean】,范围调整为
【序列-银行流水下载机器人(建行)】,设置完成后关闭变量面板,如图 4-78 所示。

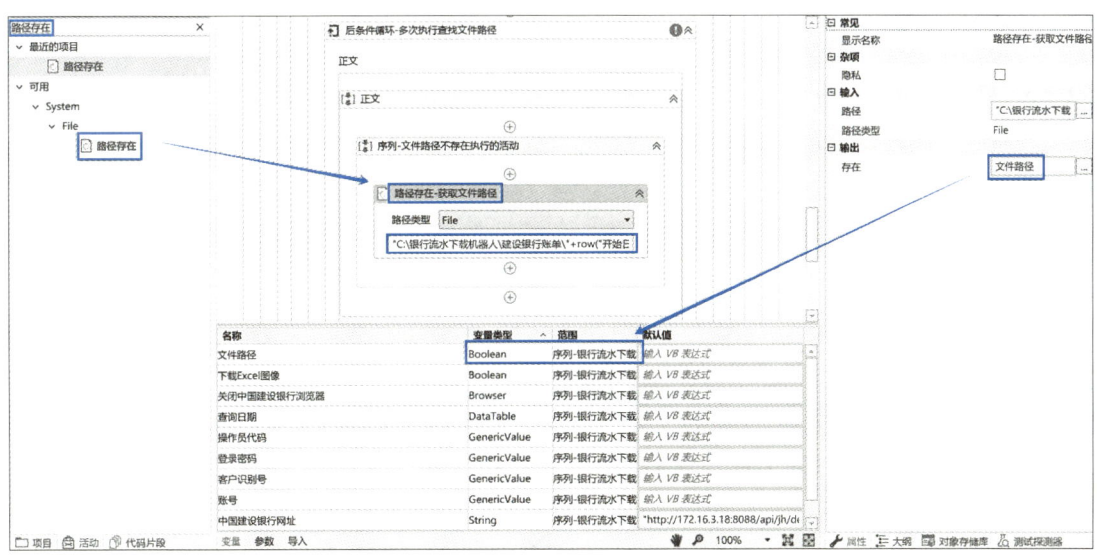

图 4-78 设置路径存在

⑤ 在【活动】面板中搜索并选择【IF 条件】,将其拖拽至设计面板【(10)序列-查找文件路
径】中【路径存在-获取文件路径】活动内。对新增的【IF 条件】活动控件进行重命名,点击【属
性】|【常见】|【显示名称】,将显示名称修改为【IF 条件-判断文件是否存在】。点击【属性】|
【杂项】|【条件】,键入空格并打开菜单选项卡,双击选择变量【文件路径】,点击属性面板空白
处完成条件编辑。

注意:如果找到【下载好的文件路径】,执行【Then】区域内的活动;如果未能找到【下载好

的文件路径】,则执行【Else】区域内的活动,如图 4-79 所示。

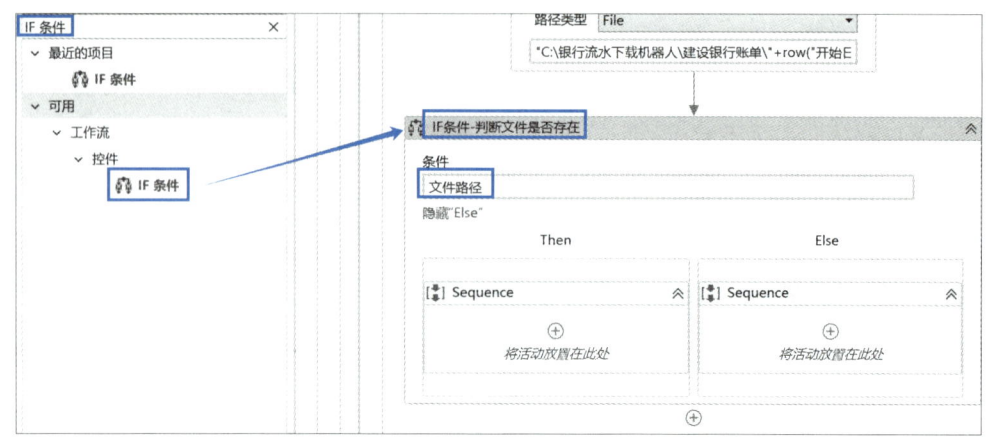

图 4-79　设置 IF 条件

⑥ 点击【活动】面板,在搜索框中输入【延迟】,选中【延迟】,将其拖曳至设计面板【(10)序列-查找文件路径】中【IF 条件-判断文件是否存在- Else】活动内。选中新增的活动控件【延迟】进行重命名,点击【属性】|【常见】|【显示名称】,将显示名称修改为【延迟-未找到文件路径时延迟的时间】。点击【属性】|【杂项】|【持续时间】,在输入框中输入【00:00:01】(注意使用英文冒号),如图 4-80 所示。

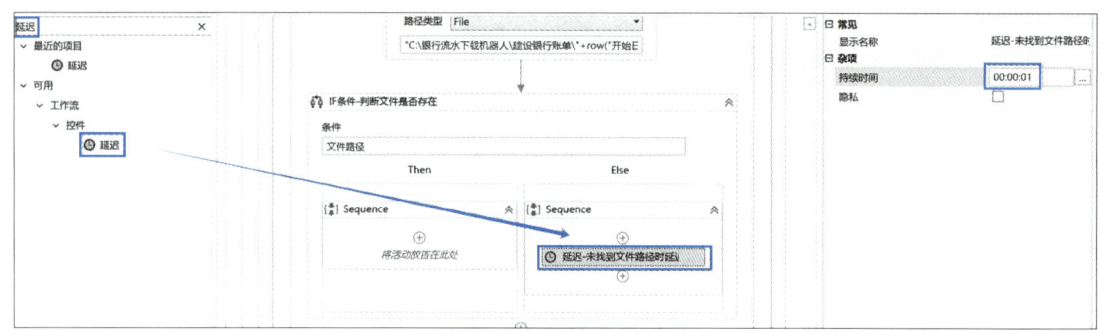

图 4-80　设置延迟

⑦ 选中【后条件循环-多次执行查找文件路径】活动,在【条件】输入框中输入【文件路径=False】,该表达式的含义是下载 Excel 图像不存在,如图 4-81 所示。

注意:后条件循环条件有两层含义,如果条件成立,继续执行【正文】区域内的活动;如果条件不成立,则结束【正文】区域内的活动。

(13)步骤十【关闭浏览器】。

① 点击【活动】面板,在搜索框中输入【序列】,选中【序列】,将其拖曳至设计面板【(10)序列-查找文件路径】活动下方。选中新增的活动控件【序列】进行重命名,点击【属性】|【常见】|【显示名称】,将显示名称修改为【(11)序列-关闭中国建设银行网页】,如图 4-82 所示。

② 在【活动】面板中搜索并选择【关闭选项卡】,将其拖曳至设计面板【(11)序列-关闭中

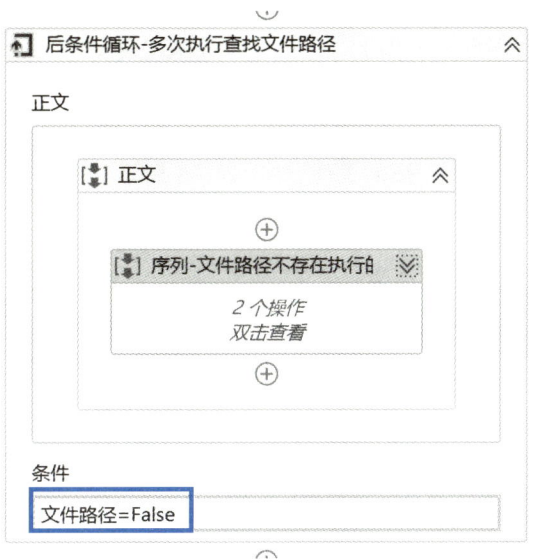

图 4-81　设置后条件循环条件

图 4-82　新增序列

国建设银行网页】活动内。对新增的【关闭选项卡】活动控件进行重命名,点击【属性】|【常见】|【显示名称】,将显示名称修改为【关闭选项卡-关闭发票查验平台浏览器】。引用新创建的变量,点击【属性】|【输入】|【浏览器】,键入空格并双击选择变量【关闭中国建设银行浏览器】,点击属性面板空白处完成变量引用操作。

（三）运行测试阶段

（1）完成银行流水下载机器人的制作，可以点击菜单面板左侧的【运行】（快捷键【F6】），运行【银行流水下载机器人】。

（2）运行结束后，打开"C:\银行流水下载机器人\建设银行账单"文件夹，显示所下载的2020年1月至10月的10个银行账单文件，如图4-83所示。

名称	修改日期	类型	大小
💲 202001-202001银行账单.xls	2024/11/3 4:04	Microsoft Excel 97-...	228 KB
💲 202002-202002银行账单.xls	2024/11/3 4:05	Microsoft Excel 97-...	241 KB
💲 202003-202003银行账单.xls	2024/11/3 4:05	Microsoft Excel 97-...	254 KB
💲 202004-202004银行账单.xls	2024/11/3 4:06	Microsoft Excel 97-...	229 KB
💲 202005-202005银行账单.xls	2024/11/3 4:04	Microsoft Excel 97-...	228 KB
💲 202006-202006银行账单.xls	2024/11/3 4:05	Microsoft Excel 97-...	241 KB
💲 202007-202007银行账单.xls	2024/11/3 4:05	Microsoft Excel 97-...	254 KB
💲 202008-202008银行账单.xls	2024/11/3 4:06	Microsoft Excel 97-...	229 KB
💲 202009-202009银行账单.xls	2024/11/3 4:06	Microsoft Excel 97-...	229 KB
💲 202010-202010银行账单.xls	2024/11/3 4:05	Microsoft Excel 97-...	254 KB

此电脑 > Local Disk (C:) > 银行流水下载机器人 > 建设银行账单

图 4-83　运行结果

思政小思考

如何在运用 RPA 财务机器人的时候确保企业的银行账户及银行流水的信息安全？

三、课后拓展

（1）除了前文提到的长按方式以实现选中【电子对账】下拉菜单中的【明细账查询】功能，还有哪些其他方法呢？您可以尝试使用【单击图像】控件，并通过截图来达到相同的效果。

（2）在【选择项目】控件中，当您需要在年份和月份的表达式编辑器输入框中输入数据时，除使用类似【row("开始日期").ToString().Substring(0,4)】的表达式外，您还可以尝试将［row("开始日期")］中的【开始日期】列名替换为对应的列编号。例如，您可以尝试以下代码：【row(1).ToString().Substring(0,4)】。

（3）同样，在【选择项目】控件中，当您在月份的表达式编辑器输入框中输入数据时，除使用类似【row("开始日期").ToString().Substring(4,2)】的表达式外，您也可以尝试移除［.Substring(4,2)］中的【2】，这表示取从第 4 位开始之后的所有字符。例如，您可以尝试以下代码：【row(1).ToString().Substring(4)】。

试卷测试

第二节　银行对账机器人

 情景案例导入

破解财务对账困局

小明是一名会计学专业的大学毕业生,成功地加入了某大型企业的财务共享服务中心担任资金管理职位,其职责之一是确保公司财务记录的准确性和资金的安全。每月,小明都必须执行固定的对账工作,这是一项既复杂又耗时的任务。

鉴于公司与多家银行的业务往来频繁,小明必须获取来自不同银行的流水数据,并将其与公司内部的财务记录进行核对。面对庞大的数据量,小明必须逐一审查每一笔交易,以确保两者的一致性。然而,手工对账不仅效率低下,还容易因人为疏忽而产生错误或遗漏。

小明认识到,如果持续依赖手工操作,不仅会消耗大量时间和精力,还可能影响财务数据的时效性和准确性。在和同事的一次交流中,小明了解到 RPA 技术能够模拟人类在计算机上的操作,自动执行重复性任务,如自动比对数据表、识别差异等。于是,小明决定尝试制作一个银行对账机器人,帮助自己解决这一难题。

【思考】各位同学,小明应如何运用 UiPath 制作银行对账机器人呢?让我们一起协助他解决这个问题。

一、银行对账机器人原理

银行对账是企业财务管理中的一项关键任务,涉及将企业银行账户的交易记录与企业内部的财务记录进行核对,以确保财务数据的准确性和统一性。这一过程有助于及时发现并修正潜在的错误或疏漏,进而提升财务信息的可信度。同时,银行对账对于监控资金流动、预防财务风险至关重要,能够防止未经授权的交易或异常资金流动造成的损失。此外,定期执行银行对账是满足行业法规和审计要求的关键步骤,确保企业财务活动的合规性和透明度,为管理层提供坚实可靠的决策支持。

(一)案例目标

(1)通过 UiPath 对比两份数据表存在差异化的数据。

(2)输出两份数据表中各自不相同的数据信息。

(二)案例工作流程

银行对账机器人工作流程,如图 4-84 所示。

二、银行对账机器人的制作

（一）准备阶段

（1）启动【RPA 财务机器人实践教学平台】，使用账号【学号】，初始密码【666666】登录系统。登录后进入任务列表，选择并打开【银行对账机器人】任务。

（2）在【银行对账机器人】任务界面中，定位至本次机器人构建所需的资源，如图 4-85 所示，预先下载所需资源，并将它们解压缩至【C:\银行对账机器人】目录下，如图 4-86 所示。

图 4-84　银行对账机器人工作流程　　　　图 4-85　下载任务资源

图 4-86　解压任务资源

（二）制作阶段

（1）打开【UiPath Studio】，依次点击【开始】|【库】，在弹出的【新建空白库】窗口中，设置名称为【银行对账机器人序列】，位置为【C:\银行对账机器人】，其他保持初始设置。点击【创建】，完成库的创建，如图 4-87 所示。

图 4-87　新建空白库

（2）点击页面左下角的【项目】，在左侧展开的【项目】面板中，点击【NewActivity.xaml】，按【F2】键或者单击鼠标右键选择【重命名】。在【重命名】弹窗中，设置收件人为【银行对账序列】，点击【确定】，完成项目重命名操作。双击页面左侧的【银行对账序列.xaml】（重命名的【NewActivity.xaml】文件），进入【Main】设计面板的主界面，如图 4-88 所示。

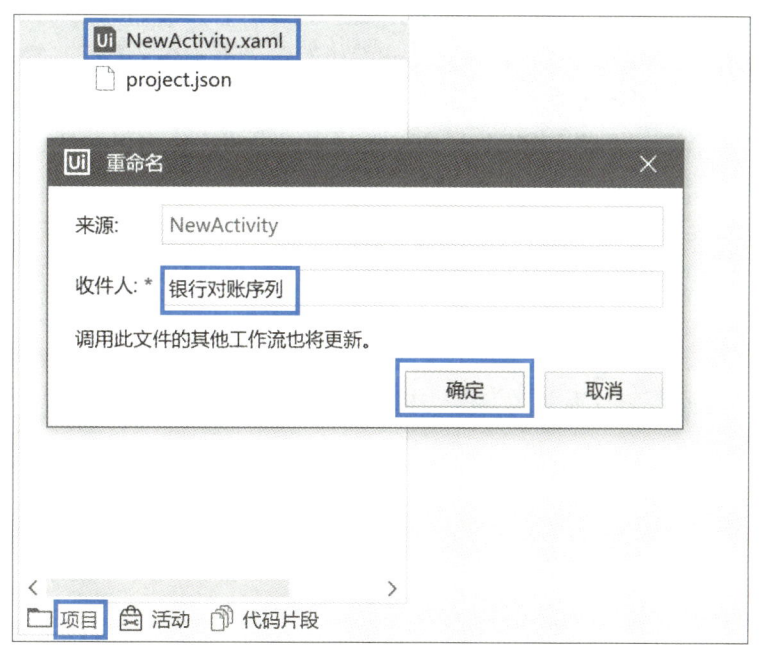

图 4-88　重命名项目

（3）点击页面左下角的【活动】面板，在左侧的搜索框中输入【序列】，将【序列】拖曳至设计面板中（或者直接双击搜索结果【序列】），将新增的【序列】重命名为【序列-银行对账机器人】，如图 4-89 所示。

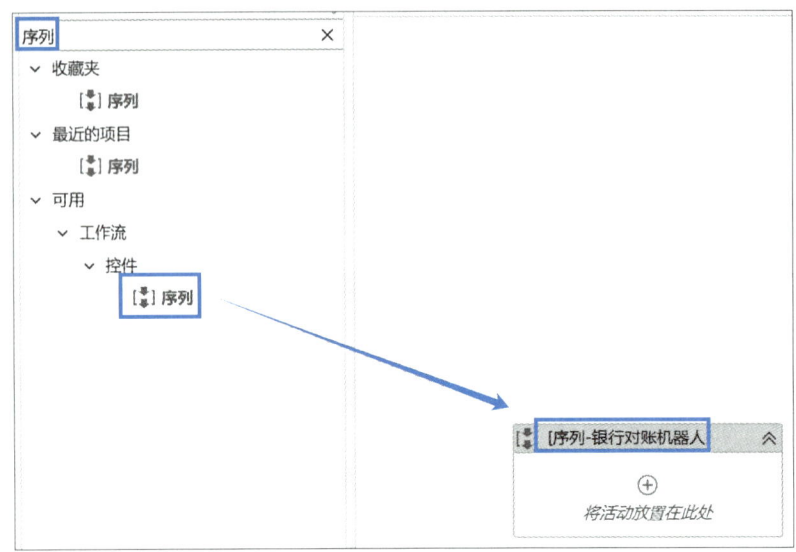

图 4-89　新增序列

（4）步骤一【读取银行账单】。

在左侧【活动】面板的搜索框中输入【读取范围】，将【读取范围】拖曳到设计面板【序列-银行对账机器人】活动内，将新增的活动控件【读取范围】重命名为【读取范围-银行账单】。点击【属性】|【输入】|【工作簿路径】|【…】，在表达式编辑器输入框中输入【"C:\银行对账机器人\银行账单.xlsx"】，请使用英文输入法下的双引号，否则会报错。点击【属性】|【输入】|【工作表名称】，这里的工作表名称需与【银行账单.xlsx】文档中的工作表名称相一致，故此处的工作表名称不作修改，仍然保留为【"Sheet1"】。点击【属性】|【输入】|【范围】，将【"A1"】修改为【"A4"】，注意使用英文双引号。点击【属性】|【输入】|【范围】，由于【银行账单】的表头是从【A4】开始，故将【"A1"】修改为【"A4"】。点击【属性】|【输出】|【数据表】，单击鼠标右键选择【创建变量】，输入变量名称为【银行账单数据】，按回车键确认。打开【变量】面板，点击【银行账单数据】变量，将变量类型设置为【DataTable】，范围设置为【序列-银行对账机器人】，设置完成后点击【变量】关闭变量面板，如图 4-90 所示。［银行账单.xlsx］文件内容，如图 4-91 所示。

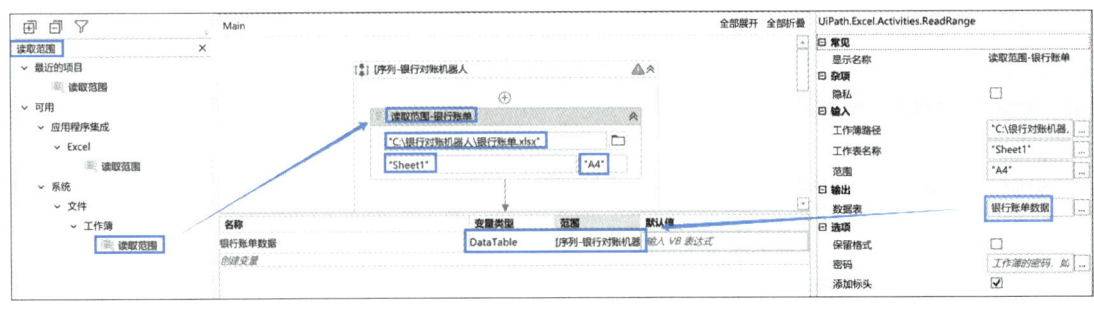

图 4-90　设置读取范围

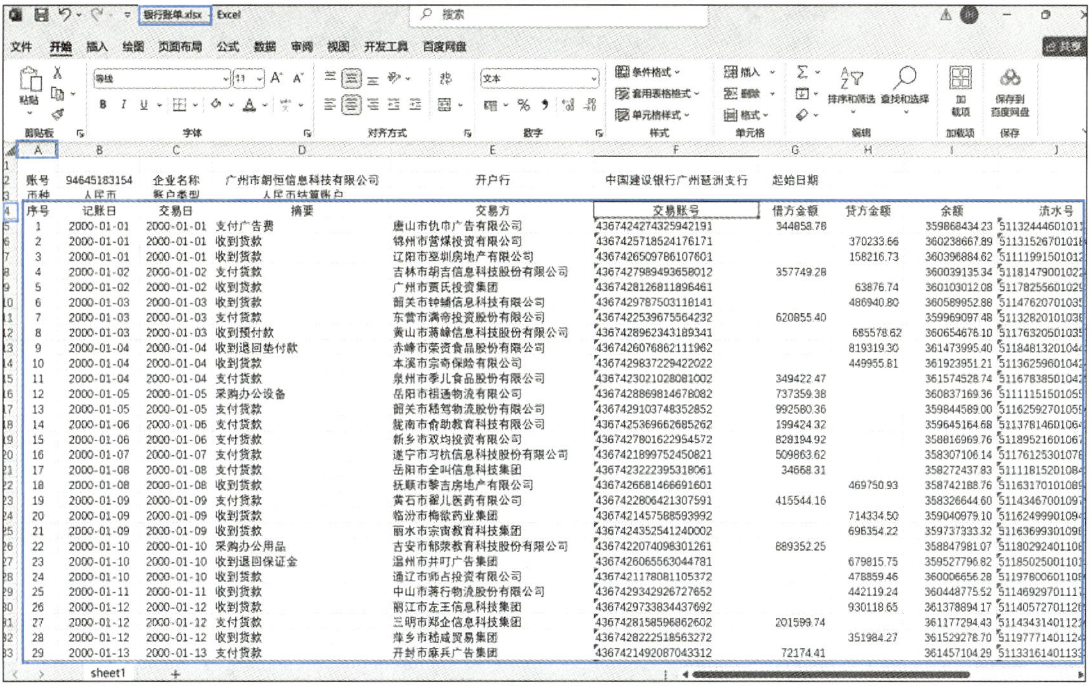

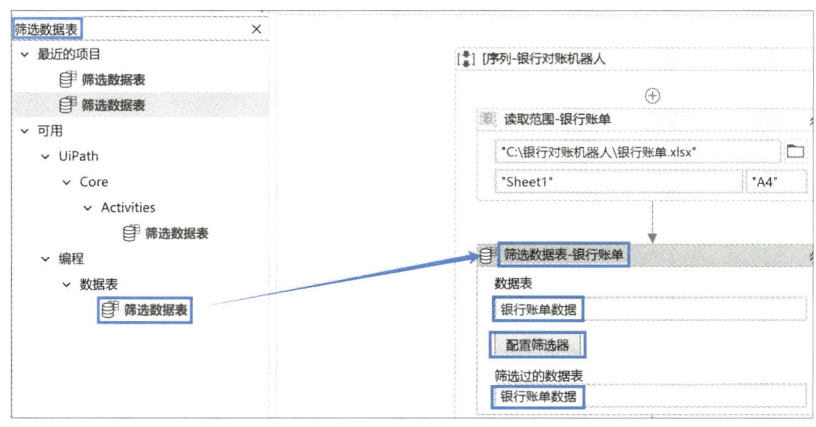

图 4-91 ［银行账单.xlsx］文件内容

（5）步骤二【筛选数据表】。

在左侧【活动】面板的搜索框中输入【筛选数据表】，将【筛选数据表】拖到设计面板【读取范围-银行账单】活动下方，将新增的活动控件【筛选数据表】重命名为【筛选数据表-银行账单】。引用前面创建的变量，点击【属性】|【输入】|【数据表】，按空格键，双击【银行账单数据】变量，如图 4-92 所示。点击【筛选器向导…】，打开筛选器弹窗，选择【筛选行】，勾选【保留】。在【列】输入框中输入【"记账日"】，请使用英文输入法下的双引号，否则会报错。在操作下拉菜单中选择【Is Not Empty】，点击【确定】，完成操作，如图 4-93 所示。【"记账日"＝Is Not Empty】的含义是如果【银行账单.xlsx】文档【Sheet1】工作表中【记账日】这列的某个单元格内容不为空则保留，如果为空则删除此单元格所在的行。

图 4-92 设置筛选数据表

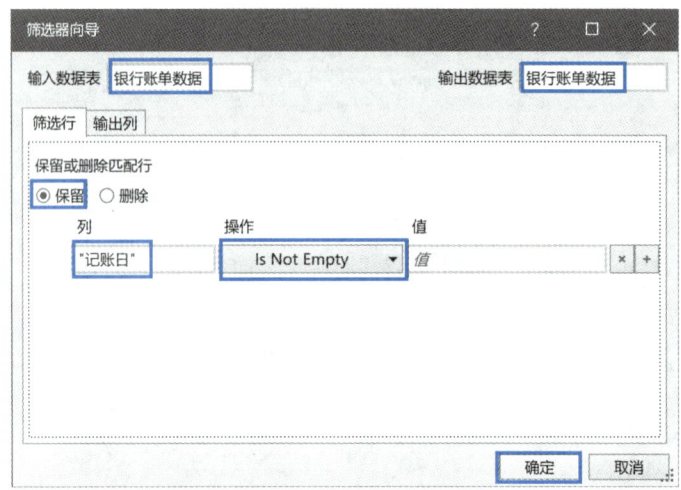

图 4-93　设置筛选器向导

（6）步骤三【读取银行日记账】。

在左侧【活动】面板的搜索框中输入【读取范围】，将【读取范围】拖曳到设计面板【筛选数据表-银行账单】活动下方，将新增的活动控件【读取范围】重命名为【读取范围-日记账单】。点击【属性】|【输入】|【工作簿路径】|【…】，在表达式编辑器输入框中输入【"C:\银行对账机器人\日记账单.xlsx"】，请使用英文输入法下的双引号，否则会报错。点击【属性】|【输入】|【工作表名称】，因【日记账单.xlsx】文档中的工作表名称为【Sheet1】，故此处的工作表名称不作修改，仍然保留为【"Sheet1"】。点击【属性】|【输入】|【范围】，由于【日记账单】的表头是从【A1】开始，故此处的范围改为【"A1"】，注意使用的是英文双引号。点击【属性】|【输出】|【数据表】，单击鼠标右键选择【创建变量】，输入变量名称为【日记账单数据】后按回车键确认。打开【变量】面板，选中【日记账单数据】变量，将变量类型设置为【DataTable】，范围设置为【序列-银行对账机器人】，设置完成后点击【变量】关闭变量面板，如图 4-94 所示。

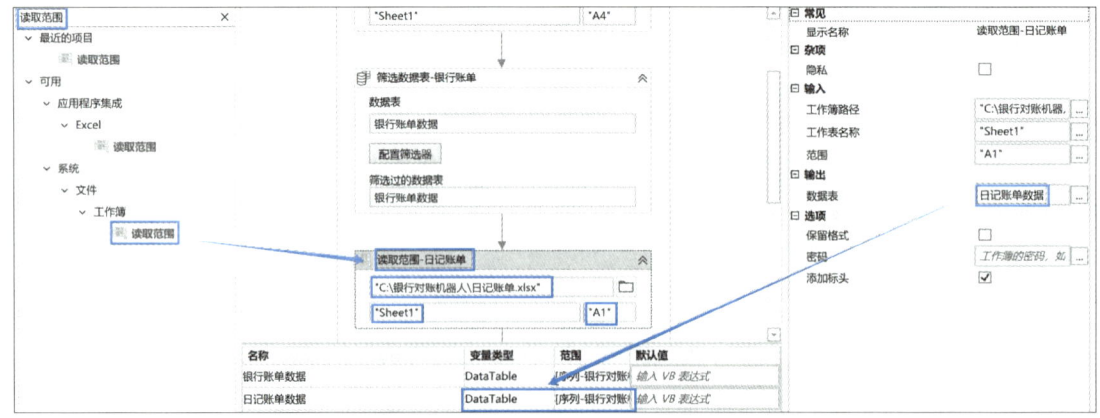

图 4-94　设置读取范围

（7）步骤四【联接两份文档进行对比】。

① 在左侧【活动】面板的搜索框中输入【联接数据表】，将【联接数据表】拖曳至设计面板【读取范围-日记账单】活动下方，将新增的活动控件【联接数据表】重命名为【联接数据表-银行账单与日记账单】。引用新创建的变量，点击【属性】|【输入】|【数据表1】，按空格键，双击【银行账单数据】变量，引用新创建的变量，点击【属性】|【输入】|【数据表2】，按空格键。双击【日记账单数据】变量，点击【属性】|【输出】|【数据表】，单击鼠标右键选择【创建变量】，输入变量名称为【对比结果】，按回车键确认。点击【属性】|【选项】|【联接类型】，打开【联接类型】下拉菜单，选择【Full】类型。打开【变量】面板，选中【对比结果】变量，变量类型设置为【DataTable】，范围为【序列-银行对账机器人】，设置完成后点击【变量】关闭变量面板，如图4-95所示。

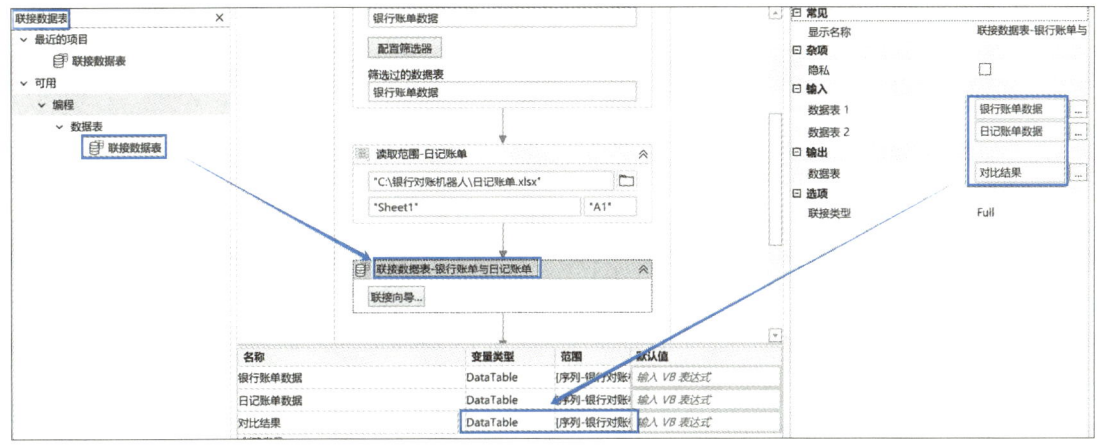

图 4-95　设置联接数据表

② 打开【联接向导】弹窗，设置【银行账单】和【日记账单】两份文档的联接规则，联接规则如表4-1所示。联接向导步骤用于保留银行账单和日记账单的所有行，并且将空值插入到银行账单和日记账单不满足条件的行。

表 4-1　联接规则

表 1 的列	操作	表 2 的列
"交易方"	=	"交易方"
"交易金额"	=	"交易金额"
"借方金额"	=	"贷方金额"
"贷方金额"	=	"借方金额"

③ 联接类型选择【Full】，联接类型的用法解释，如表4-2所示。点击【确定】，完成联接向导操作，如图4-96所示。

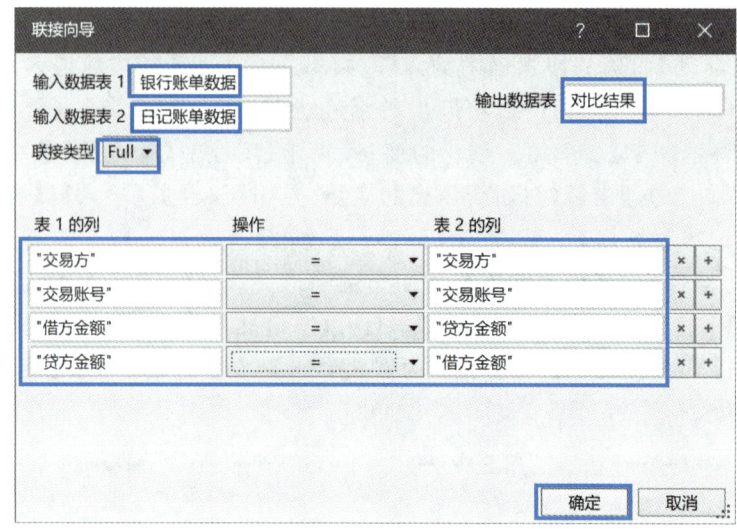

图 4-96　设置联接向导

表 4-2　联接类型用法解释

序号	联接类型	含义
1	Inner	保留输入数据表 1 和输入数据表 2 中符合联接规则的所有行,并删除所有不符合规则的行
2	Left	保留输入数据表 1 中的所有行,保留输入数据表 2 中符合联接规则的行,并将空值插入到输入数据表 1 中不匹配的行
3	Full	不管是否满足联接规则,保留输入数据表 1 和输入数据表 2 中的所有行,并且将空值插入到输入数据表 1 与输入数据表 2 中不匹配的行

(8) 步骤五【输出对比结果】。

在左侧【活动】面板的搜索框中输入【写入范围】,将【写入范围】拖曳到设计面板【联接数据表-银行账单与日记账单】活动下方,将新增的活动控件【写入范围】重命名为【写入范围-对比结果】。点击【属性】|【目标】|【工作表名称】,将工作表格名称修改为〝对比结果〞,请使用英文输入法下的双引号,否则会报错。点击【属性】|【输入】|【工作簿路径】,输入〝C:\银行对账机器人\对账结果.xlsx〞,请使用英文输入法下的双引号,否则会报错。引用新创建的变量,点击【属性】|【输入】|【数据表】,按空格键,选择【对比结果】变量,点击【属性】|【选项】|【添加表头】,如图 4-97 所示。

(9) 步骤六【筛选对比结果数据表】。

① 在左侧【活动】面板的搜索框中输入【筛选数据表】,将【筛选数据表】拖曳至设计面板【写入范围-对比结果】活动下方,将新增的活动控件【筛选数据表】重命名为【筛选数据表-对账结果】。引用新创建的变量,点击【属性】|【输入】|【数据表】,按空格键,双击【对比结果】变量,点击【属性】|【输出】|【数据表】,单击鼠标右键选择【创建变量】,输入变量名称为【最终结果】,按回车键确认。打开【变量】面板,选中【最终结果】变量,将变量类型设置为【DataTable】,范围修改为【序列-银行对账机器人】,设置完成后点击【变量】关闭变量面板,如图 4-98 所示。

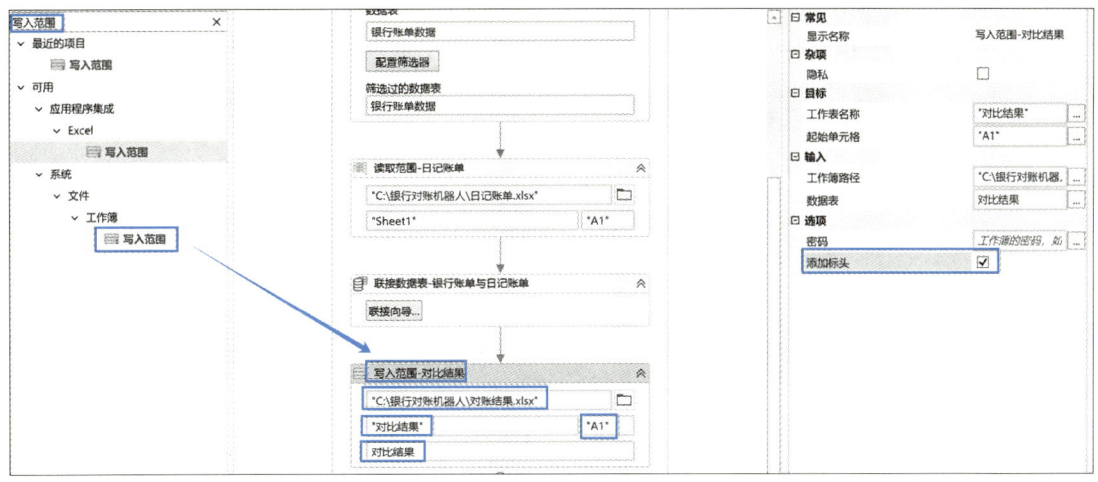

图 4-97 设置写入范围

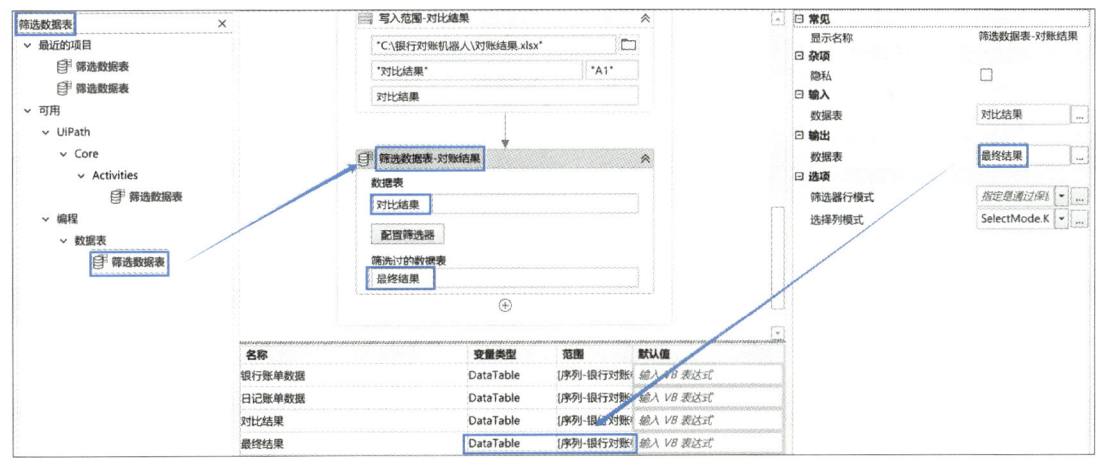

图 4-98 设置筛选数据表

② 打开【筛选器向导】弹窗,选择【筛选行】选项卡,勾选【保留】,在【列】输入框中输入【"交易方"】,在操作下拉菜单中选择【Is Empty】,点击【And】,将其修改为【Or】,在【列】输入框中输入【"交易方_1"】,在操作下拉菜单中选择【Is Empty】。点击【确定】,完成筛选器向导操作,如图 4-99 所示。

其中,【"交易方"=Is Empty】的含义是如果【对账结果.xlsx】文档的【对比结果】工作表中的【交易方】列的【某个单元格】为空值则保留此行,否则不保留。【"交易方_1"=Is Empty】的含义是如果【对账结果.xlsx】文档的【对比结果】工作表中【交易方_1】列的【某个单元格】为空值则保留此行,否则不保留。【Or】的含义是只要满足其中的一个条件,就会保留行的信息内容。

(10) 步骤七【修改表头名称】。

点击【活动】面板,在左侧【活动】面板的搜索框中输入【分配】,将【分配】拖曳到设计面板【筛选数据表-对账结果】活动下方,将新增的活动控件【分配】重命名为【分配-修改表头】。点击【属性】|【杂项】|【值】,输入【"日记账交易方"】。点击【属性】|【杂项】|【至】输入框,输入

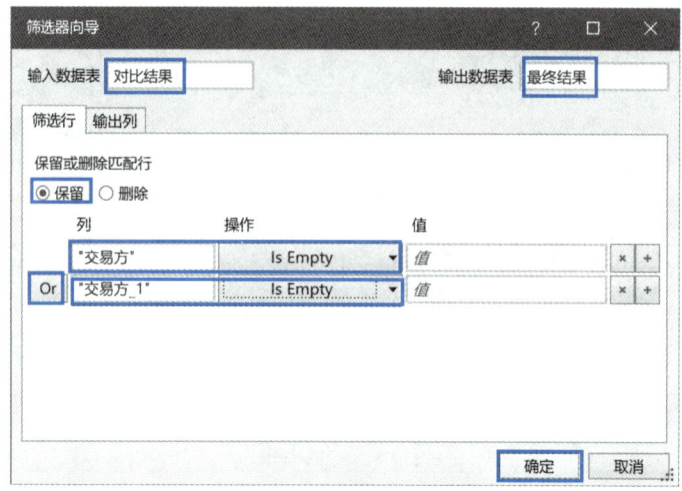

图 4-99　设置筛选器向导

【最终结果.Columns("交易方_1").ColumnName】，如图 4-100 所示。此赋值表达式的含义是将【最终结果】工作表中的【交易方_1】列的表头修改为【日记账交易方】。

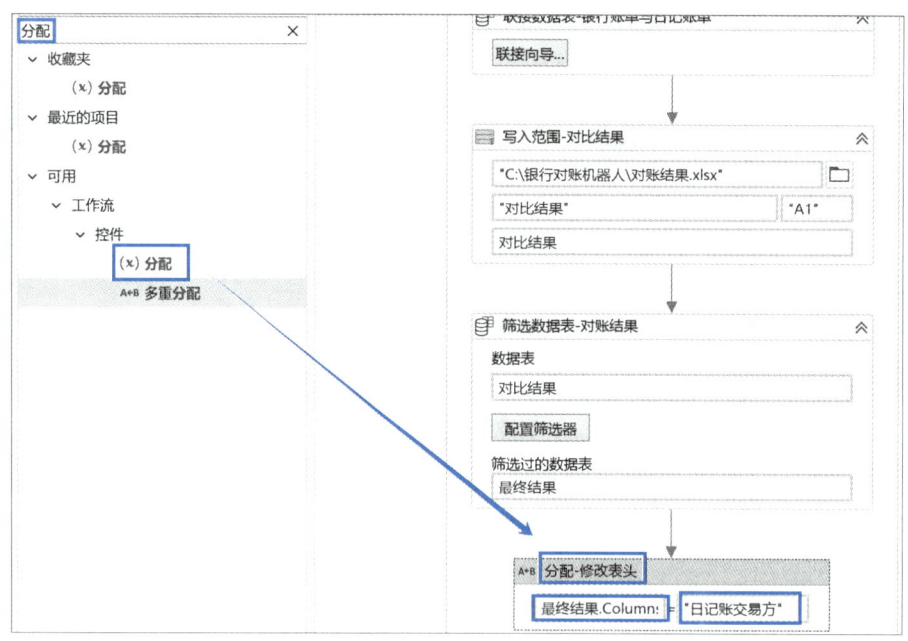

图 4-100　设置分配

（11）步骤八【输出最终结果】。

在左侧【活动】面板的搜索框中输入【写入范围】，将【写入范围】拖曳到设计面板【赋值-修改表头】活动下方，将新增的活动控件【写入范围】重命名为【写入范围-最终结果】。点击【属性】|【目标】|【工作表名称】，将工作表名称修改为【"最终结果"】，请使用英文输入法下的双引号，否则会报错。点击【属性】|【输入】|【工作簿路径】，输入【"C:\银行对账机器人\对账结果.xlsx"】，请使用英文输入法下的双引号，否则会报错。引用新创建的变量，点击【属性】|【输入】|【数据

表】,按空格键,双击【对比结果】变量,点击【属性】|【选项】|【添加表头】,如图 4-101 所示。

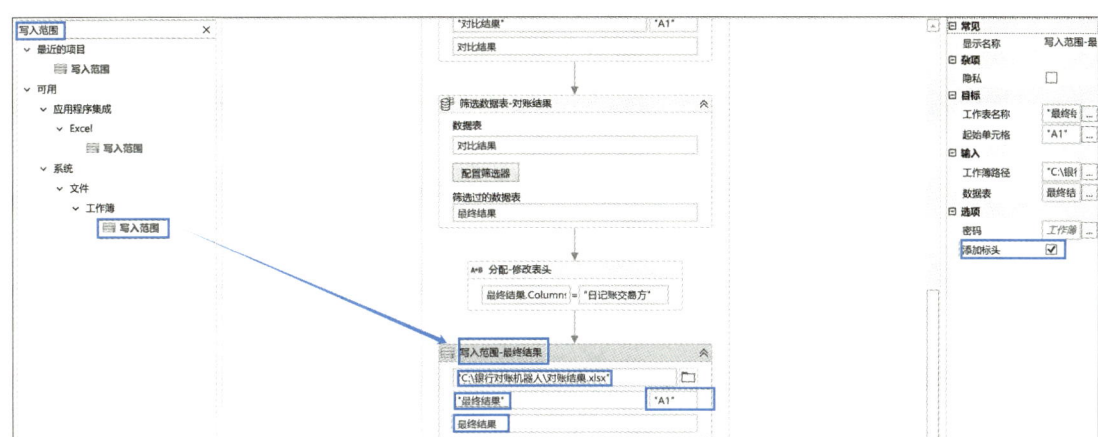

图 4-101　设置写入范围

(三)运行测试阶段

(1)完成银行对账机器人的制作,可以点击菜单面板左侧的【运行】(快捷键【F6】),运行【银行对账机器人】。

(2)运行结束后,打开"C:\银行对账机器人\对账结果.xlsx"的 Excel 文件,【对比结果】数据表中显示所筛选出来的银行账单和企业日记账单之间相同已确认对账的流水。同时,在最后列出银行账单中存在而日记账单中不存在的数据,以及在银行账单中不存在而日记账单中存在的数据,对比结果如图 4-102 所示。

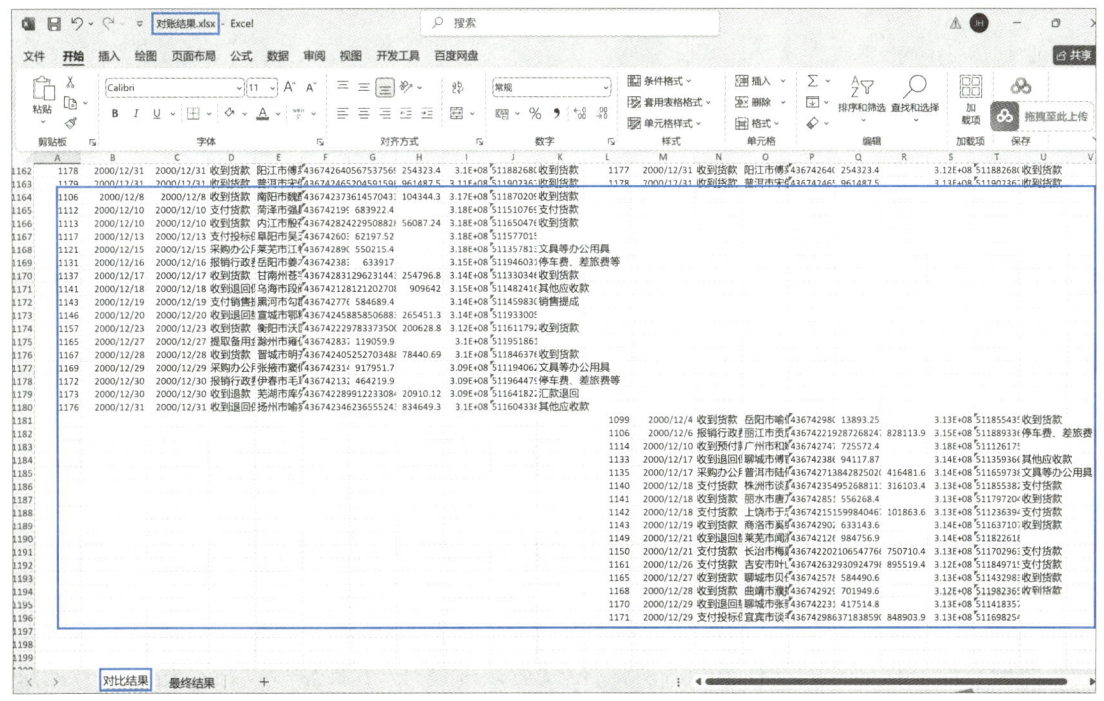

图 4-102　对比结果

（3）"C:\银行对账机器人\对账结果.xlsx"的 Excel 文件中，【最终结果】数据表中显示所筛选出来的银行账单和企业日记账单之间银行账单中存在而日记账单中不存在的数据，以及在银行账单中不存在而日记账单中存在的数据，最终结果如图 4-103 所示。

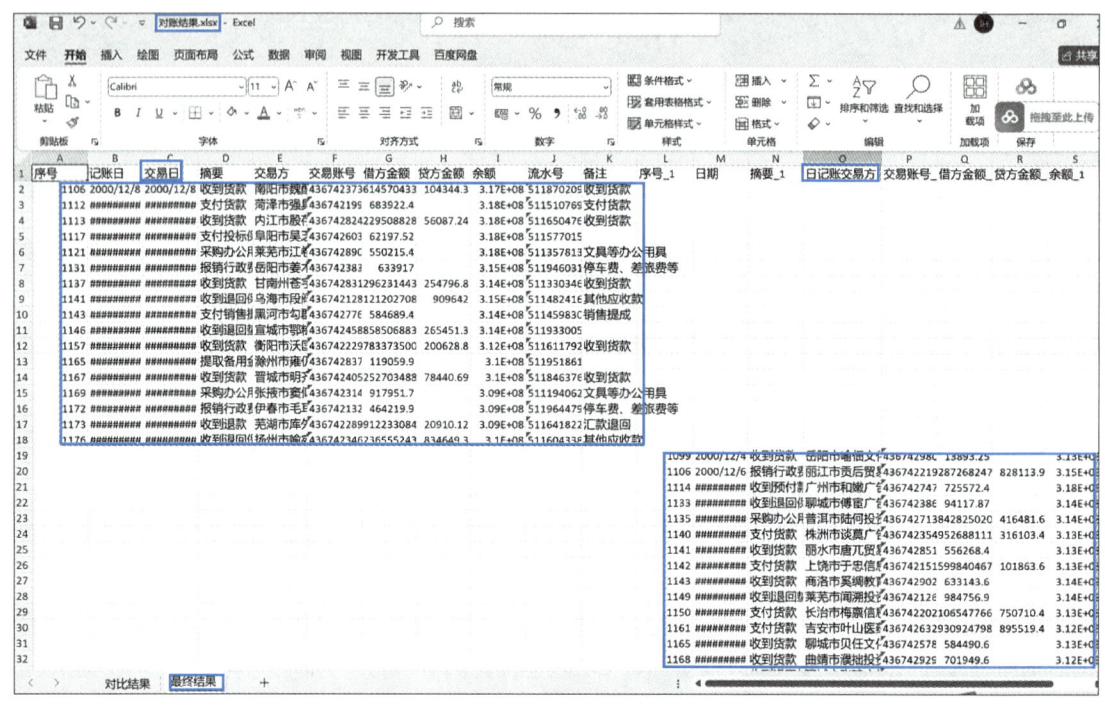

图 4-103　最终结果

思政小思考

银行对账机器人是否可以运用在外卖店铺和外卖平台的日常对账中，从而达到科技利民？

三、课后拓展

（1）在步骤二中，【筛选数据表】控件在【筛选器向导】中，除选择【保留】【"记账日"＝Is Not Empty】之外，还可以尝试使用【删除】【"记账日"＝Is Empty】。

（2）在步骤三中，【联接数据表】控件在【联接类型】中，除选择【Full】之外，还可以尝试选择【Inner】和【Left】来比较输出结果。

图 4-104　【分配】活动

（3）实现多组日记账单与银行账单的自动比对：

在序列的开始，添加【分配】活动，创建变量【循环次数】（类型为 Int32），如图 4-104 所示，通过【Directory. GetFiles（"银行账单文件夹路径"）. Length】获取需要比对的银行账单的数量，以确定机器人执行数据比对循环操作的次数。

将银行对账机器人的所有操作活动整合至【后条件循环-正文】中，以便对每一组日记账单和银行账单执行循环处理。在【写入范围】之后添加活动【分配】。同时，创建一个名为【执行次数】的变量(类型为 Int32,初始值设为 1),如图 4-105 所示。

循环次数	Int32	序列	Enter a
执行次数	Int32	序列	1

图 4-105　需要创建的两个数值变量

调整银行对账机器人活动的相关参数,设置读取工作簿的路径如下:

日记账单路径:"【资源】1.银行对账机器(多份文档)\日记账单\"＋执行次数.ToString＋"日记账单.xlsx"。

银行流水路径:"【资源】1.银行对账机器(多份文档)\银行账单\"＋执行次数.ToString＋"银行账单.xlsx"。

设置写入工作簿的路径需先在【资源】1.银行对账机器(多份文档)文件夹内创建[最终结果]文件夹,具体路径如下:"D:\对账机器人\【资源】1.银行对账机器(多份文档)\最终结果\"＋执行次数.ToString＋"最终结果.xlsx"。

具体设置如图 4-106 所示。

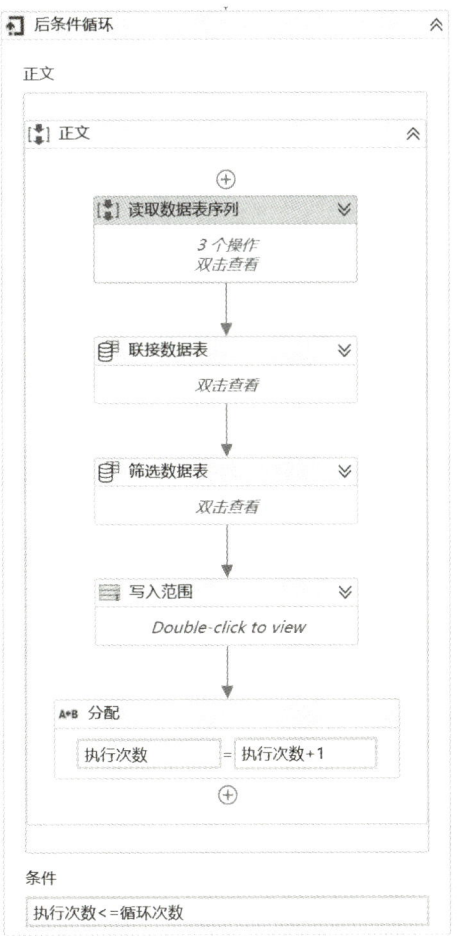

图 4-106　设置后条件循环

试卷测试

第三节 企业增值税申报机器人

 情景案例导入

小明的税务新挑战,增值税申报机器人亮相

小明毕业后顺利加入了某大型企业的财务共享服务中心,最初负责资金管理。随着企业的发展和财务部门的重组,他被调至税务管理岗位,主要负责公司的税务申报工作。其中,每月的增值税申报是他的核心工作之一,这要求他仔细核对销售和采购数据,确保每笔交易准确无误,并符合税务法规。然而,手动处理增值税申报既烦琐又耗时,还容易因人为疏忽造成错误或遗漏。面对庞大的数据量和复杂的税务法规,小明经常感到压力山大。因此,他计划利用 RPA 技术,开发企业增值税申报机器人,以实现申报表的自动填写和提交。

【思考】 同学们,小明应如何运用 UiPath 来创建企业增值税申报机器人呢?让我们共同协助他解决这一难题吧!

一、企业增值税申报机器人原理

基于 UiPath Studio 平台开发的企业增值税申报机器人,利用浏览器、Excel 等平台及软件,能够协助财务人员高效完成那些繁琐、重复且容易出错的纳税系统填写工作,确保增值税申报和缴纳的准确无误,从而显著提高税务处理的效率。

思政小思考

在构建新经济发展格局的背景下,我国将继续执行制度性减税政策,请思考,增值税税率下降,对企业有哪些好处?

(一)案例目标

(1)通过 RPA 工具自动登录税务局网站。

(2)通过 RPA 工具自动填写申报信息。

(3)利用 RPA 工具完成缴款。

(二)案例工作流程

企业增值税申报机器人的具体工作流程,如图 4-107 所示。

二、企业增值税申报机器人的制作

(一)准备阶段

(1)在【C:\】路径下创建一个名为【企业增值税申报机器人】文件夹,如图 4-108 所示。

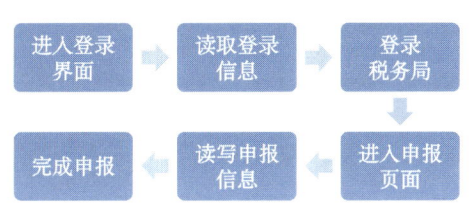

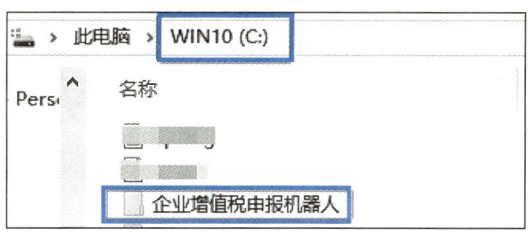

图 4-107 企业增值税申报机器人工作流程

图 4-108 创建文件夹

打开【RPA 财务机器人实践教学平台】，使用账号【学号】，初始密码【666666】登录系统。登录后，进入任务列表，选择并打开【企业增值税申报机器人】任务。

（2）在【企业增值税申报机器人】任务中选择【资源】，下载【1.税务申报机器人】，如图 4-109 所示，并解压至【企业增值税申报机器人】文件夹内，如图 4-110 所示。

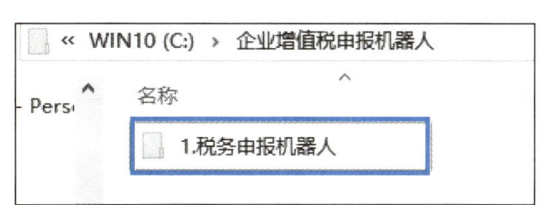

图 4-109 下载任务资源

图 4-110 解压任务资源

（3）打开【资源】文件夹中的【税务申报机器人】子文件夹，并找到【税务申报机器人登录信息文件.xlsx】文档。在文档中，将账号字段设置为号码（【RPA 财务机器人实践教学平台】的登录账号），密码字段设置为【666666】（即【RPA 财务机器人实践教学平台】的登录密码）。完成填写后，保存并关闭文档，如图 4-111 所示。

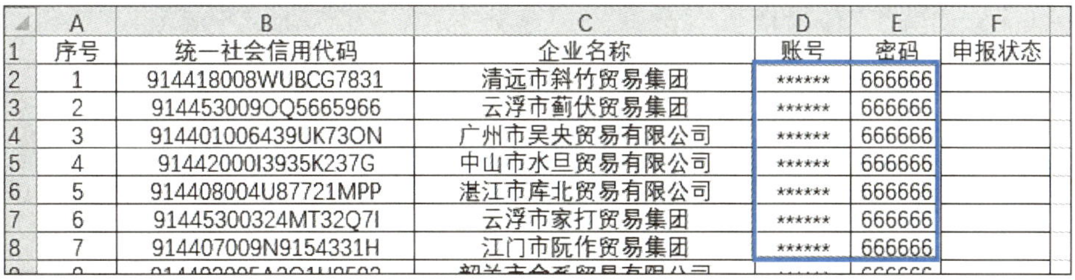

	A	B	C	D	E	F
1	序号	统一社会信用代码	企业名称	账号	密码	申报状态
2	1	914418008WUBCG7831	清远市斜竹贸易集团	******	666666	
3	2	914453009OQ5665966	云浮市蓟伏贸易集团	******	666666	
4	3	914401006439UK73ON	广州市吴央贸易有限公司	******	666666	
5	4	91442000I3935K237G	中山市水旦贸易有限公司	******	666666	
6	5	914408004U87721MPP	湛江市库北贸易有限公司	******	666666	
7	6	91445300324MT32Q7I	云浮市家打贸易集团	******	666666	
8	7	914407009N9154331H	江门市阮作贸易集团	******	666666	
	8	914402005A2O1H0502	韶关市金委贸易有限公司		666666	

图 4-111 设置账号和密码

（二）制作阶段

（1）打开【UiPath Studio】，点击【开始】|【库】，在打开的【新建空白库】弹窗中，设置名称为【企业增值税申报机器人】，位置为【C:\企业增值税申报机器人】，其他保持初始设置。点击【创建】，完成库的创建，如图 4-112 所示。

（2）点击页面左下角的【项目】，在左侧展开的【项目】面板中，点击【NewActivity.xaml】，按【F2】键或者单击鼠标右键选择【重命名】。在【重命名】弹窗中，设置收件人为【企业增值税申报机器人序列】，点击【确定】，完成项目重命名操作，如图 4-113 所示。双击页面左侧的

图 4-112　新建空白库

【企业增值税申报机器人序列.xaml】（重命名的【NewActivity.xaml】文件），进入【Main】设计面板的主界面。

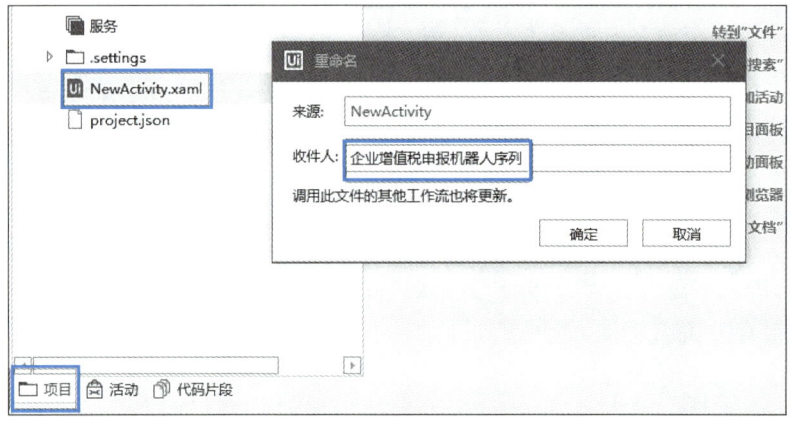

图 4-113　重命名项目

（3）点击页面左下角的【活动】面板。在左侧的搜索框中输入【序列】，将【序列】拖曳到设计面板中，或者直接双击搜索结果【序列】，将新增的【序列】重命名为【企业增值税申报机器人序列】，如图 4-114 所示。

（4）步骤一【进入登录界面】。

① 在左侧【活动】面板的搜索框中输入【序列】，将【序列】拖曳到设计面板中【企业增值税申报机器人序列】活动内，将新增的活动控件【序列】命名为【进入登录界面序列】，如图 4-115 所示。

② 在左侧【活动】面板的搜索框中输入【打开浏览器】，将【打开浏览器】拖曳到面板中【进入登录界面序列】活动内，并将新增的活动控件命名为【打开浏览器-进入税务局网站】。在设计面板【打开浏览器-进入税务局网站】活动输入框中输入网址【"http://zhjy.hanzhisoft.com:8088/api/tax/index.html"】，此为广东省电子税务局网站（教学版）的网址，如图 4-116 所示。点击【属性】|【输入】|【浏览器类型】，在下拉列表中选择【Chrome】。

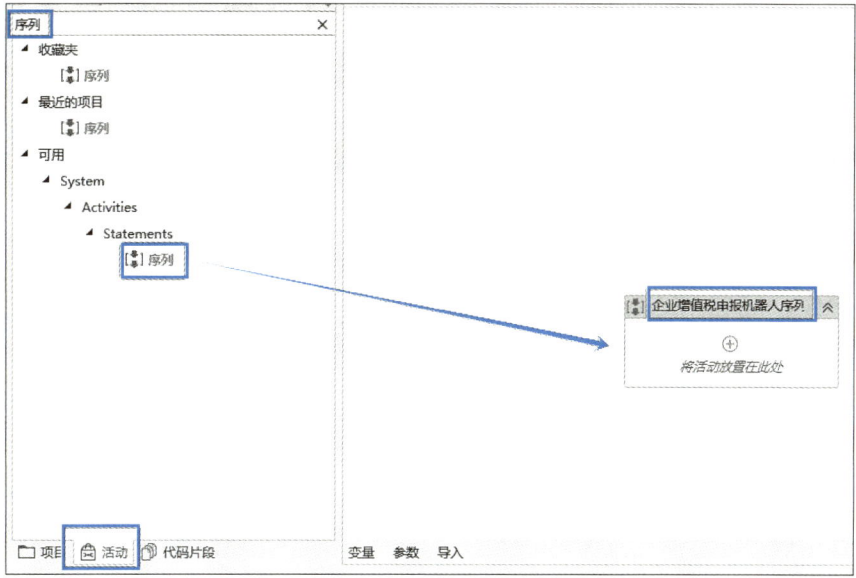

图 4-114　新增序列

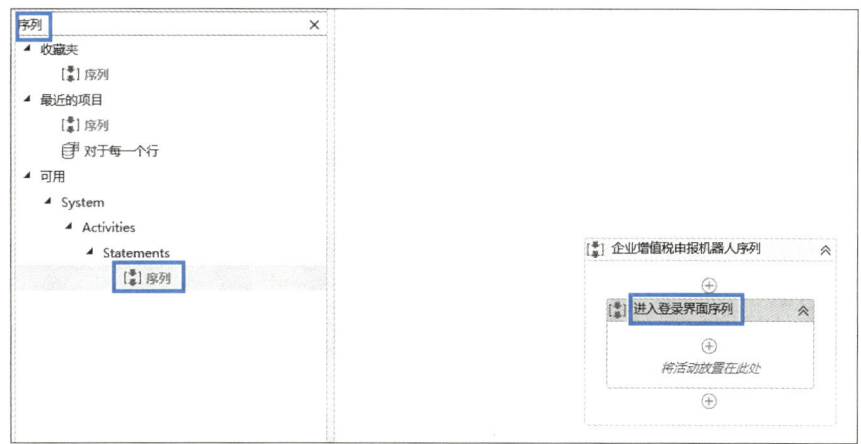

图 4-115　新增序列

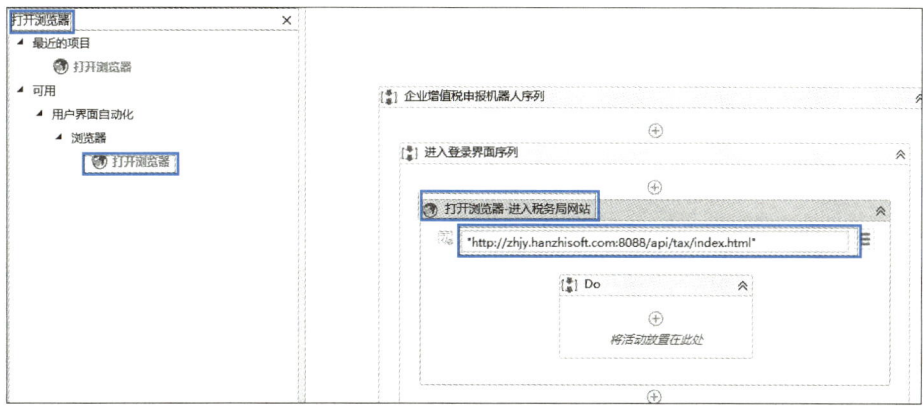

图 4-116　设置打开浏览器

③ 点击【活动】面板,在搜索框中输入【最大化窗口】,将【最大化窗口】拖曳至设计面板【打开浏览器-进入税务局网站】中【Do】活动内,如图 4-117 所示。点击【菜单】面板中的【调试文件】,查看运行效果。

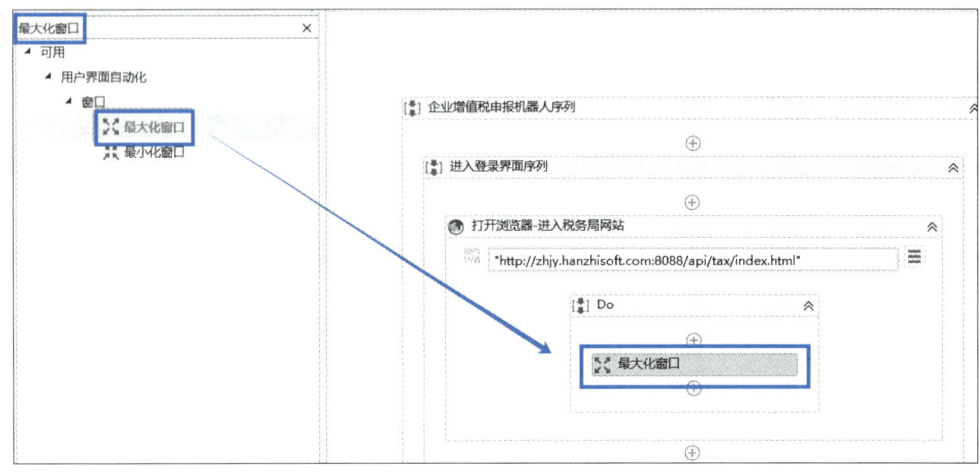

图 4-117　设置最大化窗口

④ 在【活动】面板的搜索框中输入【单击】,将【单击】拖曳到设计面板【最大化窗口】活动下方,并将新增活动重命名为【单击-我要办税】,如图 4-118 所示。

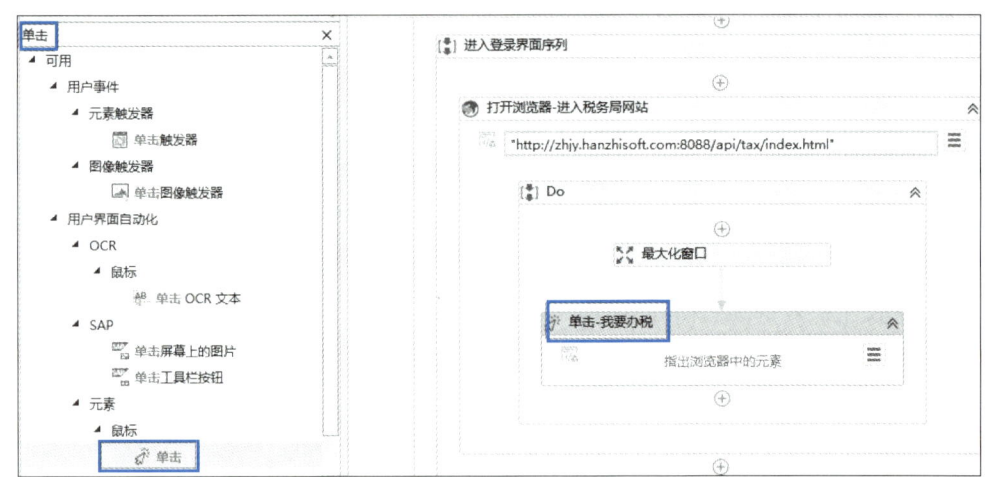

图 4-118　设置单击

⑤ 将(4)步骤一在谷歌浏览器打开的广东省电子税务局网站(教学版)置顶,再切换至【UiPath Studio】操作界面,点击【指出浏览器中的元素】,页面显示为浏览器页面,点击【我要办税】。关闭浏览器,点击【菜单】面板中的【调试文件】,查看运行效果,如图 4-119 所示。

⑥ 切换至谷歌浏览器页面,点击【我要办税】,等待页面跳转后,进行接下来的操作。

(5)步骤二【读取登录信息】。

① 在左侧【活动】面板的搜索框中输入【序列】,将【序列】拖曳到设计面板中【进入登录界面序列】活动下方,并将新增活动重命名为【读取登录信息序列】,如图 4-120 所示。

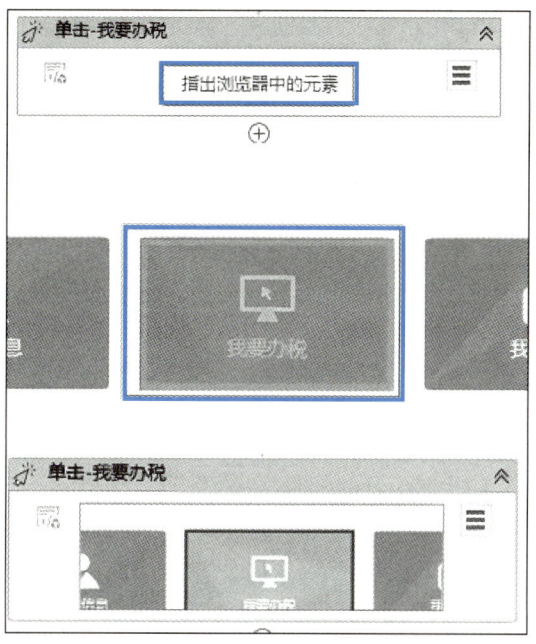

图 4-119　指出浏览器中的元素

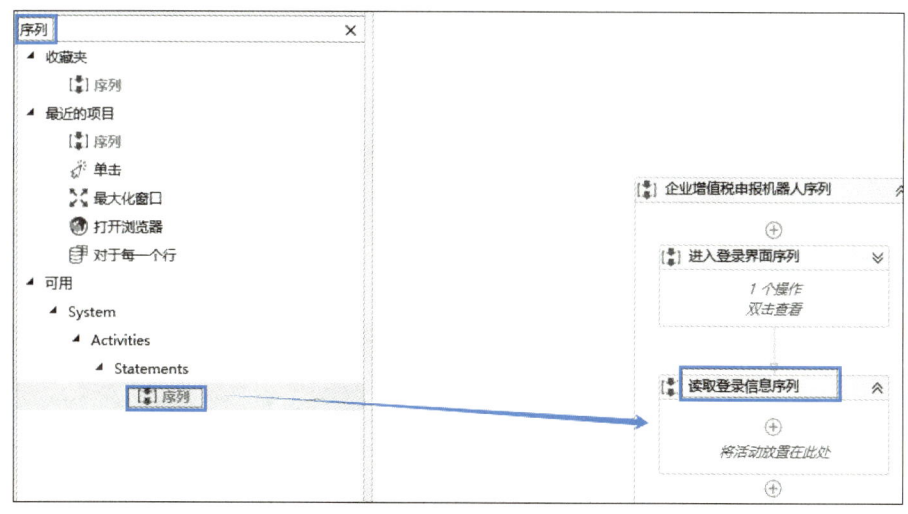

图 4-120　新增序列

　　② 在左侧【活动】面板的搜索框中输入【Excel 应用程序范围】,将【Excel 应用程序范围】拖曳到设计面板中【进入登录界面序列】活动内,并将新增活动重命名为【Excel 应用程序范围-读取登录信息】。点击【Excel 应用程序范围-读取登录信息】活动内的文件夹符号,在弹出的窗口中打开准备阶段解压的【企业增值税申报机器人】文件,选中其中的【税务申报机器人登录信息文件.xlsx】文档,点击【打开】,如图 4-121 所示。

　　③ 在左侧【活动】面板的搜索框中输入【读取单元格】,将【应用程序集成- Excel -读取单元格】拖曳到设计面板中【Excel 应用程序范围-读取登录信息】活动内,并重命名为【读取单

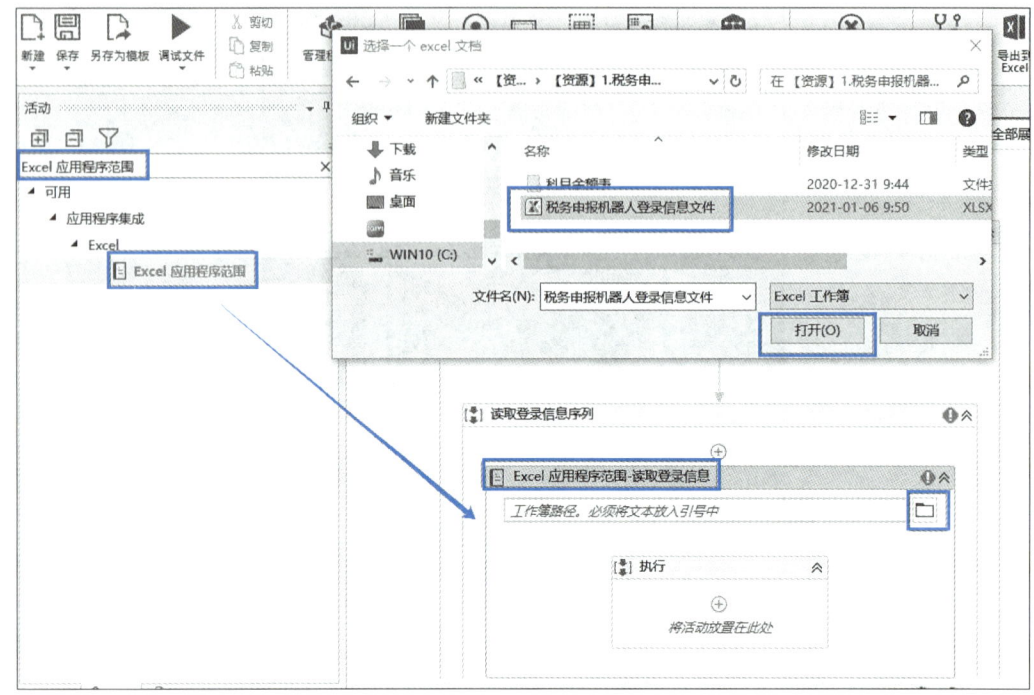

图 4-121 设置 Excel 应用程序范围

元格-读取信用代码】。点击【属性】|【输入】|【单元格】，将【"A1"】修改为【"B2"】，点击【属性】|【输出】|【结果】，单击鼠标右键选择【创建变量】，输入变量名称【信用代码】后按回车键确认，如图 4-122 所示。

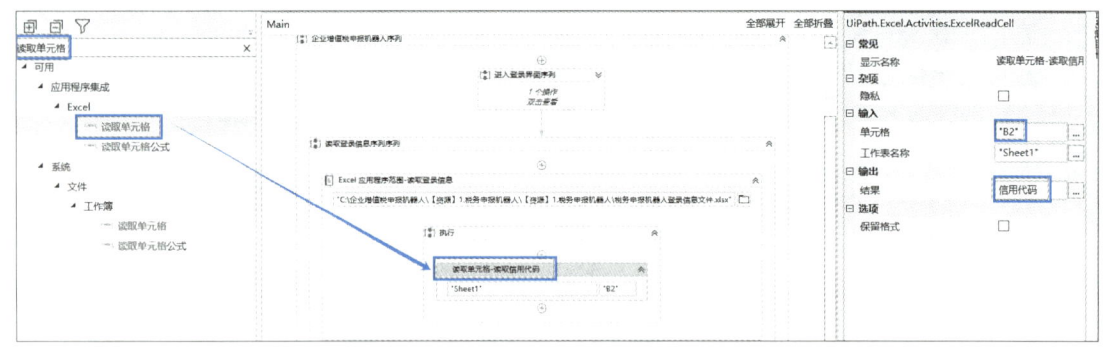

图 4-122 设置读取单元格

注意：此处的【Sheet1】指的是【税务申报机器人登录信息文件.xlsx】文档中登录信息所在的工作表名称，需要根据实际情况调整。此处的【"B2"】指的是【税务申报机器人登录信息文件.xlsx】文档中【信用代码】所在位置，可以根据实际需要选择该列其他单元格。

④ 打开【变量】面板，将【信用代码】变量类型修改为【GenericValue】，范围修改为【企业增值税申报机器人序列】，设置完成后点击【变量】关闭变量面板，如图 4-123 所示。

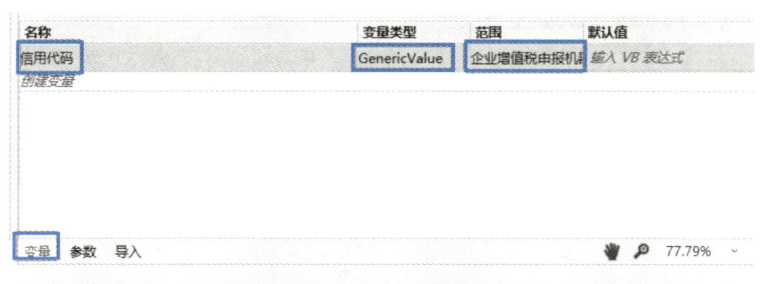

图 4-123   设置 GenericValue 变量

⑤ 在左侧【活动】面板的搜索框中输入【读取单元格】,将【应用程序集成- Excel -读取单元格】拖曳到设计面板【读取单元格-读取信用代码】活动下方,将新增活动重命名为【读取单元格-读取账号】。点击【属性】|【输入】|【单元格】,将"A1"修改为"D2"(D2 是【税务申报机器人登录信息文件.xlsx】文档中【账号】所在位置)。点击【属性】|【输出】|【结果】,单击鼠标右键选择【创建变量】,输入变量名称【账号】后按回车键确认。打开【变量】面板,选中【账号】变量,将变量类型修改为【GenericValue】,范围修改为【企业增值税申报机器人序列】,如图 4-124 所示,设置完成后点击【变量】,关闭变量面板。

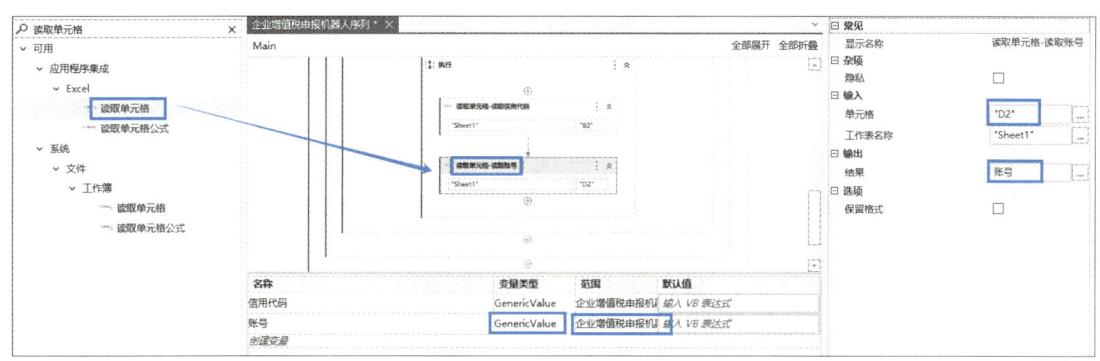

图 4-124   设置读取单元格

⑥ 在左侧【活动】面板的搜索框中输入【读取单元格】,将【应用程序集成- Excel -读取单元格】拖曳到设计面板【读取单元格-读取账号】活动下方,将新增活动重命名为【读取单元格-读取密码】。点击【属性】|【输入】|【单元格】,将"A1"修改为"E2"(E2 是【税务申报机器人登录信息文件.xlsx】文档中【密码】所在位置)。点击【属性】|【输出】|【结果】,单击鼠标右键选择【创建变量】,输入变量名称【密码】后按回车键确认。打开【变量】面板,选中【密码】变量,将变量类型修改为【GenericValue】,范围修改为【企业增值税申报机器人序列】,如图 4-125 所示,设置完成后点击【变量】,关闭变量面板。

(6)步骤三【登录税务局】。

① 在左侧【活动】面板的搜索框中输入【序列】,将【序列】拖曳到设计面板中【读取登录信息序列】活动下方,并将新增的活动重命名为【登录税务局序列】,如图 4-126 所示。

② 在左侧【活动】面板的搜索框中输入【单击】,将【单击】拖曳到设计面板中【登录税务局序列】活动内,并将新增活动重命名为【单击-企业登录】,如图 4-127 所示。

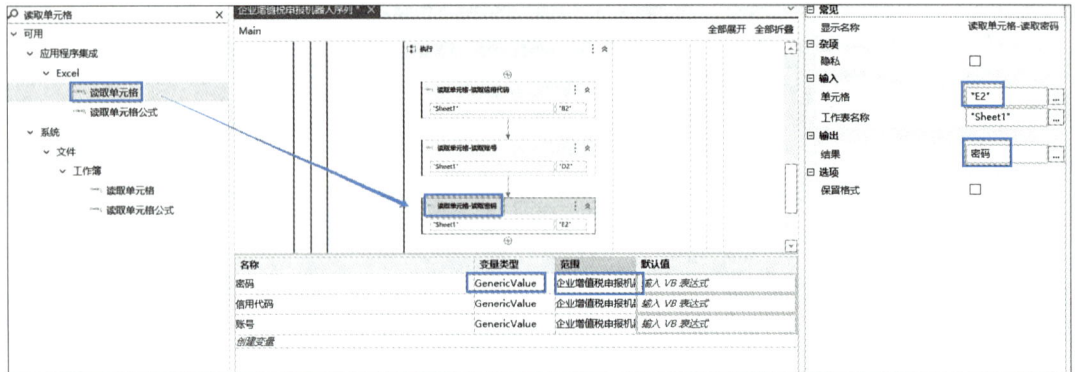

图 4-125 设置读取单元格

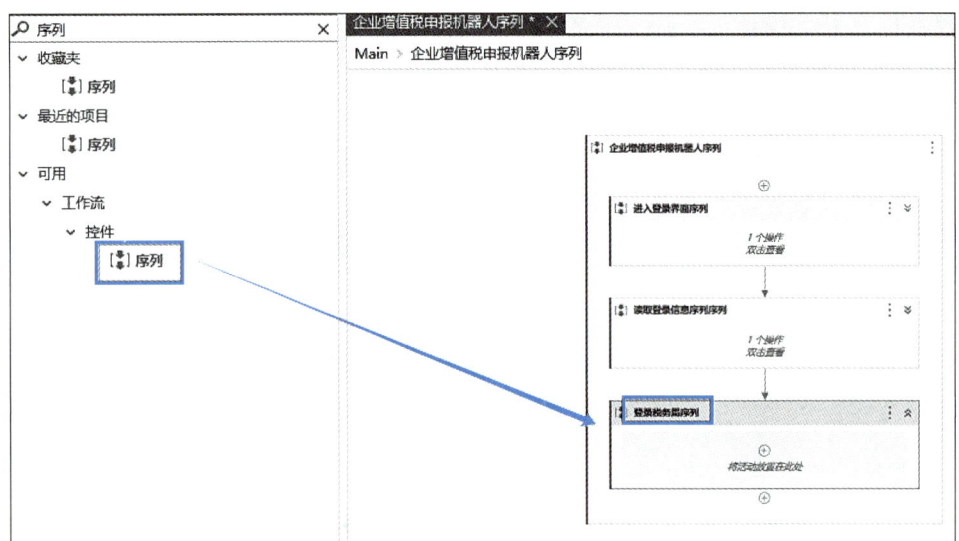

图 4-126 新增序列

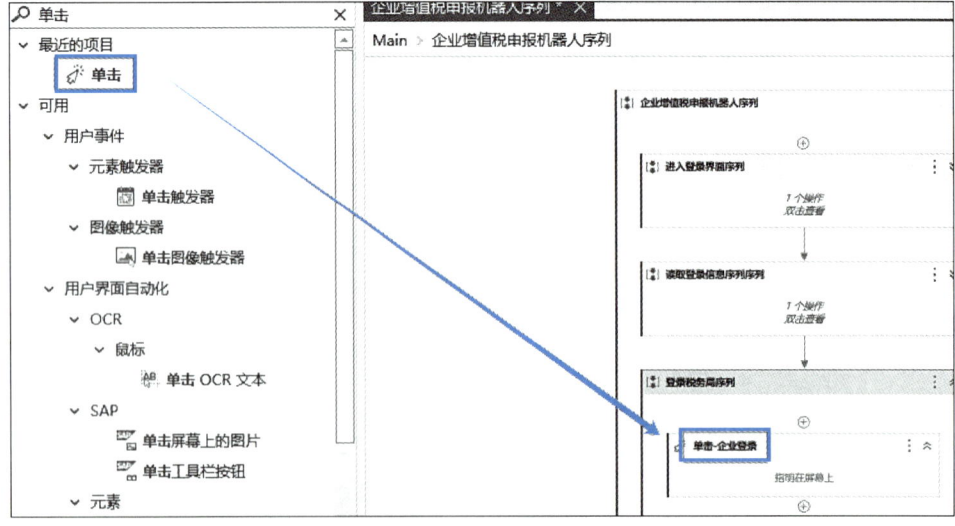

图 4-127 设置单击

③ 将谷歌浏览器打开的广东省电子税务局网站（教学版）置顶，切换至【UiPath Studio】操作界面，点击【指明在屏幕上】，页面显示为浏览器页面，点击【企业登录】，如图 4-128 所示。

图 4-128　指明在屏幕上

④ 在左侧【活动】面板的搜索框中输入【输入信息】，将【输入信息】拖曳到设计面板中【单击-企业登录】活动下，并将新增活动重命名为【输入信息-输入信用代码】。点击【指明在屏幕上】，页面显示为浏览器页面，点击【社会信用代码/识别码】。引用新创建的变量，点击【属性】|【输入】|【文本】，按空格键，双击【信用代码】变量。点击【属性】|【选项】|【发送窗口消息】（可以避免英文与数字混合输入时出错），点击【属性】|【选项】|【空字段】（以确保每一次输入时文本输入框为空），如图 4-129 所示。

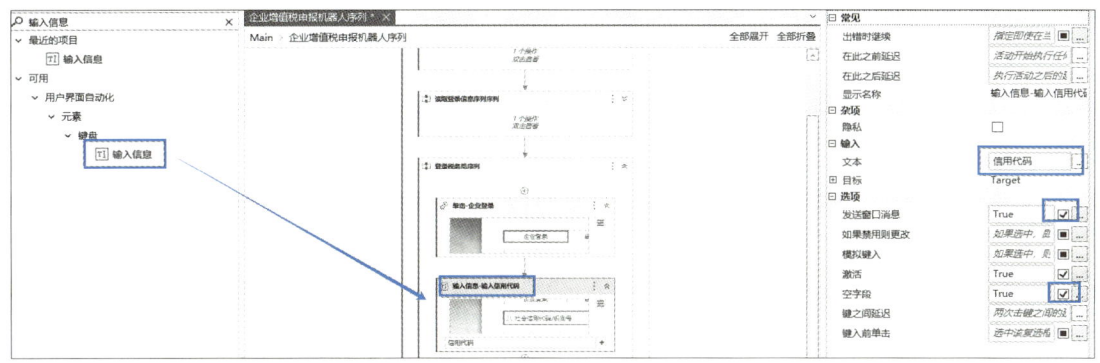

图 4-129　设置信用代码

⑤ 在左侧【活动】面板的搜索框中输入【输入信息】，将【输入信息】拖曳到设计面板中【输入信息-输入信用代码】活动下方，并将新增活动重命名为【输入信息-输入账号】。点击【指明在屏幕上】，页面显示为浏览器页面，点击【用户名/实名手机号】。引用新创建的变量，点击【属性】|【输入】|【文本】，按空格键，双击【账号】变量。点击【属性】|【选项】|【发送窗口消息】（可以避免英文与数字混合输入时出错），点击【属性】|【选项】|【空字段】（以确保每一次输入时文本输入框为空），如图 4-130 所示。

⑥ 在左侧【活动】面板的搜索框中输入【输入信息】，将【输入信息】拖曳到设计面板中【输入信息-输入账号】活动下方，并将新增活动重命名为【输入信息-输入密码】。点击【指明在屏幕上】，页面显示为浏览器页面，点击【用户密码】。引用前面创建的变量，点击【属性】|【输入】|【文本】，按空格键，双击【密码】变量。点击【属性】|【选项】|【发送窗口消息】（可以避免英文与数字混合输入时出错），点击【属性】|【选项】|【空字段】（以确保每一次输入时文本输入框为空），如图 4-131 所示。关闭浏览器，点击【菜单】面板中的【调试文件】，查看运行效果。

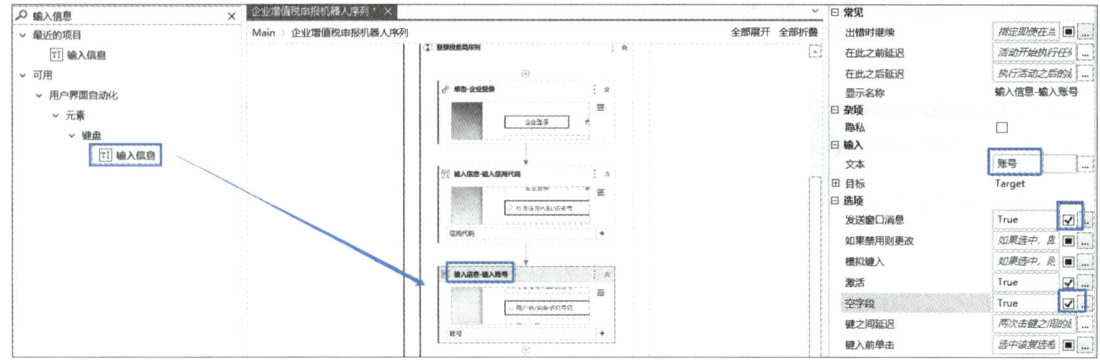

图 4-130 设置账号

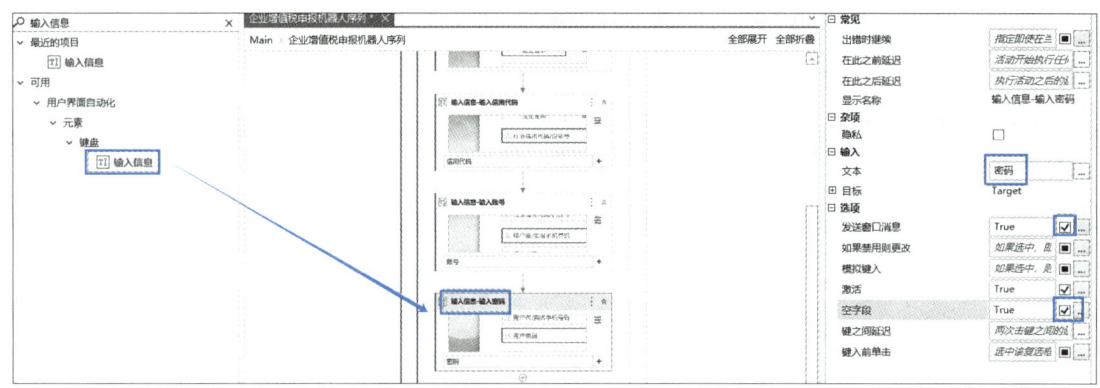

图 4-131 设置密码

⑦ 在左侧【活动】面板的搜索框中输入【单击】,将【单击】拖曳到设计面板中【输入信息-输入密码】活动下方,并将新增活动重命名为【单击-滑动验证条左边】。点击【指明在屏幕上】,页面显示为浏览器页面,点击【滑动验证条左边的滑块】。点击【属性】|【输入】|【单击类型】,选择【ClickType.CL】,点击【属性】|【光标位置】|【位置】,选择【Center】,点击【属性】|【光标位置】|【偏移 X】,输入【0】,点击【属性】|【光标位置】|【偏移 Y】,输入【0】,如图 4-132 所示。页面显示为浏览器页面,手动将滑动验证条滑块滑动至右边,为下一步操作作准备。

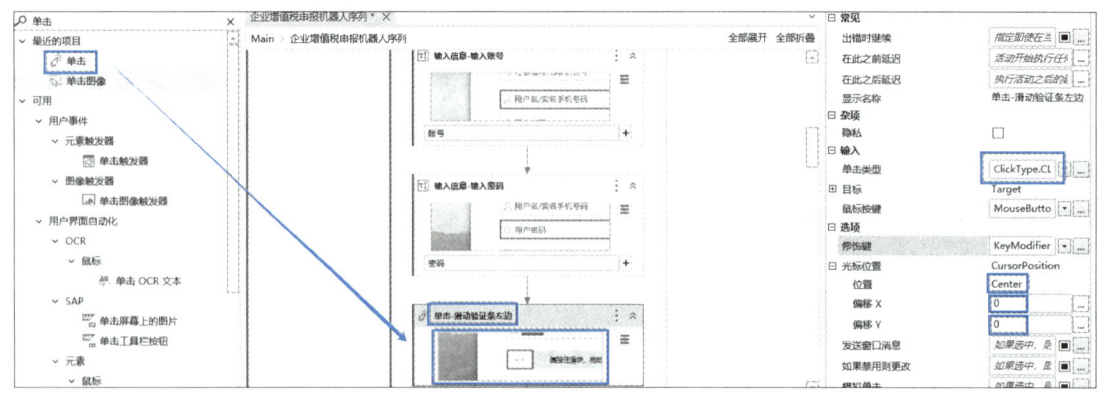

图 4-132 设置单击

⑧ 在左侧【活动】面板的搜索框中输入【单击】,将【单击】拖曳到设计面板中【单击-滑动验证条左边】活动下方,并将新增活动重命名为【单击-滑动验证条右边】。点击【指明在屏幕上】,页面显示为浏览器页面,点击【滑动验证条右边滑块】。点击【属性】|【输入】|【单击类型】,选择【ClickType. CL】,点击【属性】|【光标位置】|【位置】,选择【Center】,点击【属性】|【光标位置】|【偏移 X】,输入【297】,点击【属性】|【光标位置】|【偏移 Y】,输入【0】,如图 4-133 所示。

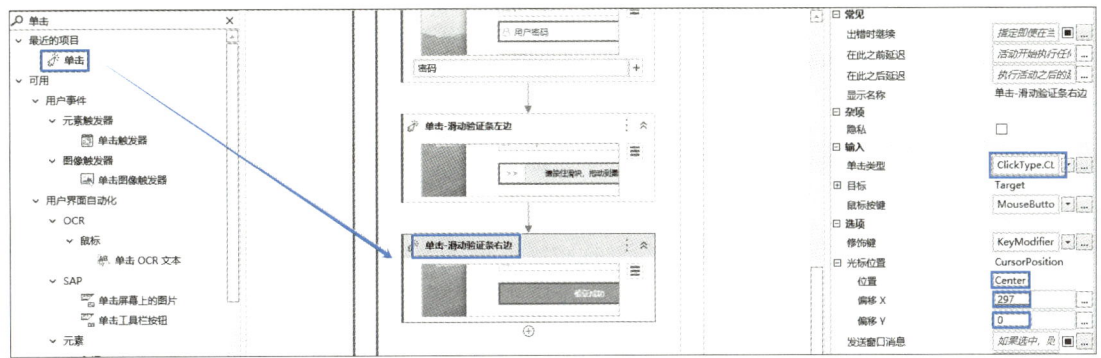

图 4-133　设置单击

注意:以上输入的坐标【297】是滑动验证条的长度,可通过按【F12】键调出谷歌浏览器的【开发者工具】,点击左上角的指针,移动到滑动验证条上即可测量出验证条的长度。

⑨ 在左侧【活动】面板的搜索框中输入【单击】,将【单击】拖曳到设计面板中【单击-滑动验证条右边】活动下方,并将新增活动重命名为【单击-登录】,如图 4-134 所示。点击【指明在屏幕上】,页面显示为浏览器页面,点击【登录】。关闭浏览器,点击【菜单】面板中的【调试文件】,查看运行效果。

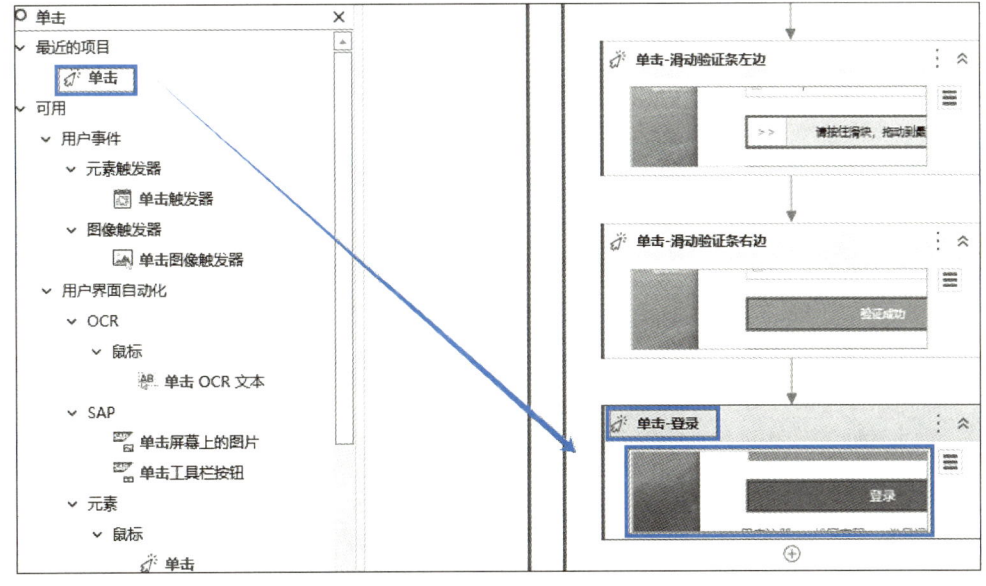

图 4-134　设置登录

（7）步骤四【进入申报页面】。

① 在左侧【活动】面板的搜索框中输入【序列】,将【序列】拖曳到设计面板中【登录税务局序列】活动下方,并将新增活动重命名为【进入申报页面序列】,如图4-135所示。

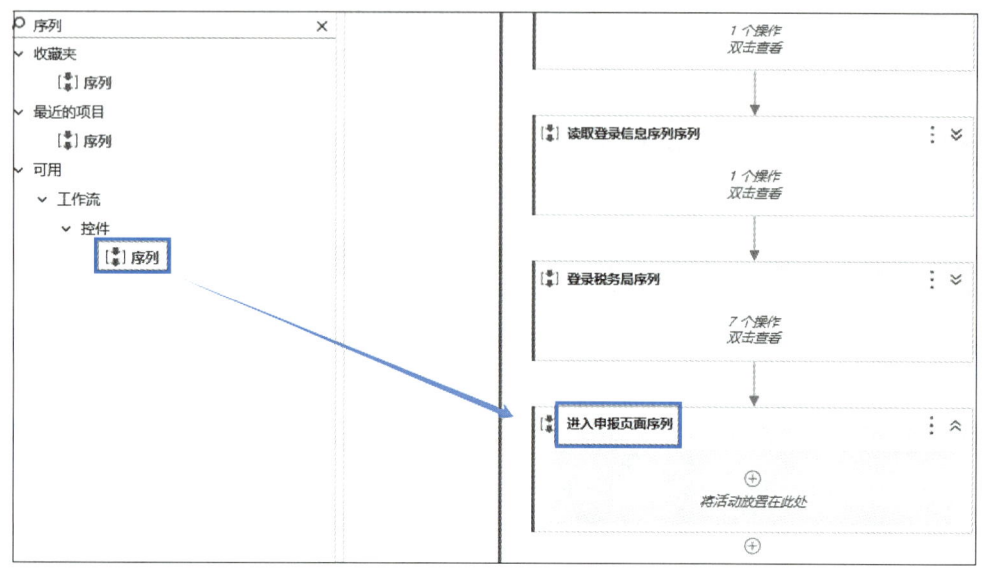

图4-135　新增序列

② 在左侧【活动】面板的搜索框中输入【单击】,将【单击】拖曳到设计面板中【进入申报页面序列】活动内,将新增活动重命名为【单击-我要办税】。点击【指明在屏幕上】,页面显示为浏览器页面,点击【我要办税】,如图4-136所示。

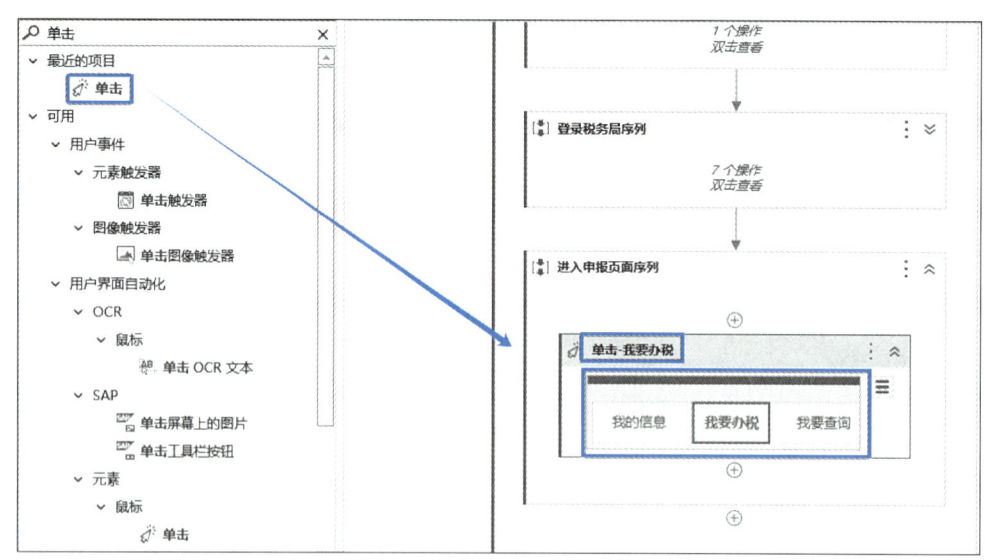

图4-136　设置我要办税

③ 在左侧【活动】面板的搜索框中输入【单击】,将【单击】拖曳到设计面板中【单击-我要办税】活动下方,将新增活动重命名为【单击-税费申报及缴纳】。点击【指明在屏幕上】,页面

显示为浏览器页面,点击【税费申报及缴纳】,如图 4-137 所示。

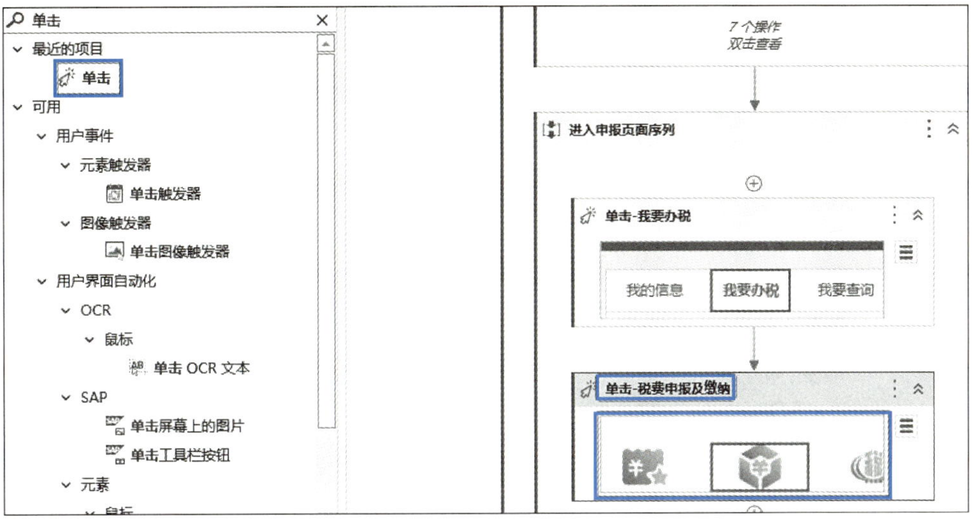

图 4-137　设置税费申报及缴纳

④ 在左侧【活动】面板的搜索框中输入【单击】,将【单击】拖曳到设计面板中【单击-税费申报及缴纳】活动下方,将新增活动重命名为【单击-按期应申报】。点击【指明在屏幕上】,页面显示为浏览器页面,点击【按期应申报】,如图 4-138 所示。

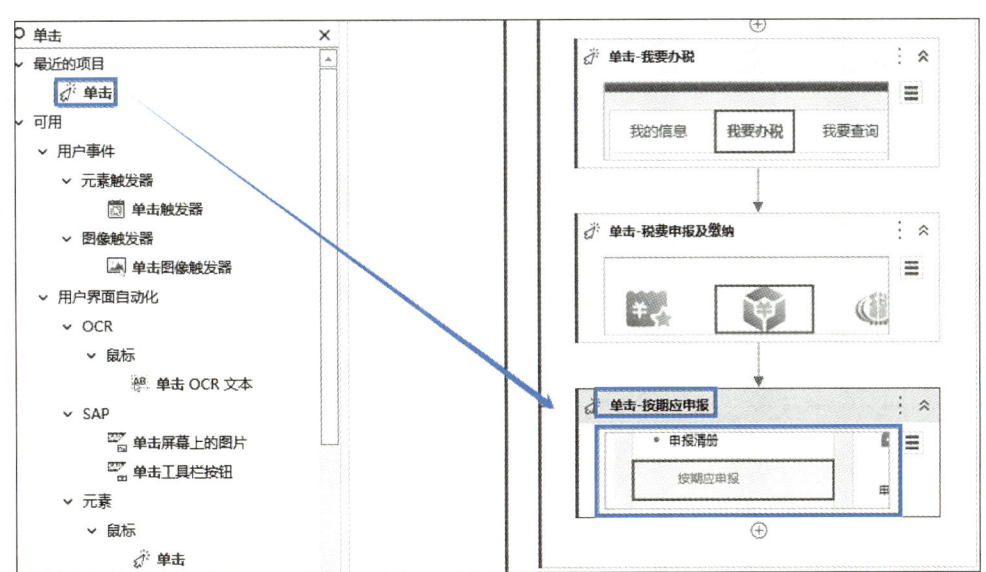

图 4-138　设置按期应申报

⑤ 在左侧【活动】面板的搜索框中输入【单击】,将【单击】拖曳到设计面板中【单击-按期应申报】活动下方,将新增活动重命名为【单击-填写申报】。点击【指明在屏幕上】,页面显示为浏览器页面,点击【增值税(适用于一般纳税人)】右侧的【填写申报】,如图 4-139 所示。

⑥ 在左侧【活动】面板的搜索框中输入【单击】,将【单击】拖曳到设计面板中【单击-填写

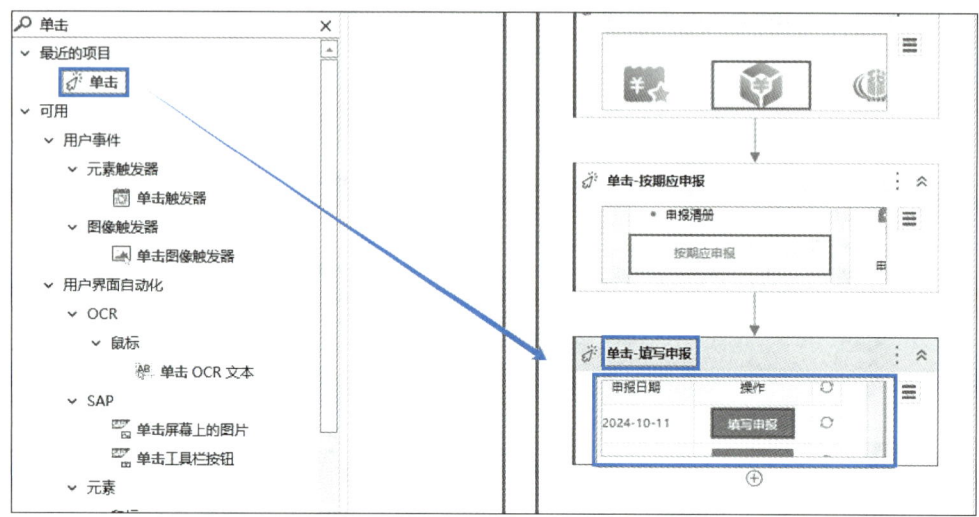

图 4-139　设置填写申报

申报】活动下方,并将新增活动重命名为【单击--一键读取】。点击【指明在屏幕上】,页面显示为浏览器页面,点击【一键读取】,如图 4-140 所示。

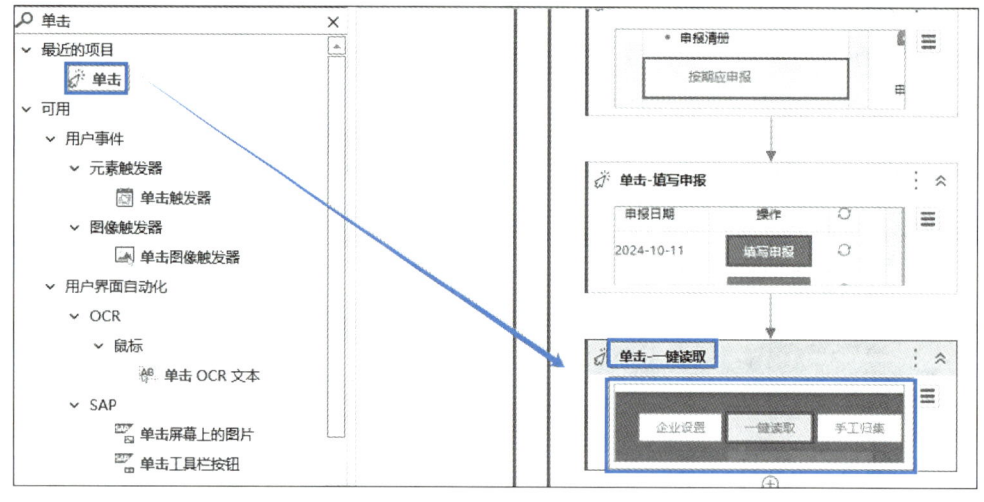

图 4-140　设置一键读取

⑦ 在左侧【活动】面板的搜索框中输入【单击】,将【单击】拖曳到设计面板中【单击--一键读取】活动下方,将新增活动重命名为【单击-进销项发票页面下一步】。点击【指明在屏幕上】,页面显示为浏览器页面,点击【下一步】,如图 4-141 所示。

⑧ 在左侧【活动】面板的搜索框中输入【单击】,将【单击】拖曳到设计面板中【单击-进销项发票页面下一步】活动下方,并将新增活动重命名为【单击-增值税一般纳税人报表选择页面下一步】。点击【指明在屏幕上】,页面显示为浏览器页面,点击【下一步】,如图 4-142所示。

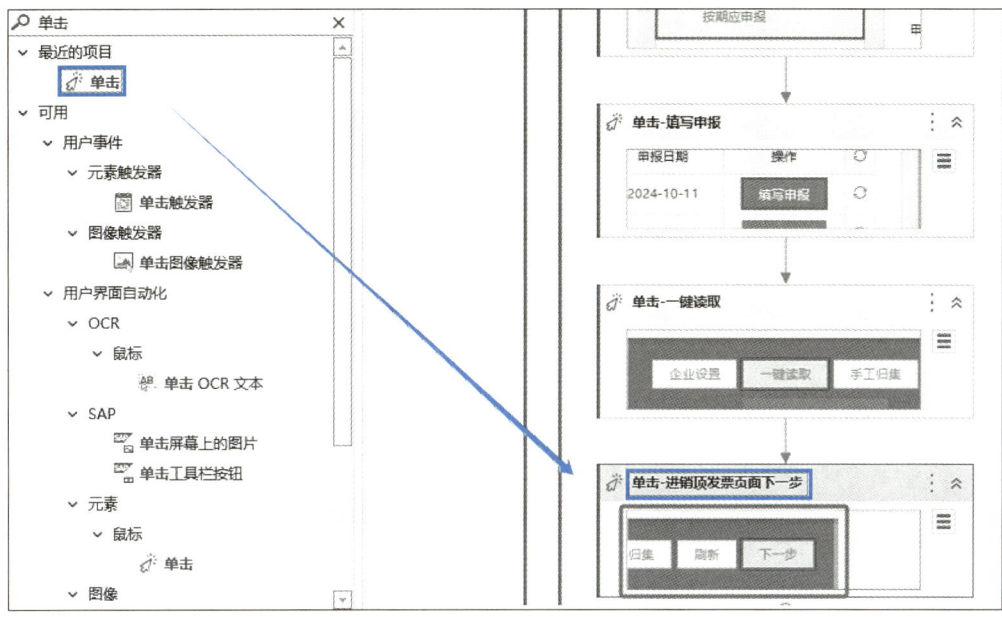

图 4-141 设置进销项发票页面下一步

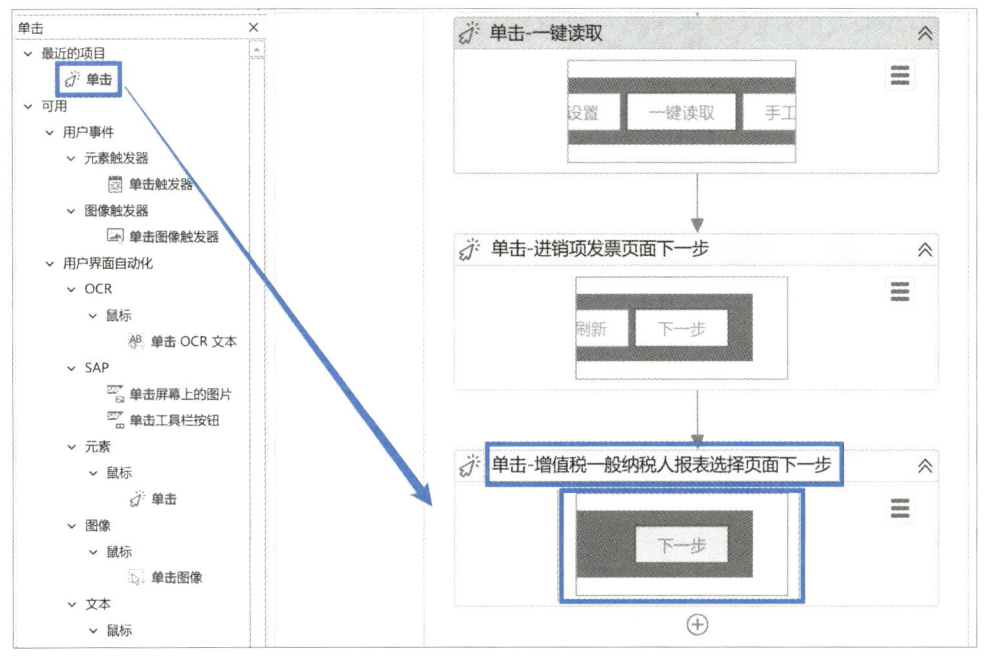

图 4-142 设置增值税一般纳税人报表选择页面下一步

（8）步骤五【读写申报信息】。

① 在左侧【活动】面板的搜索框中输入【序列】，将【序列】拖曳到设计面板中【进入申报页面序列】活动下方，将新增活动重命名为【读写申报信息序列】，如图 4-143 所示。

② 在左侧【活动】面板的搜索框中输入【Excel 应用程序范围】，将【Excel 应用程序范围】

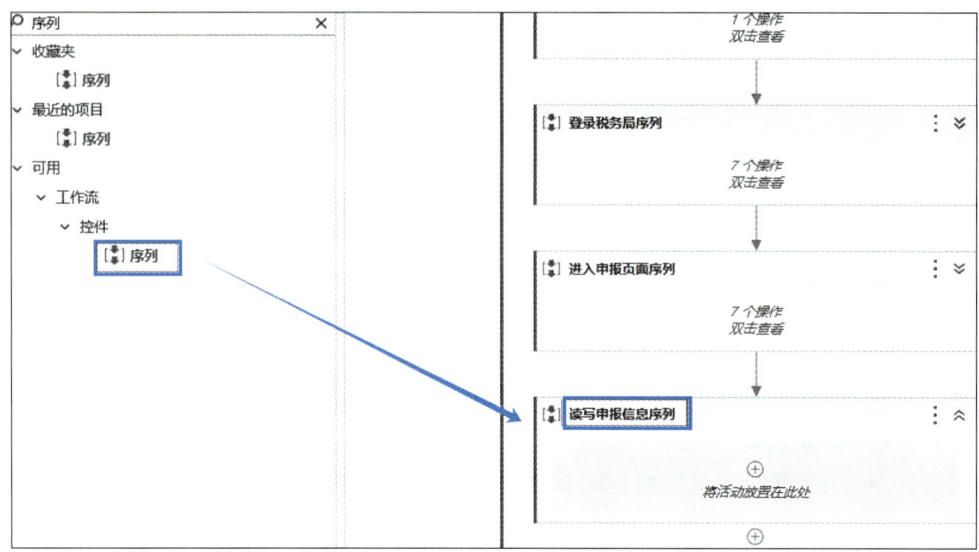

图 4-143　新增序列

拖曳到设计面板中【读写申报信息序列】活动内,将新增活动重命名为【Excel 应用程序范围-读写申报信息】。点击设计面板中【Excel 应用程序范围-读写申报信息】活动内的文件夹符号,在弹出的窗口中打开【企业增值税申报机器人】文件夹中的【科目余额表】文件夹,选中【1 科目余额表.xlsx】文档,点击【打开】,如图 4-144 所示。

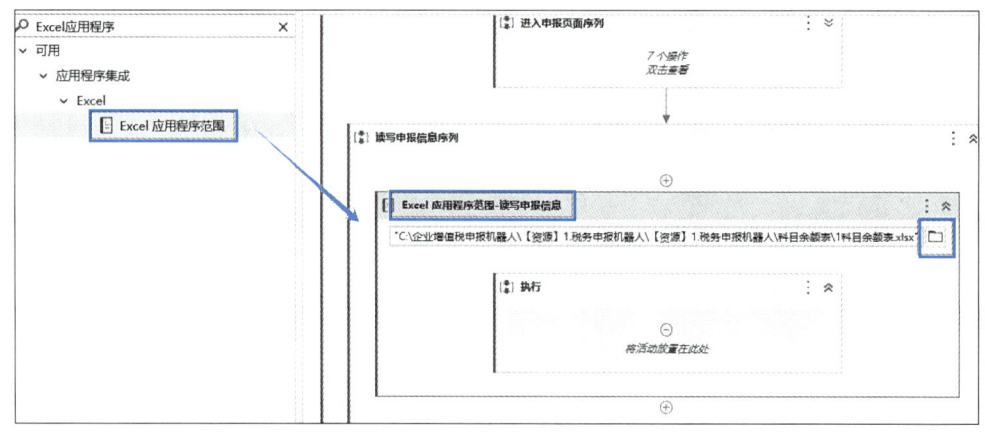

图 4-144　设置 Excel 应用程序范围

③ 在左侧【活动】面板的搜索框中输入【读取范围】,将【读取范围】拖曳到设计面板中【Excel 应用程序范围-读写申报信息】活动内,将新增活动重命名为【读取范围-读取科目余额表】。点击【属性】|【输出】|【数据表】,单击鼠标右键选择【创建变量】,输入变量名称【科目余额表】后按回车键确认。打开【变量】面板,选中【科目余额表】变量,确认变量类型为【DataTable】,范围修改为【企业增值税申报机器人序列】,如图 4-145 所示,设置完成后点击【变量】,关闭变量面板。

④ 在左侧【活动】面板的搜索框中输入【单击】,将【单击】拖曳到设计面板中【读取范围-

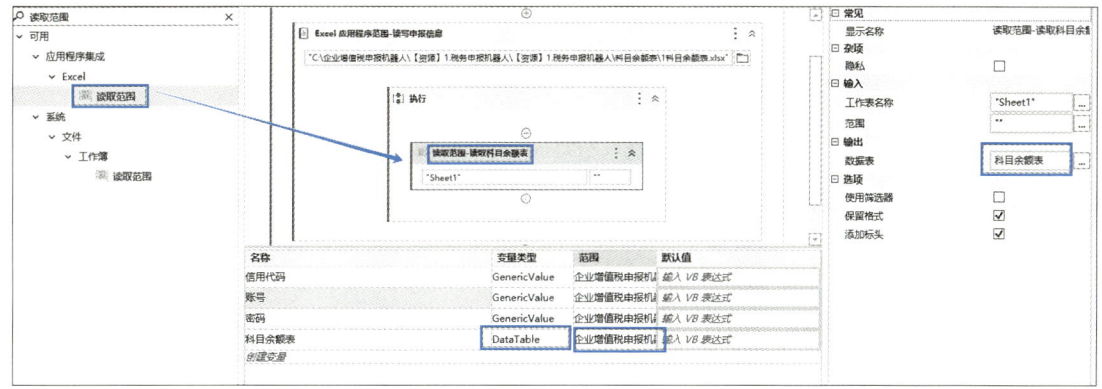

图 4-145 设置读取范围

读取科目余额表】活动下方,将新增活动重命名为【单击-增值税纳税申报表附列资料(表一)(本期销售情况明细)】,如图 4-146 所示。点击【指明在屏幕上】,页面显示为浏览器页面,点击浏览器页面左边的【增值税纳税申报表附列资料(表一)(本期销售情况明细)】。

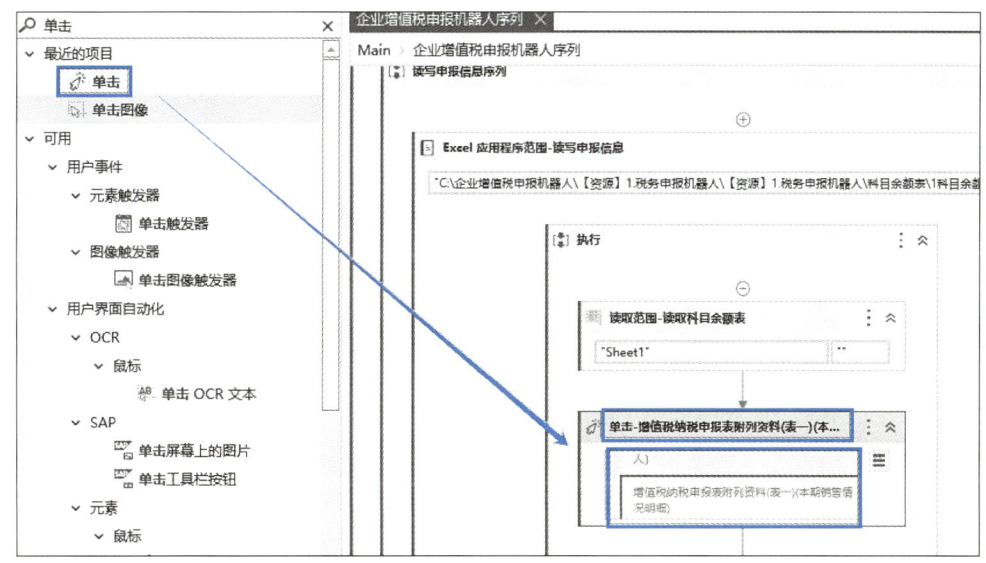

图 4-146 设置单击

⑤ 在左侧【活动】面板的搜索框中输入【对于每一个行】,将【对于每一个行】拖曳到设计面板中【单击-增值税纳税申报表附列资料(表一)(本期销售情况明细)】活动下方,将新增活动重命名为【对于数据表中的每一行-读写主营业务收入】。点击【属性】|【输入】|【数据表】,按空格键,双击【科目余额表】变量,如图 4-147 所示。

⑥ 在左侧【活动】面板的搜索框中输入【IF 条件】,将【IF 条件】拖曳到设计面板中【对于数据表中的每一行-读写主营业务收入】活动内,将新增活动重命名为【IF 条件-判断是否为主营业务收入】。在【条件】输入框中输入【row(2). ToString＝"主营业务收入"】,完成输入后点击【确定】,如图 4-148 所示。

图 4-147　设置对于数据表中的每一行

图 4-148　设置 IF 条件

注意:【.ToString】表示将前面的信息强制转换为字符串;【row(2)】表示【科目余额表.xlsx】文档从左往右数的第三列,即总账科目所在列,因为 A 列默认为 0 列,所以该列用【2】来表示。请使用英文输入法下的双引号,否则会报错。

⑦ 在左侧【活动】面板的搜索框中输入【输入信息】,将【输入信息】拖曳到设计面板中【IF条件-判断是否为主营业务收入】活动【Then】内,将新增活动重命名为【输入信息-输入主营业务收入】。点击【指明在屏幕上】,页面显示为浏览器页面,点击【13%税率的货物及加工修理修配劳务】与【销售额】相交的输入框。在【输入信息-输入主营业务收入】活动的输入框中输入【row(8).ToString】,完成输入后点击【确定】。点击【属性】|【选项】|【发送窗口消息】|【空字段】,如图 4-149 所示。

注意:【row(8)】表示【科目余额表.xlsx】文档从左往右数的第九列,即本期贷方发生额所在列,因为 A 列默认为 0 列,所以该列用【8】来表示。

⑧ 在左侧【活动】面板的搜索框中输入【对于数据表中的每一行】,将【对于数据表中的每一行】拖曳到设计面板中【对于数据表中的每一行-读写主营业务收入】活动下方,并将新增活动重命名为【对于数据表中的每一行-读写应交增值税(销项税额)】。点击【属性】|【输入】|【数据表】输入框,按空格键,双击【科目余额表】变量,如图 4-150 所示。

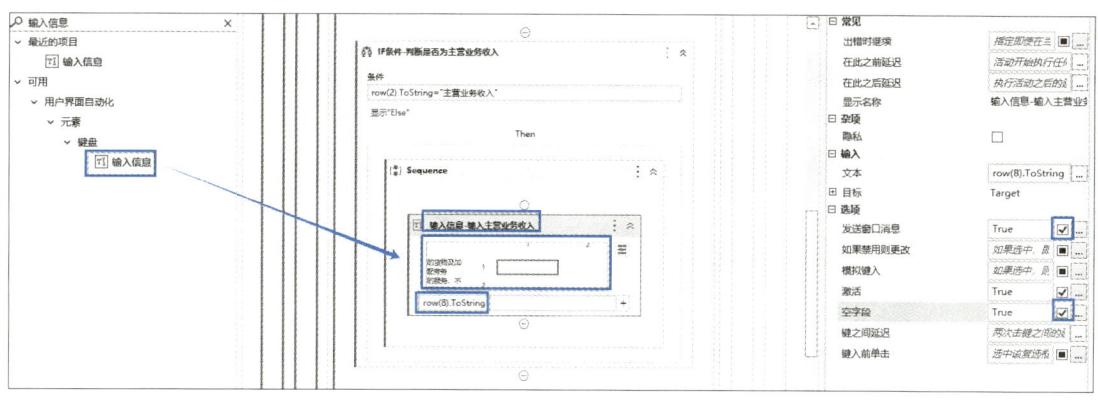

图 4-149　设置输入信息

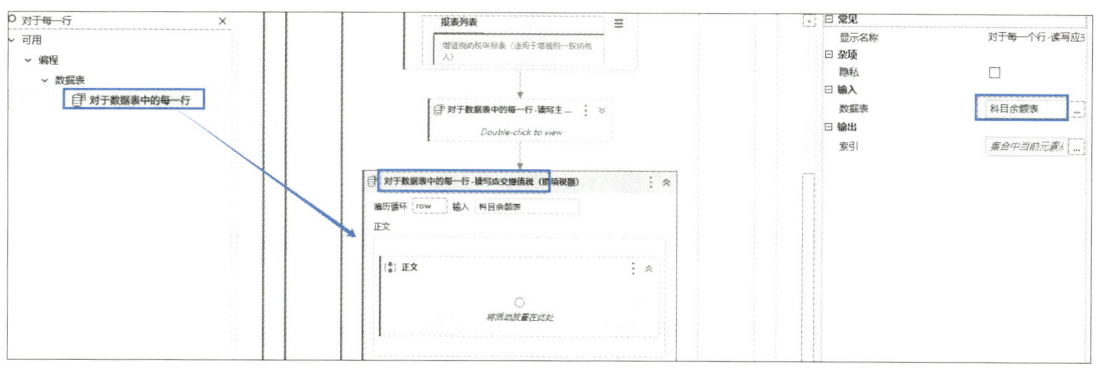

图 4-150　设置对于数据表中的每一行

⑨ 在左侧【活动】面板的搜索框中输入【IF 条件】，将【IF 条件】拖曳到设计面板中【对于数据表中的每一行-读写应交增值税（销项税额）】活动内，将新增活动重命名为【IF 条件-判断是否为应交增值税（销项税额）】。在【条件】输入框中输入【row(3). ToString＝"应交增值税（销项税额）"】，如图 4-151 所示，完成输入后点击【确定】。

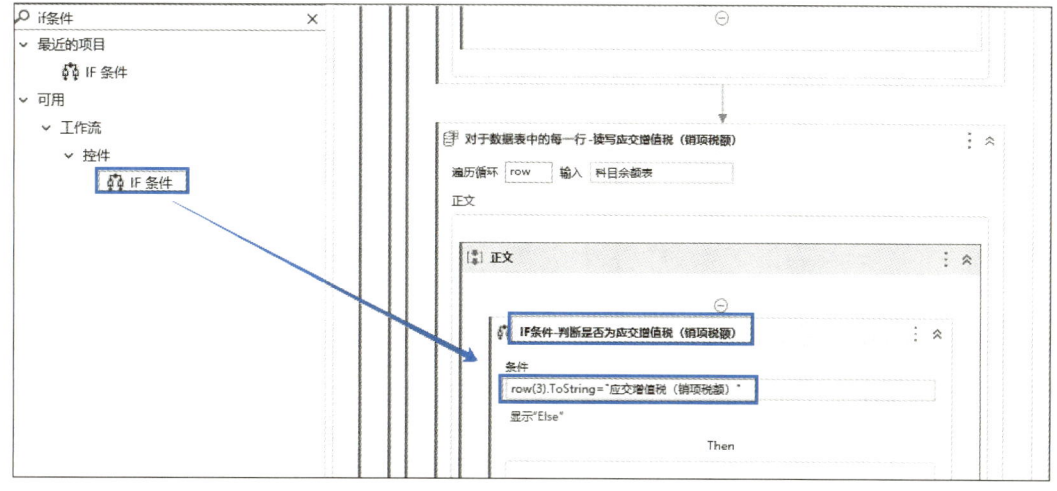

图 4-151　设置 IF 条件

注意:【. ToString】表示将前面的信息强制转换为字符串;【row(3)】表示【科目余额表. xlsx】文档从左往右数的第四列,即总账科目所在列,因为 A 列默认为 0 列,所以该列用【3】来表示。请使用英文输入法下的双引号,否则会报错。此处的【应交增值税(销项税额)】使用的是中文小括号,符合网页文本格式。

⑩ 在左侧【活动】面板的搜索框中输入【输入信息】,将【输入信息】拖曳到设计面板中【IF条件-判断是否为应交增值税(销项税额)】活动【Then】内,将新增活动重命名为【输入信息-输入应交增值税(销项税额)】。点击【指明在屏幕上】,页面显示为浏览器页面,点击【13%税率的货物及加工修理修配劳务】与【销项(应纳)税额】相交的输入框。在【输入信息-输入应交增值税(销项税额)】活动输入框中输入【row(10). ToString】,完成输入后点击【确定】。点击【属性】|【选项】|【发送窗口消息】|【空字段】,如图 4-152 所示。

图 4-152 设置输入信息

注意:【row(10)】表示【科目余额表. xlsx】文档从左往右数的第十一列,即本期贷方发生额所在列,因为 A 列默认为 0 列,所以该列用【10】来表示。

⑪ 在左侧【活动】面板的搜索框中输入【单击】,将【单击】拖曳到设计面板中【对于数据表中的每一行-读写应交增值税(销项税额)】活动下方,将新增活动重命名为【单击-保存增值税纳税申报表附列资料(表一)(本期销售情况明细)】。点击【指明在屏幕上】,页面显示为浏览器页面,点击浏览器页面顶部的【保存】,如图 4-153 所示。

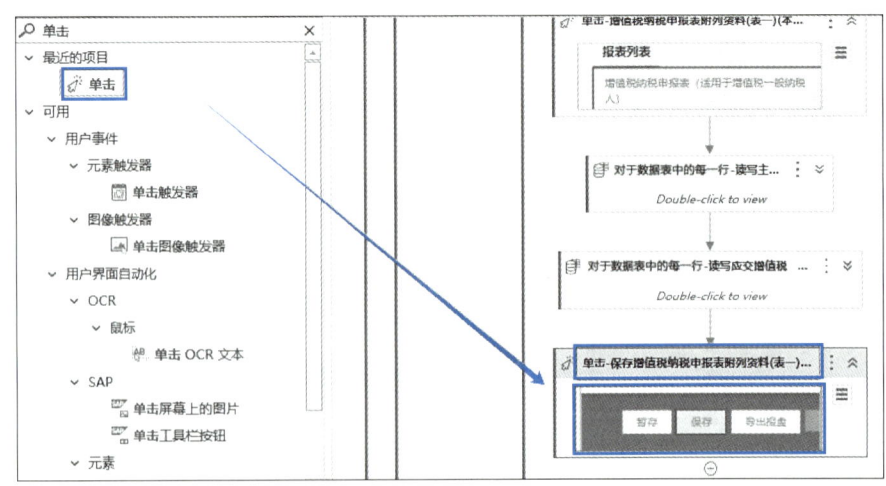

图 4-153 设置单击

⑫ 在左侧【活动】面板的搜索框中输入【单击图像】,将【单击图像】拖曳到设计面板中【单击-保存增值税纳税申报表附列资料(表一)(本期销售情况明细)】活动下方,将新增活动重命名为【单击图像-确定保存增值税纳税申报表附列资料(表一)(本期销售情况明细)】。点击【指明在屏幕上】,页面显示为浏览器页面,用红色方框选中浏览器页面弹窗中的【确定】,如图 4-154 所示。

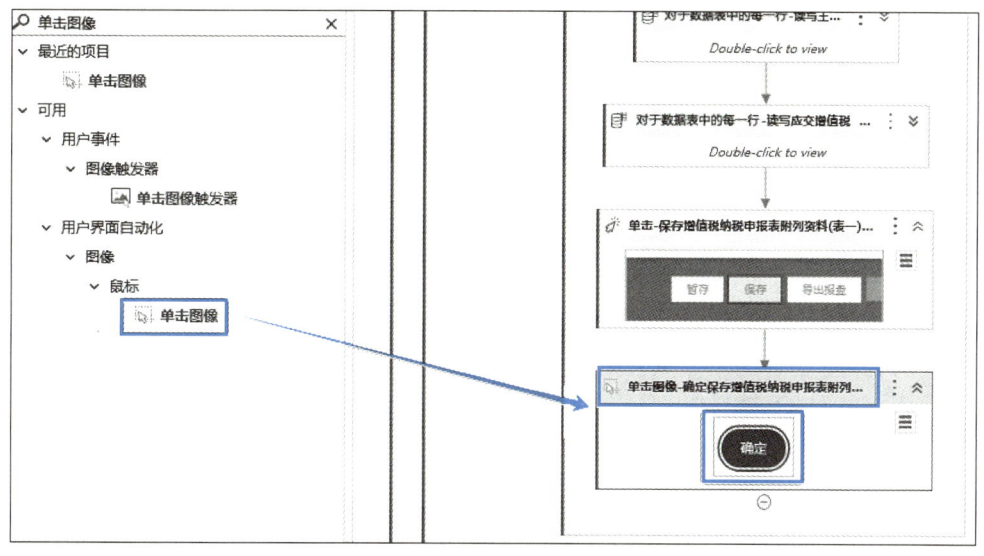

图 4-154　设置单击图像

⑬ 在左侧【活动】面板的搜索框中输入【单击】,将【单击】拖曳到设计面板中【单击图像-确定保存增值税纳税申报表附列资料(表一)(本期销售情况明细)】活动下方,将新增活动重命名为【单击-增值税纳税申报表附列资料(表二)】。点击【指明在屏幕上】,页面显示为浏览器页面,点击浏览器页面左侧的【增值税纳税申报表附列资料(表二)(本期进项税额明细)】,如图 4-155 所示。

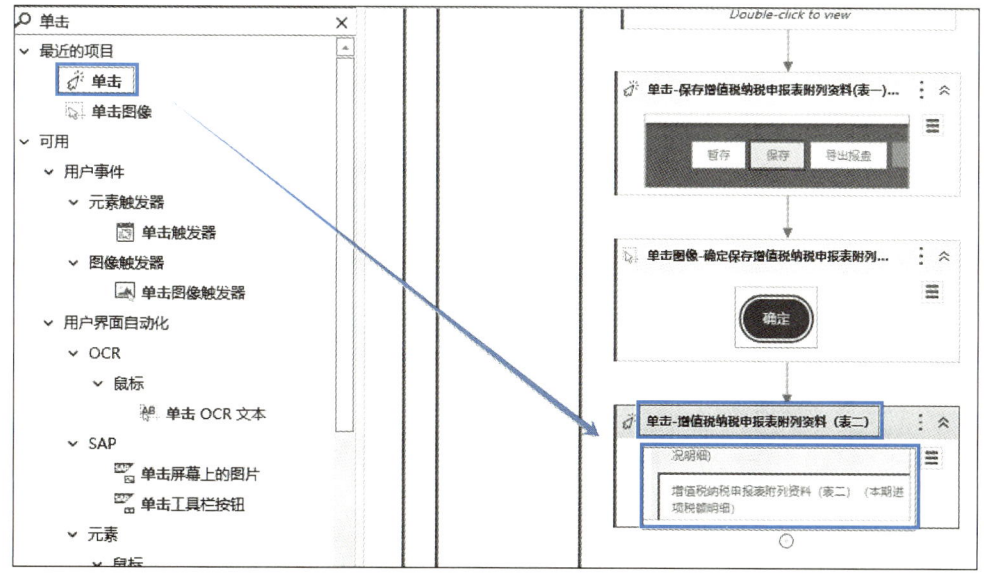

图 4-155　设置单击

⑭ 在左侧【活动】面板的搜索框中输入【单击】,将【单击】拖曳到设计面板中【单击-增值税纳税申报表附列资料(表二)】活动下方,将新增活动重命名为【单击-保存增值税纳税申报表附列资料(表二)】。点击【指明在屏幕上】,页面显示为浏览器页面,点击浏览器页面顶部的【保存】,如图 4-156 所示。

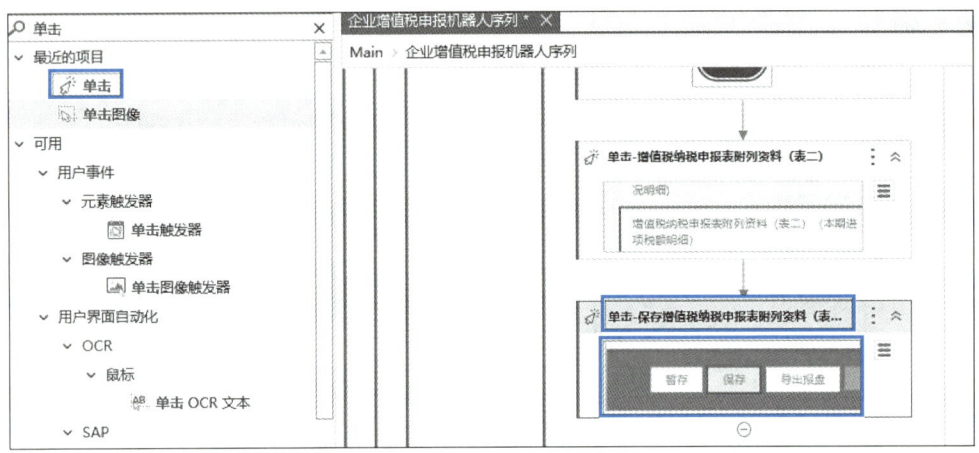

图 4-156　设置单击

⑮ 在左侧【活动】面板的搜索框中输入【单击图像】,将【单击图像】拖曳到设计面板中【单击-保存增值税纳税申报表附列资料(表二)】活动下方,将新增活动重命名为【单击图像-确定保存增值税纳税申报表附列资料(表二)】。点击【指明在屏幕上】,页面显示为浏览器页面,用红色方框选中浏览器页面弹窗中的【确定】,如图 4-157 所示。

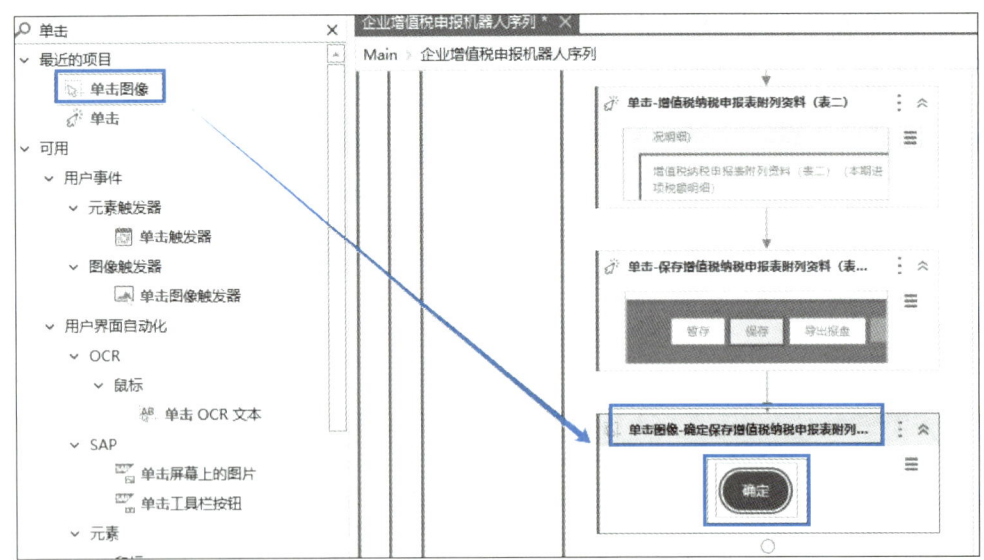

图 4-157　设置单击图像

⑯ 在左侧【活动】面板的搜索框中输入【单击】,将【单击】拖曳到设计面板中【单击图像-确定保存增值税纳税申报表附列资料(表二)】活动下方,将新增活动重命名为【单击-增值税

纳税申报表附列资料（表三）。点击【指明在屏幕上】，页面显示为浏览器页面，点击浏览器页面左侧的【增值税纳税申报表附列资料（表三）（服务、不动产和无形资产扣除项目明细）】，如图 4-158 所示。

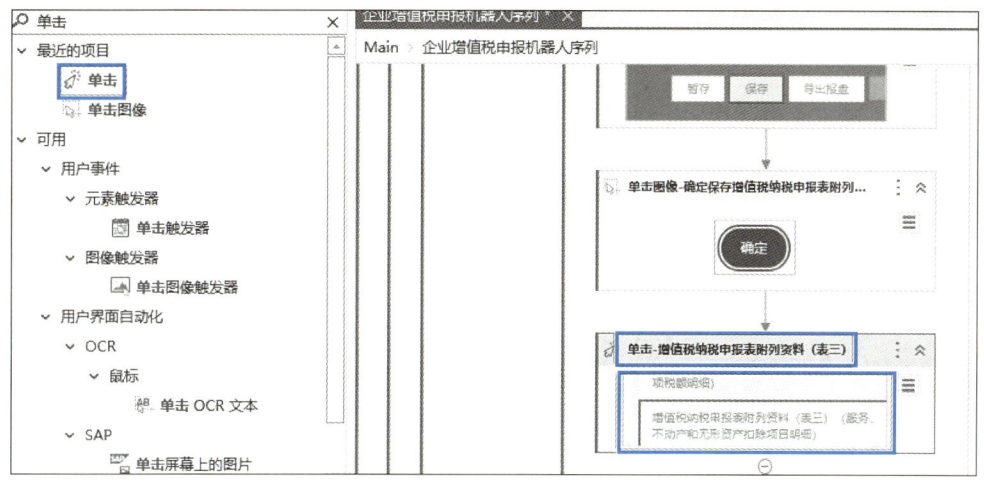

图 4-158　设置单击

⑰ 在左侧【活动】面板的搜索框中输入【单击】，将【单击】拖曳到设计面板中【单击-增值税纳税申报表附列资料（表三）】活动下方，将新增活动重命名为【单击-保存增值税纳税申报表附列资料（表三）】。点击【指明在屏幕上】，页面显示为浏览器页面，点击浏览器页面顶部的【保存】，如图 4-159 所示。

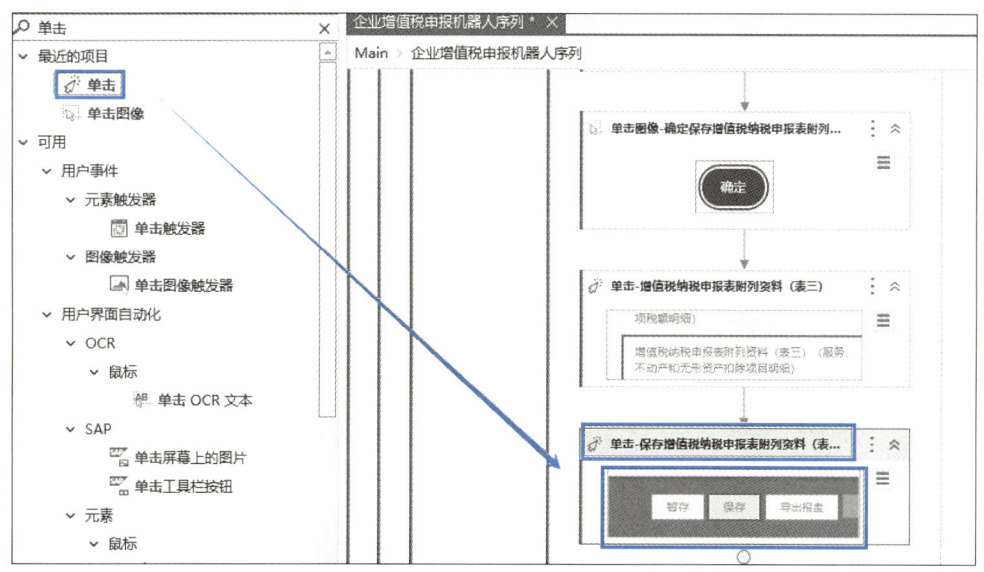

图 4-159　设置单击

⑱ 在左侧【活动】面板的搜索框中输入【单击图像】，将【单击图像】拖曳到设计面板中【单击-保存增值税纳税申报表附列资料（表三）】活动下方，将新增活动重命名为【单击图像-确定

保存增值税纳税申报表附列资料（表三）。点击【指明在屏幕上】，页面显示为浏览器页面，
用红色方框选中浏览器页面弹窗中的【确定】，如图 4-160 所示。

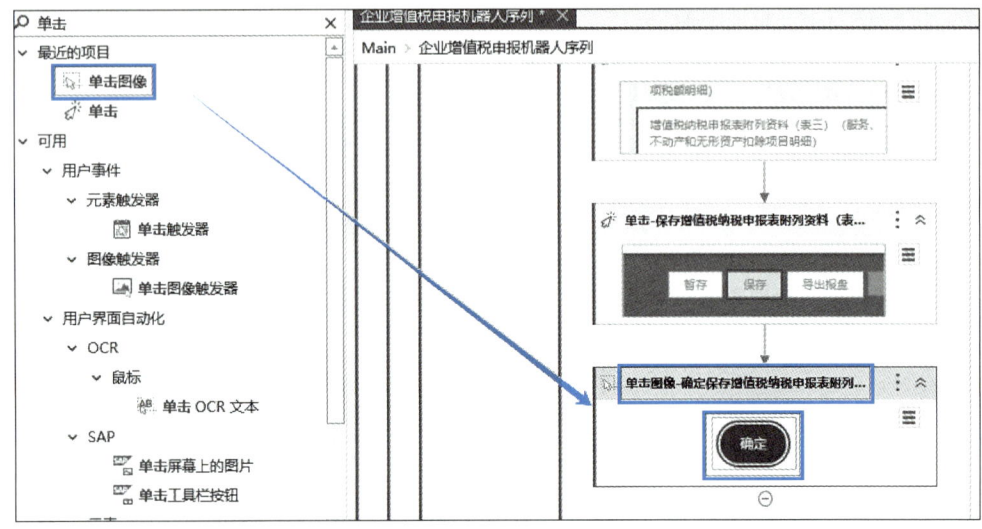

图 4-160　设置单击图像

⑲ 在左侧【活动】面板的搜索框中输入【单击】，将【单击】拖曳到设计面板中【单击图像-
确定保存增值税纳税申报表附列资料（表三）】活动下方，将新增活动重命名为【单击-增值税
纳税申报表附列资料（表四）】。点击【指明在屏幕上】，页面显示为浏览器页面，点击浏览器
页面左边的【增值税纳税申报表附列资料（表四）（税额抵减情况表）】，如图 4-161 所示。

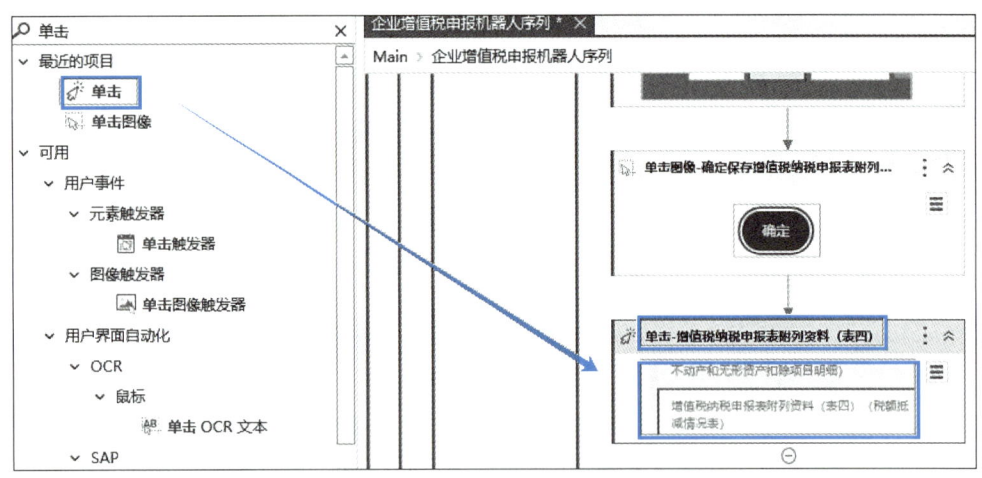

图 4-161　设置单击

⑳ 在左侧【活动】面板的搜索框中输入【单击】，将【单击】拖曳到设计面板中【单击-增值
税纳税申报表附列资料（表四）】活动下方，将新增活动重命名为【单击-保存增值税纳税申报
表附列资料（表四）】。点击【指明在屏幕上】，页面显示为浏览器页面，点击浏览器页面顶部
的【保存】，如图 4-162 所示。

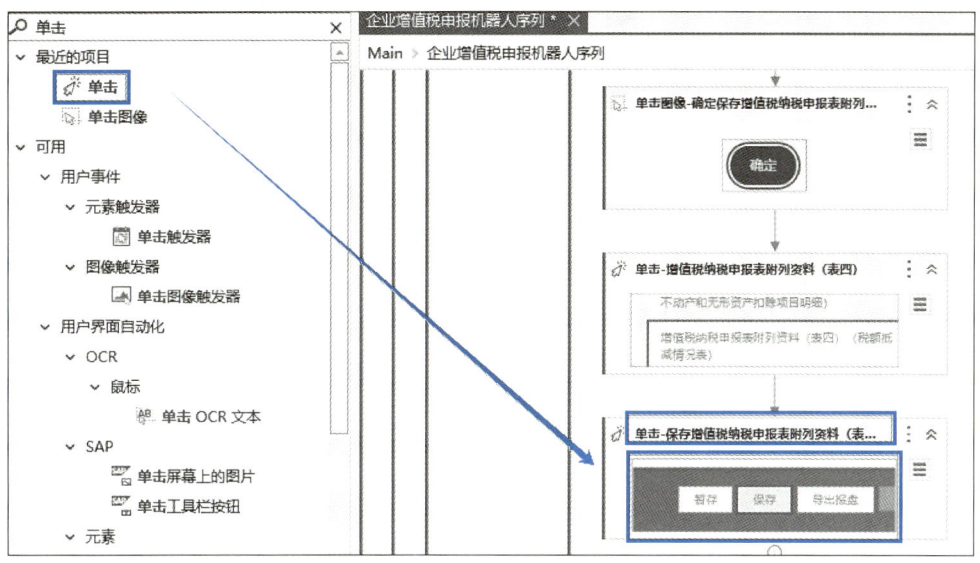

图 4-162　设置单击

㉑ 在左侧【活动】面板的搜索框中输入【单击图像】,将【单击图像】拖曳到设计面板中【单击-保存增值税纳税申报表附列资料(表四)】活动下方,将新增活动重命名为【单击图像-确定保存增值税纳税申报表附列资料(表四)】。点击【指明在屏幕上】,页面显示为浏览器页面,用红色方框选中浏览器页面弹窗中的【确定】,如图 4-163 所示。

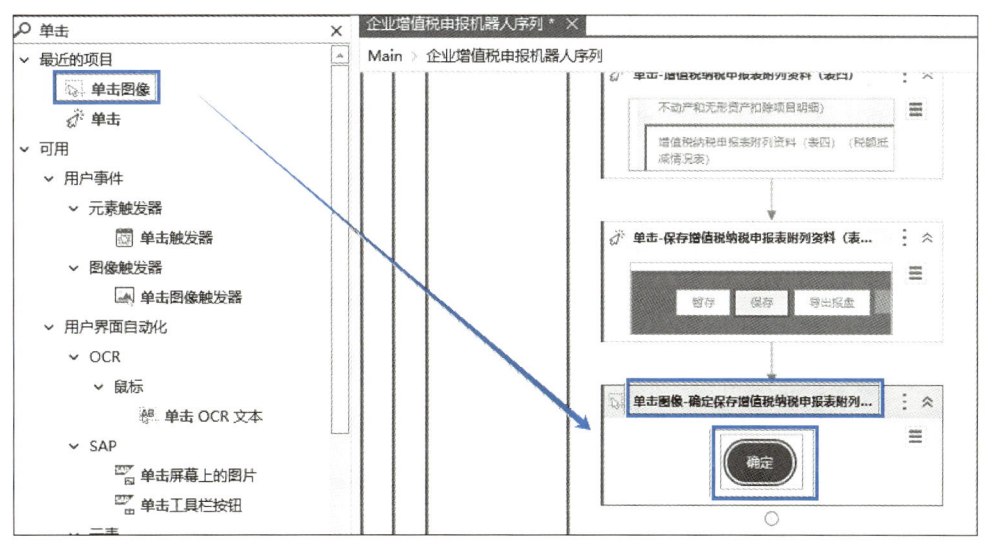

图 4-163　设置单击图像

㉒ 在左侧【活动】面板的搜索框中输入【单击】,将【单击】拖曳到设计面板中【单击图像-确定保存增值税纳税申报表附列资料(表四)】活动下方,将新增活动重命名为【单击-增值税减免税申报明细表】。点击【指明在屏幕上】,页面显示为浏览器页面,点击浏览器页面左边的【增值税减免税申报明细表】,如图 4-164 所示。

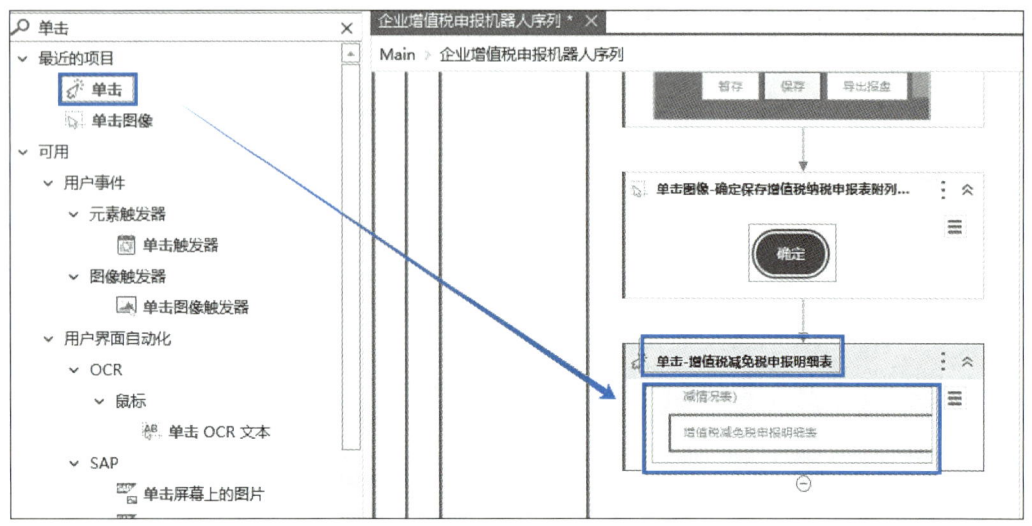

图 4-164 设置单击

㉓ 在左侧【活动】面板的搜索框中输入【单击】,将【单击】拖曳到设计面板中【单击-增值税减免税申报明细表】活动下方,将新增活动重命名为【单击-保存增值税减免税申报明细表】。点击【指明在屏幕上】,页面显示为浏览器页面,点击浏览器页面顶部的【保存】,如图 4-165 所示。

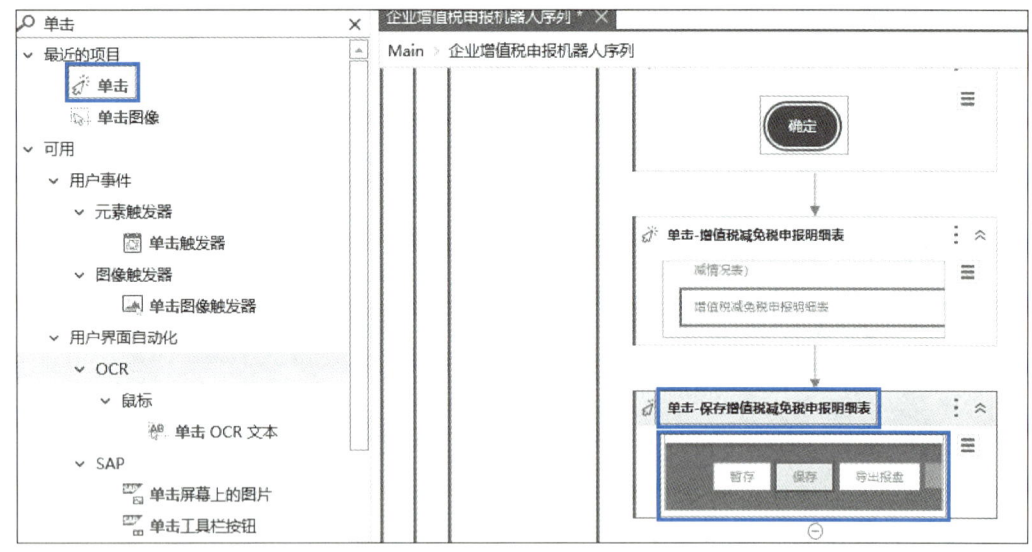

图 4-165 设置单击

㉔ 在左侧【活动】面板的搜索框中输入【单击图像】,将【单击图像】拖曳到设计面板中【单击-保存增值税减免税申报明细表】活动下方,将新增活动重命名为【单击图像-确定保存增值税减免税申报明细表】。点击【指明在屏幕上】,页面显示为浏览器页面,用红色方框选中浏览器页面弹窗中的【确定】,如图 4-166 所示。

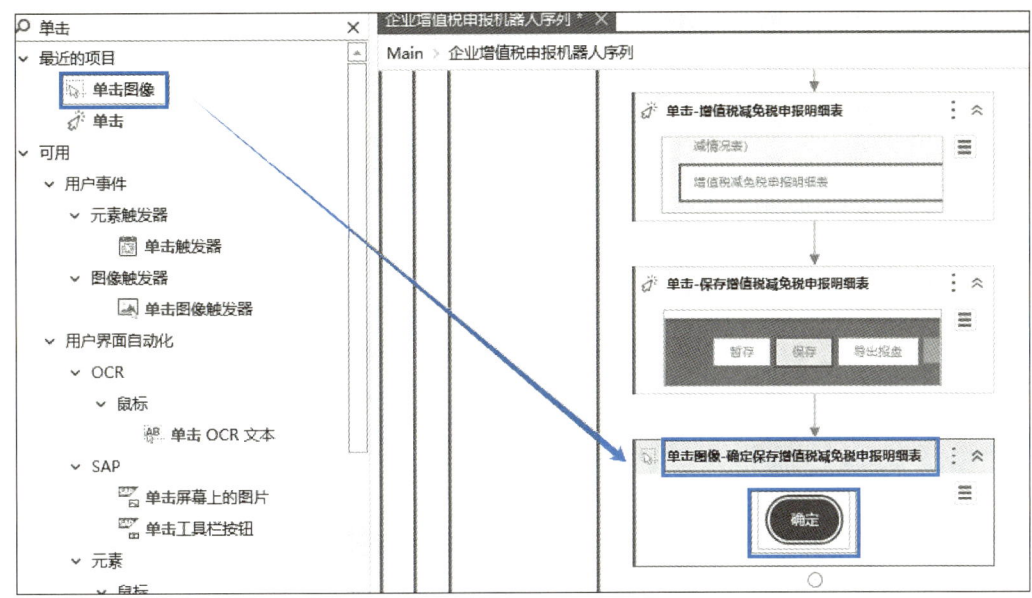

图 4-166 设置单击图像

㉕ 在左侧【活动】面板的搜索框中输入【单击】，将【单击】拖曳到设计面板中【单击图像-确定保存增值税减免税申报明细表】活动下方，将新增活动重命名为【单击-增值税纳税申报表（适用于增值税一般纳税人）】。点击【指明在屏幕上】，页面显示为浏览器页面，点击浏览器页面左边的【增值税纳税申报表（适用于增值税一般纳税人）】，如图 4-167 所示。

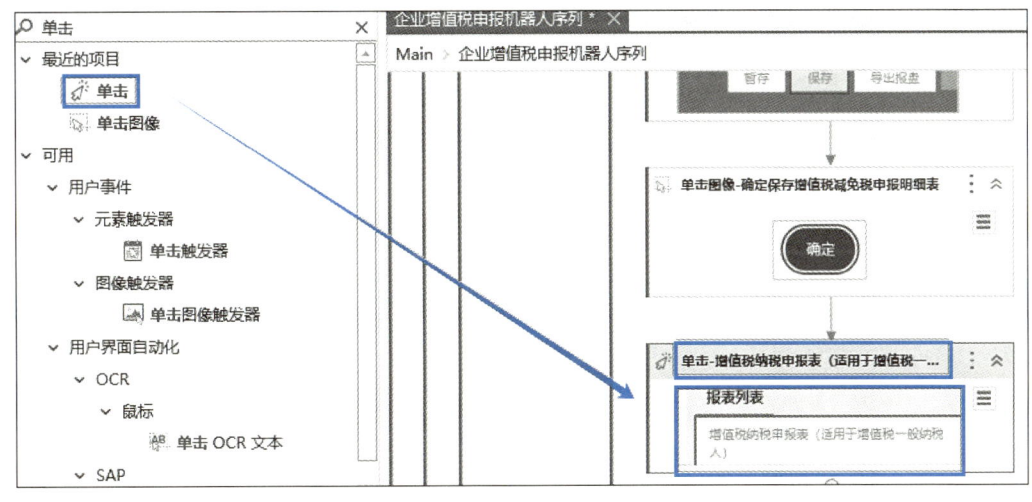

图 4-167 设置单击

㉖ 在左侧【活动】面板的搜索框中输入【单击】，将【单击】拖曳到设计面板中【单击-增值税纳税申报表（适用于增值税一般纳税人）】活动下方，将新增活动重命名为【单击保存-增值税纳税申报表（适用于增值税一般纳税人）】。点击【指明在屏幕上】，页面显示为浏览器页面，点击浏览器页面顶部的【保存】，如图 4-168 所示。

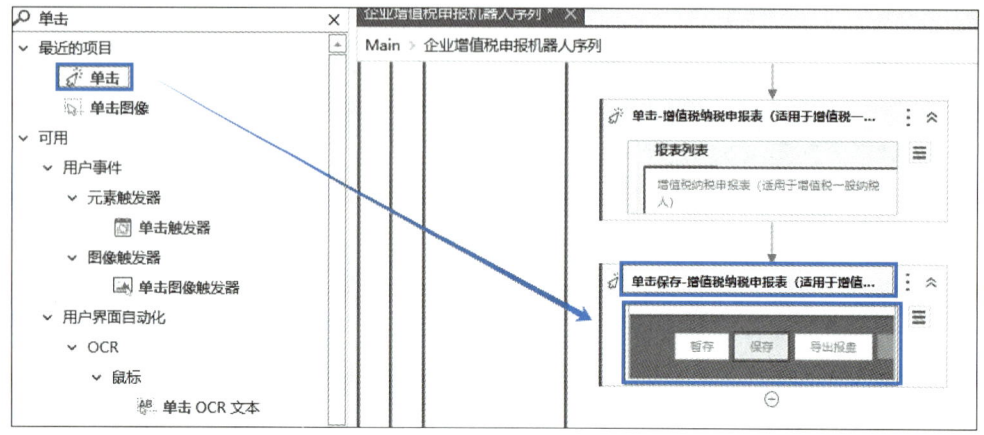

图 4-168　设置单击

㉗ 在左侧【活动】面板的搜索框中输入【单击图像】，将【单击图像】拖曳到设计面板中【单击保存-增值税纳税申报表（适用于增值税一般纳税人）】活动下方，将新增活动重命名为【单击图像-确定保存增值税纳税申报表（适用于增值税一般纳税人）】。点击【指明在屏幕上】，页面显示为浏览器页面，用红色方框选中浏览器页面弹窗中的【确定】，如图 4-169 所示。

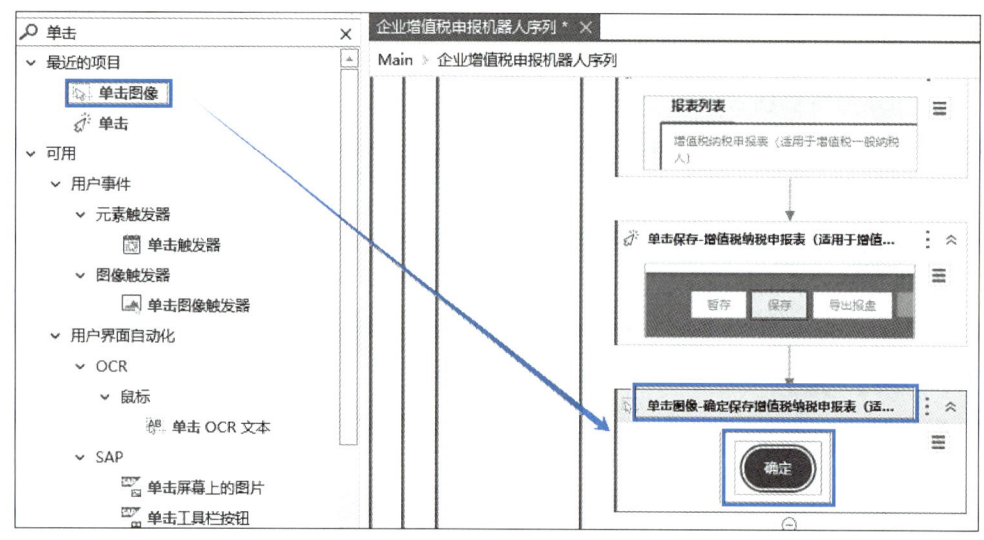

图 4-169　设置单击图像

（9）步骤六【完成申报】。

① 在左侧【活动】面板的搜索框中输入【序列】，将【序列】拖曳到设计面板中【读写申报信息序列】活动下方，将新增活动重命名为【完成申报序列】，如图 4-170 所示。

② 在左侧【活动】面板的搜索框中输入【单击】，将【单击】拖曳到设计面板中【读写申报信息序列】活动内，将新增活动重命名为【单击-申报】。点击【指明在屏幕上】，页面显示为浏览器页面，点击浏览器页面顶部橙色的【申报】，点击浏览器页面顶部【保存】，如图 4-171 所示。

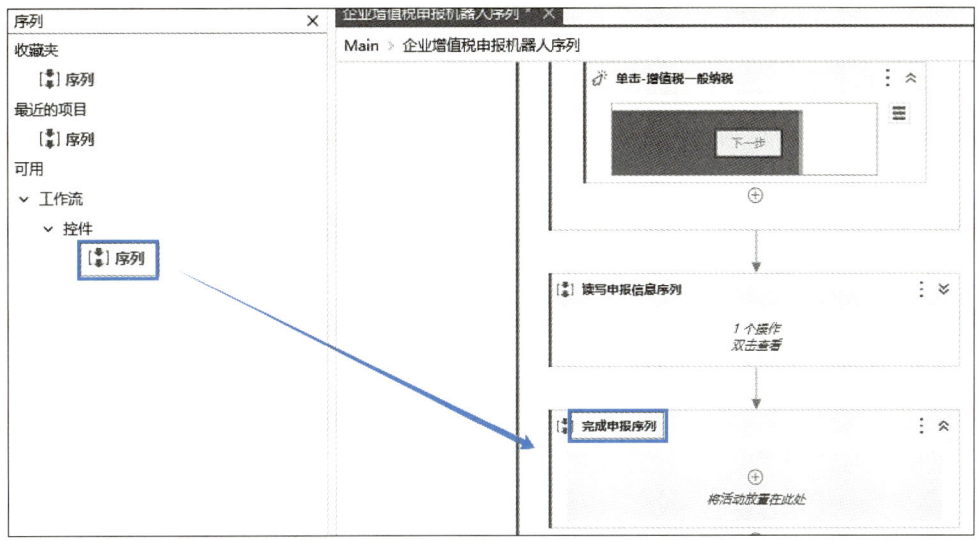

图 4-170 新增序列

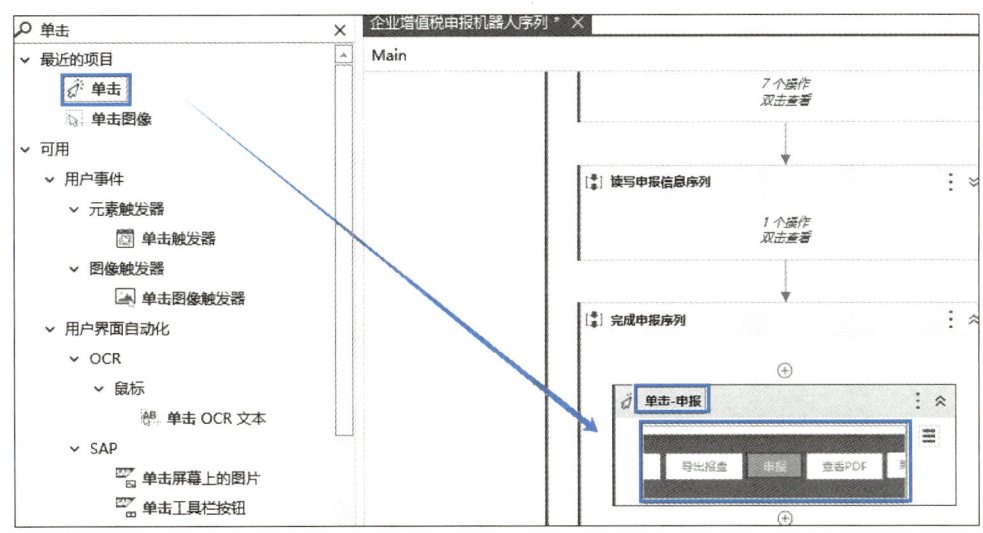

图 4-171 设置单击

③ 在左侧【活动】面板的搜索框中输入【单击】,将【单击】拖曳到设计面板中【单击-申报】活动下方,将新增活动重命名为【单击-缴款】。点击【指明在屏幕上】,页面显示为浏览器页面,点击浏览器页面中央的【缴款】,如图 4-172 所示。

④ 在左侧【活动】面板的搜索框中输入【锚点基准】,将【锚点基准】拖曳到设计面板中【单击-缴款】活动下方,将新增活动重命名为【锚点基准-定位增值税】,如图 4-173 所示。

⑤ 在左侧【活动】面板的搜索框中输入【查找图像】,将【查找图像】拖曳到设计面板【锚点基准-定位增值税】活动内,将新增活动重命名为【查找图像-增值税】。点击【指出屏幕上的图像】,页面显示为浏览器页面,用红色方框选中浏览器页面中央的【增值税】,如图 4-174 所示。

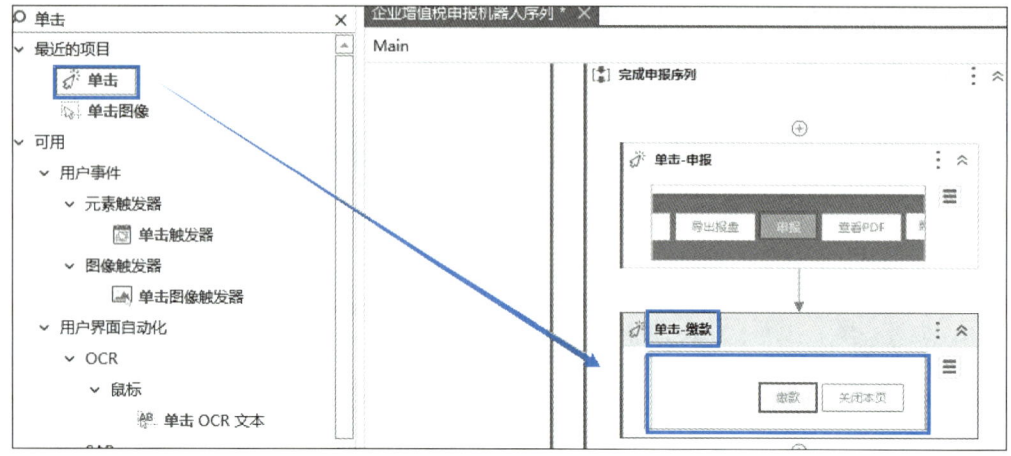

图 4-172 设置单击

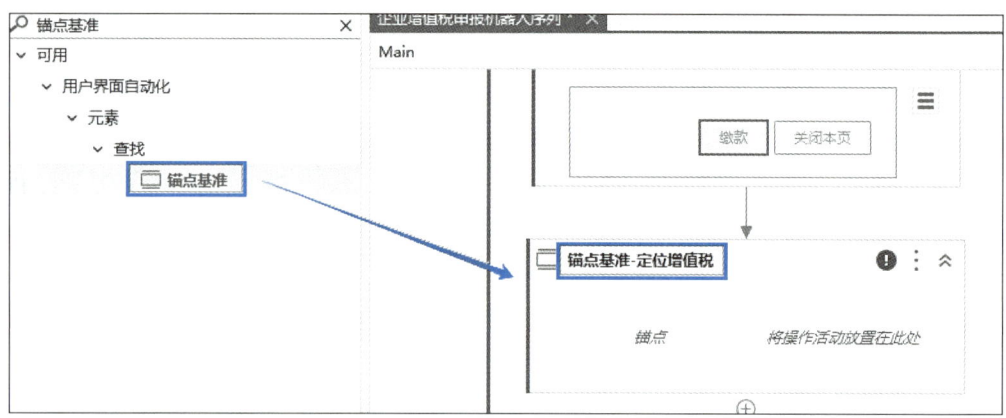

图 4-173 设置锚点基准

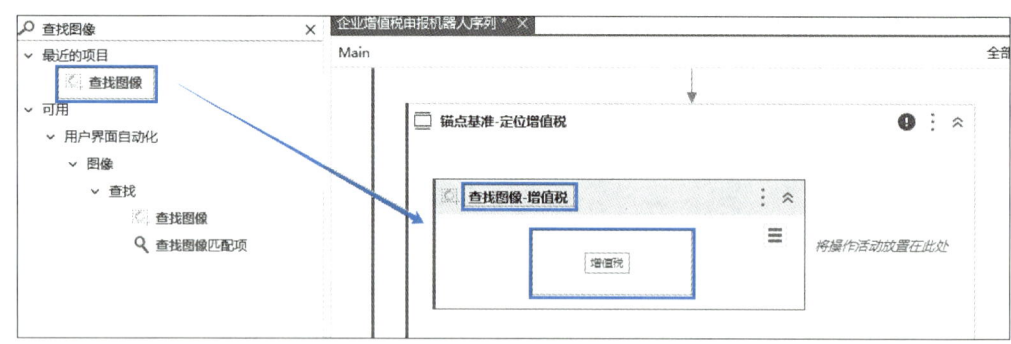

图 4-174 设置查找图像

⑥ 在左侧【活动】面板的搜索框中输入【单击图像】，将【单击图像】拖曳到设计面板【锚点基准-定位增值税】活动内，将新增活动重命名为【单击图像-勾选增值税复选框】。点击【指出屏幕上的图像】，页面显示为浏览器页面，用红色方框勾选浏览器页面【增值税】左侧的复选框，如图 4-175 所示。

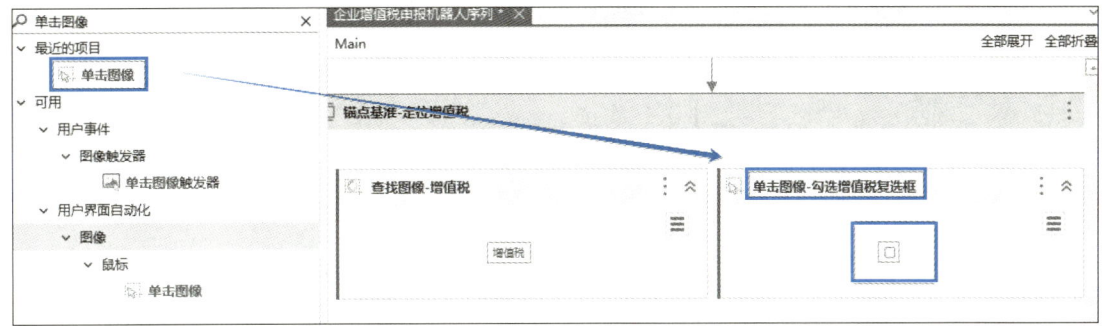

图 4-175　设置单击图像

　　⑦ 在左侧【活动】面板的搜索框中输入【单击】,将【单击】拖曳到设计面板【锚点基准-定位增值税】活动下方,将新增活动重命名为【单击-立即缴款】。点击【指明在屏幕上】,页面显示为浏览器页面,点击浏览器页面中央的【立即缴款】,如图 4-176 所示。

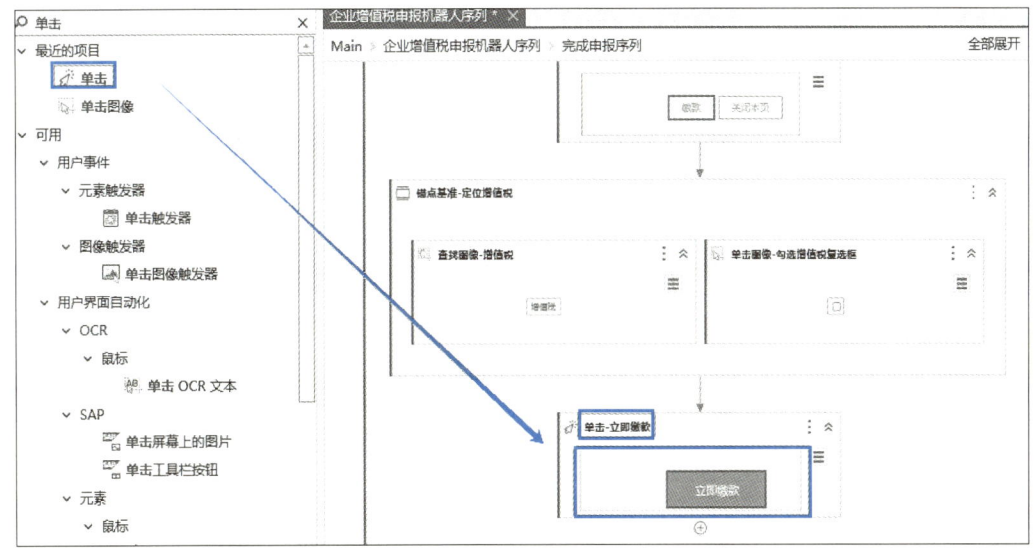

图 4-176　设置单击

　　⑧ 在左侧【活动】面板的搜索框中输入【选中】,将【选中】拖曳到设计面板【单击-立即缴款】活动下方,将新增活动重命名为【选中-选择单选框】。点击【指明在屏幕上】,页面显示为浏览器页面,勾选浏览器页面【缴款】弹窗中的单选框,如图 4-177 所示。

　　⑨ 在左侧【活动】面板的搜索框中输入【单击】,将【单击】拖曳到设计面板【选中-选择单选框】活动下方,将新增活动重命名为【单击-微信缴款】。点击【指明在屏幕上】,页面显示为浏览器页面,点击【缴款】|【微信缴款】,如图 4-178 所示。

　　⑩ 在左侧【活动】面板的搜索框中输入【单击】,将【单击】拖曳到设计面板【单击-微信缴款】活动下方,将新增活动重命名为【单击-确定支付】。点击【指明在屏幕上】,页面显示为浏览器页面,点击【信息】|【确定】,如图 4-179 所示。

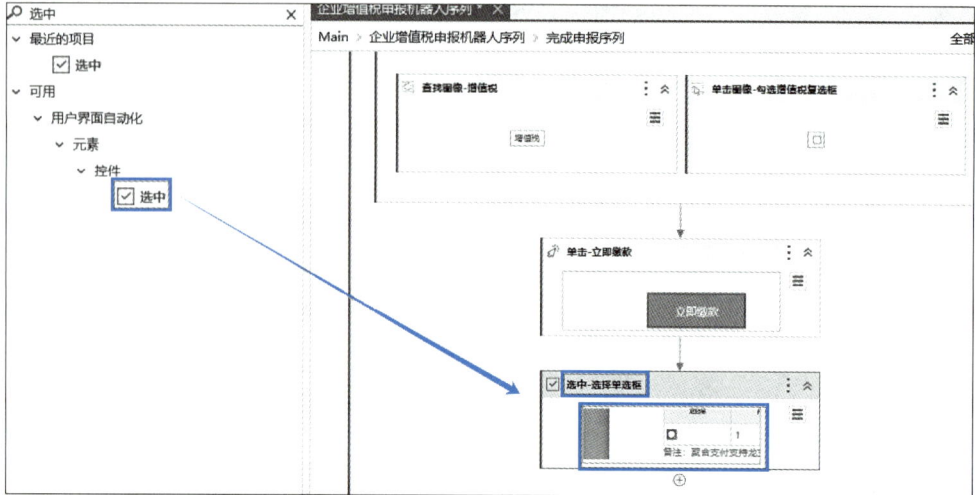

图 4-177　设置选中

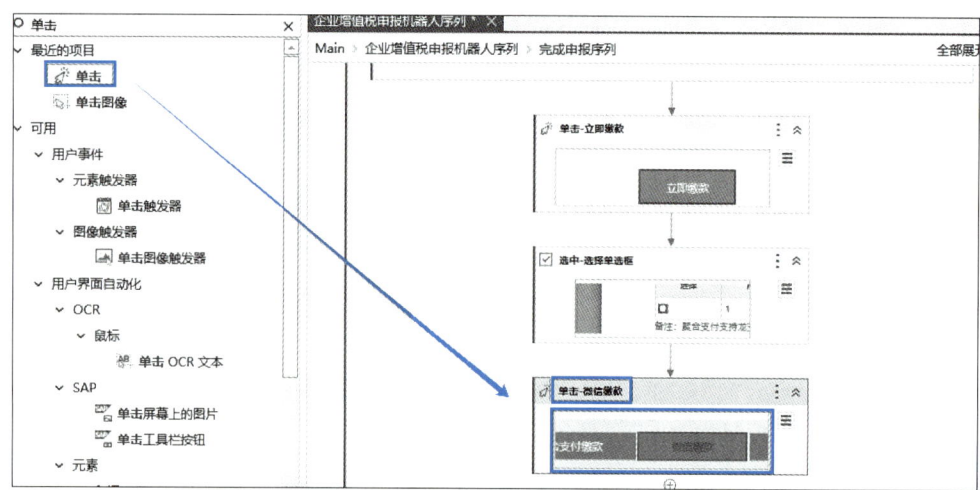

图 4-178　设置单击

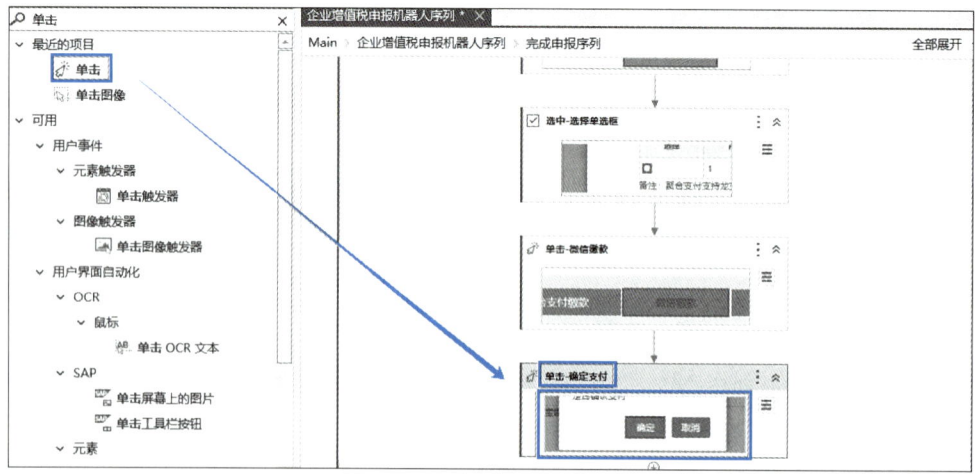

图 4-179　设置单击

⑪ 在左侧【活动】面板的搜索框中输入【关闭应用程序】,将【关闭应用程序】拖曳到设计面板【单击-确定支付】活动下方,将新增活动重命名为【关闭应用程序-关闭浏览器】。点击【指明在屏幕上】,页面显示为浏览器页面,点击浏览器页面,再点击浏览器页面空白处,如图 4-180 所示。

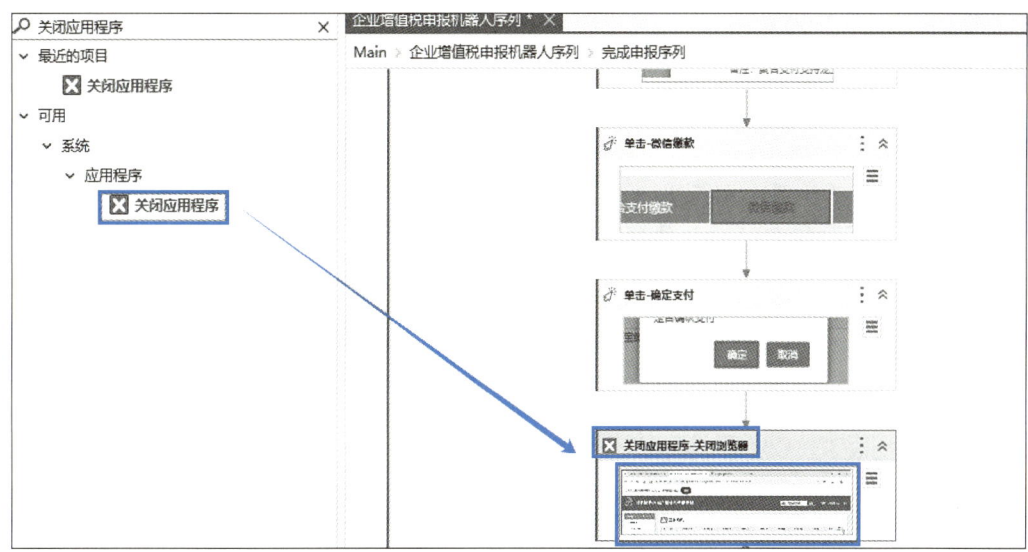

图 4-180 设置关闭应用程序

思政小思考

当【清缴税款】页面存在多笔税款未缴清时,为什么要增加【锚点基准】和【查找图像】活动控件? 是否可以直接使用【单击图像】?

三、课后拓展

利用 UiPath 实现从 Excel 文档中提取特定数据的步骤:

(1) 明确需求:确定需要从 Excel 文档中提取的数据特征,如特定的列、行、单元格,或满足特定条件的数据。

(2) 读取 Excel 文档:运用【读取范围】活动读取 Excel 文档中的数据,并将其存储在【DataTable】变量中。

(3) 提取指定数据:通过【对于数据表中的每一行】活动遍历数据表,结合【IF 条件】活动对每一行数据进行判断,提取符合特定条件的数据,并可利用【写入单元格】或【显示消息】活动来实现。

试卷测试

第四节　采购合同信息提取机器人

情景案例导入

机器人智能对账

在财务共享服务中心,小明不仅负责税务管理岗位的工作,还参与了采购合同的管理工作。随着企业业务的不断扩展,采购合同的数量急剧增加,小明需要投入大量时间手动处理这些合同信息。他必须仔细阅读每一份合同,提取关键信息,如供应商名称、采购金额、合同有效期等,并将这些信息填写到指定的 Excel 文件中,以便后续的管理和分析。然而,手动处理采购合同信息不仅烦琐且耗时,还容易因人为疏忽导致错误或遗漏的发生。

之前,小明已经熟练运用 RPA 技术制作了多个机器人,显著提高了工作效率。小明决定再次挑战 RPA 技术,制作一个采购合同信息提取机器人,让机器人自动读取采购合同信息,并按照既定规则填写到 Excel 文件中,实现采购合同信息的高效管理与分析。

【思考】 同学们,小明该如何运用 UiPath 制作采购合同信息提取机器人呢?让我们一起帮他解决这个问题。

一、采购合同信息提取机器人原理

思政小思考

企业在合同管理过程中应该如何有效防范法律风险?

(一)案例目标

(1)通过 RPA 工具读取采购合同信息。

(2)通过 RPA 工具自动填写采购合同信息。

(二)案例工作流程

采购合同信息提取机器人工作流程,如图 4-181 所示。

二、采购合同信息提取机器人的制作

(一)准备阶段

(1)在【C:\】路径下创建一个名为【采购合同信息提取机器人】的文件夹。

(2)启动【RPA 财务机器人实践教学平台】,使用账号(即学号)登录,初始密码【666666】。登录后,进入任务列表,打开【采购合同信息提取机器人】任务。

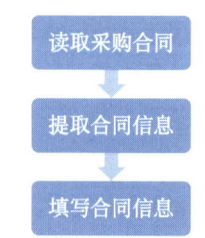

图 4-181　采购合同信息提取机器人工作流程

（3）在【采购合同信息提取机器人】任务界面，选择【资源】下的【1.采购合同信息提取机器人】进行下载。下载完成后，将【采购合同】文件夹和【采购合同信息.xlsx】文档保存至【C:\采购合同信息提取机器人】文件夹内。请确保所有采购合同的 PDF 文件都存放于【采购合同】文件夹中，如图 4-182 所示。

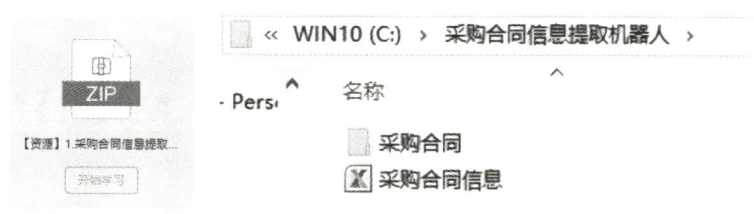

图 4-182　下载任务资源

（二）制作阶段

（1）打开【UiPath Studio】，依次点击【开始】|【库】，在打开的【新建空白库】弹窗中，设置名称为【采购合同信息提取机器人】，位置为【C:\采购合同信息提取机器人】，其他保持初始设置。点击【创建】，完成库的创建，如图 4-183 所示。

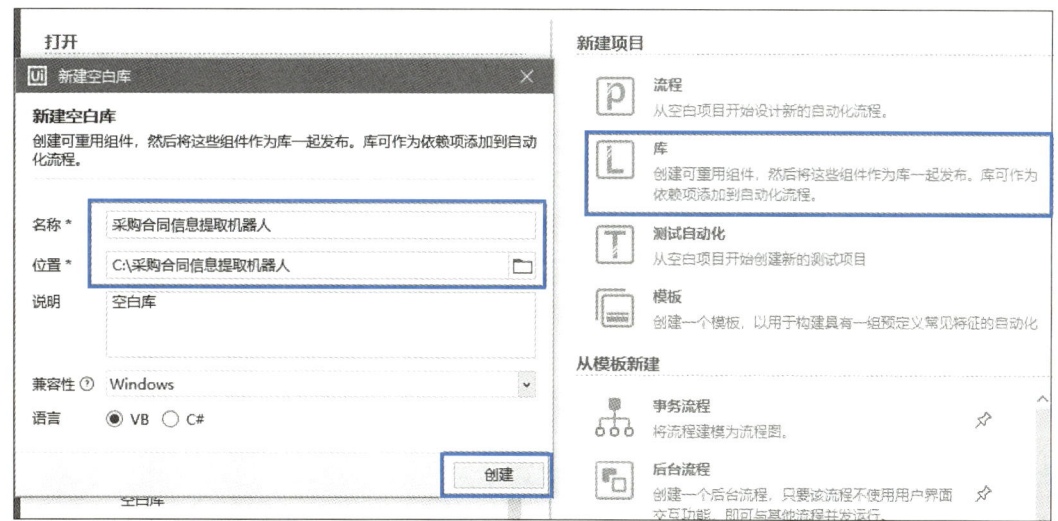

图 4-183　新建空白库

（2）点击页面左下角的【项目】，在左侧展开的【项目】面板中，点击【NewActivity.xaml】，按【F2】键或者单击鼠标右键选择【重命名】。在【重命名】弹窗中，设置收件人为【采购合同信息提取机器人序列】，点击【确定】，完成项目重命名操作，如图 4-184 所示。双击页面左侧的【采购合同信息提取机器人序列.xaml】（重命名的【NewActivity.xaml】文件），进入【Main】设计面板的主界面。

（3）点击页面左下角的【活动】面板，在左侧的搜索框中输入【序列】，将【序列】拖曳到设计面板中（或者直接双击搜索结果【序列】），将新增的【序列】重命名为【采购合同信息提取机器人序列】，如图 4-185 所示。

图 4-184 重命名项目

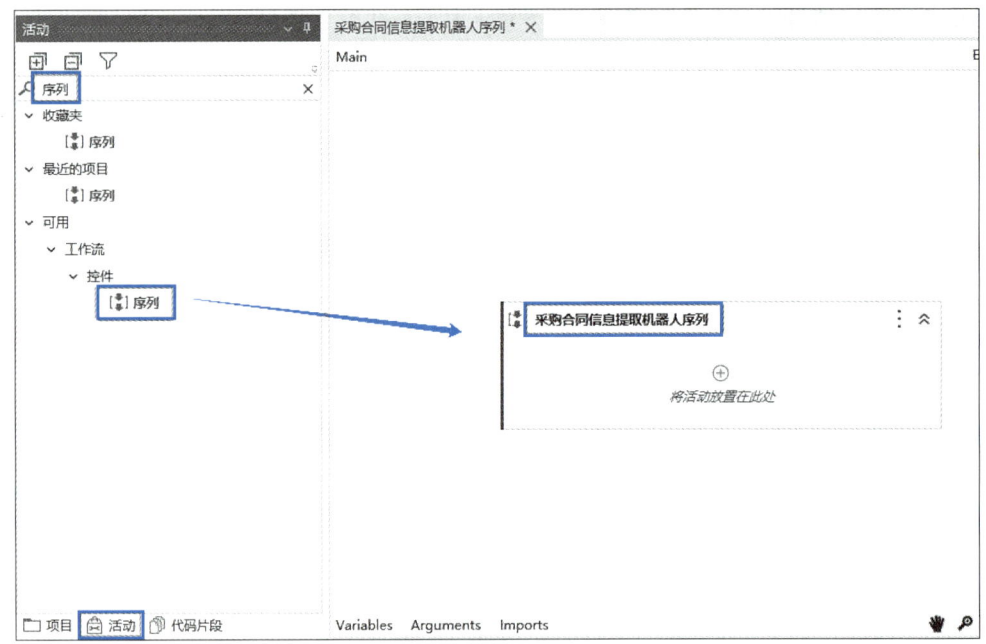

图 4-185 新增序列

注意:该机器人在制作前需要先安装 PDF 程序包。

安装步骤:点击菜单面板的【管理程序包】,在【管理包】弹窗的左边导航栏选择【所有包】,在搜索框中输入【UiPath. PDF. Activities】后按回车键。选中搜索结果【UiPath. PDF. Activities】,在右边的属性栏中点击【安装】,待程序安装后点击右下方的【保存】,如图 4-186 所示。

(4) 步骤一【读取采购合同】。

① 在左侧【活动】面板的搜索框中输入【序列】,将【序列】拖曳到设计面板【采购合同信息提取机器人序列】活动内,将新增的活动控件命名为【读取采购合同序列】,如图 4-187 所示。

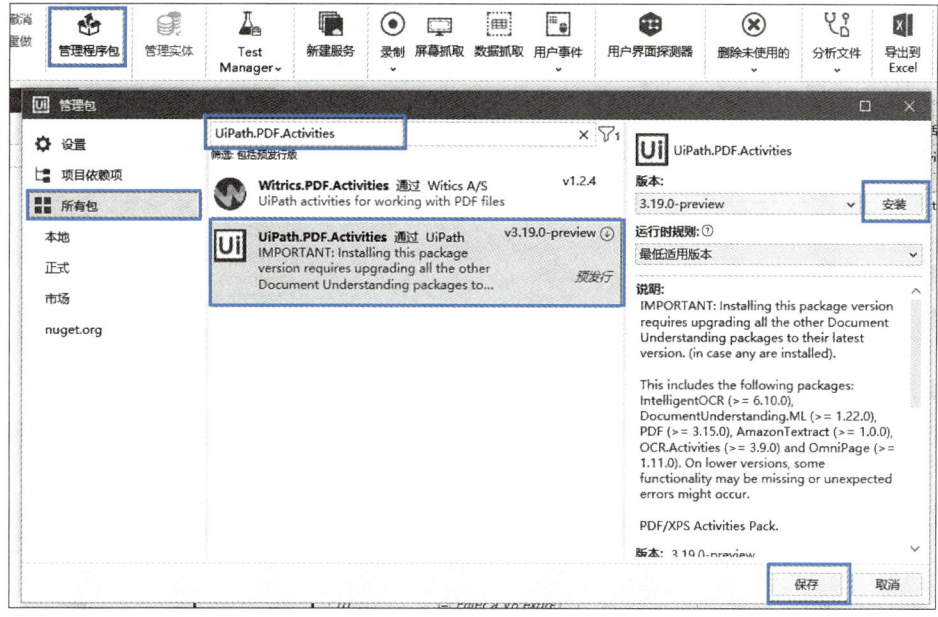

图 4-186　安装 PDF 程序包

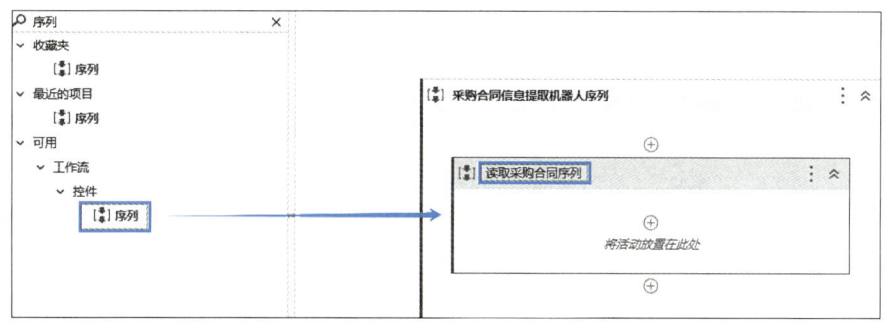

图 4-187　新增序列

② 在左侧【活动】面板的搜索框中输入【分配】,将【分配】拖曳到设计面板【读取采购合同序列】活动内,将新增的活动控件重命名为【分配—读取采购合同文件路径】。点击【属性】|【杂项(或 Misc)】|【设置值】|【…】,打开表达式编辑器弹窗,在表达式编辑器输入框中输入【directory.GetFiles("C:\采购合同信息提取机器人\采购合同")】,请使用英文输入法下的双引号,否则会报错。点击【OK】,完成编辑,如图 4-188 所示。

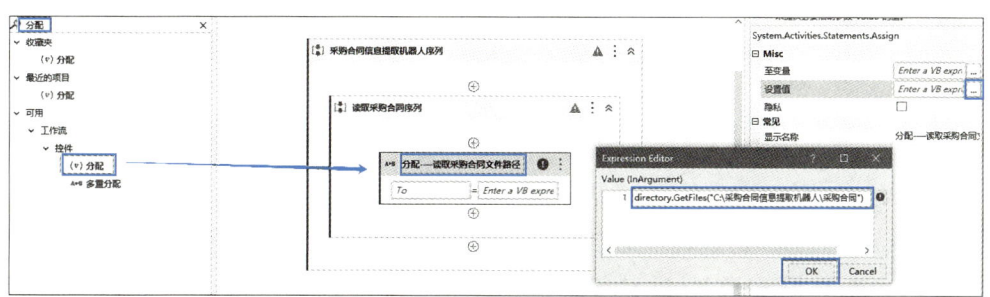

图 4-188　设置分配

③ 点击【属性】|【杂项(或 Misc)】|【至变量】,单击鼠标右键选择【创建变量】,输入变量名称【V1_采购合同文件路径】后按回车键确认。点击【变量】,打开【变量面板】,选择【V1_采购合同文件路径】变量,将变量类型设置为【String】,范围修改为【采购合同信息提取机器人序列】,设置完成后点击【变量】,关闭变量面板,如图 4-189 所示。

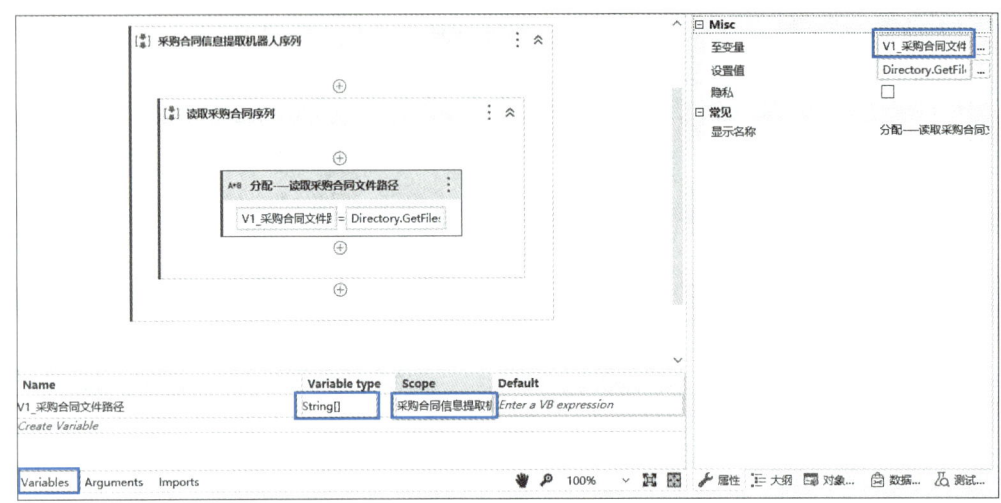

图 4-189 设置变量

④ 在左侧【活动】面板的搜索框中输入【遍历循环】,将【遍历循环】拖曳到设计面板【分配—读取采购合同文件路径】活动下方,将新增的活动控件命名为【遍历循环—遍历读取采购合同文件】。在【遍历循环—遍历读取采购合同文件】活动内的【输入】输入框中按空格键,双击【V1_采购合同文件路径】变量,如图 4-190 所示。

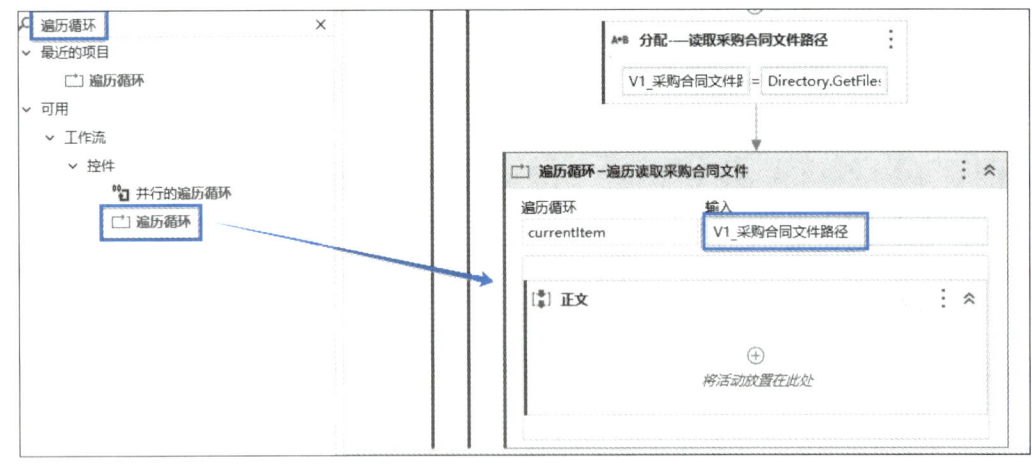

图 4-190 设置遍历循环

⑤ 在左侧【活动】面板的搜索框中输入【读取 PDF 文本】,将【读取 PDF 文本】拖曳到设计面板【遍历循环—遍历读取采购合同文件】活动内,将新增的活动控件重命名为【读取 PDF 文本—读取采购合同文件】。在活动输入框中输入【item. Tostring】(部分版本需输入

【currentItem.Tostring】,注意要和【遍历循环】表述一致),点击【确定】。点击【属性】|【输出】|【文本】,单击鼠标右键选择【创建变量】,输入变量名称【V2_采购合同文件内容】后按回车键确认。点击【变量】,打开【变量面板】,选中【V2_采购合同文件内容】变量,将变量类型设置为【String】,范围修改为【采购合同信息提取机器人序列】,设置完成后点击【变量】关闭变量面板,如图 4-191 所示。

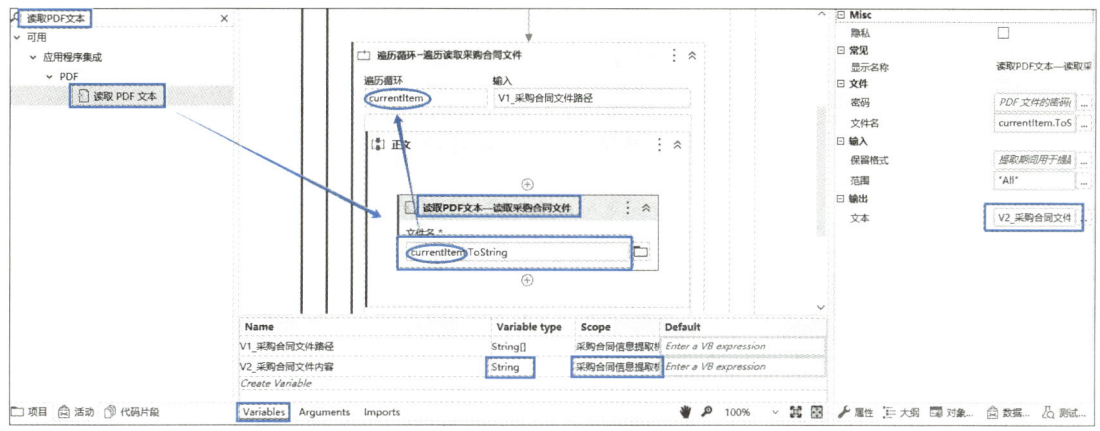

图 4-191 设置读取 PDF 文本

（5）步骤二【提取合同信息】。

① 在左侧【活动】面板的搜索框中输入【序列】,将【序列】拖曳到设计面板【读取 PDF 文本—读取采购合同文件】活动下方,将新增的活动控件重命名为【提取合同信息序列】,如图 4-192 所示。

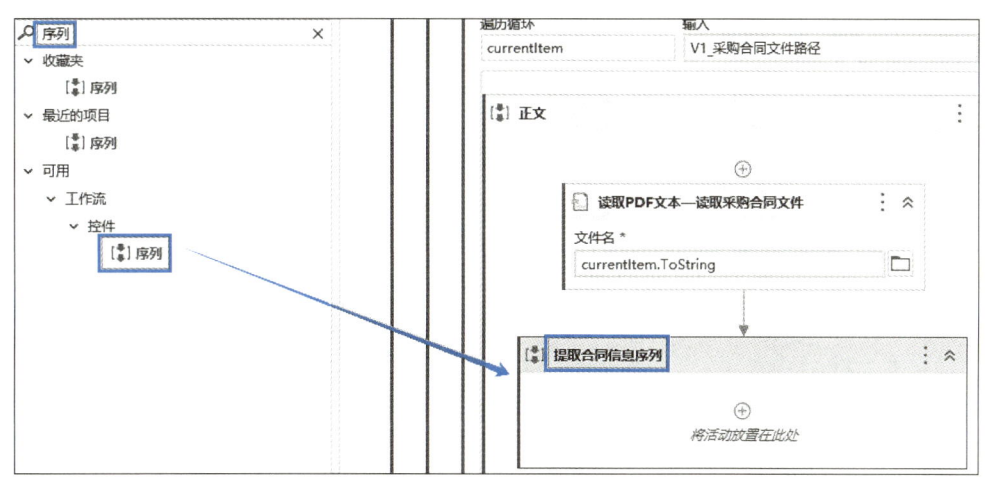

图 4-192 新增序列

② 在左侧【活动】面板的搜索框中输入【序列】,将【序列】拖曳到设计面板【提取合同信息序列】活动内,将新增的【序列】重命名为【提取项目名称序列】,如图 4-193 所示。

③ 在左侧【活动】面板的搜索框中输入【分配】,将【分配】拖曳到设计面板【提取合同信息序列】活动内,将新增的【分配】重命名为【分配—定位项目名称】。点击【属性】|【杂项（或

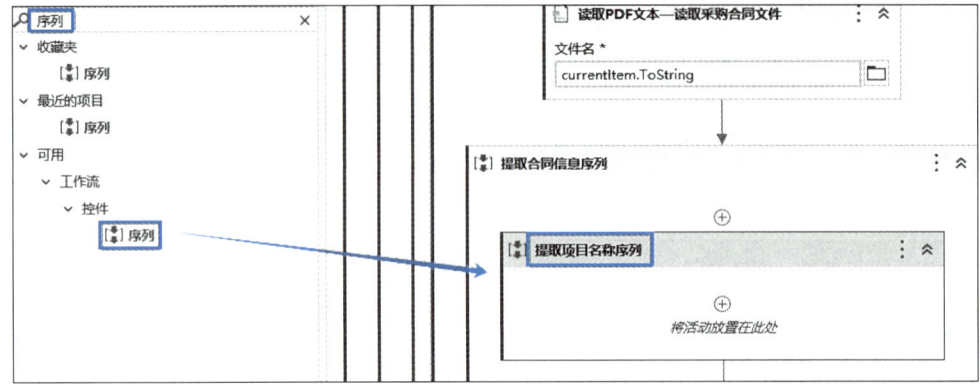

图 4-193　新增序列

Misc)】|【设置值】|【…】,打开表达式编辑器弹窗,在表达式编辑器输入框中输入【Split(V2_采购合同文件内容,"项目名称:")(1).Trim】,请使用英文输入法下的双引号,否则会报错。点击【OK】,完成编辑,如图 4-194 所示。

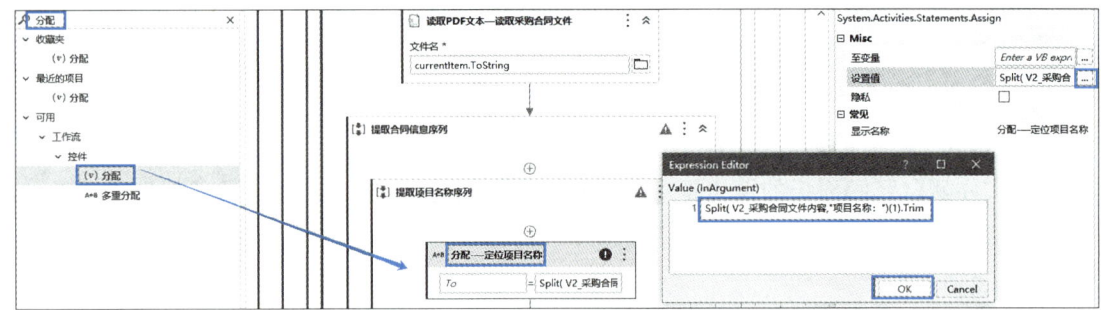

图 4-194　设置分配

④ 点击【属性】|【杂项(或 Misc)】|【至变量】,单击鼠标右键选择【创建变量】,输入变量名称【V3_定位项目名称】后按回车键确认。点击【变量】,打开【变量面板】,选中【V3_定位项目名称】变量,将变量类型设置为【String】,范围修改为【采购合同信息提取机器人序列】,设置完成后点击【变量】关闭变量面板,如图 4-195 所示。

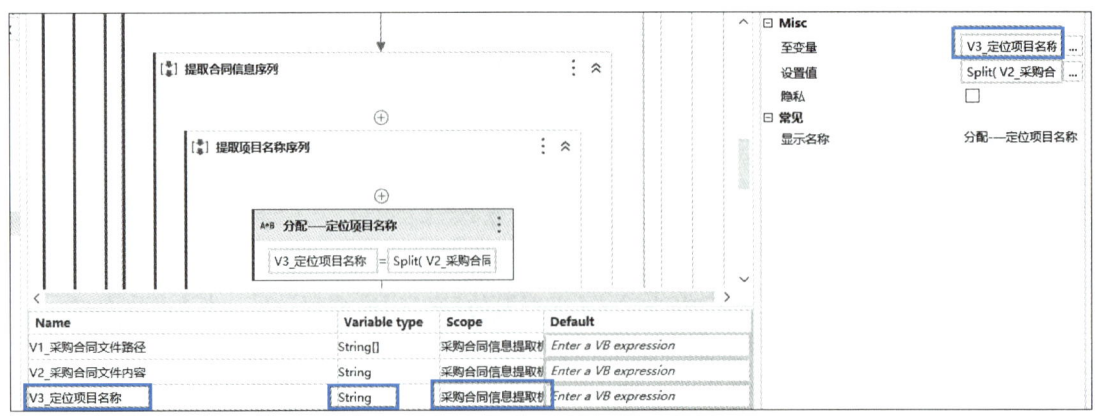

图 4-195　设置变量

⑤ 在左侧【活动】面板的搜索框中输入【分配】,将【分配】拖曳到设计面板【分配—定位项目名称】活动内,将新增的【分配】重命名为【分配—提取项目名称】。点击【属性】|【杂项(或Misc)】|【设置值】|【…】,打开表达式编辑器弹窗,在表达式编辑器输入框中输入【Split(V3_定位项目名称,"签约地点:")(0).Trim】,请使用英文输入法下的双引号,否则会报错。点击【OK】,完成编辑,如图 4-196 所示。

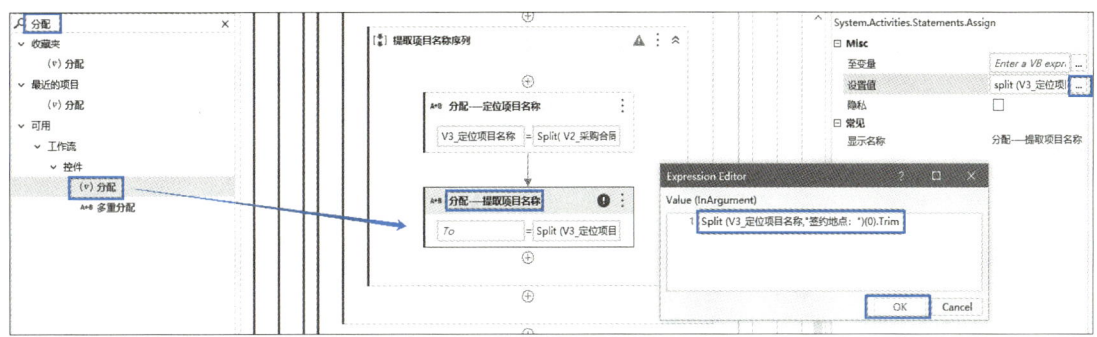

图 4-196 设置分配

⑥ 点击【属性】|【杂项(或 Misc)】|【至变量】,单击鼠标右键选择【创建变量】,输入变量名称【V4_项目名称】后按回车键确认。点击【变量】,打开【变量面板】,选中【V4_项目名称】变量,将变量类型设置为【string】,范围修改为【采购合同信息提取机器人序列】,设置完成后点击【变量】,关闭变量面板,如图 4-197 所示。

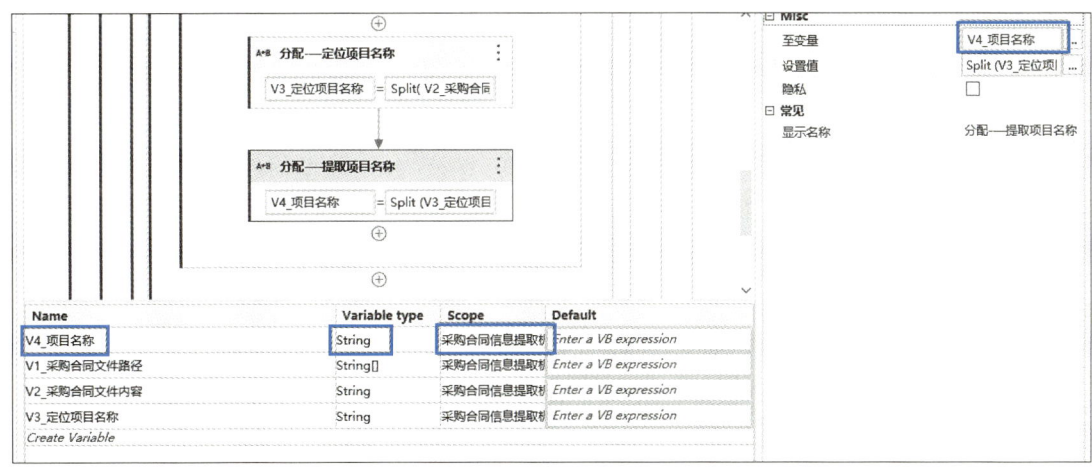

图 4-197 设置变量

⑦ 自动提取项目名称的活动参数设置,如表 4-3 所示。

表 4-3　自动提取项目名称的活动参数设置

提取内容	所需活动	属性	值
项目名称	序列	重命名	提取项目名称序列
	分配	重命名	分配—定位项目名称
		表达式	Split(V2_采购合同文件内容,"项目名称:")(1).Trim
		创建变量	变量名:V3_定位项目名称 变量类型:String 变量范围:采购合同信息提取机器人序列
	分配	重命名	分配—提取项目名称
		表达式	Split(V3_定位项目名称,"签约地点:")(0).Trim
		创建变量	变量名:V4_项目名称 变量类型:String 变量范围:采购合同信息提取机器人序列

⑧ 同理,自动提取合同编号的活动参数设置,如表 4-4 和图 4-198 所示。

表 4-4　自动提取合同编号的活动参数设置

提取内容	所需活动	属性	值
合同编号	序列	重命名	提取合同编号序列
	分配	重命名	分配—定位合同编号
		表达式	Split(V2_采购合同文件内容,"合同编号:")(1).Trim
		创建变量	变量名:V5_定位合同编号 变量类型:String 变量范围:采购合同信息提取机器人序列
	分配	重命名	分配—提取合同编号
		表达式	Split(V5_定位合同编号,"广州市朗恒信息科技有限公司采购项目")(0).Trim
		创建变量	变量名:V6_合同编号 变量类型:String 变量范围:采购合同信息提取机器人序列

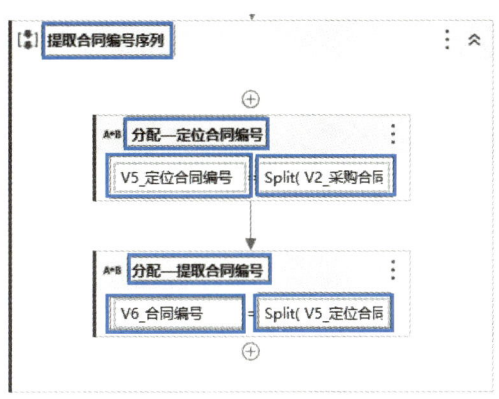

图 4-198　提取合同编号序列

⑨ 自动提取签约日期的活动参数设置,如表 4-5 和图 4-199 所示。

表 4-5　自动提取签约日期的活动参数设置

提取内容	所需活动	属性	值
签约日期	序列	重命名	提取签约日期序列
	分配	重命名	分配—定位签约日期
		表达式	Split(V2_采购合同文件内容,"签约日期:")(1). Trim
		创建变量	变量名:V7_定位签约日期 变量类型:String 变量范围:采购合同信息提取机器人序列
	分配	重命名	分配—提取签约日期
		表达式	Split(V7_定位签约日期,"第 1 页")(0). Trim
		创建变量	变量名:V8_签约日期 变量类型:String 变量范围:采购合同信息提取机器人序列

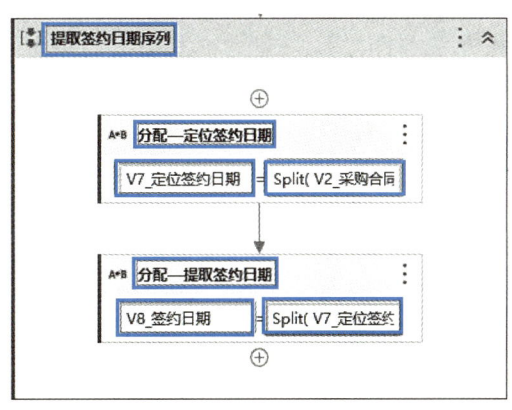

图 4-199　提取签约日期序列

⑩ 自动提取付款方式的活动参数设置,如表 4-6 和图 4-200 所示。

表 4-6　自动提取付款方式的活动参数设置

提取内容	所需活动	属性	值
付款方式	序列	重命名	提取付款方式序列
	分配	重命名	分配—定位付款方式
		表达式	Split(V2_采购合同文件内容,"本合同采用第")(1).Trim
		创建变量	变量名:V9_定位付款方式 变量类型:String 变量范围:采购合同信息提取机器人序列
	分配	重命名	分配—提取付款方式
		表达式	Split(V9_定位付款方式,"(一/二)种方式")(0).Trim
		创建变量	变量名:V10_付款方式 变量类型:String 变量范围:采购合同信息提取机器人序列

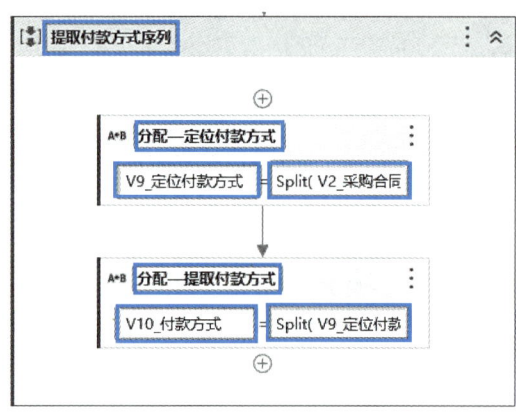

图 4-200　提取付款方式序列

⑪ 自动提取分期数的活动参数设置,如表 4-7 和图 4-201 所示。

表 4-7　自动提取分期数的活动参数设置

提取内容	所需活动	属性	值
分期数	序列	重命名	提取分期数序列
	分配	重命名	分配—定位分期数
		表达式	Split(V2_采购合同文件内容,"方式,分")(1).Trim
		创建变量	变量名:V11_定位分期数 变量类型:String 变量范围:采购合同信息提取机器人序列
	分配	重命名	分配—提取分期数
		表达式	Split(V11_定位分期数,"期支付合同款项")(0).Trim
		创建变量	变量名:V12_分期数 变量类型:String 变量范围:采购合同信息提取机器人序列

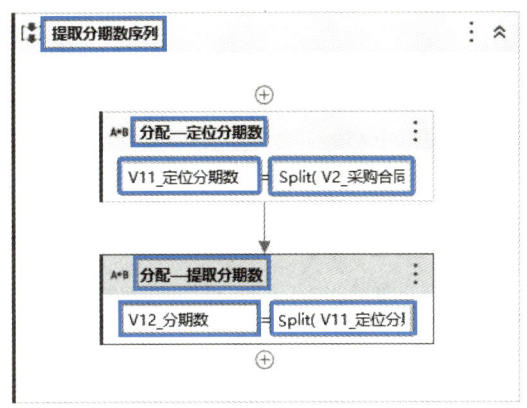

图 4-201　提取分期数序列

⑫ 自动提取甲方公司的活动参数设置，如表 4-8 和图 4-202 所示。

表 4-8　自动提取甲方公司的活动参数设置

提取内容	所需活动	属性	值
甲方公司	序列	重命名	提取甲方公司序列
	分配	重命名	分配—定位甲方公司
		表达式	Split(V2_采购合同文件内容,"甲方:")(1).Trim
		创建变量	变量名:V13_定位甲方公司 变量类型:String 变量范围:采购合同信息提取机器人序列
	分配	重命名	分配—提取甲方公司
		表达式	Split(V13_定位甲方公司,"甲方代表:")(0).Trim
		创建变量	变量名:V14_甲方公司 变量类型:String 变量范围:采购合同信息提取机器人序列

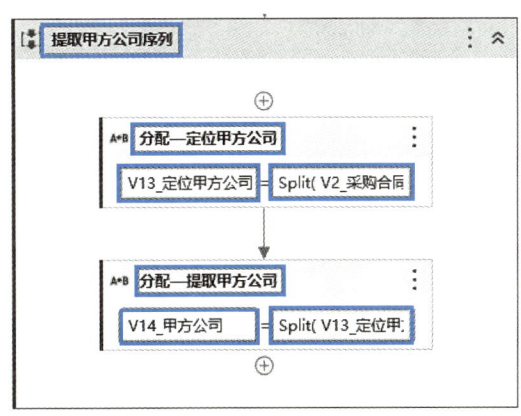

图 4-202　提取甲方公司序列

⑬ 自动提取甲方代表的活动参数设置，如表 4-9 和图 4-203 所示。

表 4-9　自动提取甲方代表的活动参数设置

提取内容	所需活动	属性	值
甲方代表	序列	重命名	提取甲方代表序列
	分配	重命名	分配—定位甲方代表
		表达式	Split(V2_采购合同文件内容,"甲方代表:")(1).Trim
		创建变量	变量名:V15_定位甲方代表 变量类型:String 变量范围:采购合同信息提取机器人序列
	分配	重命名	分配—提取甲方代表
		表达式	Split(V15_定位甲方代表,"电话:")(0).Trim
		创建变量	变量名:V16_甲方代表 变量类型:String 变量范围:采购合同信息提取机器人序列

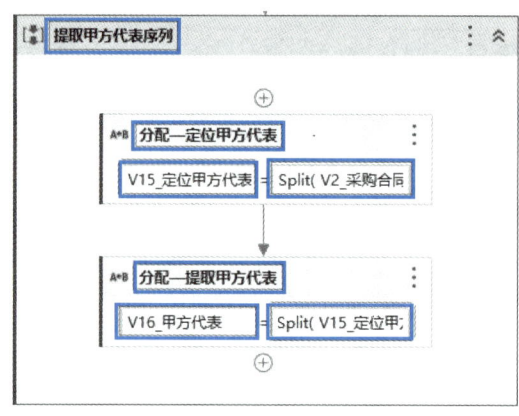

图 4-203　提取甲方代表序列

⑭ 自动提取乙方公司的活动参数设置,如表 4-10 和图 4-204 所示。

表 4-10　自动提取乙方公司的活动参数设置

提取内容	所需活动	属性	值
乙方公司	序列	重命名	提取乙方公司序列
	分配	重命名	分配—定位乙方公司
		表达式	Split(V2_采购合同文件内容,"乙方:")(1).Trim
		创建变量	变量名:V17_定位乙方公司 变量类型:String 变量范围:采购合同信息提取机器人序列
	分配	重命名	分配—提取乙方公司
		表达式	Split(V17_定位乙方公司,"乙方代表:")(0).Trim
		创建变量	变量名:V18_乙方公司 变量类型:String 变量范围:采购合同信息提取机器人序列

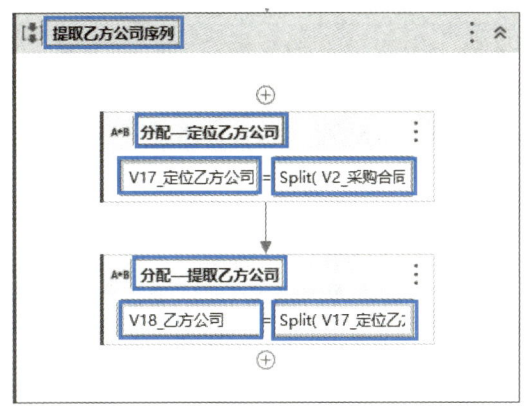

图 4-204　提取乙方公司序列

⑮ 自动提取乙方代表的活动参数设置，如表 4-11 和图 4-205 所示。

表 4-11　自动提取乙方代表的活动参数设置

提取内容	所需活动	属性	值
乙方代表	序列	重命名	提取乙方代表序列
	分配	重命名	分配—定位乙方代表
		表达式	Split(V2_采购合同文件内容,"乙方代表：")(1).Trim
		创建变量	变量名：V19_定位乙方代表 变量类型：String 变量范围：采购合同信息提取机器人序列
	分配	重命名	分配—提取乙方代表
		表达式	Split(V19_定位乙方代表,"电话：")(0).Trim
		创建变量	变量名：V20_乙方代表 变量类型：String 变量范围：采购合同信息提取机器人序列

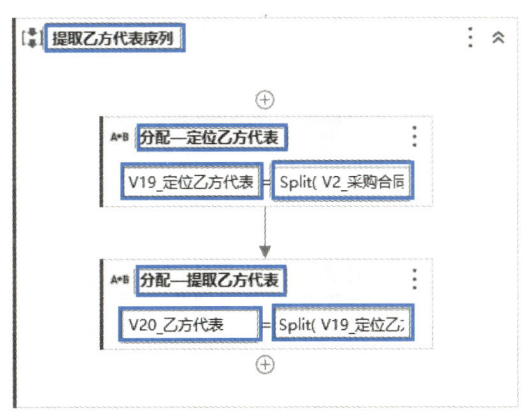

图 4-205　提取乙方代表序列

⑯ 自动提取合同价格的活动参数设置，如表 4-12 和图 4-206 所示。

表 4-12 自动提取合同价格的活动参数设置

提取内容	所需活动	属性	值
合同价格	序列	重命名	提取合同价格序列
	分配	重命名	分配—定位合同价格
		表达式	Split(V2_采购合同文件内容,"￥")(1).Trim
		创建变量	变量名:V21_定位合同价格 变量类型:String 变量范围:采购合同信息提取机器人序列
	分配	重命名	分配—提取合同价格
		表达式	Split(V21_定位合同价格,")")(0).Trim
		创建变量	变量名:V22_合同价格 变量类型:String 变量范围:采购合同信息提取机器人序列

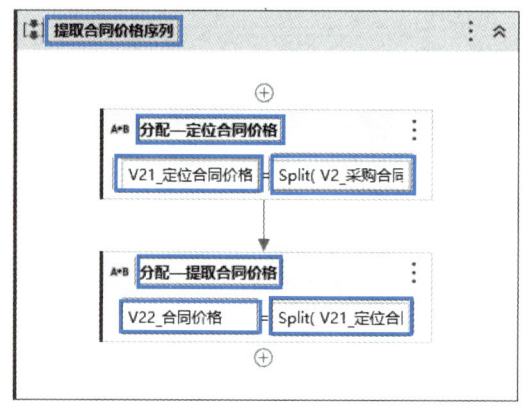

图 4-206 提取合同价格序列

⑰ 自动提取合同价格大写的活动参数设置,如表 4-13 和图 4-207 所示。

表 4-13 自动提取合同价格大写的活动参数设置

提取内容	所需活动	属性	值
合同价格大写	序列	重命名	提取合同价格大写序列
	分配	重命名	分配—定位合同价格大写
		表达式	Split(V2_采购合同文件内容,"人民币")(1).Trim
		创建变量	变量名:V23_定位合同价格大写 变量类型:String 变量范围:采购合同信息提取机器人序列
	分配	重命名	分配—提取合同价格大写
		表达式	Split(V23_定位合同价格大写,"￥")(0).Trim
		创建变量	变量名:V24_合同价格大写 变量类型:String 变量范围:采购合同信息提取机器人序列

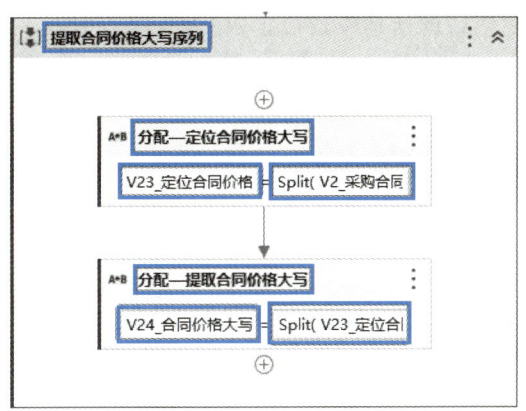

图 4-207　提取合同价格大写序列

⑱ 自动提取甲方银行账号的活动参数设置,如表 4-14 和图 4-208 所示。

表 4-14　自动提取甲方银行账号的活动参数设置

提取内容	所需活动	属性	值
甲方银行账号	序列	重命名	提取甲方银行账号序列
	分配	重命名	分配—定位甲方银行账号
		表达式	Split(V2_采购合同文件内容,"银行账号:")(1).Trim
		创建变量	变量名:V25_定位甲方银行账号 变量类型:String 变量范围:采购合同信息提取机器人序列
	分配	重命名	分配—提取甲方银行账号
		表达式	Split(V25_定位甲方银行账号,"开户银行:")(0).Trim
		创建变量	变量名:V26_甲方银行账号 变量类型:String 变量范围:采购合同信息提取机器人序列

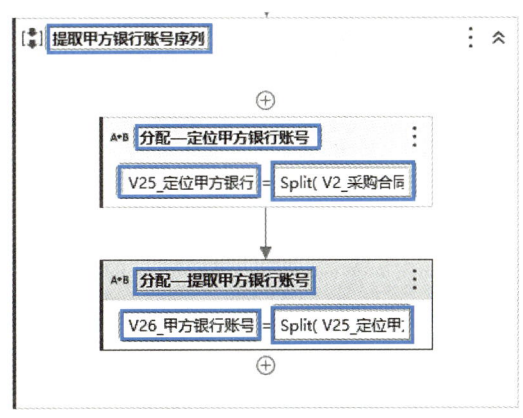

图 4-208　提取甲方银行账号序列

⑲ 自动提取甲方开户银行的活动参数设置,如表 4-15 和图 4-209 所示。

表 4-15　自动提取甲方开户银行的活动参数设置

提取内容	所需活动	属性	值
甲方开户银行	序列	重命名	提取甲方开户银行序列
	分配	重命名	分配—定位甲方开户银行
		表达式	Split(V2_采购合同文件内容,"开户银行:")(1).Trim
		创建变量	变量名:V27_定位甲方开户银行 变量类型:String 变量范围:采购合同信息提取机器人序列
	分配	重命名	分配—提取甲方开户银行
		表达式	Split(V27_定位甲方开户银行,"地址及电话:")(0).Trim
		创建变量	变量名:V28_甲方开户银行 变量类型:String 变量范围:采购合同信息提取机器人序列

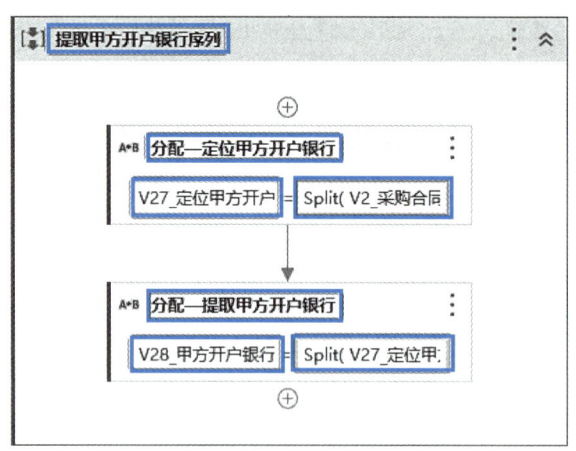

图 4-209　提取甲方开户银行序列

⑳ 自动提取乙方银行账号的具体活动参数设置,如表 4-16 和图 4-210 所示。

表 4-16　自动提取乙方银行账号的活动参数设置

提取内容	所需活动	属性	值
乙方银行账号	序列	重命名	提取乙方银行账号序列
	分配	重命名	分配—定位乙方银行账户
		表达式	Split(V2_采购合同文件内容,"乙方银行账户")(1).Trim
		创建变量	变量名:V29_定位乙方银行账户 变量类型:String 变量范围:采购合同信息提取机器人序列
	分配	重命名	分配—定位乙方银行账号
		表达式	Split(V29_定位乙方银行账户,"银行账号:")(1).Trim
		创建变量	变量名:V30_定位乙方银行账号 变量类型:String 变量范围:采购合同信息提取机器人序列
	分配	重命名	分配—提取乙方银行账号
		表达式	Split(V30_定位乙方银行账号,"开户银行:")(0).Trim
		创建变量	变量名:V31_乙方银行账号 变量类型:String 变量范围:采购合同信息提取机器人序列

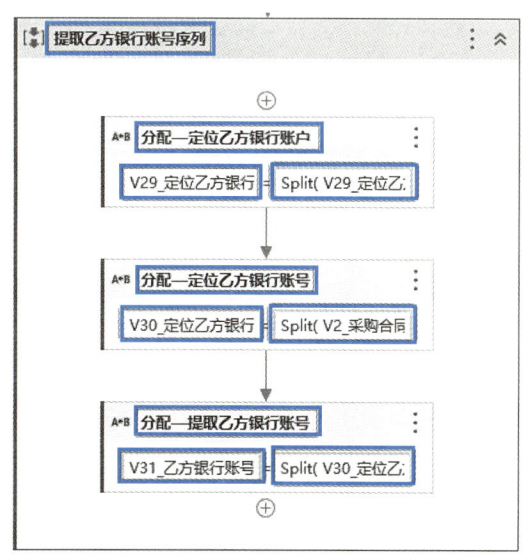

图 4-210　提取乙方银行账号序列

㉑ 自动提取乙方开户银行的活动参数设置,如表4-17和图4-211所示。

表4-17 自动提取乙方开户银行的活动参数设置

提取内容	所需活动	属性	值
乙方开户银行	序列	重命名	提取乙方开户银行序列
	分配	重命名	分配—定位乙方开户银行
		表达式	Split(V29_定位乙方银行账户,"开户银行:")(1).Trim
		创建变量	变量名:V32_定位乙方开户银行 变量类型:String 变量范围:采购合同信息提取机器人序列
	分配	重命名	分配—提取乙方开户银行
		表达式	Split(V32_定位乙方开户银行,"结算方式:")(0).Trim
		创建变量	变量名:V33_乙方开户银行 变量类型:String 变量范围:采购合同信息提取机器人序列

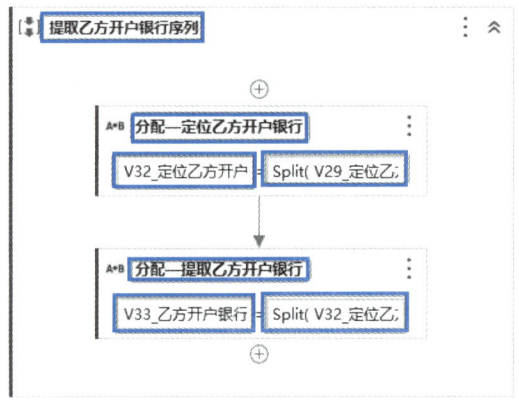

图4-211 提取乙方开户银行序列

㉒ 在左侧的搜索框中输入【IF条件】,将【IF条件】拖曳到设计面板【提取乙方开户银行序列】活动内,对新增的【IF条件】重命名为【IF条件-判断合同付款方式】。在设计面板【IF条件-判断合同付款方式】活动内的条件输入框中输入【V10_付款方式="二"】,完成输入后点击【确定】,如图4-212所示。

㉓ 在左侧的搜索框中输入【序列】,将【序列】拖曳到设计面板【IF条件-判断合同付款方式】中的【Then】活动内,对新增的【序列】重命名为【提取分期付款合同信息序列】。从搜索结果中将【序列】拖曳到【提取分期付款合同信息序列】中【Then】内,对新增的【序列】重命名为【提取分期付款类型序列】,如图4-213所示。

㉔ 在【提取分期付款类型序列】活动下,自动提取分期付款类型的活动参数设置,如表4-18和图4-214所示。

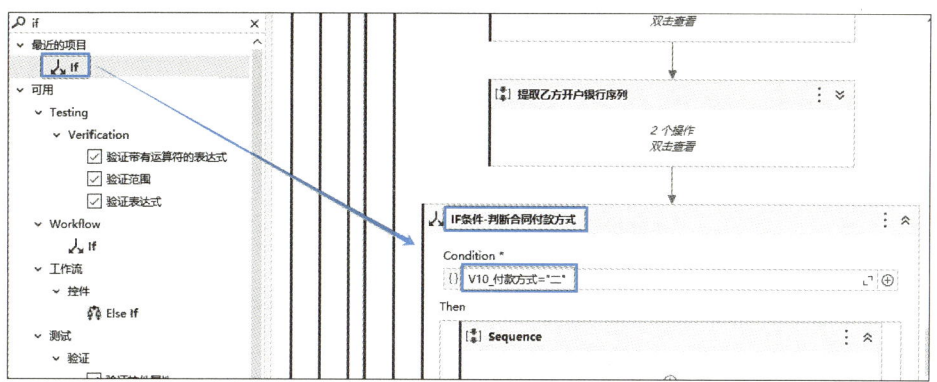

图 4-212　设置 IF 条件

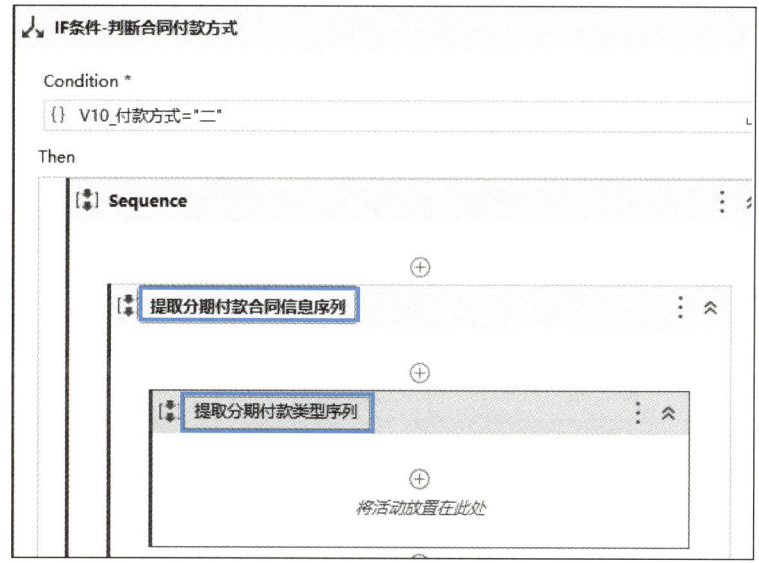

图 4-213　新增序列

表 4-18　自动提取分期付款类型的活动参数设置

提取内容	所需活动	属性	值
分期付款类型	分配	重命名	分配—定位分期付款类型
		表达式	Split(V2_采购合同文件内容,"方式二:")(1).Trim
		创建变量	变量名:V34_定位分期付款类型 变量类型:String 变量范围:采购合同信息提取机器人序列
	分配	重命名	分配—提取分期付款类型
		表达式	Split(V34_定位分期付款类型,")")(0).Trim
		创建变量	变量名:V35_分期付款类型 变量类型:String 变量范围:采购合同信息提取机器人序列

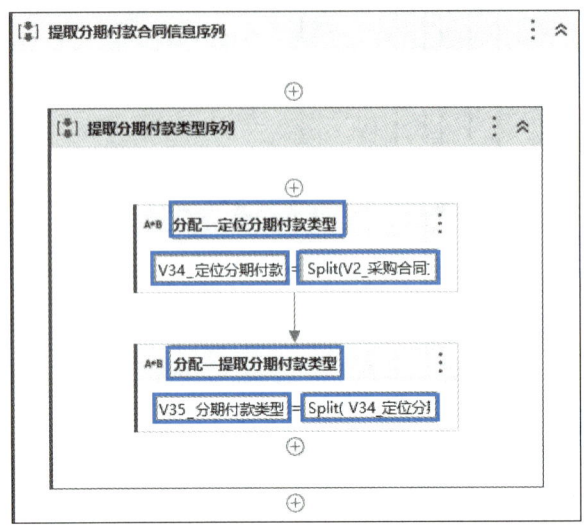

图 4-214　提取分期付款类型序列

㉕ 在【提取分期付款类型序列】活动下，自动提取首次付款日期的活动参数设置，如表 4-19 和图 4-215 所示。

表 4-19　自动提取首次付款日期的活动参数设置

提取内容	所需活动	属性	值
首次付款日期	序列	重命名	提取首次付款日期序列
	分配	重命名	分配—定位分期支付
		表达式	Split(V2_采购合同文件内容,"(分期支付)")(1).Trim
		创建变量	V36_定位分期支付
	分配	重命名	分配—定位首次付款日期
		表达式	Split(V36_定位分期支付,"工作日内(即)")(1).Trim
		创建变量	变量名:V37_定位首次付款日期 变量类型:String 变量范围:采购合同信息提取机器人序列
	分配	重命名	分配—提取首次付款日期
		表达式	Split(V37_定位首次付款日期,"前")(0).Trim
		创建变量	变量名:V38_首次付款日期 变量类型:String 变量范围:采购合同信息提取机器人序列

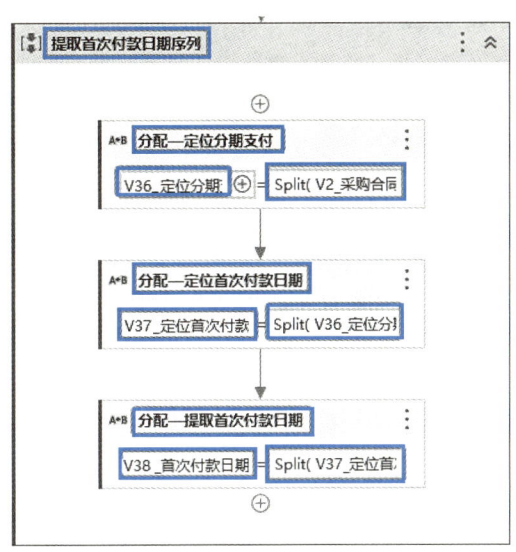

图 4-215 提取首次付款日期序列

㉖ 在【提取首次付款日期序列】活动下,自动提取第一期付款金额的活动参数设置,如表 4-20 和图 4-216 所示。

表 4-20 自动提取第一期付款金额的活动参数设置

提取内容	所需活动	属性	值
第一期付款金额	序列	重命名	提取第一期付款金额序列
	分配	重命名	分配—定位第一期付款金额
		表达式	Split(V36_定位分期支付,"￥")(1).Trim
		创建变量	变量名:V39_定位第一期付款金额 变量类型:String 变量范围:采购合同信息提取机器人序列
	分配	重命名	分配—提取第一期付款金额
		表达式	Split(V39_定位第一期付款金额,";")(0).Trim
		创建变量	变量名:V40_第一期付款金额 变量类型:String 变量范围:采购合同信息提取机器人序列

㉗ 在【提取第一期付款金额序列】活动下,自动提取第一期付款金额大写的活动参数设置,如表 4-21 和图 4-217 所示。

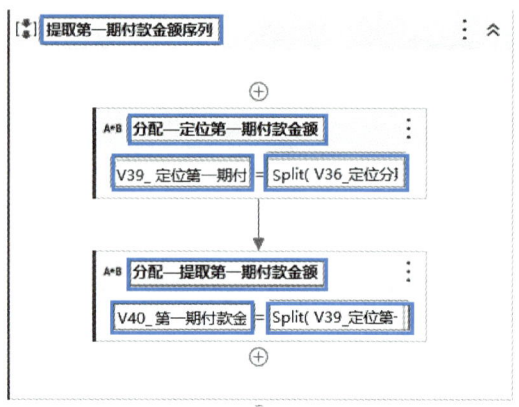

图 4-216　提取第一期付款金额序列

表 4-21　自动提取第一次付款金额大写的活动参数设置

提取内容	所需活动	属性	值
第一期付款金额	序列	重命名	提取第一期付款金额大写序列
	分配	重命名	分配—定位第一期付款金额大写
		表达式	Split(V36_定位分期支付,"即人民币")(1).Trim
		创建变量	变量名:V41_定位第一期付款金额大写 变量类型:String 变量范围:采购合同信息提取机器人序列
	分配	重命名	分配—提取第一期付款金额大写
		表达式	Split(V41_定位第一期付款金额大写,"￥")(0).Trim
		创建变量	变量名:V42_第一期付款金额大写 变量类型:String 变量范围:采购合同信息提取机器人序列

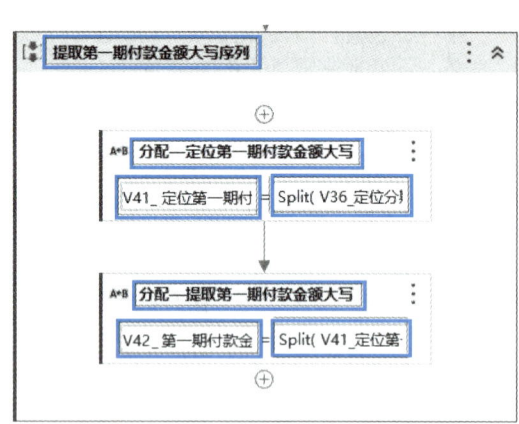

图 4-217　提取第一期付款金额大写序列

　　㉘ 在【提取第一期付款金额大写序列】活动下,自动提取第二期付款金额的活动参数设置,如表 4-22 和图 4-218 所示。

表 4-22 自动提取第二期付款金额的活动参数设置

提取内容	所需活动	属性	值
第一期付款金额	序列	重命名	提取第二期付款金额序列
	分配	重命名	分配—定位第二期支付
		表达式	Split(V36_定位分期支付,"b")(1).Trim
		创建变量	V43_定位第二期支付
	分配	重命名	分配—定位第二期付款金额
		表达式	Split(V43_定位第二期支付,"￥")(1).Trim
		创建变量	变量名:V44_定位第二期付款金额 变量类型:String 变量范围:采购合同信息提取机器人序列
	分配	重命名	分配—提取第二期付款金额
		表达式	Split(V44_定位第二期付款金额,";")(0).Trim
		创建变量	变量名:V45_第二期付款金额 变量类型:String 变量范围:采购合同信息提取机器人序列

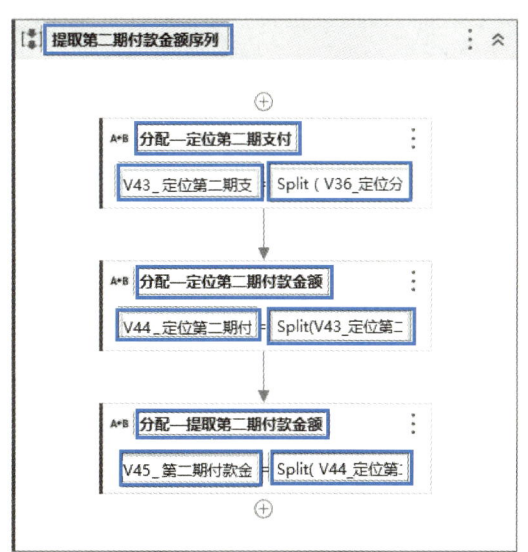

图 4-218 提取第二期付款金额序列

㉙ 在【提取第二期付款金额序列】活动下，自动提取第二期付款金额大写的活动参数设置，如表4-23和图4-219所示。

表4-23 自动提取第二期付款金额大写的活动参数设置

提取内容	所需活动	属性	值
第一期付款金额	序列	重命名	提取第二期付款金额大写序列
	分配	重命名	分配—定位第二期付款金额大写
		表达式	Split(V43_定位第二期支付,"即人民币")(1).Trim
		创建变量	变量名:V46_定位第二期付款金额大写 变量类型:String 变量范围:采购合同信息提取机器人序列
	分配	重命名	分配—提取第二期付款金额大写
		表达式	Split(V46_定位第二期付款金额大写,"￥")(0).Trim
		创建变量	变量名:V47_第二期付款金额大写 变量类型:String 变量范围:采购合同信息提取机器人序列

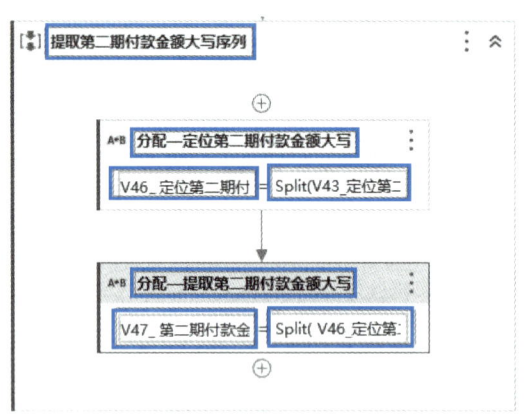

图4-219 提取第二期付款金额大写序列

㉚ 在【提取第二期付款金额大写序列】活动下，自动提取第三期付款金额的活动参数设置，如表4-24和图4-220所示。

表 4-24　自动提取第三期付款金额的活动参数设置

提取内容	所需活动	属性	值
第一期付款金额	序列	重命名	提取第三期付款金额序列
	分配	重命名	分配—定位第三期支付
		表达式	Split(V36_定位分期支付,"c")(1).Trim
		创建变量	V48_定位第三期支付
	分配	重命名	分配—定位第三期付款金额
		表达式	Split(V48_定位第三期支付,"¥")(1).Trim
		创建变量	变量名:V49_定位第三期付款金额 变量类型:String 变量范围:采购合同信息提取机器人序列
	分配	重命名	分配—提取第三期付款金额
		表达式	Split(V49_定位第三期付款金额,";")(0).Trim
		创建变量	变量名:V50_第三期付款金额 变量类型:String 变量范围:采购合同信息提取机器人序列

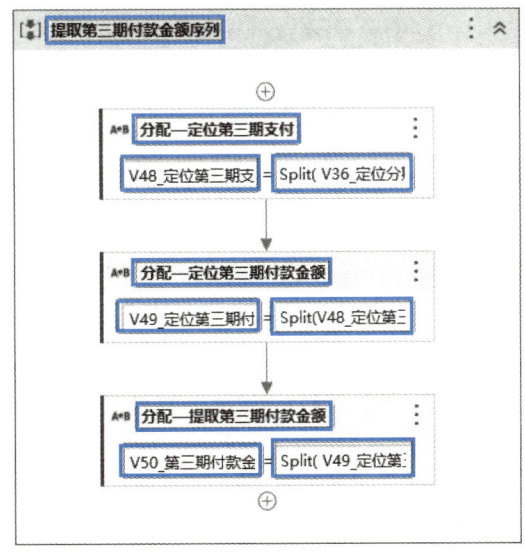

图 4-220　提取第三期付款金额序列

㉛ 在【提取第三期付款金额序列】活动下，自动提取第三期付款金额大写的活动参数设置，如表 4-25 和图 4-221 所示。

表 4-25　自动提取第三期付款金额大写的活动参数设置

提取内容	所需活动	属性	值
第一期付款金额	序列	重命名	提取第三期付款金额大写序列
	分配	重命名	分配—定位第三期付款金额大写
		表达式	Split(V48_定位第三期支付,"即人民币")(1). Trim
		创建变量	变量名：V51_定位第三期付款金额大写 变量类型：String 变量范围：采购合同信息提取机器人序列
	分配	重命名	分配—提取第三期付款金额大写
		表达式	Split(V51_定位第三期付款金额大写,"￥")(0). Trim
		创建变量	变量名：V52_第三期付款金额大写 变量类型：String 变量范围：采购合同信息提取机器人序列

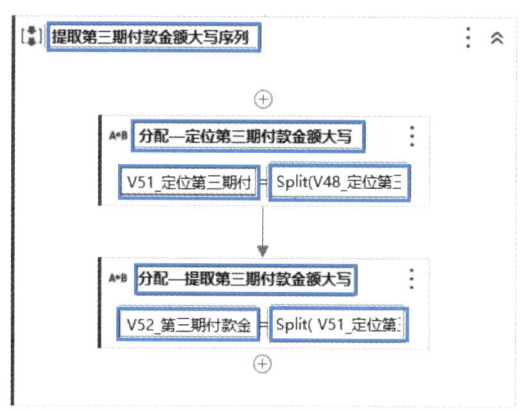

图 4-221　提取第三期付款金额大写序列

㉜ 在左侧的搜索框中输入【序列】，将【序列】拖曳到设计面板【IF 条件-判断合同付款方式】中的【Else】活动内，对新增的【序列】重命名为【提取全额付款合同信息序列】。从搜索结果中将【序列】拖曳到【提取全额付款合同信息序列】中【Then】内，对新增的【序列】重命名为【提取全额付款类型序列】，如图 4-222 所示。

㉝ 在【提取全额付款类型序列】活动内，自动提取全额付款类型的活动参数设置，如表 4-26 和图 4-223 所示。

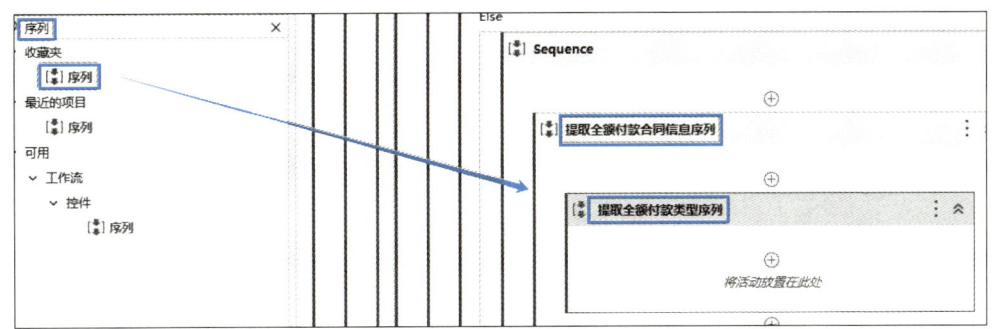

图 4-222　新增序列

表 4-26　自动提取全额付款类型的活动参数设置

提取内容	所需活动	属性	值
全额付款类型	分配	重命名	分配—定位全额付款类型
		表达式	Split(V2_采购合同文件内容,"方式一：")(1).Trim
		创建变量	变量名：V53_定位全额付款类型 变量类型：String 变量范围：采购合同信息提取机器人序列
	分配	重命名	分配—提取全额付款类型
		表达式	Split(V53_定位全额付款类型,"）")(0).Trim
		创建变量	变量名：V54_全额付款类型 变量类型：String 变量范围：采购合同信息提取机器人序列

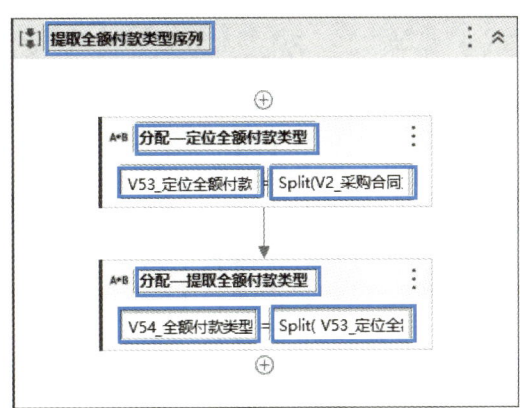

图 4-223　提取全额付款类型序列

㉞ 在【提取全额付款类型序列】活动下，自动提取全额首次付款日期的活动参数设置，如表 4-27 和图 4-224 所示。

表4-27　自动提取全额首次付款日期的活动参数设置

提取内容	所需活动	属性	值
全额首次付款日期	序列	重命名	提取全额首次付款日期序列
	分配	重命名	分配—定位全额首次付款日期
		表达式	Split(V2_采购合同文件内容,"工作日内(即)")(1).Trim
		创建变量	变量名:V55_定位全额首次付款日期 变量类型:String 变量范围:采购合同信息提取机器人序列
	分配	重命名	分配—提取全额首次付款日期
		表达式	Split(V55_定位全额首次付款日期,"前")(0).Trim
		创建变量	变量名:V56_全额首次付款日期 变量类型:String 变量范围:采购合同信息提取机器人序列

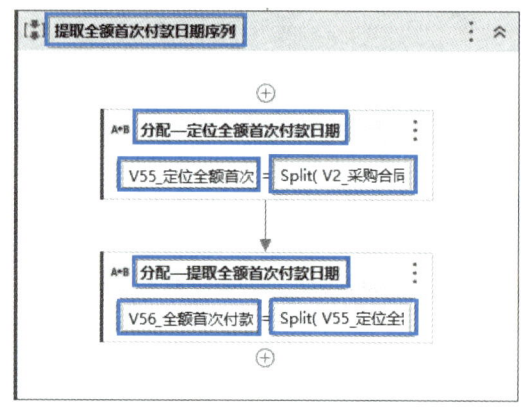

图4-224　提取全额首次付款日期序列

（6）步骤三【填写合同信息】。

① 在左侧【活动】面板的搜索框中输入【序列】,将【序列】拖曳到设计面板【提取合同信息序列】活动下方,将新增的活动控件重命名为【填写合同信息序列】,如图4-225所示。

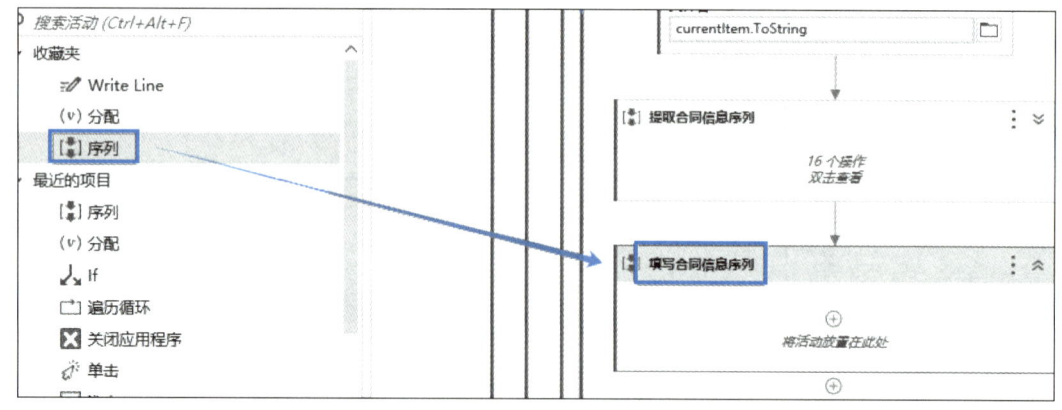

图4-225　新增序列

② 在左侧【活动】面板的搜索框中输入【分配】,将【分配】拖曳到设计面板【填写合同信息序列】活动内,将新增的活动控件命名为【分配-合同信息所在行数】。点击【属性】|【杂项】|【设置值】|【…】,打开表达式编辑器,在表达式编辑器输入框中输入【V57_合同信息所在行数＋1】,点击【确定】,完成编辑。点击【属性】|【杂项】|【至变量】,单击鼠标右键选择【创建变量】,输入变量名称【V57_合同信息所在行数】后按回车键确认。点击【变量】,打开【变量面板】,选中【V57_合同信息所在行数】变量,将变量类型设置为【Int32】,范围修改为【采购合同信息提取机器人序列】,将其默认值设置为【1】,设置完成后点击【变量】关闭变量面板,如图 4-226 所示。

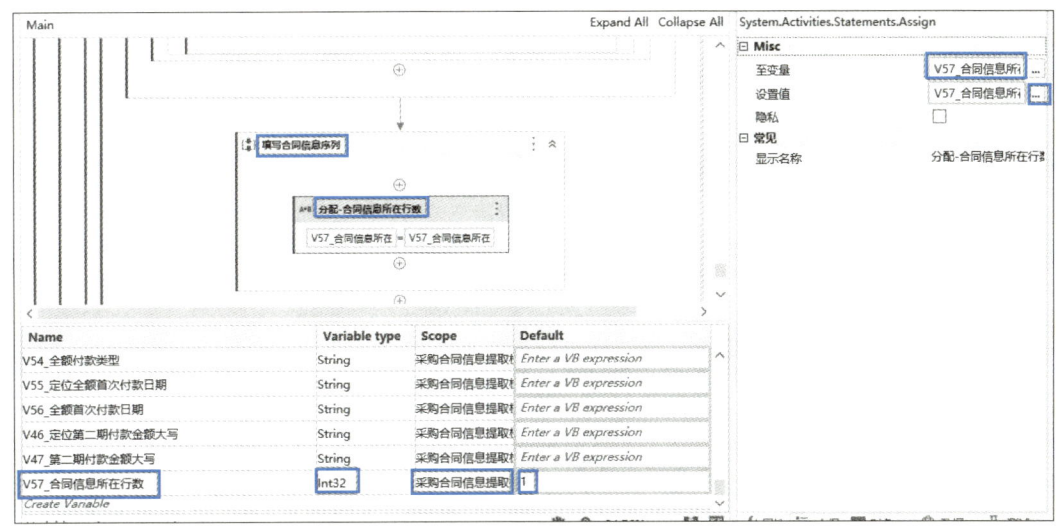

图 4-226　设置分配

③ 在左侧【活动】面板的搜索框中输入【Excel 应用程序范围】,将【Excel 应用程序范围】拖曳到设计面板【分配-合同信息所在行数】活动内,将新增的活动控件命名为【Excel 应用程序范围-填写采购合同信息】。点击【属性】|【文件】|【工作簿路径】|【…】,打开表达式编辑器,在表达式编辑器输入框中输入【"C:\采购合同信息提取机器人\采购合同信息. xIsx"】,点击【确定】,完成编辑,如图 4-227 所示。

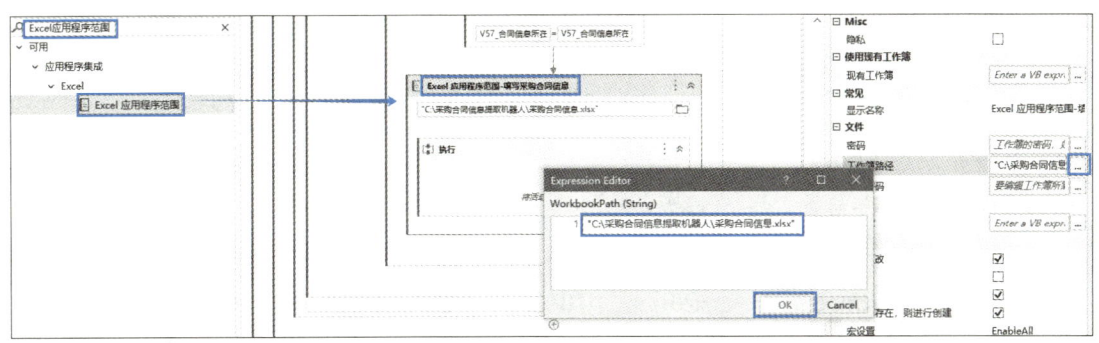

图 4-227　设置 Excel 应用程序范围

④ 在左侧【活动】面板的搜索框中输入【分配】，将【分配】拖曳到设计面板中【Excel 应用程序范围-填写采购合同信息】活动内，将新增的活动控件重命名为【分配-序号】。点击【属性】|【杂项】|【设置值】|【…】，打开表达式编辑器，在表达式编辑器输入框中输入【V57_合同信息所在行数-1】，点击【确定】，完成编辑。点击【属性】|【杂项】|【至变量】，单击鼠标右键选择【创建变量】，输入变量名称【序号】后按回车键确认。点击【变量】，打开【变量面板】，选中【序号】变量，将变量类型设置为【Int32】，范围修改为【采购合同信息提取机器人序列】，设置完成后点击【变量】关闭变量面板，如图 4-228 所示。

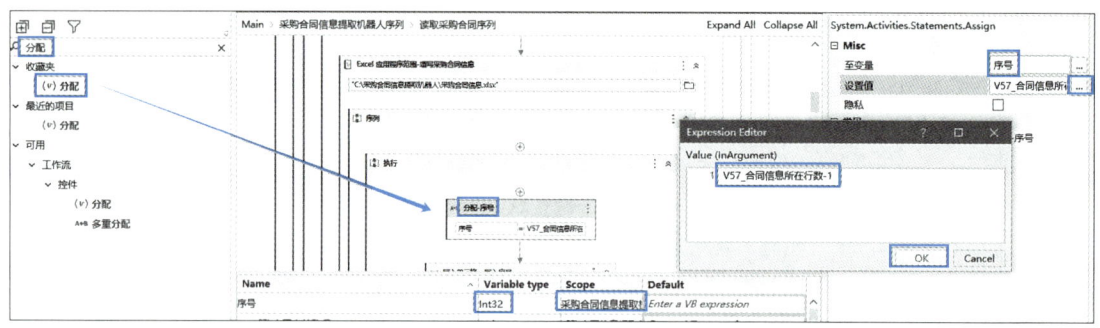

图 4-228　设置分配

⑤ 在左侧【活动】面板的搜索框中输入【写入单元格】，将【写入单元格】拖曳到设计面板【Excel 应用程序范围-填写采购合同信息】活动内，将新增的活动控件命名为【写入单元格—写入序号】。点击【属性】|【目标】|【范围】|【…】，打开表达式编辑器，在表达式编辑器输入框中输入【"A" + V57_合同信息所在行数.Tostring】，点击【确定】。点击【属性】|【输入】|【值】，输入【序号.Tostring】，如图 4-229 所示。

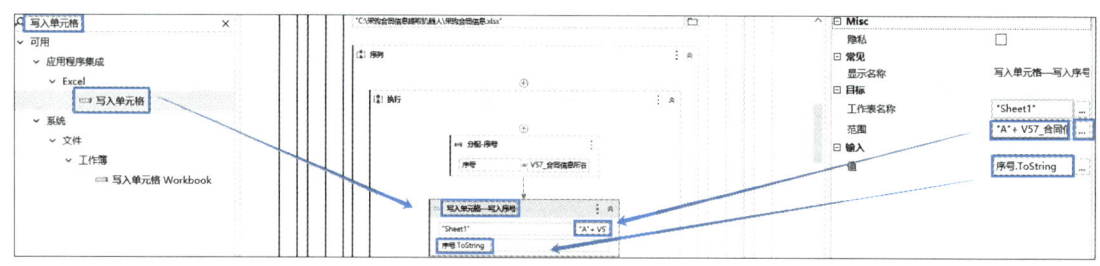

图 4-229　设置写入单元格

同理，自动填写【项目名称】的活动参数设置，如表 4-28 和图 4-230 所示。

表 4-28　自动填写【项目名称】的活动参数设置

填写内容	所需活动	属性	值
项目名称	写入单元格	重命名	写入单元格—写入项目名称
		范围	"B" + V57_合同信息所在行数.Tostring
		值	V4_项目名称

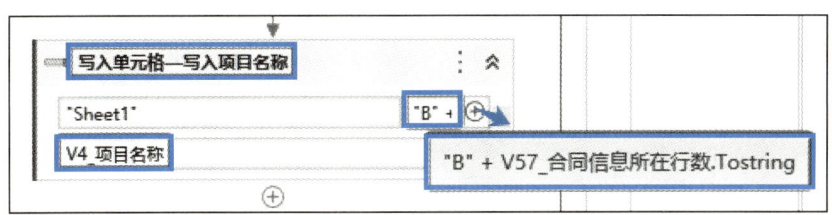

图 4-230　设置写入单元格

⑥ 自动填写【合同编号】【签约日期】【分期数】【甲方公司】【甲方代表】【乙方公司】【乙方代表】【合同价格】【合同价格大写】【甲方银行账号】【甲方开户银行】【乙方银行账号】【乙方开户银行】的活动参数设置,如表 4-29 所示。

表 4-29　自动填写的活动参数设置

填写内容	所需活动	属性	值
合同编号	写入单元格	重命名	写入单元格—写入合同编号
		范围	"C" + V57_合同信息所在行数.Tostring
		值	V6_合同编号
签约日期	写入单元格	重命名	写入单元格—写入签约日期
		范围	"D" + V57_合同信息所在行数.Tostring
		值	V8_签约日期
分期数	写入单元格	重命名	写入单元格—写入分期数
		范围	"F" + V57_合同信息所在行数.Tostring
		值	V12_分期数
甲方公司	写入单元格	重命名	写入单元格—写入甲方公司
		范围	"G" + V57_合同信息所在行数.Tostring
		值	V14_甲方公司
甲方代表	写入单元格	重命名	写入单元格—写入甲方代表
		范围	"H" + V57_合同信息所在行数.Tostring
		值	V16_甲方代表
乙方公司	写入单元格	重命名	写入单元格—写入乙方公司
		范围	"I" + V57_合同信息所在行数.Tostring
		值	V18_乙方公司
乙方代表	写入单元格	重命名	写入单元格—写入乙方代表
		范围	"J" + V57_合同信息所在行数.Tostring
		值	V20_乙方代表

填写内容	所需活动	属性	值
合同价格	写入单元格	重命名	写入单元格—写入合同价格
		范围	"K" + V57_合同信息所在行数.Tostring
		值	V22_合同价格
合同价格大写	写入单元格	重命名	写入单元格—写入合同价格大写
		范围	"L" + V57_合同信息所在行数.Tostring
		值	V24_合同价格大写
甲方银行账号	写入单元格	重命名	写入单元格—写入甲方银行账号
		范围	"T" + V57_合同信息所在行数.Tostring
		值	V26_甲方银行账号
甲方开户银行	写入单元格	重命名	写入单元格—写入甲方开户银行
		范围	"U" + V57_合同信息所在行数.Tostring
		值	V28_甲方开户银行
乙方银行账号	写入单元格	重命名	写入单元格—写入乙方银行账号
		范围	"V" + V57_合同信息所在行数.Tostring
		值	V31_乙方银行账号
乙方开户银行	写入单元格	重命名	写入单元格—写入乙方开户银行
		范围	"W" + V57_合同信息所在行数.Tostring
		值	V33_乙方开户银行

⑦ 在左侧【活动】面板的搜索框中输入【IF 条件】，将【IF 条件】拖曳到设计面板【写入单元格—写入乙方开户银行】活动内，将新增活动重命名为【IF 条件—判断合同付款方式】。在设计面板【IF 条件-判断合同付款方式】活动内的条件输入框内输入【V10_付款方式＝"二"】，完成输入后点击【确定】，如图 4-231 所示。

⑧ 在左侧【活动】面板的搜索框中输入【写入单元格】，将其拖曳到设计面板【IF 条件—判断合同付款方式】活动【Then】内，新增活动控件的参数设置，如表 4-30 所示。

表 4-30　新增活动控件的参数设置

填写内容	所需活动	属性	值
付款类型	写入单元格	重命名	写入单元格—写入分期付款类型
		范围	"E"＋V57_合同信息所在行数.Tostring
		值	V35_分期付款类型

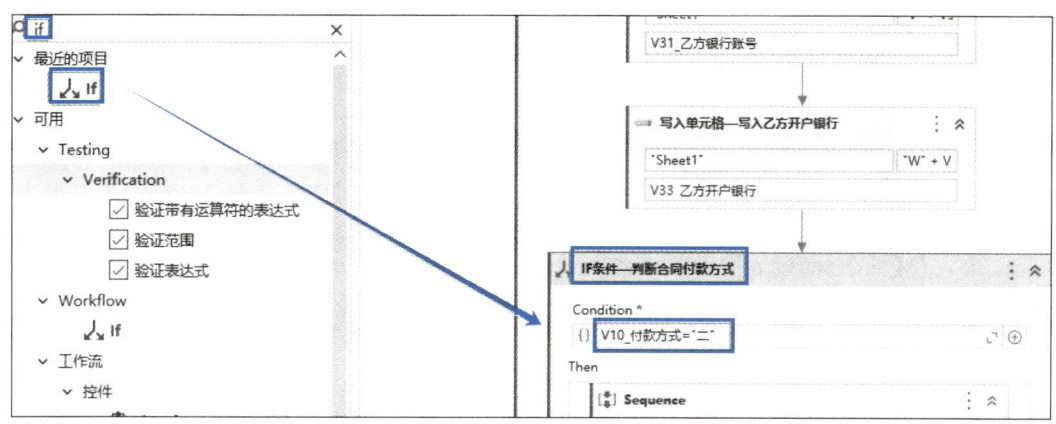

图 4-231 设置 IF 条件

⑨ 在【写入单元格—写入分期付款类型】后，依次设置自动填写【首次付款日期】【第一期付款金额】【第一期付款金额大写】【第二期付款金额】【第二期付款金额大写】【第三期付款金额】【第三期付款金额大写】的活动参数，如表 4-31 所示。

表 4-31　自动填写的活动参数设置

填写内容	所需活动	属性	值
首次付款日期	写入单元格	重命名	写入单元格—写入首次付款日期
		范围	"M" + V57_合同信息所在行数.Tostring
		值	V38_首次付款日期
第一期付款金额	写入单元格	重命名	写入单元格—写入第一期付款金额
		范围	"N" + V57_合同信息所在行数.Tostring
		值	V40_第一期付款金额
第一期付款金额大写	写入单元格	重命名	写入单元格—写入第一期付款金额大写
		范围	"O" + V57_合同信息所在行数.Tostring
		值	V42_第一期付款金额大写
第二期付款金额	写入单元格	重命名	写入单元格—写入第二期付款金额
		范围	"P" + V57_合同信息所在行数.Tostring
		值	V45_第二期付款金额
第二期付款金额大写	写入单元格	重命名	写入单元格—写入第二期付款金额大写
		范围	"Q" + V57_合同信息所在行数.Tostring
		值	V47_第二期付款金额大写
第三期付款金额	写入单元格	重命名	写入单元格—写入第三期付款金额
		范围	"R" + V57_合同信息所在行数.Tostring
		值	V50_第三期付款金额

（续表）

填写内容	所需活动	属性	值
第三期付款 金额大写	写入单元格	重命名	写入单元格—写入第三期付款金额大写
		范围	"S" ＋ V57_合同信息所在行数.Tostring
		值	V52_第三期付款金额大写

⑩ 在左侧【活动】面板的搜索框中输入【写入单元格】,将【写入单元格】拖曳到设计面板【IF条件—判断合同付款方式】活动【Else】内,新增活动控件的参数设置,如表4-32所示。

表 4-32　新增活动控件参数设置

填写内容	所需活动	属性	值
付款类型	写入单元格	重命名	写入单元格—写入全额付款类型
		范围	"E" ＋ V57_合同信息所在行数.Tostring
		值	V54_分期付款类型
首次付款日期	写入单元格	重命名	写入单元格—写入全额首次付款日期
		范围	"M" ＋ V57_合同信息所在行数.Tostring
		值	V56_全额首次付款日期

通过以上设置,完成全额付款方式下【付款类型】【首次付款日期】的自动填写。

（三）运行测试阶段

（1）完成采购合同信息提取机器人的制作,可以点击菜单面板左侧的【运行】(快捷键【F6】),运行【采购合同信息提取机器人】。

（2）运行结束后,打开【C:\采购合同信息提取机器人\采购合同信息.xlsx】,显示所抓取的20份采购合同信息,如图4-232所示。

图 4-232　运行结果

三、课后拓展

（1）请总结提取第一期、第二期和第三期付款金额的逻辑思路。

（2）除以上思路外,有无其他方法提取第一期、第二期和第三期付款金额。

试卷测试

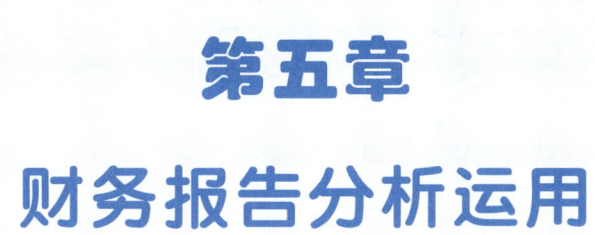

第五章
财务报告分析运用

第一节　财务报告分析机器人

★★★ **情景案例导入**

财务报告危机与 RPA 的救赎

凌晨两点,小明凝视着屏幕上密密麻麻的数字,感到一阵眩晕。他刚刚完成了某上市公司的季度财务分析报告,但在复核过程中发现了一个严重错误:2025年第三季度的"营业成本"被错误地标记为"研发费用",这个失误是源于手动复制数据产生的。更令人担忧的是,这份报告已经提交给了董事会,可能会对上亿元规模的战略投资决策产生影响。

"我们不能再依赖'复制粘贴'了!"小明紧握拳头,回想起部门会议上总监的警告:"随着行业竞争的加剧,我们需要从财务数据中挖掘出风险预警信号,而不是仅仅充当数据的搬运工。"然而,现实情况是,公司每年需要分析超过1000份PDF格式的财报,人工提取关键指标既耗时又费力,而且财务报告的格式因企业而异:有的使用表格分栏,有的采用纯文本描述,甚至同一家公司不同年度的报告版式也不尽相同。

转机出现在一次跨部门合作中。法务部的同事提到了采购合同信息提取机器人,它通过 OCR 技术准确识别了合同中模糊的手写条款。这让小明灵机一动:是否可以利用类似的技术来解决 PDF 财务报告的结构化难题?

他迅速行动起来,将 UiPath 的 PDF 解析模块与发票识别机器人的文本定位算法结合起来,训练 RPA 机器人识别"毛利率""现金流量净额"等关键词,并关联上下文提取数值。在测试阶段,一份50页的财务报告仅需3分钟就能提取出15项核心指标,准确率高达99.2%。更令人振奋的是,RPA 机器人能够自动对比历史数据,标记出"应收账款周转率骤降""存货激增"等异常信号,为风险预警提供了实时支持。

【思考】 同学们,小明应该如何进一步优化财务报告分析机器人,使其能够适应不同格式的 PDF 财务报告,并将提取的数据自动关联至行业数据库进行深入分析?让我们从解析第一份 PDF 利润表开始,一起探索智能财务报告分析的无限潜力!

一、财务报告分析机器人的原理

利用 UiPath Studio 平台构建的财务报告分析机器人,能够通过 Excel、PDF 等数据源及交互软件,抓取并存储财务报告的关键指标数据。这些数据随后被保存在本地的表格文件内,为用户提供详尽的财务报告分析数据,帮助他们作出明智的投融资决策。

 **思政小思考**

当财务报告分析从"经验驱动"转向"数据智能",从业者应如何平衡技术效率与职业判断?在自动化流程中,哪些财务伦理问题需要特别关注?

(一)案例目标

利用 RPA 技术模拟财务报告分析流程,自动读取上市公司 PDF 格式的财务报告,精确提取关键财务指标(如收入、成本、净利润率等),并根据预设规则执行计算与对比分析。结合 PDF 文本解析技术与 Excel 的深度集成,将结构化数据存储至本地表格,最终生成可视化财务报告分析。

(二)案例工作流程

财务报告分析机器人工作流程,如图 5-1 所示。

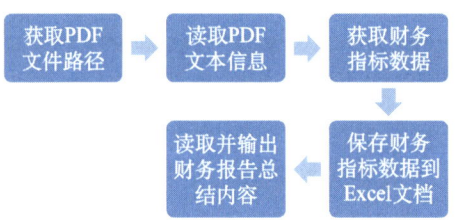

图 5-1 财务报告分析机器人工作流程

二、财务报告分析机器人的制作

(一)准备阶段

(1)在【C:\】路径下创建一个名为【财务报告分析机器人】的文件夹,如图 5-2 所示。

(2)打开【RPA 财务机器人实践教学平台】,使用账号【学号】,初始密码【666666】登录系统。进入任务列表,选择并打开【财务报告分析机器人】任务。

(3)在【财务报告分析机器人】任务界面,点击【资源】,下载【1.财务报告分析机器人】任务资源并解压,将【年度财务报告 PDF 文件】文件夹和【财务报告分析计算】表格文件保存至新建的文件夹【C:\财务报告分析机器人】内,如图 5-3 所示。

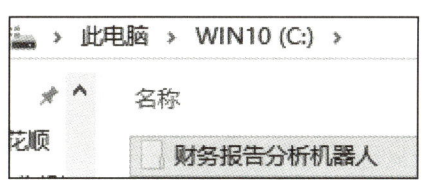

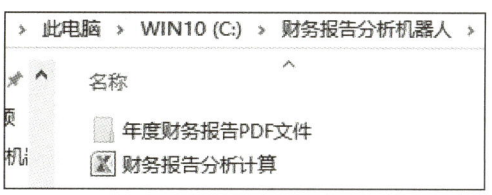

图 5-2　创建文件夹　　　　　　　图 5-3　下载任务资源并解压

（二）制作阶段

（1）打开【UiPath Studio】,点击【开始】|【库】,在打开的【新建空白库】弹窗中,设置名称为【财务报告分析机器人】,位置为【C:\财务报告分析机器人】,其他保持初始设置,点击【创建】,完成库的创建,如图 5-4 所示。

图 5-4　新建空白库

（2）点击页面左下角【项目】,在左侧展开的【项目】面板中,单击【NewActivity. xaml】,按【F2】键或者单击鼠标右键选择【重命名】。在【重命名】弹窗中,设置收件人为【财务报告分析机器人序列】,点击【确定】,完成项目的重命名操作,如图 5-5 所示。双击页面左侧重命名后的【财务报告分析机器人序列. xaml】,进入【Main】设计面板主界面。

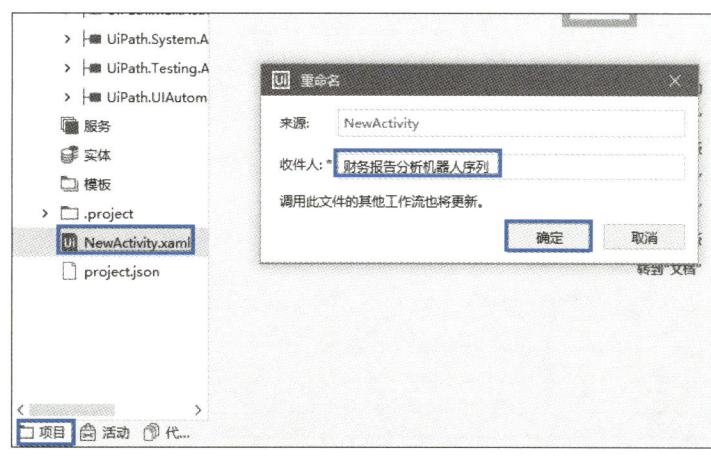

图 5-5　重命名项目

（3）点击页面左下角【活动】，在左侧的搜索框中输入【序列】活动控件，将【序列】拖曳至设计面板中（或者直接双击搜索结果【序列】），将新增的【序列】重命名为【财务报告分析机器人】，如图5-6所示。

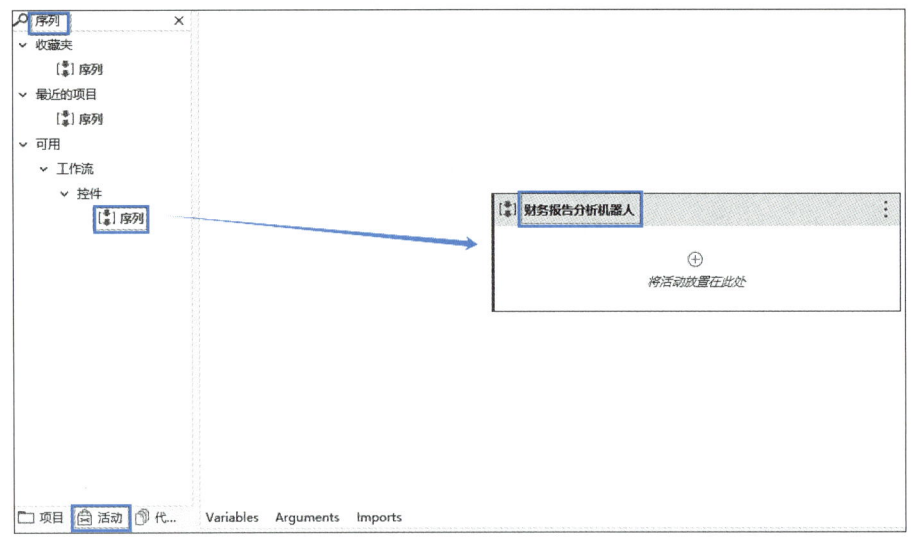

图5-6　新增序列

（4）安装PDF的程序包。点击菜单面板的【管理程序包】，在【管理包】弹窗的左侧导航栏中，选择【所有包】，在中间搜索栏中搜索【UiPath.PDF.Activities】，选中搜索结果，在右侧属性栏中找到版本为【2.0.1】的程序包，点击【安装】，待程序安装完成后，点击右下方的【保存】，如图5-7所示。

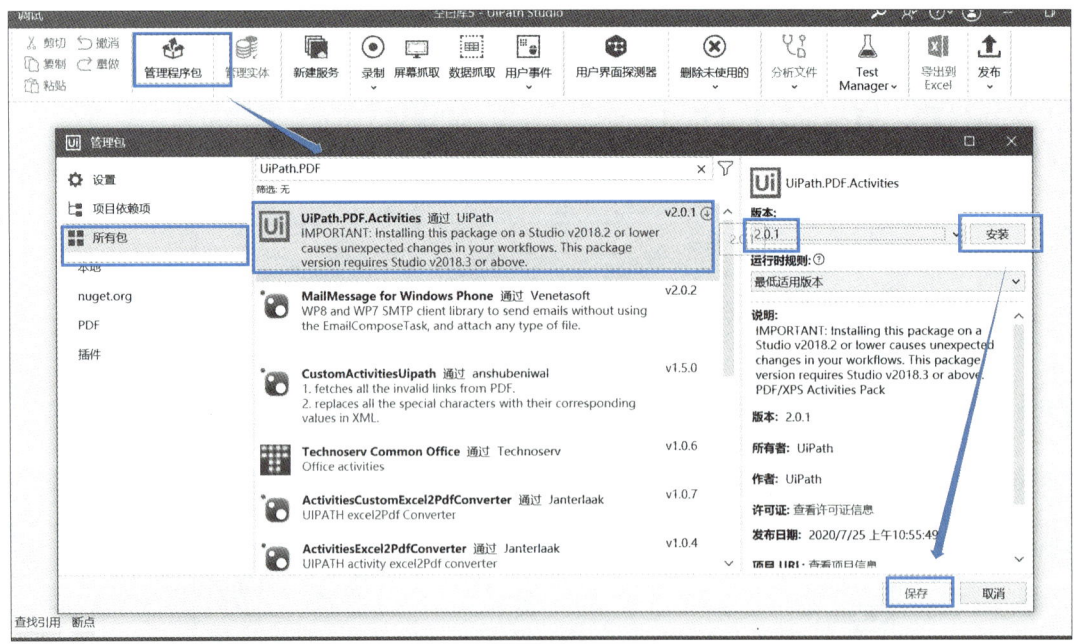

图5-7　安装PDF的程序包

（5）步骤一【获取 PDF 文件路径】。

① 在左侧【活动】面板的搜索框中输入【序列】，将【序列】拖曳至设计面板中【财务报告分析机器人】序列内，将其重命名为【获取 PDF 文件路径序列】，如图 5-8 所示。

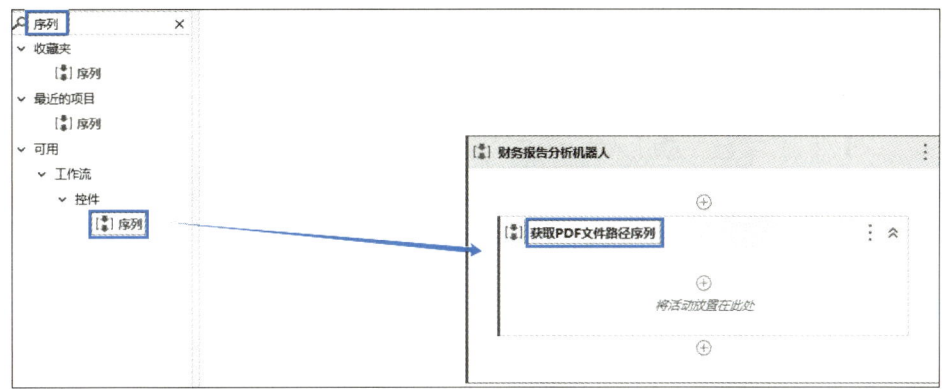

图 5-8　新增序列

② 在左侧搜索框中输入【分配】，将【分配】拖曳至设计面板中【获取 PDF 文件路径序列】内，将其重命名为【分配—获取文件路径】。点击【属性】|【杂项（或 Misc）】|【设置值】|【…】，打开表达式编辑器弹窗。

在表达式编辑器输入框中输入【Directory. GetFiles("C:\财务报告分析机器人\年度财务报告 PDF 文件")】，注意此处使用英文双引号。点击【OK】，完成编辑，如图 5-9 所示。

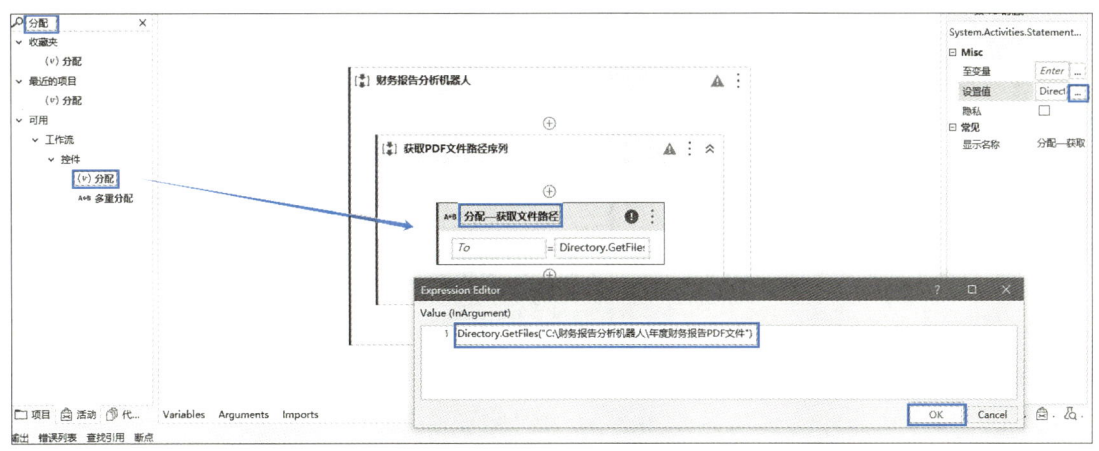

图 5-9　设置分配

③ 点击【属性】|【杂项（或 Misc）】|【至变量】框，单击鼠标右键选择【创建变量】，输入【PDF 文件路径】，创建变量【PDF 文件路径】。点击页面下方【变量】面板，在面板中选中【PDF 文件路径】变量，将变量类型设置为【String】（将变量类型修改为文字类型的数组），修改变量范围为【财务报告分析机器人】，使变量全局可见。点击【变量】，隐藏【变量】面板，如图 5-10 所示。

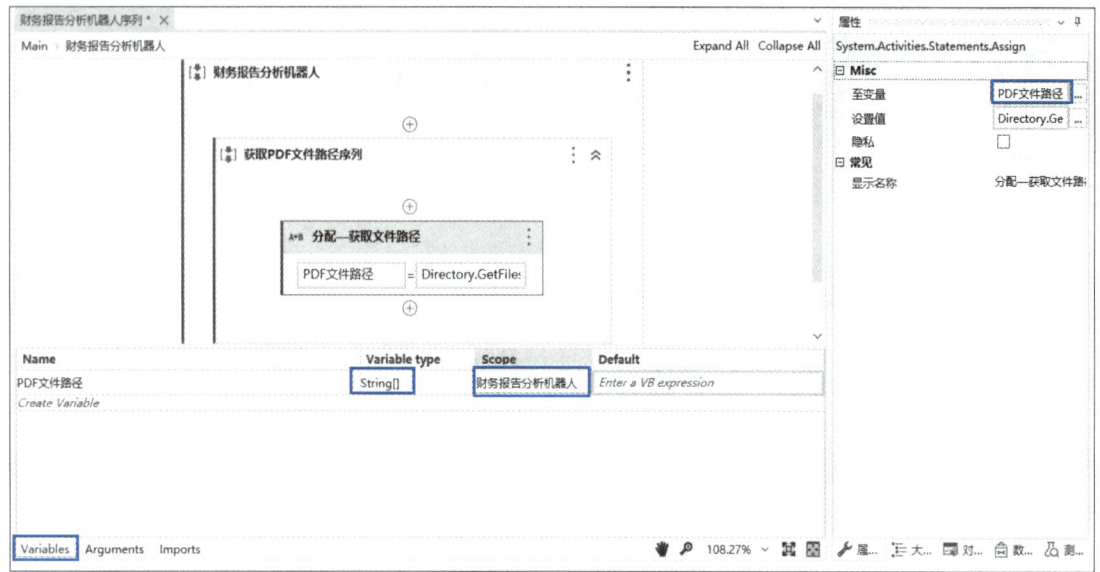

图 5-10 设置变量

（6）步骤二【读取 PDF 文本信息】。

① 在左侧【活动】面板的搜索框中输入【序列】，将【序列】拖曳至设计面板中【获取 PDF 文件路径序列】下方，将其重命名为【读取 PDF 文本信息序列】，如图 5-11 所示。

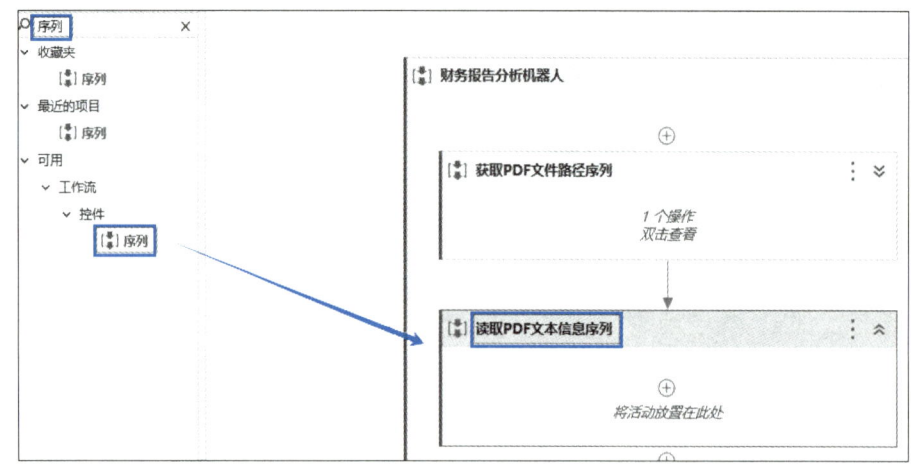

图 5-11 新增序列

② 在左侧搜索框中输入【遍历循环】，将【遍历循环】拖曳至设计面板中【读取 PDF 文本信息序列】内，将【遍历循环】重命名为【遍历循环—读取文件路径】。在【遍历循环—读取文件路径】的【输入】输入框中键入空格，调出创建的【PDF 文件路径】变量，双击选中，如图 5-12 所示。

③ 在左侧搜索框中输入【读取 PDF 文本】，将【读取 PDF 文本】拖曳至设计面板中【遍历循环—读取文件路径】内，将其重命名为【读取 PDF 文本—读取年度财务报告】。在【读取

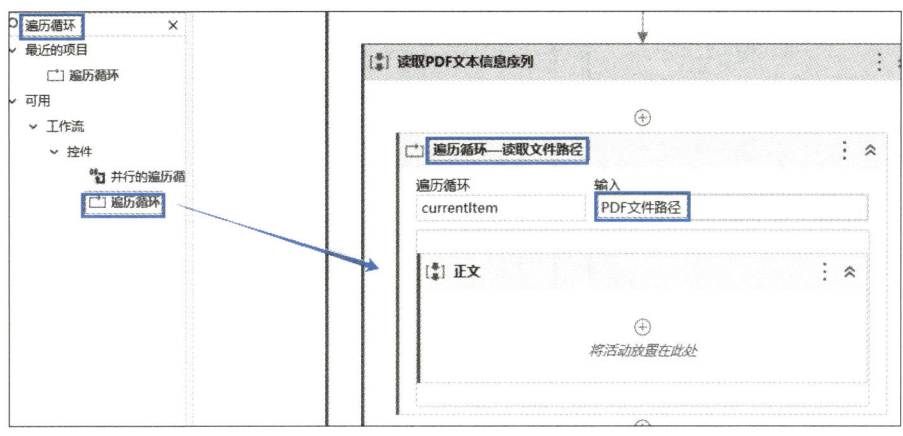

图 5-12 设置遍历循环

PDF 文本—读取年度财务报告】输入框中输入【item. Tostring】（部分版本需输入【currentItem. Tostring】，注意要与【遍历循环】的表述一致），点击【确定】，点击【属性】|【输出】|【文本】，单击鼠标右键选择【创建变量】，输入【年度财务报告】，创建【年度财务报告】变量。创建【年度财务报告】变量完成后，在窗口下方点击【变量】，打开【变量面板】，选中【年度财务报告】变量，将变量类型设置为【String】，范围修改为【财务报告分析机器人序列】，完成后点击【变量】关闭变量面板，如图 5-13 所示。

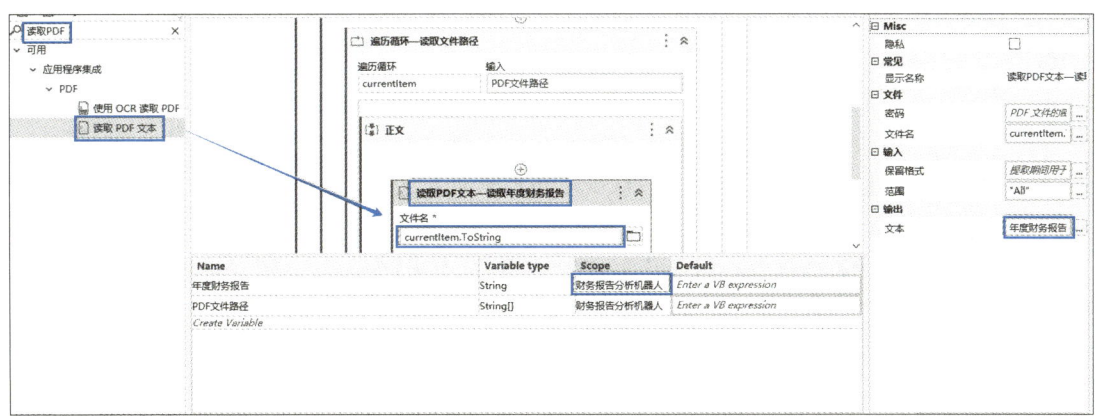

图 5-13 设置读取 PDF 文本

（7）步骤三【获取财务指标数据】。

① 在左侧【活动】面板的搜索框中输入【序列】，将【序列】拖曳至设计面板中【读取 PDF 文本信息序列】活动下方，将其重命名为【获取财务指标数据序列】，如图 5-14 所示。

② 在左侧搜索框中输入【分配】，将【分配】拖曳至设计面板中【获取财务指标数据序列】活动内，将【分配】重命名为【分配—定位主营业务收入】。点击【属性】|【杂项（或 Misc）】|【设置值】|【…】，打开表达式编辑器弹窗，在表达式编辑器输入框中输入【Split（年度财务报告，"营业收入和营业成本"）(1). Trim】，注意需要使用英文双引号，否则会报错。点击【OK】，完成编辑，如图 5-15 所示。

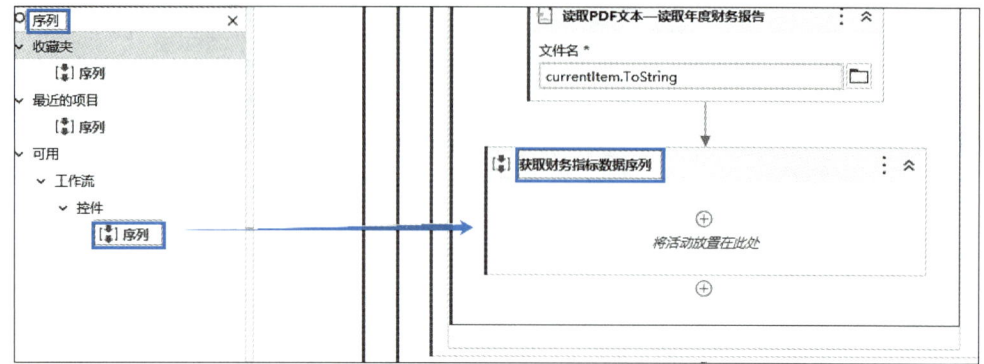

图 5-14　新增序列

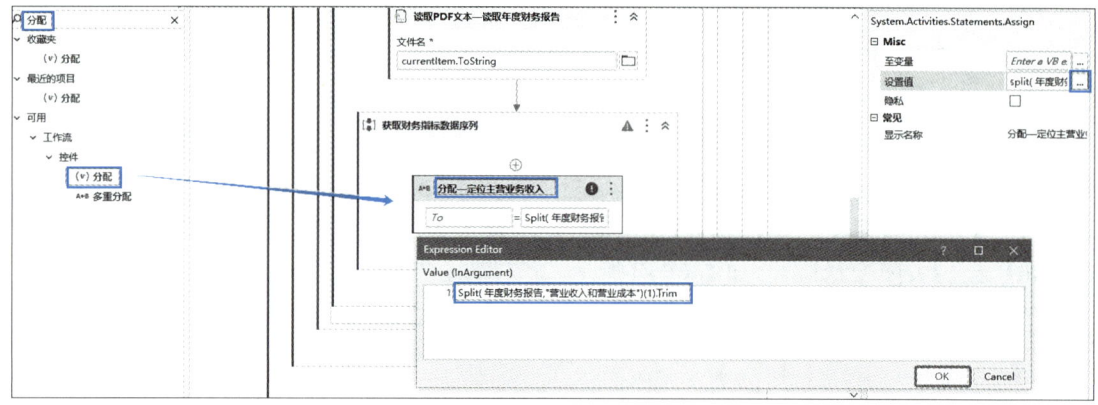

图 5-15　设置分配

③ 点击【属性】|【杂项（或 Misc）】|【至变量】，选择【创建变量】，输入【定位主营业务收入】，创建【定位主营业务收入】变量。点击屏幕下方【变量】面板，选中【定位主营业务收入】变量，修改范围为【财务报告分析机器人】，设置完成后，点击【变量】，关闭变量面板，如图 5-16 所示。

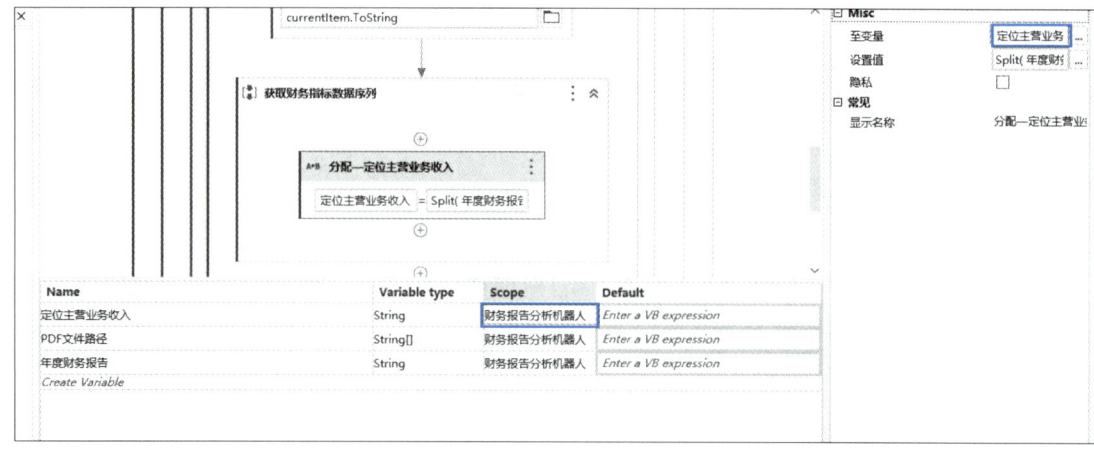

图 5-16　设置变量

④ 在左侧搜索框中输入【分配】,将【分配】拖曳至设计面板中【分配—定位主营业收入】活动下方,将【分配】重命名为【分配—主营业务收入】。点击【属性】|【杂项(或 Misc)】|【设置值】|【…】,打开表达式编辑器,在表达式编辑器输入框中输入【Split(split(定位主营业务收入,"主营业务")(1).Trim," ")(0)】,注意此处需要使用英文格式下的双引号,否则程序会报错。点击【OK】,完成编辑,如图 5-17 所示。

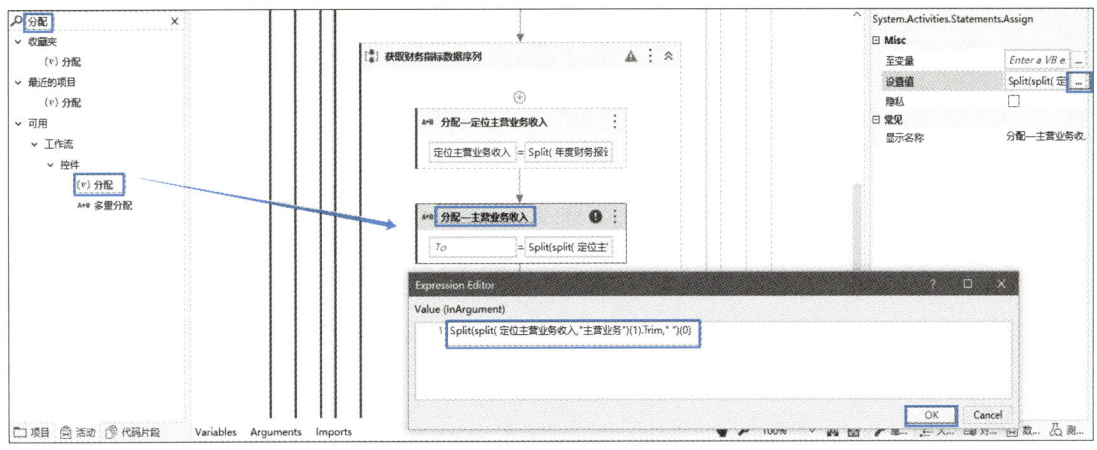

图 5-17 设置分配

⑤ 点击【属性】|【杂项(或 Misc)】|【至变量】,选择【创建变量】,输入【主营业务收入】,创建【主营业务收入】变量。点击屏幕下方的【变量】,打开【变量】面板,选中【主营业务收入】变量,范围修改为【财务报告分析机器人】,设置完成后,点击【变量】关闭变量面板,如图 5-18 所示。

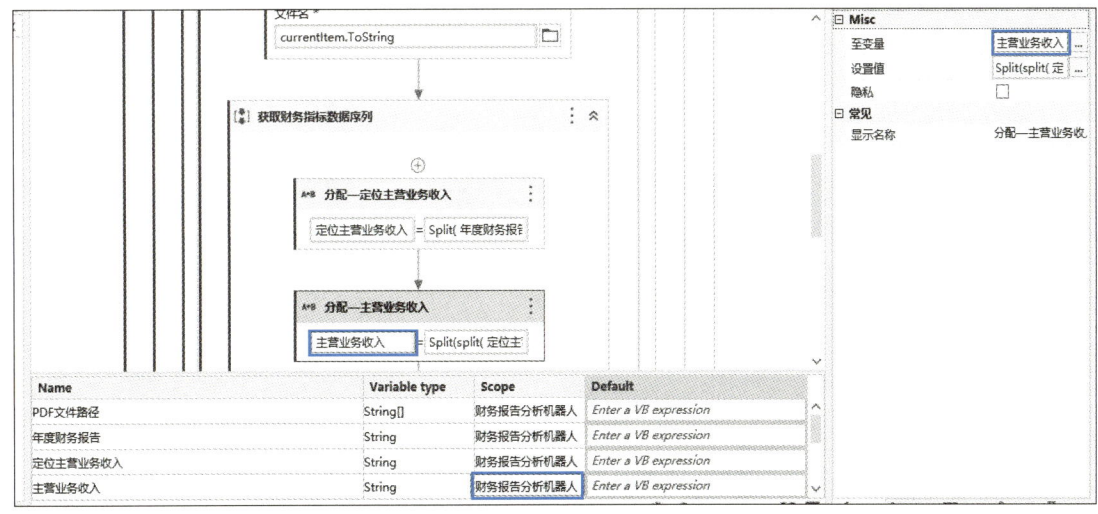

图 5-18 设置变量

⑥ 制作步骤小结:通过以上步骤,自动提取主营业务收入的活动参数设置,如表 5-1 所示。

表5-1　自动提取主营业务收入的活动参数设置

提取内容	所需活动	属性	值
主营业务收入	分配	重命名	分配—定位主营业务收入
		表达式	Split(年度财务报告,"营业收入和营业成本")(1).Trim
		创建变量	变量名:定位主营业务收入 变量类型:String 变量范围:财务报告分析机器人序列
	分配	重命名	分配—提取主营业务收入
		表达式	Split(split(定位主营业务收入,"主营业务")(1).Trim,"")(0)
		创建变量	变量名:主营业务收入 变量类型:String 变量范围:财务报告分析机器人序列

⑦ 同理,自动提取营业收入的活动参数设置,如表5-2和图5-19所示。

表5-2　自动提取营业收入的活动参数设置

提取内容	所需活动	属性	值
营业收入	分配	重命名	分配—定位营业收入
		表达式	Split(年度财务报告,"、"合并利润表")(1).Trim
		创建变量	变量名:定位营业收入 变量类型:String 变量范围:财务报告分析机器人序列
	分配	重命名	分配—提取营业收入
		表达式	Split(split(定位营业收入,"其中:营业收入"))(1).Trim,"")(0)
		创建变量	变量名:营业收入 变量类型:String 变量范围:财务报告分析机器人序列

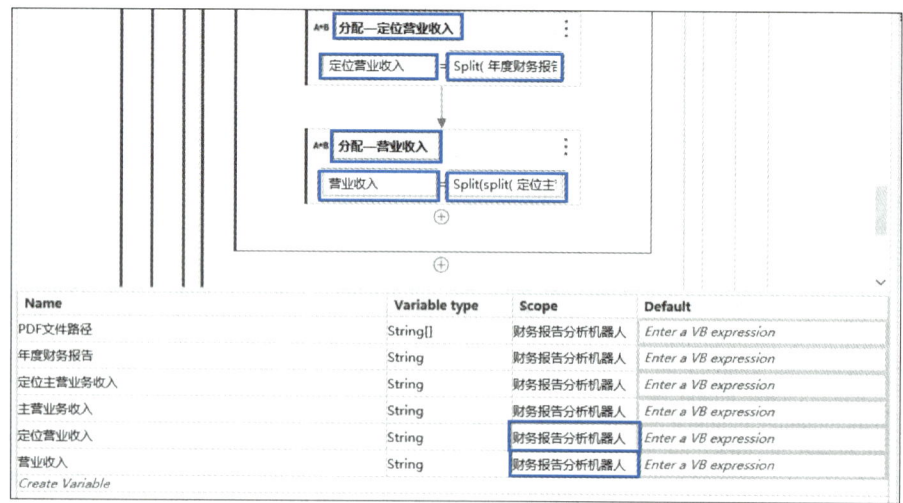

图5-19　自动提取营业收入序列

⑧ 自动提取净利润的具体活动参数设置,如表5-3和图5-20所示。

表 5-3 自动提取净利润的活动参数设置

提取内容	所需活动	属性	值
净利润	分配	重命名	分配—定位净利润
		表达式	Split(年度财务报告,"五、净利润(净亏损以)")(1).Trim
		创建变量	变量名:定位净利润 变量类型:String 变量范围:财务报告分析机器人序列
	分配	重命名	分配—提取净利润
		表达式	Split(split(定位净利润,"号填列)")(1).Trim,"")(0)
		创建变量	变量名:净利润 变量类型:String 变量范围:财务报告分析机器人序列

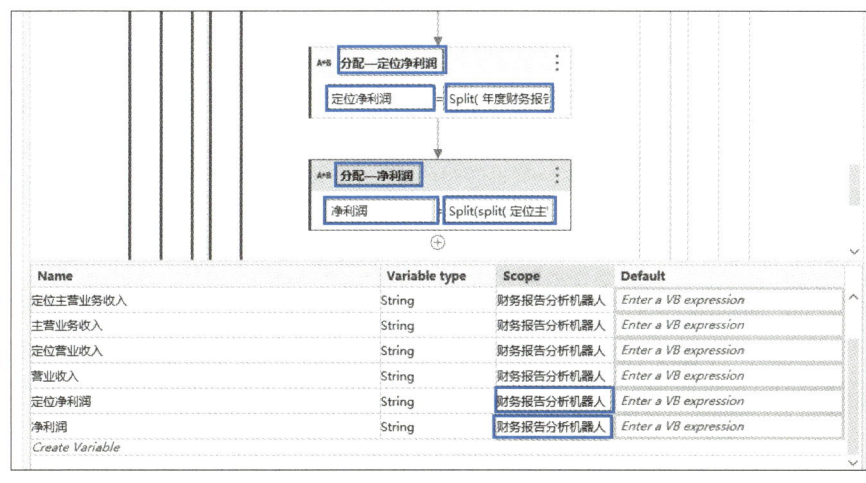

图 5-20 自动提取净利润序列

⑨ 自动提取营业利润的活动参数设置,如表5-4和图5-21所示。

表 5-4 自动提取营业利润的活动参数设置

提取内容	所需活动	属性	值
营业利润	分配	重命名	分配—定位营业利润
		表达式	Split(年度财务报告,"三、营业利润(亏损以")(1).Trim
		创建变量	变量名:定位营业利润 变量类型:String 变量范围:财务报告分析机器人序列
	分配	重命名	分配—提取营业利润
		表达式	Split(split(定位营业利润,"号填列)")(1).Trim,"")(0)
		创建变量	变量名:营业利润 变量类型:String 变量范围:财务报告分析机器人序列

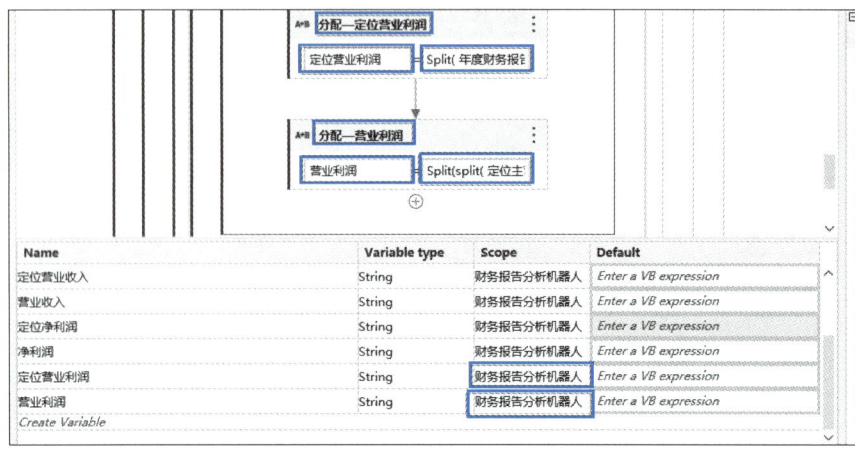

图 5-21　自动提取营业利润序列

⑩ 自动提取基本每股收益的活动参数设置,如表 5-5 和图 5-22 所示。

表 5-5　自动提取基本每股收益的活动参数设置

提取内容	所需活动	属性	值
基本每股收益	分配	重命名	分配—定位基本每股收益
		表达式	Split(年度财务报告,"八、每股收益:")(1).Trim
		创建变量	变量名:定位基本每股收益 变量类型:String 变量范围:财务报告分析机器人序列
	分配	重命名	分配—提取基本每股收益
		表达式	Split(split(定位基本每股收益,"(一)基本每股收益")(1).Trim,"")(0)
		创建变量	变量名:基本每股收益 变量类型:String 变量范围:财务报告分析机器人序列

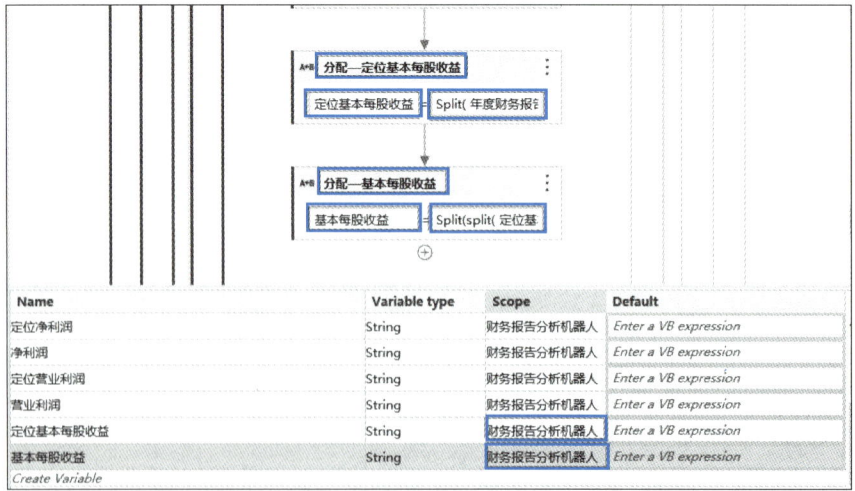

图 5-22　自动提取基本每股收益序列

⑪ 自动提取资产总计的活动参数设置,如表5-6和图5-23所示。

表5-6 自动提取资产总计的活动参数设置

提取内容	所需活动	属性	值
资产总计	分配	重命名	分配—定位资产总计
		表达式	Split(年度财务报告,"、合并资产负债表")(1).Trim
		创建变量	变量名:定位资产总计 变量类型:String 变量范围:财务报告分析机器人序列
	分配	重命名	分配—提取资产总计
		表达式	Split(split(定位资产总计,"资产总计")(1).Trim,"")(0)
		创建变量	变量名:资产总计 变量类型:String 变量范围:财务报告分析机器人序列

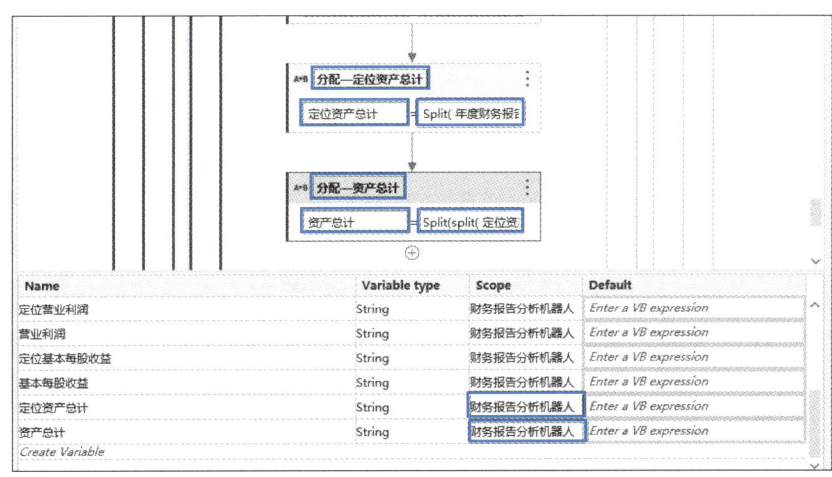

图5-23 自动提取资产总计序列

⑫ 自动提取所有者权益合计的活动参数设置,如表5-7和图5-24所示。

表5-7 自动提取所有者权益合计的活动参数设置

提取内容	所需活动	属性	值
所有者权益合计	分配	重命名	分配—定位所有者权益合计
		表达式	Split(年度财务报告,"归属于母公司所有者权益合计")(1).Trim
		创建变量	变量名:定位所有者权益合计 变量类型:String 变量范围:财务报告分析机器人序列
	分配	重命名	分配—提取所有者权益合计
		表达式	Split(split(定位所有者权益合计,"所有者权益合计")(1).Trim,"")(0)
		创建变量	变量名:所有者权益合计 变量类型:String 变量范围:财务报告分析机器人序列

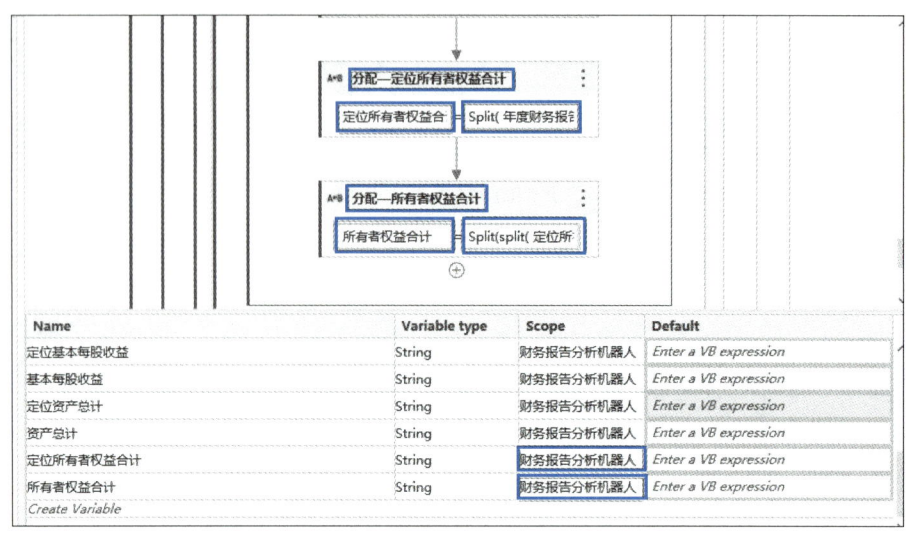

Name	Variable type	Scope	Default
定位基本每股收益	String	财务报告分析机器人	Enter a VB expression
基本每股收益	String	财务报告分析机器人	Enter a VB expression
定位资产总计	String	财务报告分析机器人	Enter a VB expression
资产总计	String	财务报告分析机器人	Enter a VB expression
定位所有者权益合计	String	财务报告分析机器人	Enter a VB expression
所有者权益合计	String	财务报告分析机器人	Enter a VB expression
Create Variable			

图 5-24　自动提取所有者权益合计序列

（8）步骤四【保存财务指标数据到 Excel 文档】。

① 在左侧【活动】面板的搜索框中输入【序列】，将【序列】拖曳至设计面板中【获取财务指标数据序列】活动下方，将其重命名为【保存财务指标数据序列】。

② 在左侧搜索框中输入【Excel 应用程序范围】，将【Excel 应用程序范围】拖曳至设计面板中【保存财务指标数据序列】活动内，将新增活动重命名为【Excel 应用程序范围-保存财务指标数据】。单击设计面板中【Excel 应用程序范围-保存财务指标数据】活动右侧的文件夹符号，在弹出的窗口中，选择【财务报告分析计算 .xlsx】文档，单击【打开】，如图 5-25 所示。

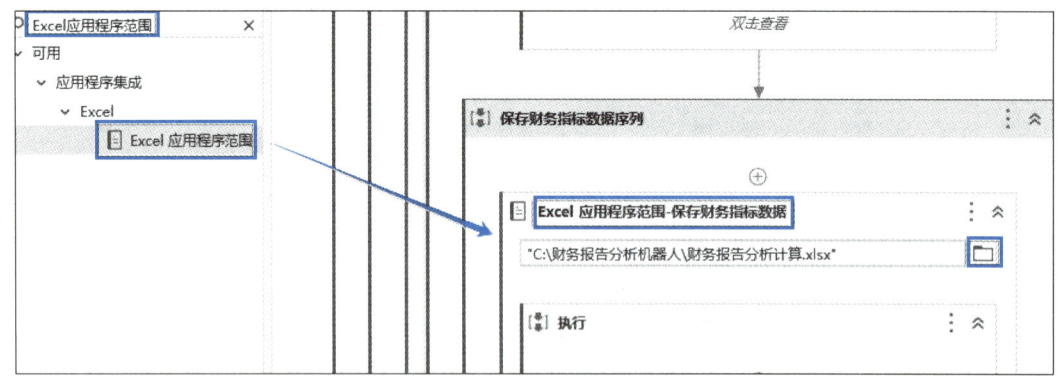

图 5-25　设置 Excel 应用程序范围

③ 点击屏幕中下方的【变量】面板，创建变量，将变量名称重命名为【填入表格的列】，变量类型为【Int32】，范围为【财务报告分析机器人】，默认值为【66】，如图 5-26 所示。

④ 在左侧搜索框中输入【写入单元格】，将【写入单元格】拖曳至【Excel 应用程序范围-保存财务指标数据】活动内，将其重命名为【写入单元格—写入主营业务收入】。点击【属性】|【目标】|【范围】|【…】，打开表达式编辑器，在表达式编辑器输入框中输入【chr（填入表格的

Name	Variable type	Scope	Default
基本每股收益	String	财务报告分析机器人	*Enter a VB expression*
定位资产总计	String	财务报告分析机器人	*Enter a VB expression*
资产总计	String	财务报告分析机器人	*Enter a VB expression*
定位所有者权益合计	String	财务报告分析机器人	*Enter a VB expression*
所有者权益合计	String	财务报告分析机器人	*Enter a VB expression*
填入表格的列	Int32	财务报告分析机器人	66
Create Variable			

图 5-26　设置变量

列)＋"3"】,点击【OK】。点击【属性】|【输入】|【值】,键入空格调用【主营业务收入】变量,设置自动填写主营业务收入的活动,如图 5-27 所示。

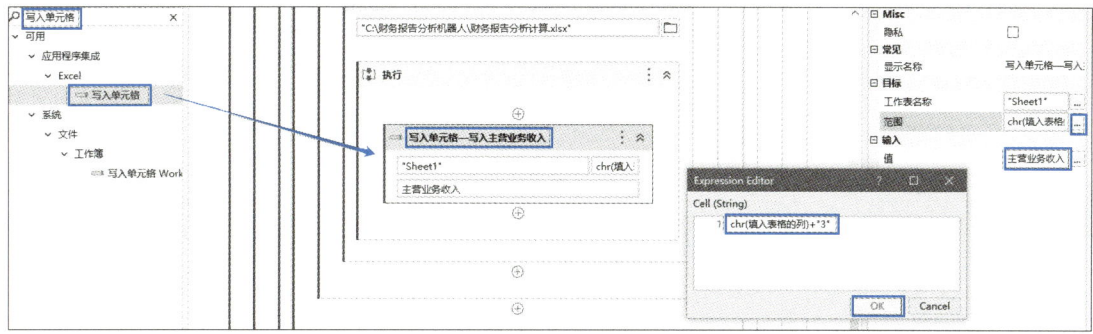

图 5-27　设置写入单元格

⑤ 同理,自动填写营业收入的活动参数设置,如表 5-8 和图 5-28 所示。

表 5-8　自动填写营业收入的活动参数设置

填写内容	所需活动	属性	值
营业收入	写入单元格	重命名	写入单元格—写入营业收入
		范围	chr(填入表格的列)＋"4"
		值	营业收入

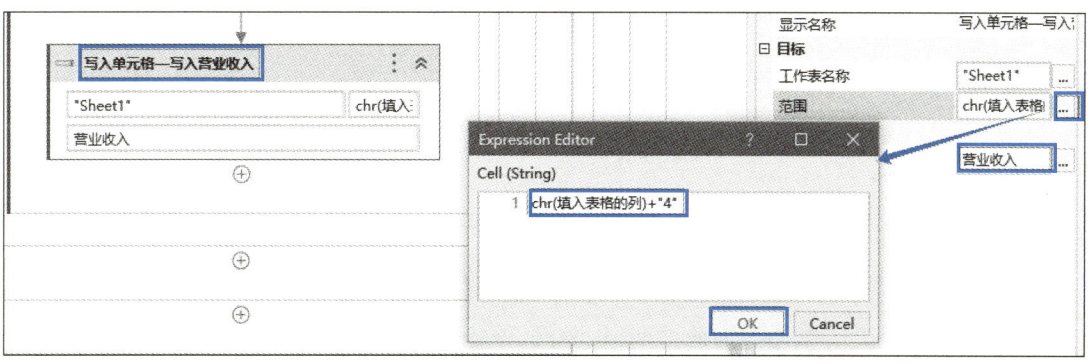

图 5-28　自动填写营业收入设置

235

⑥ 同理，自动填写净利润的活动参数设置，如表 5-9 和图 5-29 所示。

表 5-9　自动填写净利润的活动参数设置

填写内容	所需活动	属性	值
净利润	写入单元格	重命名	写入单元格—写入净利润
		范围	chr(填入表格的列)+"5"
		值	净利润

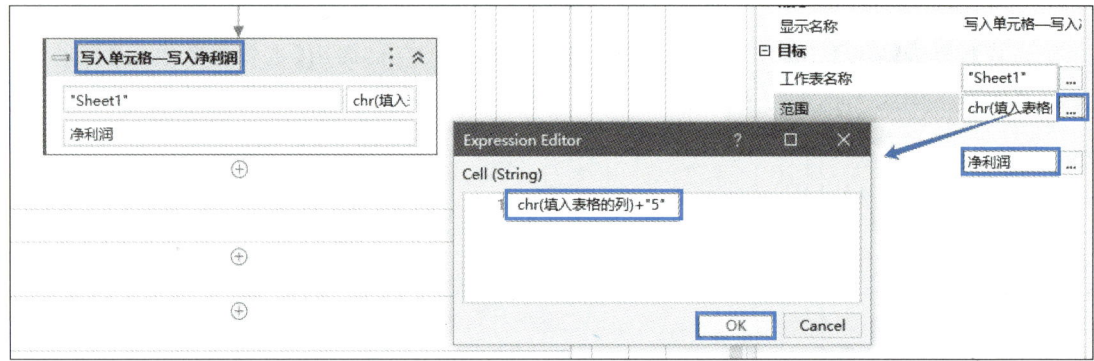

图 5-29　自动填写【净利润】设置

⑦ 同理，自动填写营业利润的活动参数设置，如表 5-10 和图 5-30 所示。

表 5-10　自动填写营业利润的活动参数设置

填写内容	所需活动	属性	值
营业利润	写入单元格	重命名	写入单元格—写入营业利润
		范围	chr(填入表格的列)+"6"
		值	营业利润

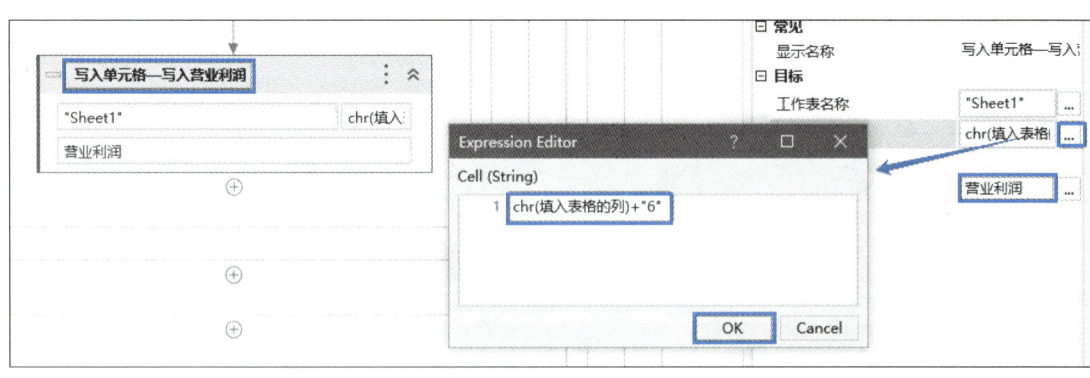

图 5-30　自动填写营业利润设置

⑧ 同理，自动填写基本每股收益的活动参数设置，如表 5-11 和图 5-31 所示。

表 5-11 自动填写基本每股收益的活动参数设置

填写内容	所需活动	属性	值
基本每股收益	写入单元格	重命名	写入单元格—写入基本每股收益
		范围	chr(填入表格的列)＋"7"
		值	基本每股收益

图 5-31 自动填写基本每股收益设置

⑨ 同理,自动填写资产总计的活动参数设置,如表 5-12 和图 5-32 所示。

表 5-12 自动填写资产总计的活动参数设置

填写内容	所需活动	属性	值
资产总计	写入单元格	重命名	写入单元格—写入资产总计
		范围	chr(填入表格的列)＋"8"
		值	资产总计

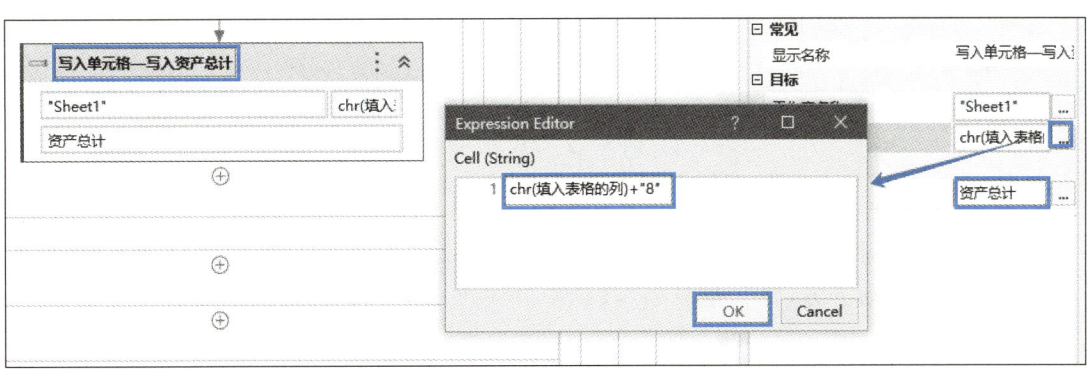

图 5-32 自动填写资产总计设置

⑩ 同理,自动填写所有者权益合计的活动参数设置,如表 5-13 和图 5-33 所示。

表 5-13　自动填写所有者权益合计的活动参数设置

填写内容	所需活动	属性	值
所有者 权益合计	写入单元格	重命名	写入单元格—写入所有者权益合计
		范围	chr(填入表格的列)＋"9"
		值	所有者权益合计

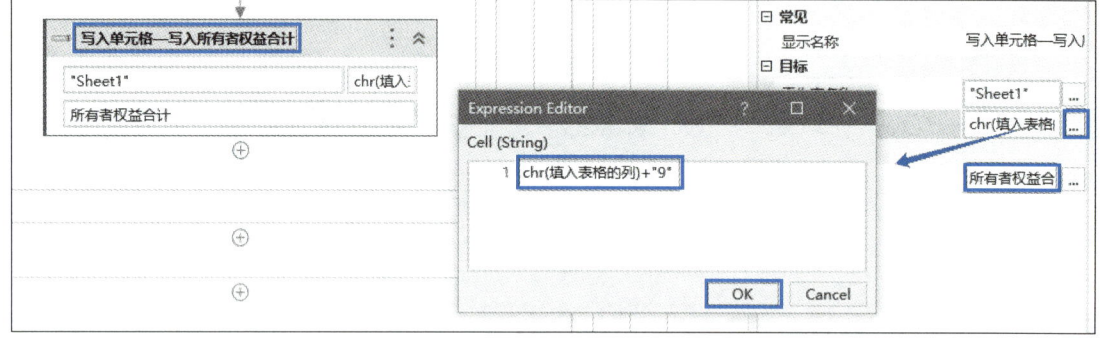

图 5-33　自动填写所有者权益合计设置

⑪ 在左侧搜索框中输入【分配】,将【分配】拖曳至设计面板中【写入单元格—写入所有者权益合计】活动下方,将其重命名为【分配-填入表格的列的递增】。点击【属性】|【杂项】|【设置值】|【…】,打开表达式编辑器,在表达式编辑器输入框中输入【填入表格的列＋1】,点击【确定】,完成编辑。点击【属性】|【杂项】|【至变量】,按空格键,选择【填入表格的列】变量,如图 5-34 所示。

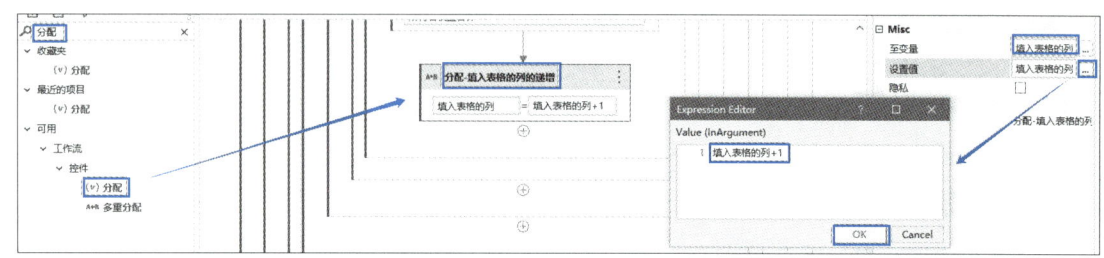

图 5-34　设置分配

（9）步骤五【读取并输出财务报告总结内容】。

① 在左侧【活动】面板的搜索框中输入【序列】,将【序列】拖曳至设计面板中【读取 PDF 文本信息序列】活动下方,将其重命名为【读取并输出财务报告总结内容序列】,如图 5-35 所示。

② 在左侧搜索框中输入【Excel 应用程序范围】,将【Excel 应用程序范围】拖曳至设计面板中【读取并输出财务报告总结内容序列】活动内,并将新增的【Excel 应用程序范围】重命名为【Excel 应用程序范围-读取指标数据】。单击【Excel 应用程序范围-读取指标数据】活动内的文件夹符号,在弹出的窗口中选择【财务报告分析计算. xlsx】文档,单击【打开】,如图 5-36 所示。

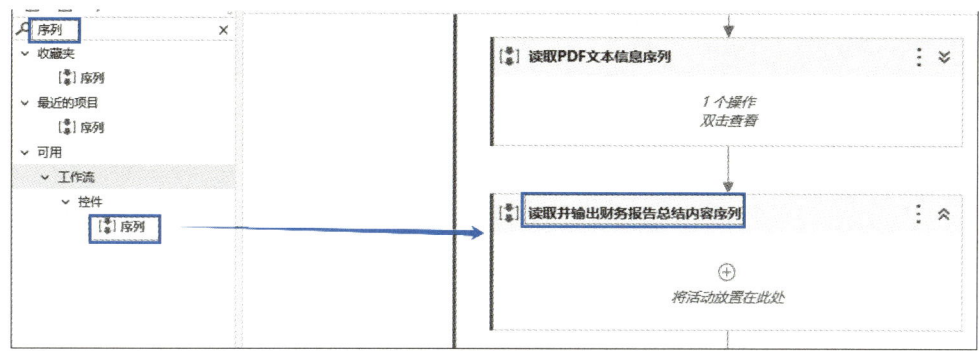

图 5-35 新增序列

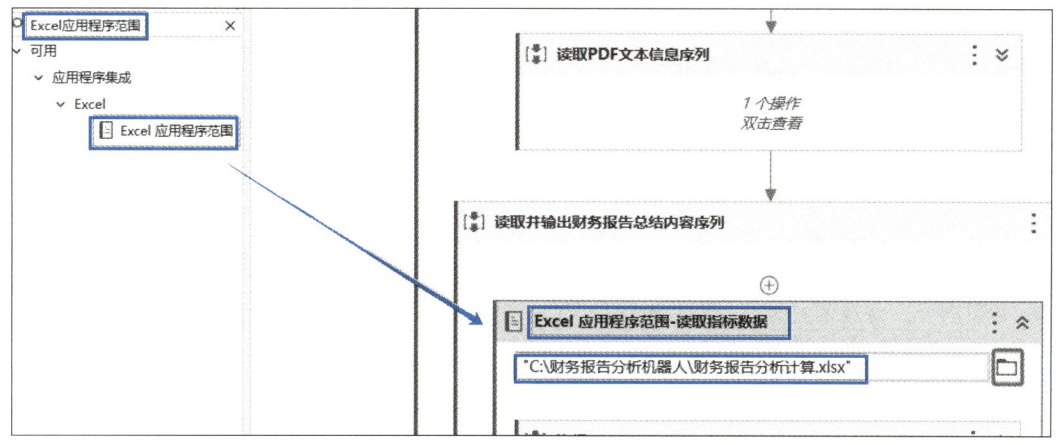

图 5-36 设置 Excel 应用程序范围

③ 在左侧搜索框中输入【读取单元格】,将【读取单元格】拖曳至【Excel 应用程序范围-读取指标数据】活动内,将其重命名为【读取单元格—读取 C10 单元格】。点击【属性】|【输入】|【单元格】,在输入框中输入【"C10"】(注意是英文格式下的双引号)。点击【属性】|【输出】|【结果】,选择【创建变量】,输入【C10】,创建变量【C10】。打开屏幕下方的【变量】面板,选中【C10】,将变量类型修改为【GenericValue】,范围修改为【财务报告分析机器人】,如图 5-37 所示。

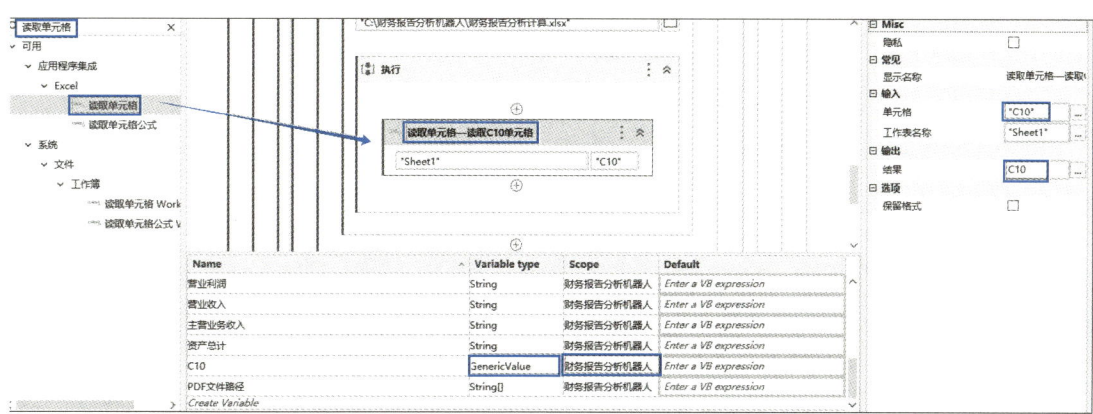

图 5-37 设置读取单元格

④ 同理,自动读取 D10、E10、F10 的活动参数设置,如表 5-14 和图 5-38 所示。

表 5-14　自动读取 D10、E10、F10 的活动参数设置

读取内容	所需活动	属性	值
D10	读取单元格	重命名	读取单元格—读取 D10 单元格
		单元格	"D10"
		结果	D10
		变量类型	GenericValue
		变量范围	财务报告分析机器人序列
E10	读取单元格	重命名	读取单元格—读取 E10 单元格
		单元格	"E10"
		结果	E10
		变量类型	GenericValue
		变量范围	财务报告分析机器人序列
F10	读取单元格	重命名	读取单元格—读取 F10 单元格
		单元格	"F10"
		结果	F10
		变量类型	GenericValue
		变量范围	财务报告分析机器人序列

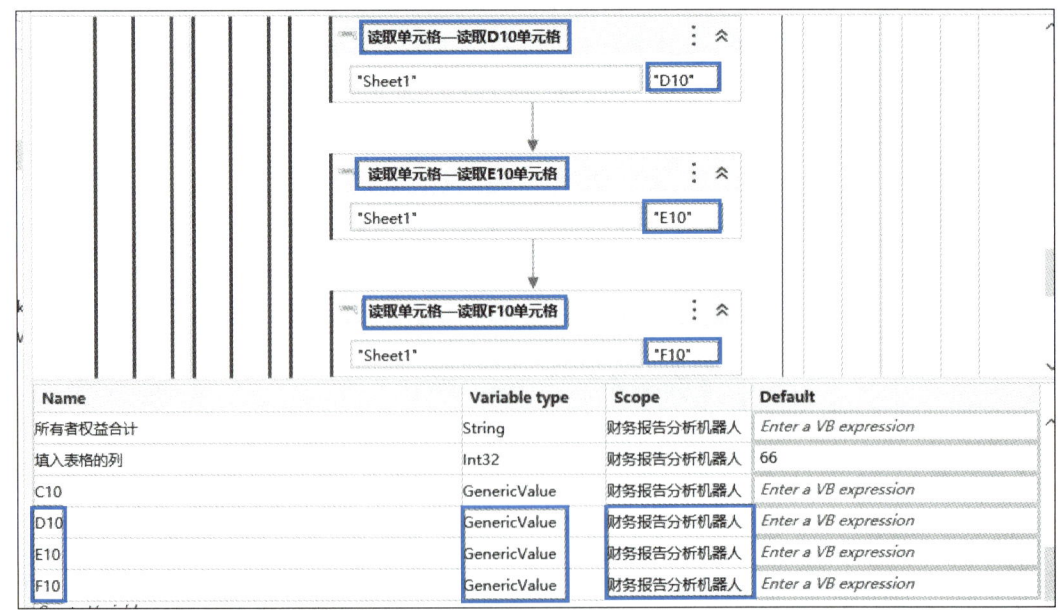

图 5-38　自动读取 D10、E10、F10 设置

⑤ 在左侧搜索框中输入【分配】,将【分配】拖曳至设计面板中【读取单元格—读取 F10 单元格】活动下方,将新增的【分配】重命名为【分配—输出总结】。点击【属性】|【杂项】|【至变量】,选择【创建变量】,输入【输出内容】,创建【输出内容】变量。点击屏幕下方【变量】,打开【变量】面板,选中【输出内容】变量,修改范围为【财务报告分析机器人】,设置完成后,点击【变量】,关闭变量面板。点击【属性】|【杂项(或 Misc)】|【设置值】|【…】,打开表达式编辑器,在表达式编辑器输入框中输入【"销售增长率分析:通过计算得知,泸州老窖 2016 至 2019 年的销售增长率分别是:" ＋ C10. ToString ＋ "％、" ＋ D10. ToString ＋ "％、" ＋ E10. ToString＋"％、" ＋ F10. ToString ＋ "％。"】,输入完成后,点击【确定】,完成编辑,如图 5-39 所示。

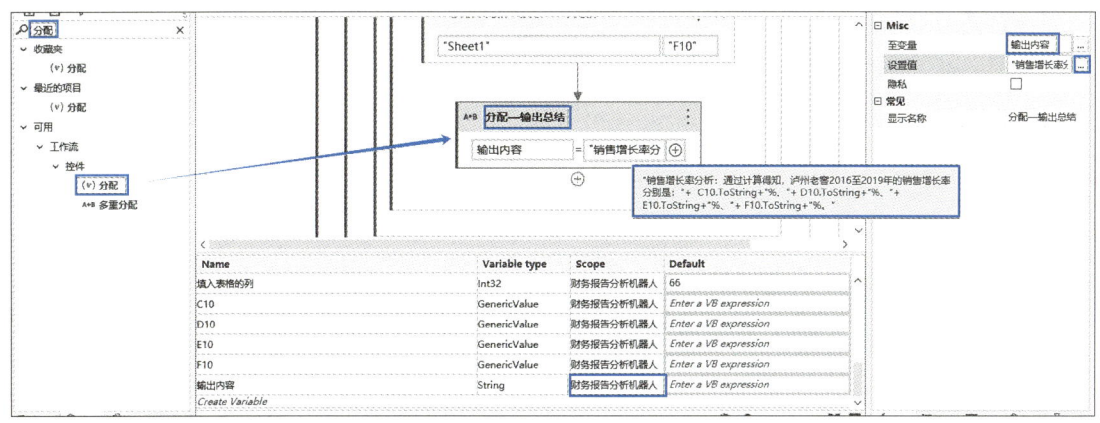

图 5-39　设置分配

⑥ 在左侧搜索框中输入【写入单元格】,将【写入单元格】拖曳至【分配—输出总结】活动下方,将其重命名为【写入单元格—写入总结内容】。点击【属性】|【目标】|【范围】|【…】,打开表达式编辑器,在表达式编辑器输入框中输入【"A20"】,点击【确定】。点击【属性】|【输入】|【值】,按空格键,调用【输出内容】变量(或直接输入【输出内容】),来完成【输出内容】变量的调用),如图 5-40 所示。

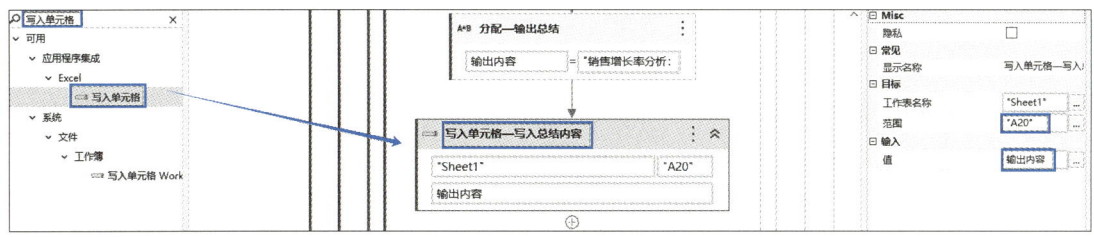

图 5-40　设置写入单元格

(三)运行测试阶段

(1)完成财务报告分析机器人的制作,可以点击菜单面板左侧的【运行】(快捷键【F6】),运行【财务报告分析机器人】。

(2)运行结束后,打开【C:\财务报告分析机器人\财务报告分析计算. xlsx】,显示运行结果,如图 5-41 所示。

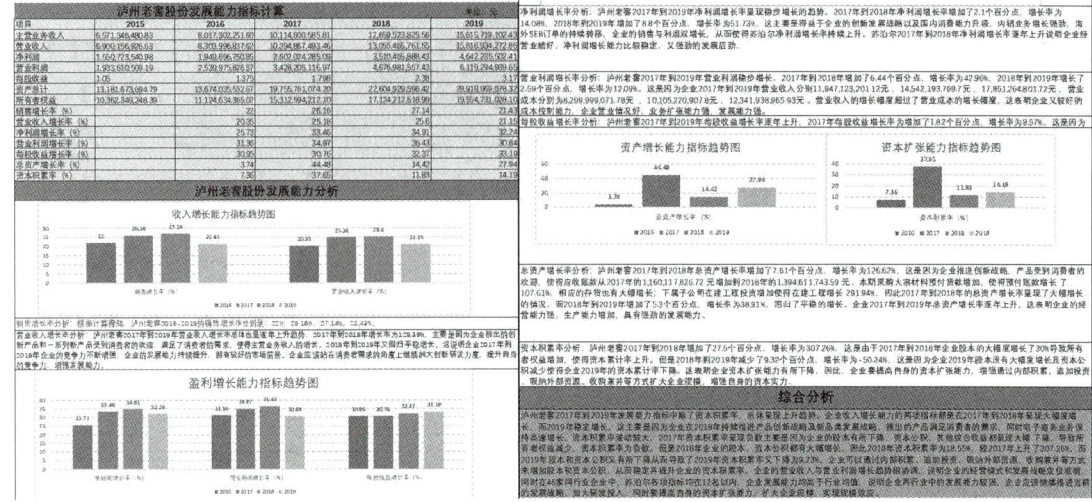

图 5-41　运行结果

三、课后拓展

试卷测试

（1）参照上述案例进行操作，对比亚迪近 5 年的财务状况展开分析。

（2）是否可以实现财务报告分析内容的自动生成，并输出为 Word 格式的财务分析报告？

第二节　报表发送机器人

★★★ 情景案例导入

小明在报表发送过程中的困扰与 RPA 技术的精确革新

周五的下午，会议室内的气氛显得异常凝重。投资部门的负责人将一叠文件重重地甩在桌上，质问小明："为何上周的财务报表数据尚未同步至审计团队？他们已经投诉了 3 次。"小明试图解释，却发现自己无言以对——尽管他在 3 天前已经手动发送了邮件，系统却因"格式错误"将附件退回，而他对此却一无所知。颇为无奈的是，这已是本季度第 5 次因邮件发送问题导致的冲突。

回到自己的工位，小明审视着密密麻麻的待办清单上的"发送"任务：每日向 10 家投资机构推送股价简报、每周向 30 个部门分发定制化的财务分析表、每月向税务局上传增值税申报附件……每项任务虽看似简单，却潜藏着"附件漏传""收件人混淆""邮件主题错乱"等众多风险。就在上个星期，他不慎将含有敏感数据的内部报告群发给了供应商，几乎引发法律纠纷。

"发送键"成了财务人员所面临的严峻挑战。

转机出现在一次跨部门的培训中。IT 部门的同事展示了如何利用 UiPath 调用 API 实现系统间数据的直接连接,小明顿时有了灵感,如果将财报汇总机器人提取的数据与邮件系统进行对接,是否可以实现"数据生成即发送"? 他立即开始对现有的机器人进行改造:

(1) 采用发票查验机器人的附件核验逻辑,确保 PDF、Excel 文件格式的正确性。

(2) 嵌入采购合同信息提取机器人的权限管理模块,根据收件人的角色自动进行数据脱敏。

(3) 结合银行流水下载机器人的定时任务功能,实现"下班即发送,凌晨达邮箱"。

在第一次全流程测试中,机器人仅用 12 分钟就完成了原本需要 6 小时的手工操作: 23 家机构的定制报表准确无误地投递,邮件正文自动嵌入 DeepSeek 生成的解读摘要,甚至智能地避开了对方的非工作时间。更为重要的是,系统自动记录的"发送日志"为审计留下了确凿的证据。

【思考】　各位同学,小明应如何设计报表发送机器人,使其既能批量处理数百封邮件的精准投递,又能动态适配不同收件方的数据权限与格式要求? 让我们从解析第一份邮件模板开始,揭开智能通信的终极奥秘!

一、报表发送机器人的原理

利用 UiPath Studio 平台开发的报表发送机器人,能够通过 Excel、浏览器等平台以及交互软件,自动登录指定邮箱,填写邮件收件人信息,并将报表数据准确地插入邮件正文。此外,它还能将多个不同的邮件发送给不同的收件人,从而显著提升报表发送的效率。

思政小思考

在"无人值守"的发送过程中,哪些情况必须强制触发人工干预?

(一) 案例目标

利用 RPA 技术模拟人工操作,自动化执行邮件发送流程。该流程包括自动登录指定邮箱、读取本地 Excel 表格中的收件人名单和邮件内容模板、批量生成并发送包含财务报表的个性化邮件。通过 SMTP 协议和 Excel 数据集成技术,结合条件判断和循环遍历机制,确保邮件的精确投递和发送状态的有效监控,具体功能涵盖:

(1) 使用 RPA 工具自动完成邮箱登录操作。

(2) 使用 RPA 工具自动执行邮件发送任务。

(二) 案例工作流程

报表发送机器人工作流程,如图 5-42 所示。

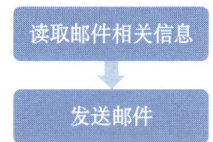

图 5-42　报表发送机器人工作流程

二、报表发送机器人的制作

(一) 准备阶段

(1) 在【C:\】路径下创建一个名为【报表发送机器人】的新文件夹。

（2）启动【RPA财务机器人实践教学平台】，账号【学号】，初始密码【666666】进行登录。登录后，进入任务列表，选择并打开【报表发送机器人】任务。

（3）在【报表发送机器人】任务界面中，选择资源部分的【1.报表发送机器人】进行下载，并将下载的【资产负债表】文件夹以及【收件人邮箱账号与邮件主题.xlsx】文档保存至之前创建的【C:\报表发送机器人】文件夹中，如图5-43所示。

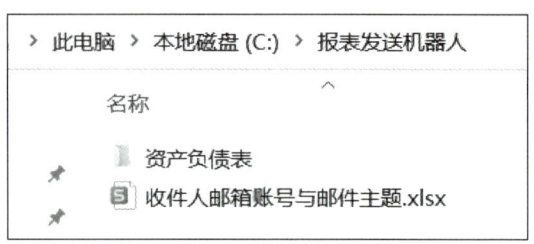

图5-43 下载任务资源

（4）打开【收件人邮箱账号与邮件主题.xlsx】文档，在【收件人邮箱账号】栏中输入邮箱地址以便后续跟踪机器人运行情况并接收邮件。在【邮件主题】栏中填写【资产负债表】文件夹中的任意文件名（可随机选取，以便于观察机器人运行的效果），如图5-44所示。

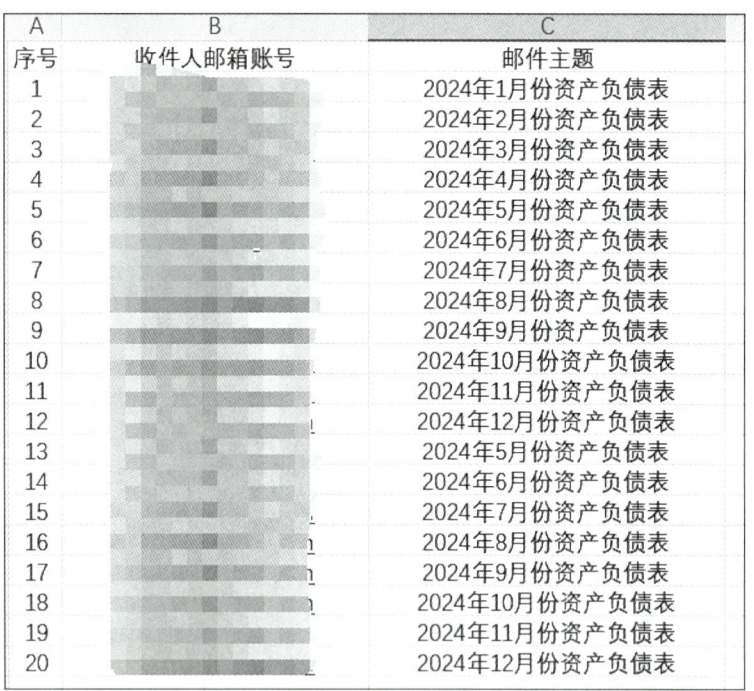

图5-44 输入邮箱地址

（5）授权码是邮箱用于登录第三方客户端的专用密码。为了保障用户邮箱的安全，邮箱设置了POP3/SMTP/IMAP的开关。系统默认设置是【关闭】，在用户需要这些功能时需自行开启，具体步骤如下。

① 登录邮箱，点击【设置】|【账号】，如图5-45所示。

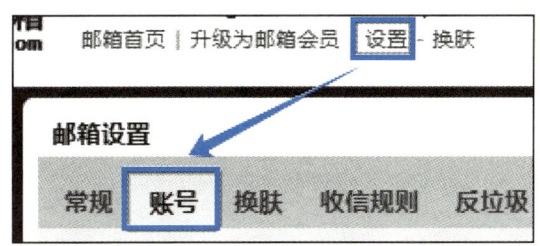

图 5-45 登录邮箱

② 选择【POP3/IMAP/SMTP/Exchange/CardDAV/CalDAV 服务】,单击【管理服务】,如图 5-46 所示。

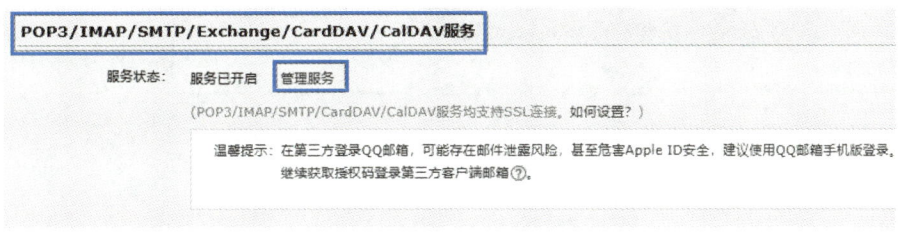

图 5-46 邮箱账号设置服务

③ 在【安全设置】页面,选择【POP3/IMAP/SMTP/Exchange/CardDAV 服务】,单击【开启服务】,如图 5-47 所示。

图 5-47 邮箱设置开启服务

④ 根据提示要求,使用手机发送短信后点击【发送】,由此得到自动生成的授权码,如图 5-48 所示。

(二)制作阶段

(1)打开【UiPath Studio】,点击【开始】|【库】,在打开的【新建空白库】弹窗中,设置名称为【报表发送机器人】,位置为【C:\报表发送机器人】,其他保持初始设置。点击【创建】,完成库的创建,如图 5-49 所示。

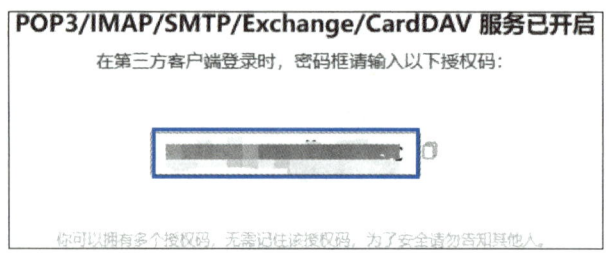

图 5-48　服务开启后获得授权码

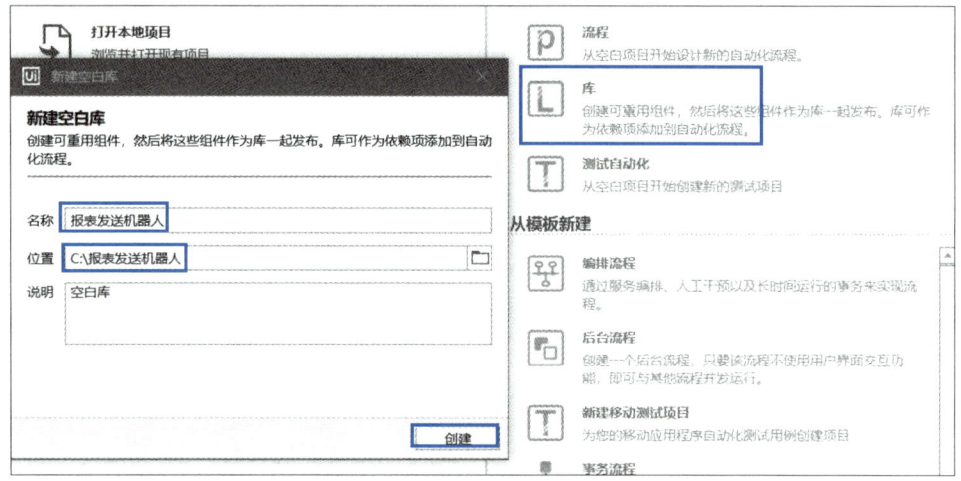

图 5-49　新建空白库

（2）点击页面左下角的【项目】，在左侧展开的【项目】面板中，单击【NewActivity.xaml】，按【F2】键或者单击鼠标右键选择【重命名】选项。在【重命名】弹窗中，设置收件人为【报表发送机器人序列】，点击【确定】，完成项目重命名操作，如图5-50所示。双击页面左侧重命名后的【报表发送机器人序列.xaml】文件，进入【Main】设计面板的主界面。

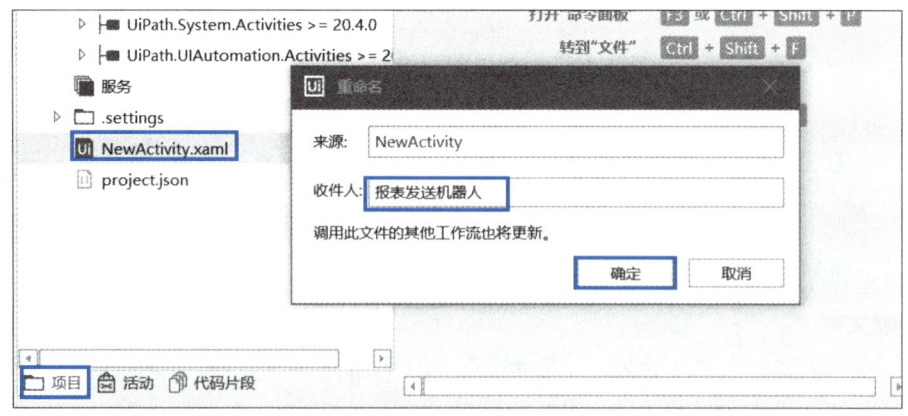

图 5-50　重命名项目

（3）点击页面左下角的【活动】面板，在活动面板中搜索【序列】活动控件，将【序列】拖曳至设计面板中(或者直接双击搜索结果【序列】),将新增的【序列】重命名为【报表发送机器人序列】,如图 5-51 所示。

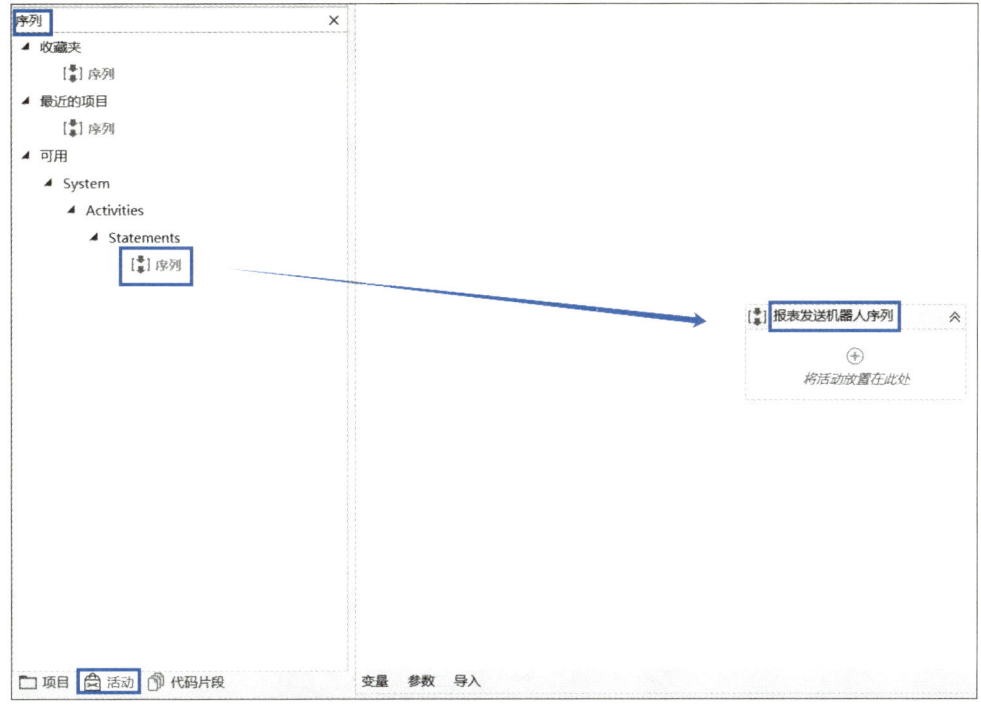

图 5-51 新增序列

(4) 步骤一【读取邮件相关信息】。

① 在左侧【活动】面板的搜索框中输入【序列】,将【序列】拖曳至设计面板中【报表发送机器人序列】活动内,将其重命名为【读取邮件相关信息序列】,如图 5-52 所示。

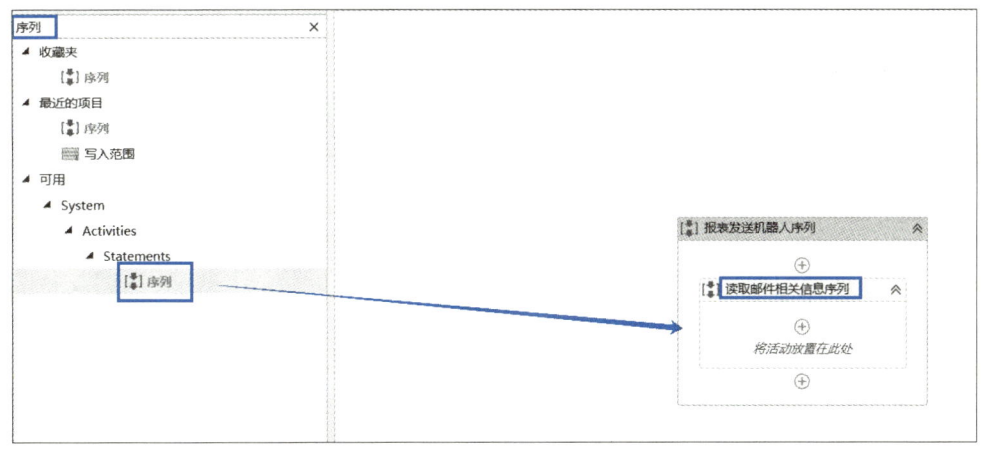

图 5-52 新增序列

② 在左侧搜索框中输入【读取范围】,将【读取范围】拖曳至设计面板【读取邮件相关信息序列】活动内,将新增的【读取范围】重命名为【读取范围-读取收件人邮箱账号与邮件主题】,

【读取范围】的活动参数设置,如表 5-15 和图 5-53 所示。

表 5-15 【读取范围】活动参数设置

属性	值
工作簿路径	"C:\报表发送机器人\收件人邮箱账号与邮件主题.xlsx"
工作表名称	"Sheet1"
范围	" "
数据表	创建变量:收件人邮箱账号与邮件主题数据表 变量类型:DataTable 变量范围:报表发送机器人序列

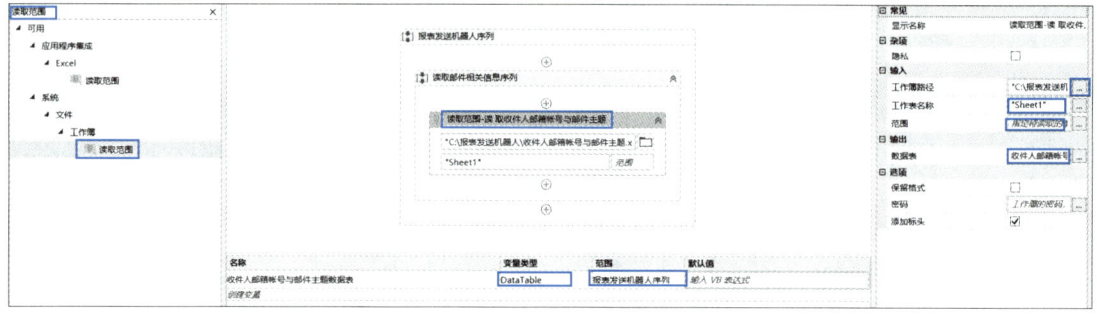

图 5-53 设置读取范围

③ 在左侧搜索框中输入【对于数据表中的每一行】,将【对于数据表中的每一行】拖曳至设计面板中【读取范围-读取收件人邮箱账号与邮件主题】活动下方,将新增的【对于数据表中的每一行】重命名为【对于数据表中的每一行-批量读取邮件相关信息与发送邮件】。点击【属性】|【输入】|【数据表】,在输入框中键入空格,引用新创建的变量【收件人邮箱账号与邮件主题数据表】,如图 5-54 所示。

图 5-54 设置对于数据表中的每一行

④ 在左侧搜索框中输入【读取单元格】,将【读取单元格】拖曳至设计面板【对于数据表中的每一行-批量读取邮件相关信息与发送邮件】活动下方,将其重命名为【读取单元格-读取资产总值】。读取资产总值的活动参数设置,如表 5-16 和图 5-55 所示。

表 5-16　读取资产总值活动参数设置

属性	值
工作簿路径	"C:\报表发送机器人\资产负债表\"＋row("邮件主题").ToString＋".xlsx"
工作表名称	"Sheet1"
单元格	"C37"
数据表	创建变量:资产总值 变量类型:DataTable 变量范围:报表发送机器人序列

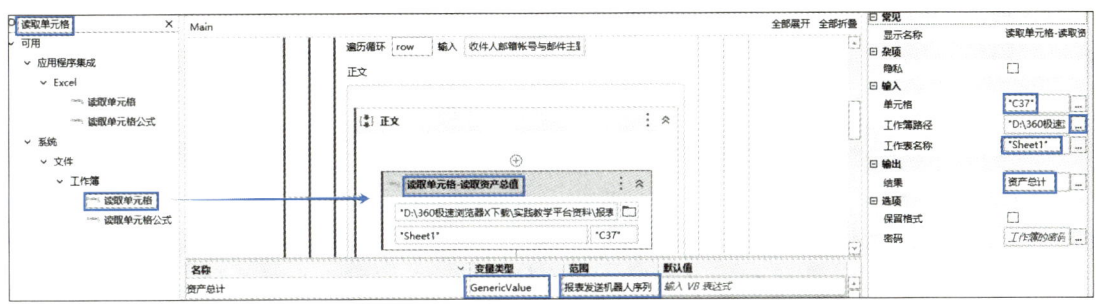

图 5-55　读取资产总值设置

⑤ 同理,读取所有者权益合计、负债和所有者权益合计的活动参数设置,如表 5-17 和图 5-56 所示。

表 5-17　读取所有者权益合计、负债和所有者权益合计的活动参数设置

项目	活动	属性	值
读取所有者 权益合计	读取单元格	重命名	读取单元格-读取所有者权益合计
		工作簿路径	"C:\报表发送机器人\资产负债表\"＋row("邮件主题").ToString＋".xlsx"
		工作表名称	"Sheet1"
		单元格	"G35"
		数据表	创建变量:所有者权益合计 变量类型:DataTable 变量范围:报表发送机器人序列
读取负债和 所有者权益合计	读取单元格	重命名	读取单元格-读取负债和所有者权益合计
		工作簿路径	"C:\报表发送机器人\资产负债表\"＋row("邮件主题").ToString＋".xlsx"
		工作表名称	"Sheet1"
		单元格	"G37"
		数据表	创建变量:负债和所有者权益合计 变量类型:DataTable 变量范围:报表发送机器人序列

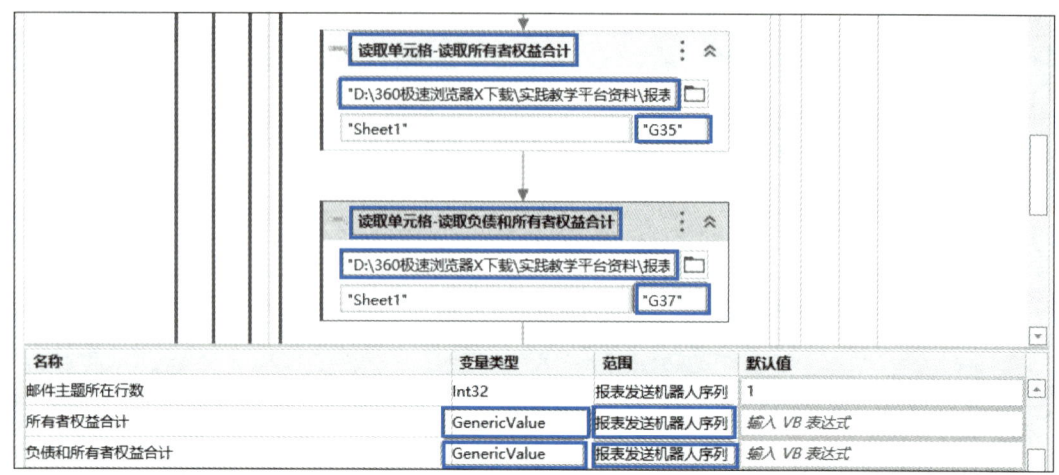

图 5-56　读取所有者权益合计、负债和所有者权益合计设置

（5）步骤二【发送邮件】。

在左侧搜索框中输入【发送 SMTP 邮件消息】，将【发送 SMTP 邮件消息】拖曳至设计面板中【读取单元格-读取负债和所有者权益合计】活动下方，将其重命名为【发送 SMTP 邮件消息-发送资产负债表】。【发送 SMTP 邮件消息】这一步骤中需要设置的参数如下：

在【变量】面板中创建变量【邮箱密码】，类型设置为【String】，范围修改为【报表发送机器人序列】，默认值设置为【"邮箱授权码"】。

在【变量】面板中创建变量【邮箱账号】，类型设置为【String】，范围修改为【报表发送机器人序列】，默认值设置为【"＊＊＊＊@qq.com"】（此处应填写发送邮件的邮箱账号）。

在右侧【属性】栏的【服务器】输入框中输入【"smtp.qq.com"】。

在右侧【属性】栏的【端口】输入框中输入【465】。

在右侧【属性】栏的【发件人】输入框中引用【邮箱账号】变量。

在右侧【属性】栏的【目标】输入框中输入【row("收件人邮箱账号").ToString】。

在右侧【属性】栏的【主题】输入框中输入【row("邮件主题").ToString】。

在右侧【属性】栏的【正文】输入框中输入【"尊敬的领导:"＋chr(10)＋chr(32)＋chr(32)＋chr(32)＋chr(32)＋"您好,"＋row("邮件主题").ToString＋"中,我司资产总计为"＋资产总计.ToString＋"元,所有者权益（或股东权益）合计为"＋所有者权益合计.ToString＋"元,负债和所有者权益（或股东权益）总计为"＋负债和所有者权益合计.ToString＋"元,详情请见附件。"】。

在右侧【属性】栏的【密码】引用变量【邮箱密码】，在【电子邮件】引用【邮箱账号】。

在【发送 SMTP 邮件消息】中点击【附加文件】，在【附件】弹窗中点击创建参数，方向设置为【输入】，类型设置为【String】，默认值设置为【"C:\报表发送机器人\资产负债表\"＋row("邮件主题").ToString＋".xlsx"】，如图 5-57 所示。

（三）运行测试阶段

（1）完成报表发送机器人的制作，可以点击菜单面板左侧的【运行】（快捷键【F6】），运行【报表发送机器人】。

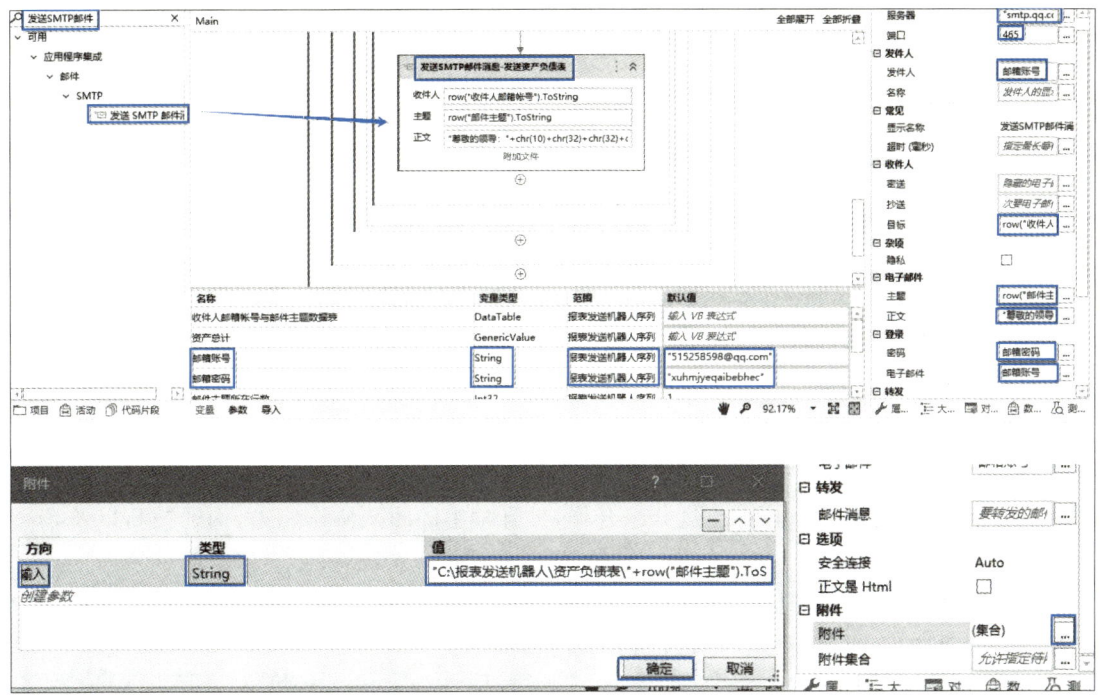

图 5-57 设置发送 SMTP 邮件消息

（2）运行结束，登录发件人邮箱，查看已发送邮件，可以看到已向指定邮箱发送邮件的记录。

三、课后拓展

（1）获取邮箱服务器：登录邮箱，点击【设置】|【帐户】|【IMAP/SMTP 服务】，查询邮箱的服务器（什么是 IMAP，它又是如何设置的）。

（2）获取邮箱端口：登录邮箱，点击【设置】|【帐户】|【IMAP/SMTP 服务】，查询邮箱的端口。

（3）获取邮箱授权码：登录邮箱，点击【设置】|【帐户】|【IMAP/SMTP 服务】|【开启】，发送短信，即可获取邮箱的授权码。

试卷测试

附录 流程设计与汇报

一、案例目标

（1）掌握 RPA 基础概念与原理：熟练运用前文提及的 UiPath 控件、设计架构及其应用场景。

（2）精通 UiPath 设计流程：能够明确日常生活、学习或实习工作中的需求，分析人工操作流程，设计 RPA 流程，并选择合适的活动控件。

（3）培养团队协作与沟通：通过分组合作，提升学生的团队协作能力、沟通技巧以及解决问题的能力。

（4）提升 PPT 汇报与机器人演示能力：增强学生的演讲能力和实践能力，使他们能够清晰地展示设计方案，并实际操作 RPA 机器人进行演示。

二、团队组建与分工

（1）组建团队：学生依据兴趣、专业背景以及实际经验进行组合，形成若干小组。每个小组应包含不同角色的成员，如项目经理、业务需求分析师、机器人开发设计师、PPT 演示制作师、展示讲解员等，以确保项目分工得当，发挥团队优势。

（2）明确团队分工：明确每位成员的角色与职责。项目经理负责项目的整体规划、进度控制以及沟通协调；业务需求分析师负责分析所选环节的人工操作流程，确定场景需求；机器人开发设计师负责设计 RPA 流程，选择合适的活动控件，并进行机器人开发与测试；PPT 演示制作师和展示讲解员负责 PPT 制作和现场展示。

三、流程设计与汇报的要求

（一）PPT 要求

（1）封面（列示组别、成员、机器人名称）。

（2）目录。

（3）成员分工情况。

（4）学习、生活、实习工作中遇到的"痛点"场景。

（5）作品设计说明（控件设计截图）。

（6）流程制作中遇到的主要困难和解决方法。

（7）视频展示。

（二）视频要求

视频要求清晰（录屏，非手机拍摄），配音解说，可以适当加片头、特效、音乐等。（录屏软件推荐：EV 录屏软件）。

（三）评分标准

1．评价维度

（1）实用性（占分值30％）。

（2）控件设计难度（占分值30％）。

（3）视频演示效果（占分值40％）。

2．评价方式

评价工具：学习通。

评价组成：组间匿名评分（50％）＋老师评分（50％）。

（四）展示要求

（1）每组派若干讲解员，通过PPT、视频等形式，讲解流程设计的灵感、原理以及设计过程。

（2）播放视频，展示运行效果。

（3）全程限时20分钟。

（4）教师对PPT的内容质量、演讲技巧以及团队配合等方面进行点评，然后对设计作品的实用性、设计难度、展示效果进行点评。

（5）其他小组同学进行提问、讨论，最后进行组间匿名打分。

四、结语

通过本次课程的学习与实践，学生将深入理解RPA的原理与应用，掌握RPA设计流程以及活动控件的使用。同时，通过团队协作与沟通的培养，学生将提升解决实际问题的能力。希望同学们能够将所学知识应用于实际工作中，为未来的职业发展打下坚实的基础。在未来的学习与工作中，不断探索、创新与实践，为推动RPA技术的发展贡献自己的力量。